Ausländerrecht

dtv

Schnellübersicht

Deutsches Ausländerrecht

Textausgabe
mit ausführlichem Sachverzeichnis
und einer Einführung
von Professor Dr. jur. Helmut Rittstieg, Hamburg

16., völlig neubearbeitete Auflage
Stand: 15. Mai 2002

Deutscher Taschenbuch Verlag

Sonderausgabe
Deutscher Taschenbuch Verlag GmbH & Co. KG,
Friedrichstraße 1 a, 80801 München
© 2002. Redaktionelle Verantwortung: Verlag C. H. Beck oHG
Gesamtherstellung: Druckerei C. H. Beck, Nördlingen
(Adresse der Druckerei: Wilhelmstraße 9, 80801 München)
Umschlagtypographie auf der Grundlage
der Gestaltung von Celestino Piatti
ISBN 3 423 05537 5 (dtv)
ISBN 3 406 49618 0 (C. H. Beck)

Inhaltsverzeichnis

Inhalt

Abkürzungsverzeichnis

Abkürzungen

RdSchr.	Rundschreiben
Rspr.	Rechtsprechung
RuStAG	Reichs- und Staatsangehörigkeitsgesetz
S.	Seite
SDÜ	Schengener Durchführungsübereinkommen
stdg.	ständig
VG	Verwaltungsgericht
VGH	Verwaltungsgerichtshof
vgl.	vergleiche
VO	Verordnung
VwVfG	Verwaltungsverfahrensgesetz
VwGO	Verwaltungsgerichtsordnung
z. B.	zum Beispiel
Ziff.	Ziffer

Einführung

Von Professor Dr. jur. Helmut Rittstieg

1. Ausländer bezeichnet dem ursprünglichen Wortsinn nach einen Menschen, dessen Lebensmittelpunkt sich außerhalb des Landes befindet und der daher nicht zu diesem Land und seiner Gesellschaft gehört. Anders der juristische, durch die Definition in § 1 Abs. 2 AuslG bestimmte Sprachgebrauch: Ausländer ist danach jeder, der nicht die deutsche Staatsangehörigkeit (oder die Volkszugehörigkeit im Sinne des Art. 116 Abs. 1 GG) hat. Ausländer im Rechtssinn sind daher auch viele **Inländer,** die u. a. als sogenannte Gastarbeiter in dieses Land einwanderten, ihre Familienangehörigen und ihre Nachkommen. Nach dem bis zum 1. 1. 2000 im wesentlichen unverändert geltenden Reichs- und Staatsangehörigkeitsgesetz von 1913 wurden grundsätzlich nur die Kinder von Deutschen deutsche Staatsangehörige. Die Einbürgerungspraxis nach diesem Gesetz war entsprechend den Einbürgerungsrichtlinien (Vorauflagen Nr. 10) restriktiv. Deshalb sind auch noch die in diesem Land geborenen und aufgewachsenen Kinder und Enkel von Einwanderern im Rechtssinne Ausländer. Mit Inkrafttreten des StAG am 1. 1. 2000 **(Nr. 20)** werden die nach diesem Zeitpunkt in Deutschland geborenen Kinder von Einwanderern mit einem Aufenthalt von acht Jahren und gesichertem Aufenthaltsrecht (§ 4 Abs. 3 StAG) kraft Geburt im Lande Deutsche, allerdings Deutsche minderen Rechts im Verhältnis zu Abstammungsdeutschen, weil ihre deutsche Staatsangehörigkeit durch die gesetzliche Verpflichtung, nach Volljährigkeit zwischen ihr und der Staatsangehörigkeit der Eltern zu entscheiden, auflösend bedingt ist. Diese auflösend bedingte Staatsangehörigkeit verfehlt das Integrationsziel und den Maßstab der Verfassung, die vom Grundsatz einer lebenslangen und unentziehbaren Staatsangehörigkeit ausgeht.

Die Bezeichnung als Ausländer steht in offenem Widerspruch zur gesellschaftlichen Situation der **Inländer ohne deutsche Staatsangehörigkeit.** Diesem Widerspruch wird oft durch die beschönigende Rede vom *„ausländischen Mitbürger"* ausgewichen, nachdem die früher übliche Bezeichnung *„Gastarbeiter"* ganz offenbar falsch geworden ist. Aber auch die Bezeichnung „ausländischer Mitbürger" ist falsch, darüber hinaus irreführend und illusionär. Menschen ohne deutsche Staatsangehörigkeit, ob Inländer oder Ausländer, sind nicht Mitbürger, da ihnen die Bürgerrechte fehlen und sie darüber hinaus unter ausländerrechtlichen Sondernormen stehen, die sie gegenüber den Staatsangehörigen abgrenzen und diskriminieren.

Andererseits sind Ausländer nicht rechtlos. Dieses Land soll nach seiner Verfassung ein Rechtsstaat auch für Ausländer sein. Dies gilt auch für Ausländer, die mangels Aufenthaltsgenehmigung ausreisepflichtig sind. Sie werden als **Illegale** bezeichnet, aber nur ihr Aufenthalt ist illegal, im übrigen genießen sie den Schutz der Rechtsordnung. Ein rechtsstaatliches und demokratisches Problem liegt in der Tatsache, daß die meisten Immigranten ebenso wie ihre im Land geborenen Kinder ein Leben in Deutschland verbringen, ohne die deutsche Staatsangehörigkeit zu erwerben. Für diese Inländer bedeutet der

Einführung

Ausländerstatus Ausgrenzung und Diskriminierung, so daß die rechtsstaatliche Grundfrage der Gleichbehandlung aufgeworfen ist.

Der Zweck der vorliegenden Textsammlung wesentlicher ausländerrechtlicher Bestimmungen ist, über die Rechtslage rasch zu informieren. Sie ist vor allem für die gedacht, die sich schnell über die gesetzlichen Grundlagen unterrichten wollen. Das mag den Inländern ohne deutsche Staatsangehörigkeit, den ihre Interessen vertretenden Institutionen, Verbänden, Vereinen ebenso willkommen sein wie Studenten, in der Ausbildung stehenden Juristen, Beamtenanwärtern, zum raschen Überblick gelegentlich auch Anwälten, Behörden und Gerichten.

Die selbst für den Spezialisten kaum mehr zu übersehene Fülle ergänzender gesetzlicher Regelungen, internationaler Verträge, veröffentlichter und interner Weisungen gebot eine Beschränkung auf das Wesentliche. Das Inhaltsverzeichnis gibt die Übersicht. Das Sachverzeichnis mag das Auffinden erleichtern.

2. Ausländerrecht ist Sonderrecht für Menschen ohne deutsche Staatsangehörigkeit. Es umfaßt insbesondere die gesetzlichen Bestimmungen über Einreise, Aufenthalt, Niederlassung, Erwerbstätigkeit, soziale Sicherung und Steuerrecht der Staatsfremden. Die ausländerrechtlichen Gesetze sollten den Bestimmungen des Grundgesetzes und der internationalen Menschenrechtsverträge, insbesondere der Europäischen Menschenrechtskonvention, den multilateralen völkerrechtlichen Konventionen über Niederlassung und Wanderarbeitnehmer sowie den bilateralen Niederlassungsverträgen entsprechen. Die Bereitschaft der ausländerrechtlichen Praxis einschließlich der Gerichte, dem Völkerrecht zu folgen, ist jedoch gering. Dies steht in Widerspruch zur Berufung auf internationale Menschenrechtsverträge gegenüber anderen Staaten und bei der nachträglichen Verurteilung staatlichen Handelns der DDR. Bedeutung hat allerdings die Rechtsprechung des Europäischen Gerichtshofs für Menschenrechte wegen der Möglichkeit einer unmittelbaren Beschwerde.

Im AuslG fehlt, anders als im AuslG 1965, eine Klausel, wonach völkerrechtliche Verpflichtungen unberührt bleiben. Gleichwohl verdrängen sie unter bestimmten Voraussetzungen die Anwendung des AuslG. Soweit Verpflichtungen aus völkerrechtlichen Verträgen innerstaatlich unmittelbar anwendbar sind, gehen sie als speziellere Norm den allgemeinen ausländerrechtlichen Bestimmungen vor. Dies gilt insbesondere für die internationalen Konventionen über Staatenlose und Flüchtlinge. Andere Konventionen und internationale Menschenrechtsgewährleistungen sind bei der Ermessensausübung und bei der gerichtlichen Ermessenskontrolle zu berücksichtigen.

In sämtlichen Staaten der Welt hat ein Ausländer grundsätzlich weder Anspruch auf Einreise noch auf Aufenthalt. Unter welchen Voraussetzungen er einreisen, sich aufhalten und tätig sein darf, hängt von der Gesetzgebung und Verwaltungspraxis des betreffenden Staates ab, soweit nicht ausnahmsweise menschenrechtliche oder völkerrechtliche Verpflichtungen bestehen. Im übrigen kann jeder Staat Bestimmungen schaffen, die einzelnen Gruppen weitergehende Rechte eröffnen, andere davon ausnehmen oder auch einen Aufenthaltsanspruch statuieren.

3. Das AuslG 1990 **(Nr. 1)** trifft inhaltliche Entscheidungen über den Aufenthalt von Ausländern. Es gewährt Ansprüche auf Familiennachzug, unbefristete Aufenthaltserlaubnisse und Aufenthaltsberechtigungen sowie auf Einbürgerung. Damit war die Gastarbeiterpolitik des vorübergehenden Aufenthaltes im wesentlichen abgeschlossen. Als typisches Juristengesetz ist das AuslG für die Betroffenen schwer verständlich.

Die mit Zustimmung des Bundesrates von der Bundesregierung erlassene Allgemeine Verwaltungsvorschrift zum Ausländergesetz vom 7. 6. 2000 (nicht abgedruckt) konkretisiert die unbestimmten Gesetzesbegriffe des AuslG und gibt Hinweise für die Ermessensausübung. Entsprechendes gilt für die Allgemeine Verwaltungsvorschrift zum Staatsangehörigkeitsrecht vom 13. 12. 2000. Angesichts dieser Regelungsdichte und der Befugnisse der Bundesanstalt für Arbeit im Bereich des Arbeitsgenehmigungsrechts bleibt für die Länder nur wenig Gestaltungsspielraum.

Das Bedürfnis der Wirtschaft nach qualifizierten Arbeitskräften im Bereich der Datenverarbeitung hat die Bundesregierung veranlaßt, den Anwerbestopp von 1973 für diesen Bereich durch die beiden Verordnungen vom 25. 7. 2000 **(Nr. 4)** und vom 11. 7. 2000 **(Nr. 9)** zu durchbrechen. Der verbreitete Wunsch, die Zuwanderung von Arbeitskräften auch in anderen Bereichen zu erleichtern, kommt im Bericht der Zuwanderungskommission vom 4. Juli 2001 und in dem Referentenentwurf eines Zuwanderungsgesetzes des Bundesministeriums des Innern vom August 2001 zum Ausdruck. Falls ein solches Zuwanderungsgesetz beschlossen werden sollte, wird es das nachfolgend abgedruckte AuslG und viele andere Rechtsvorschriften ersetzen oder ändern. Als Zeitpunkt des Inkrafttretens ist allerdings der 1. Januar 2003 vorgesehen, und das ist ein angesichts der politischen Widerstände optimistisches Datum. Auch nach diesem Zeitpunkt würden die geltenden Vorschriften im Rahmen der Überleitung in die neue Rechtslage ihre Bedeutung behalten. Dies rechtfertigt in Anbetracht der seit der letzten Auflage eingetretenen Rechtsänderungen eine Neuauflage dieser Sammlung.

4. Das **Aufenthaltsrecht** und zahlreiche ausländerrechtliche Bestimmungen kennen *Abstufungen ausländerrechtlicher Beschränkungen und Benachteiligungen* nach Nationalität, Aufenthaltsdauer und Status. Man kann zwischen mehr oder weniger **privilegierten** und **nichtprivilegierten Ausländern** unterscheiden.

Von der Anwendung des Ausländergesetzes sind Ausländer ausgenommen, die der deutschen Gerichtsbarkeit nicht unterliegen. Dies sind insbesondere die Mitglieder des **diplomatischen Personals** der in der Bundesrepublik tätigen Botschaften, ihre Familienmitglieder und ihr Hauspersonal. Ferner findet das Ausländergesetz gemäß dessen § 2 Abs. 1 Nr. 2 keine Anwendung auf das **Personal konsularischer** Vertretungen und auf Angehörige internationaler Organisationen und Institutionen. Das setzt in der Regel Gegenseitigkeit voraus.

Von der Anwendung des Ausländergesetzes sind Mitglieder der **Nato-Stationierungsstreitkräfte,** ihr ziviles Gefolge und Angehörige ausgenommen. Dies ergibt sich aus Art. 6 des Zusatzabkommens zum Stationierungsabkommen vom 3. 8. 1959 (BGBl. 1961 II S. 1218), zuletzt geändert durch Abkommen vom 18. 3. 1993 (BGBl. 1994 II S. 2598).

Für **freizügigkeitsberechtigte EG–Angehörige** gelten vorrangig die einschlägigen Rechtsnormen der Europäischen Gemeinschaft. An diese ist der deutsche Gesetzgeber gebunden. Das Aufenthaltsgesetz/EWG **(Nr. 11)** und die Freizügigkeitsverordnung/EG **(Nr. 12)** versuchten dieser Bindung gerecht zu werden. Das AuslG ist gemäß § 2 Abs. 2 AuslG nur ergänzend

Einführung

anwendbar, insoweit weder EG-Recht noch das Aufenthaltsgesetz/EWG abweichende Vorschriften enthalten. Die besondere Privilegierung von EG-Angehörigen ist allerdings davon abhängig, ob sie nach EG-Recht freizügigkeitsberechtigt sind (dazu unten 14).

Aufgrund des **Assoziationsverhältnisses** zwischen der Europäischen Gemeinschaft und der Türkei sind in der Gemeinschaft ordnungsgemäß beschäftigte türkische Staatsangehörige und ihre Familienangehörigen in bezug auf den Aufenthaltsstatus, die Erwerbstätigkeit und die sozialrechtliche Stellung begünstigt. Diese Vergünstigungen ergeben sich insbesondere aus dem Assoziationsratsbeschluß 1/80 **(Nr. 13).** Ergänzend sind das Assoziierungsabkommen mit Zusatzprotokoll und der Assoziationsratsbeschluß 3/80 heranzuziehen. Der ARB 1/80 befaßt sich nicht ausdrücklich mit dem Aufenthaltsrecht, setzt es aber voraus, wenn er Rechte gewährt, die nur mit Hilfe eines legalen Aufenthalts ausgeübt werden können. Nach Art. 14 des Assoziationsratsbeschlusses unterliegt die Ausweisung von türkischen Arbeitnehmern und ihren Familienangehörigen denselben Beschränkungen wie die Ausweisung freizügigkeitsberechtigter EG-Bürger. Zum Aufenthaltsrecht der Kinder türkischer Arbeitnehmer mit abgeschlossener Berufsausbildung siehe das Eroglu-Urteil der EuGH v. 3. 10. 1994 (InfAuslR 1994, 385). Die Voraussetzungen der aufenthaltsrechtlichen Begünstigung türkischer Staatsangehöriger wurden weiter präzisiert im Bozkurt-Urteil der EuGH vom 6. 6. 1995 (InfAuslR 1995, 261). Die wichtigsten Ergebnisse der Rechtsprechung wurden in den Allgemeinen Anwendungshinweisen der BMI vom 1. Oktober 1998 für die Behördenpraxis zusammengefaßt.

5. Weitere Abstufungen des Aufenthaltsstatus schafft das AuslG durch eine nach dem Aufenthaltszweck **differenzierte Aufenthaltsregelung.** Damit vollendet das Ausländergesetz eine schon lange vor seinem Inkrafttreten in Verwaltung und Rechtsprechung einsetzende Entwicklung. Nach dem Referentenentwurf (s. o. Rdnr. 4) soll es in Zukunft zwar nur noch zwei Formen der Aufenthaltsgenehmigung geben. Die befristete Aufenthaltserlaubnis wird dann allerdings je nach Aufenthaltszweck unterschiedliche Rechtsfolgen haben, so daß eine Vereinfachung zwar im Gesetzestext, nicht aber in der Sache eintritt.

Unter dem Oberbegriff der *Aufenthaltsgenehmigung* werden vom Gesetz die vier besonderen Aufenthaltstitel zusammengefaßt und allgemeinen Regelungen unterworfen.

Aufenthaltserlaubnis und *Aufenthaltsberechtigung* schaffen Aufenthaltsrechte, die, mit Ausnahme der Aufenthaltserlaubnisse für den Familiennachzug, nicht an einen bestimmten Aufenthaltszweck gebunden sind (§§ 15, 27 AuslG). Dies sind die Aufenthaltstitel, die nach der Übergangsvorschrift des § 94 AuslG ehemaligen Gastarbeitern und ihren Familienangehörigen zustehen. Das ist insofern wichtig, als damit feststeht, daß der Aufenthalt dieser Menschen nicht mehr an die Erwerbstätigkeit und ihre Aufrechterhaltung gebunden ist. Auch Asylberechtigte erhalten gem. § 68 Abs. 1 Satz 1 AsylVfG die unbefristete Aufenthaltserlaubnis.

Unbefristete Aufenthaltserlaubnisse und Aufenthaltsberechtigungen dürfen gemäß § 12 Abs. 2 Satz 1 AuslG nur dann erteilt werden, wenn die gesetzlichen Voraussetzungen für einen Anspruch auf unbefristete Aufenthaltserlaubnis (§§ 24, 26 AuslG) oder Aufenthaltsberechtigung (§ 27 AuslG) vorliegen. Für die unbefristete Aufenthaltserlaubnis gelten im Vergleich zur befristeten Aufenthaltserlaubnis zahlreiche Sonderregelungen, insbesondere ermöglicht sie in der Regel auch den dauernden Bezug von Sozialhilfe, so daß sie einen besonderen Aufenthaltstitel darstellt.

Die *Aufenthaltsbewilligung* wird gemäß § 28 AuslG für einen bestimmten, seiner Natur nach einen vorübergehenden Aufenthalt erfordernden Zweck erteilt. Sie ist der Aufenthaltsstatus von Auszubildenden und Studenten, Besuchern, Werkvertragsarbeitnehmern, aber auch Saisonarbeitern (§§ 10 Abs. 1, 28 Abs. 3 Satz 3 AuslG). Die Aufenthaltsbewilligung ist durch ihre Befristung und den gesetzlichen Ausschluß einer Verfestigung gekennzeichnet (§ 28 Abs. 2, 3 AuslG).

Die gesetzliche Systematik wird durch die IT-AV (**Nr. 4**) durchbrochen. Danach sollen Aufenthaltserlaubnisse für den auch zeitlich begrenzten Aufenthaltszweck der Beschäftigung als IT-Fachkraft erteilt werden. Eine solche Bindung ist nach dem Gesetz nur bei Aufenthaltsbewilligungen zulässig. Manches spricht dafür, daß gleichwohl erteilte Aufenthaltserlaubnisse entsprechend der gesetzlichen Regelung nicht zweckgebunden sind und nach fünf Jahren der Anspruch auf unbefristete Aufenthaltserlaubnis entsteht.

Soll ein Aufenthalt aus völkerrechtlichen oder dringenden humanitären Gründen oder zur Wahrung politischer Interessen der Bundesrepublik Deutschland erlaubt werden, kann gemäß § 30 AuslG eine *Aufenthaltsbefugnis* erteilt werden. Dies ist ein Aufenthaltsstatus für De-facto-Flüchtlinge, deren Zahl angesichts der erhöhten Hürden für die Anerkennung als Asylberechtigter ständig wächst. Als Aufenthaltsbefugnis ist auch die Rechtslage von Kriegs- und Bürgerkriegsflüchtlingen in § 32 a AuslG gestaltet worden. Dieser Aufenthaltsstatus kann sich gemäß § 35 AuslG nach acht Jahren zu einem Daueraufenthalt verfestigen.

Für De-facto-Flüchtlinge besteht kein gesetzlicher Anspruch auf eine Aufenthaltsbefugnis. Für Menschen, die nicht abgeschoben werden können und dürfen, wird weiterhin der prekäre Rechtsstatus der *Duldung* (§ 55 AuslG) praktiziert.

6. Eine weitere Differenzierung der Aufenthaltsgenehmigungen ergibt sich aus den **Befristungen, Bedingungen und Auflagen** gemäß §§ 12, 14 AuslG.

Die Regel ist nach § 12 Abs. 2 Satz 1 AuslG die *befristete Aufenthaltsgenehmigung*. Ausnahmen von dieser Regel sind nur als unbefristete Aufenthaltserlaubnisse nach §§ 24, 25, 26 AuslG und Aufenthaltsberechtigung nach § 27 AuslG zugelassen.

Die bei weitem wichtigsten *Auflagen* sind das Verbot oder die Beschränkung der *Erwerbstätigkeit* gemäß § 14 Abs. 2 Satz 1 AuslG. Auch Inhaber unbefristeter Aufenthaltserlaubnisse dürfen von der selbständigen Erwerbstätigkeit durch aufenthaltsrechtliche Auflagen ausgeschlossen werden.

Die Übernahme der *Aufenthalts-* und *Ausreisekosten* gemäß § 14 Abs. 1 Satz 2 AuslG ist entgegen dem Regelungszusammenhang keine Bedingung der Aufenthaltsgenehmigung, sondern ein Element der Ermessensentscheidung nach §§ 7, 13 Abs. 1 AuslG. Die Übernahme dieser Kosten kann zur Voraussetzung einer positiven Ermessensentscheidung gemacht werden. Die Rechtsform der Kostenübernahme ist in § 84 Abs. 2 AuslG geregelt.

Nebenbestimmungsfrei ist gemäß § 27 Abs. 1 AuslG nur die *Aufenthaltsberechtigung*.

7. Einreise und Aufenthalt nichtprivilegierter Ausländer sind gemäß § 3 Abs. 1 AuslG nur rechtmäßig mit einer Aufenthaltsgenehmigung. In der Re-

Einführung

gel ist diese *vor* der Einreise bei der im Heimatstaat örtlich zuständigen deutschen Auslandsvertretung einzuholen. Die vor der Einreise in der Form des in den Paß eingetragenen Sichtvermerks eingeholte Aufenthaltsgenehmigung heißt *Visum* (§ 3 Abs. 3 AuslG).
Jede Einreise ist mit einem Aufenthalt verbunden. Das Gesetz sieht beides als Einheit.

Ausländer aus Staaten, die in der *Positivliste* gemäß Anlage 1 zur DVAuslG aufgeführt sind, benötigen für Besuchsaufenthalte bis zur Dauer von drei Monaten kein Visum (§ 1 DVAuslG, Nr. 2). Für längere Aufenthalte und für Aufenthalte, die mit einer Erwerbstätigkeit verbunden sind, benötigen alle nichtprivilegierten Ausländer ein Visum (§ 11 DVAuslG), auch wenn ihr Heimatstaat auf der Positivliste aufgeführt ist.

Ausländer aus allen nicht in der Positivliste aufgeführten Staaten dürfen nur mit Visum einreisen. Dieses wird nach dem SDÜ **(Nr. 14)** für alle Schengen-Staaten nach einheitlichem Muster unter den Voraussetzungen des Art. 5 SDÜ erteilt. *Mehrfachvisa* oder *Dauervisa* sind gesetzlich in §§ 28 Abs. 4, 44 Abs. 1 Halbsatz 2 AuslG vorgesehen.

Oft ist zweifelhaft, ob ein Ausländer ohne Visum einreisen darf. Um Schwierigkeiten bei der Grenzkontrolle zu vermeiden und insbesondere die Beförderung durch die Fluggesellschaften zu ermöglichen, wird in der Praxis in diesen Fällen eine *Unbedenklichkeitsbescheinigung* der deutschen Auslandsvertretung beantragt und erteilt.

Die Einhaltung der Visumspflicht und die Einschaltung der Ausländerbehörde bei längerem und bei einem Arbeitsaufenthalt wird vom Gesetz durch besondere Sanktionen (neben den straf- und ordnungsrechtlichen) gesichert: Eine Aufenthaltsgenehmigung wird nicht erteilt (§ 8 AuslG) und nicht verlängert (§ 13 Abs. 2 AuslG), wenn wegen des Aufenthaltszweckes oder der Aufenthaltsdauer ein Visum oder die Einschaltung der Ausländerbehörde erforderlich gewesen wären. Ausnahmen bestimmt § 9 AuslG.

Ergibt sich nach der Einreise eine *Änderung des Aufenthaltszwecks* oder die Notwendigkeit der Verlängerung der Aufenthaltsgenehmigung, muß der Ausländer darlegen und beweisen, daß diese Änderung nach der Einreise eingetreten ist, um die Rechtsfolgen der §§ 8, 13 Abs. 2 AuslG abzuwenden.

Zur Beachtung der Visumspflicht und zu entsprechenden Kontrollen sind die *Beförderungsunternehmen* nach § 74 AuslG verpflichtet. Bei Verstößen haben sie die Verpflichtung zur Rückbeförderung (§ 73 AuslG). Verstoßen sie gegen ein besonderes Beförderungsverbot nach § 74 Abs. 2 AuslG, kann für jeden Fall ein Zwangsgeld von bis zu DM 5000,– verhängt werden.

Ein visumsfrei eingereister Ausländer kann den Zeitraum seines erlaubnisfreien Aufenthalts von drei Monaten nicht dadurch ausdehnen, daß er kurz vor Ablauf der Frist für wenige Tage die Bundesrepublik Deutschland verläßt und alsbald danach zurückkehrt. Dadurch bewirkt er keinen neuen genehmigungsfreien Zeitraum. Zwischen den Einreisen müssen angemessene Abstände liegen. Andernfalls leitet die Behörde daraus eine Umgehung der Vorschriften ab, nämlich die Vermeidung eines Antrages auf Aufenthaltsgenehmigung.

Von der ausländerrechtlichen Anzeige des Aufenthalts ist die *polizeiliche Anmeldung* bei der Meldebehörde zu unterscheiden, zu der Ausländer wie Deutsche verpflichtet sind.

Bei der Einreise mit einem Visum, das regelmäßig auf drei Monate befristet ist, muß innerhalb dieser Zeit der Antrag auf Verlängerung der Aufenthaltsgenehmigung bei der Ausländerbehörde gestellt werden.

Reist ein Ausländer rechtmäßig ohne Aufenthaltsgenehmigung ein, hat er sie innerhalb von drei Monaten (§ 9 Abs. 6 DVAuslG) nach der Einreise zu beantragen. Bis zur Entscheidung über diesen Antrag gilt der Aufenthalt kraft Gesetzes als geduldet.

Es empfiehlt sich, den Antrag auf Erteilung oder Verlängerung der Aufenthaltsgenehmigung durch die Ausländerbehörde im Paß vermerken zu lassen. Bisher geschah dies mit dem Vermerk „ausländerbehördlich erfaßt". Eine solche *ausländerbehördliche Erfassung* wurde bisher gelegentlich als „vorläufige Aufenthaltserlaubnis", nunmehr **„vorläufige Aufenthaltsgenehmigung"** bezeichnet. Sie ist zweckmäßig bei Kontrollen.

8. Von der ausländerbehördlichen Erfassung ist die **erstmalige Erteilung einer Aufenthaltsgenehmigung** zu unterscheiden.

Auf die erstmalige Erteilung einer Aufenthaltsgenehmigung kann ein *Anspruch* bestehen. Gesetzliche Rechtsansprüche auf Genehmigung von Einreise und Aufenthalt sind geregelt für

– die Wiederkehr junger Ausländer (§ 16 Abs. 1 AuslG),
– Ehegatten und Kinder von Deutschen und von Ausländern mit Aufenthaltserlaubnis oder Aufenthaltsberechtigung,
– neuerdings entsprechend der Ehegatten-Regelung zugunsten von gleichgeschlechtlichen Lebenspartnern,
– ausländische Eltern eines minderjährigen Deutschen (§ 23 Abs. 1 Nr. 3 AuslG).

Zu den Voraussetzungen des Familiennachzuges zu Ausländern gehören insbesondere das Vorhandensein *ausreichenden Wohnraums* und die *Sicherung des Lebensunterhaltes*. Der Anspruch ist nach §§ 8, 9 AuslG ausgeschlossen bei illegaler Einreise und wenn der Ausländer ausgewiesen oder abgeschoben wurde. Ausnahmemöglichkeiten bestehen nach § 9 AuslG.

Daneben kennt das Gesetz die abgeschwächte Form des *Regel-Anspruchs* für die Wiederkehr (§ 16 Abs. 5 AuslG) und Dauervisa (§ 28 Abs. 4 AuslG) zugunsten ausländischer Bezieher einer deutschen Rente.

In diesen Fällen des Regelanspruchs muß die Aufenthaltsgenehmigung erteilt werden, es sei denn, im konkreten Einzelfall liege ein besonderer Versagungsgrund vor.

Besteht kein Anspruch, entscheidet die Ausländerbehörde gemäß § 7 AuslG nach *Ermessen* über den Antrag auf Aufenthaltsgenehmigung. Sie hat ihr Ermessen *pflichtgemäß* auszuüben. Das setzt voraus, daß sie rechtmäßige Ziele verfolgt, von einem zutreffenden und vollständigen Sachverhalt ausgeht – vorbehaltlich der Mitwirkungspflichten gem. § 70 AuslG – sowie die einschlägigen öffentlichen und privaten Interessen berücksichtigt und in vertretbarer Weise wertet.

Anstelle der früheren *Negativschranke* des § 2 Abs. 1 Satz 2 AuslG 1965 ist die Negativschranke des § 7 Abs. 2 AuslG getreten. Die „Belange der Bundesrepublik Deutschland" wurden durch den neuen Schlüsselbegriff *„Interessen der Bundesrepublik Deutschland"* ersetzt, ohne daß dadurch eine Bedeutungsänderung eintreten sollte.

Ein öffentliches Interesse von zentraler ausländerpolitischer Bedeutung ist seit dem Anwerbestopp von 1973 die *Begrenzung der Zuwanderung.* Dies kommt in der gesetzlichen Regelung des Anwerbestopps in § 10 AuslG zum Ausdruck. Der Anwerbestopp wird allerdings durch die AAV, die IT-AV, die Anwerbestoppausnahme-Verordnung sowie die IT-ArgVO durchbrochen. Das geplante Zuwanderungsgesetz (oben Nr. 4) soll ihn generell beenden.

Dem gesetzlichen öffentlichen Interesse an der Begrenzung der Zuwanderung steht das private und öffentliche Interesse an der Herstellung und Wahrung der Familieneinheit gegenüber. Gleichermaßen im privaten und öffentlichen Interesse steht die Wahrung der Rechtsstaatlichkeit und des Vertrauensschutzprinzips sowie die Wahrung der übrigen Grundrechte des Ausländers und der in ihnen zum Ausdruck kommenden Wertungen.

9. Die Ansprüche auf **Aufenthaltsverfestigung** bedeuten eine gesetzliche Anerkennung des *Einwandererstatus* der Betroffenen.

Die unbefristete Aufenthaltserlaubnis und die Aufenthaltsberechtigung haben ihre Bedeutung darin, daß sie auf Lebenszeit einen gesicherten Aufenthaltsstatus auch bei Sozialhilfebezug gewähren und den Ehegattennachzug ermöglichen.

Eine Aufenthaltsverfestigung tritt für Inhaber befristeter Aufenthaltserlaubnisse und befristeter Aufenthaltsbefugnisse mit der *Dauer des Aufenthalts* auch dann ein, wenn sie die spezifischen Voraussetzungen für die Erteilung einer unbefristeten Aufenthaltserlaubnis oder einer Aufenthaltsberechtigung nicht erfüllen können. Wie das Bundesverfassungsgericht (BVerfGE 49, 168, 186) entschieden hat, ist bei der Entscheidung über die Verlängerung einer Aufenthaltserlaubnis die Tatsache eines mehrjährigen rechtmäßigen und beanstandungsfreien Aufenthalts grundsätzlich zu berücksichtigen. Das fordere der verfassungsrechtlich verankerte *Vertrauensschutz*.

10. Durch die in §§ 85 bis 91 AuslG geregelten **Einbürgerungsansprüche** ging das Ausländergesetz 1990 einen prinzipiellen Schritt über die bisherige Rechtslage hinaus. Die eingewanderten früheren Gastarbeiter und ihre Familienangehörigen erhielten dadurch nachträglich die Perspektive staatsbürgerlicher Gleichstellung. Die zum 1. 1. 2000 in Kraft tretenden Änderungen verkürzen die für die Einbürgerung erforderliche Dauer des rechtmäßigen Aufenthalts auf 8 Jahre, geben aber den Ländern durch zusätzliche Voraussetzungen die Möglichkeit, die Einbürgerung zu erschweren.

Prinzipiell neu ist, daß Kinder von Ausländern, die nach dem 1. 1. 2000 in Deutschland geboren werden, durch die Geburt im Lande unter den weiteren Voraussetzungen des § 4 Abs. 3 StAG die deutsche Staatsangehörigkeit erwerben und damit im Rechtssinn Deutsche werden, allerdings auflösend bedingte Deutsche, falls das Grundgesetz diese Form der Durchgangsstaatsangehörigkeit zuläßt (s. o. Nr. 1).

11. Der Nachzug und Aufenthalt von **Ehegatten und Kindern** wird im Ausländergesetz in Anlehnung an Richterrecht geregelt (§§ 17–23 AuslG).

Grundvoraussetzungen des Familiennachzuges sind gem. §§ 17, 29, 31 AuslG, daß er zur Herstellung einer familiären Lebensgemeinschaft dient, daß der im Bundesgebiet lebende Ausländer eine Aufenthaltsgenehmigung besitzt und daß für *ausreichenden Wohnraum* sowie den *Familienunterhalt* gesorgt ist. Liegen diese Grundvoraussetzungen vor, darf eine Aufenthaltsgenehmigung für den Familiennachzug nach Ermessen erteilt werden. Angesichts der Wohnungsnot ist die Forderung ausreichenden Wohnraums als zwingende Voraussetzung des Familiennachzugs verfassungsrechtlich problematisch.

Zusätzliche Voraussetzungen haben die gesetzlichen Ansprüche auf Familiennachzug.

Der *Anspruch auf Ehegattennachzug* erfordert nach § 18 AuslG grundsätzlich den Besitz der Aufenthaltsberechtigung oder für die zweite Generation eine unbefristete Aufenthaltserlaubnis.

Der Anspruch auf Aufenthaltsgenehmigung für ein *nachziehendes Kind* erfordert nach §§ 20, 29 Abs. 2 AuslG grundsätzlich, daß beide Eltern eine Aufenthaltsgenehmigung besitzen und das Kind weniger als 16 Jahre alt ist.

Liegen die Voraussetzungen eines Anspruches auf Ehegatten- oder Kindernachzug nicht vor, sind aber die Voraussetzungen des § 17 AuslG gegeben, hat eine Ermessensentscheidung zu erfolgen.

Für *im Bundesgebiet geborene Kinder* wurde in § 21 Abs. 1 AuslG im parlamentarischen Verfahren eine unausgereifte Sonderregelung in das Gesetz eingefügt. Die Aufenthaltserlaubnis ist von Amts wegen zu erteilen, wenn die Mutter im Besitz einer Aufenthaltserlaubnis oder Aufenthaltsberechtigung ist. Diese Regelung ist schwerlich mit den Gleichbehandlungsgeboten in Art. 3 Abs. 2, 3 GG zu vereinbaren, wonach dem Vater eine gleich günstige Stellung hätte gewährt werden müssen.

§ 19 AuslG regelt den Aufenthaltsstatus nachgezogener Ehegatten dahingehend, daß grundsätzlich nach zwei Jahren ein *selbständiges Aufenthaltsrecht* entsteht, das vom Bestand der Ehe unabhängig ist.

Die für Ehegatten geltenden Vorschriften sollen nach der Neuregelung in § 27 a AuslG seit dem 1. 8. 2001 auch zur „Herstellung und Wahrung der lebenspartnerlichen Gemeinschaft" angewendet werden.

12. Die **Erwerbstätigkeit** von Ausländern unterliegt der doppelten Reglementierung durch *Auflagen zur Aufenthaltsgenehmigung* sowie durch das Erfordernis einer Genehmigung zur Beschäftigung als Arbeitnehmer. Ohne diese Genehmigung ist die abhängige Erwerbstätigkeit illegal. Die einschlägigen Vorschriften wurden in §§ 284–288 SGB III (Nr. 5) und der Arbeitsgenehmigungsverordnung (ArGV, Nr. 6) neu gefaßt. Einer Genehmigung für die Beschäftigung als Arbeitnehmer bedürfen danach u. a. nicht EG-Staatsangehörige, Inhaber einer Aufenthaltsberechtigung oder einer unbefristeten Aufenthaltserlaubnis.

Unter der Geltung des AuslG 1965 wurde die selbständige Erwerbstätigkeit eines Nicht-EG-Ausländers nur bei Feststellung eines übergeordneten wirtschaftlichen Bedürfnisses oder eines örtlichen Interesses zugelassen. Der Fortsetzung dieser Praxis steht das geltende Ausländergesetz nicht entgegen. Nur für Inhaber einer Aufenthaltsberechtigung verbietet § 27 AuslG die Beschränkung der Erwerbstätigkeit.

Die Aufenthaltsgenehmigung ist mit ihren Nebenbestimmungen gegenüber der Arbeitsgenehmigung vorrangig (§ 284 Abs. 4 SGB III, § 5 ArGV). Ohne die aufenthaltsrechtliche Zulassung zur abhängigen Erwerbstätigkeit darf in der Regel keine Arbeitsgenehmigung erteilt werden.

Die *Arbeitserlaubnis* wird für die konkrete, dem Ausländer von einem bestimmten Unternehmen angebotene Tätigkeit erteilt, wenn auf diesen Arbeitsplatz keine Deutschen oder ihnen gleichgestellten ausländischen Arbeitskräfte vermittelt werden können. Auf die *Arbeitsberechtigung* besteht ein von der Arbeitsmarktlage unabhängiger Anspruch. Dieser wird unter anderem durch einen sechsjährigen Aufenthalt begründet, wenn der Ausländer zur Zeit des Antrags auf Arbeitserlaubnis eine Aufenthaltserlaubnis oder Aufenthaltsbefugnis besitzt, oder der Ausländer seit fünf Jahren rechtmäßig eine versicherungspflichtige Beschäftigung im Bundesgebiet ausgeübt hat.

Die Arbeitsberechtigung eröffnet generell den Zugang zum Arbeitsmarkt, da sie nicht an eine bestimmte Tätigkeit gebunden wird, und sie begründet das Recht, sich gleichberechtigt mit Deutschen und EG-Arbeitnehmern um angebotene Arbeitsplätze zu bewerben.

Für *türkische Staatsangehörige* besteht der Anspruch auf Arbeitsberechtigung gemäß Art. 6 ARB 1/80 nach vier Jahren ordnungsgemäßer Beschäftigung. Ihre Ehegatten haben diesen Anspruch nach fünfjährigem ordnungsgemäßen Aufenthalt. Ihre Kinder mit in Deutschland abgeschlossener Berufsausbildung haben diesen Anspruch, wenn ein Elternteil seit drei Jahren ordnungsgemäß beschäftigt ist. (So EuGH, Urteil vom 3. 10. 1994, Eroglu, InfAuslR 1994, 385.)

13. Die **Freizügigkeit** nach **EG-Recht** kann von Staatsangehörigen der fünfzehn EG-Mitgliedstaaten ausgeübt werden. Mitgliedstaaten sind: Belgien, Bundesrepublik Deutschland, Dänemark, Finnland, Frankreich, Griechenland, Großbritannien, Irland, Italien, Luxemburg, die Niederlande, Österreich, Portugal, Schweden und Spanien. Über den Familiennachzug zu freizügigkeitsberechtigten EG-Angehörigen kann die Freizügigkeit auch Staatsangehörigen anderer Staaten zugute kommen.

Freizügigkeit nach EG-Recht ist nicht den Staatsangehörigen der EG schlechthin gewährt. Wer von ihr Gebrauch machen will, muß bestimmte Voraussetzungen erfüllen, mit deren Verlust das Recht auf europäische Freizügigkeit auch wieder verloren gehen kann. Dies unterscheidet die europäische Freizügigkeit von der innerstaatlichen Freizügigkeit gem. Art. 11 GG, die jedem Staatsangehörigen ohne jede weitere Voraussetzung zusteht.

Die europäische Freizügigkeit knüpfte ursprünglich an die ökonomische Funktion als Arbeitnehmer, selbständig Erwerbstätiger, Dienstleistungsempfänger oder Dienstleistungserbringer an. Dienstleistungsempfänger ist nach der Rechtsprechung des EuGH allerdings auch ein Tourist. Durch drei Richtlinien des Rates vom 28. 6. 1990 (ABl. EG L 180, 26 ff) und vom 29. 10. 1993 (ABl. EG L 317, 56), hat der EG-Ministerrat die Freizügigkeit auf alle Staatsangehörigen der Mitgliedstaaten erweitert, deren Lebensunterhalt einschließlich der Krankenversicherung gesichert ist. Zu den unter dieser Voraussetzung Begünstigten gehören insbesondere Studenten und Rentner. Einzelheiten regelt nunmehr die Freizügigkeitsverordnung EG vom 17. 7. 1997 **(Nr. 12)**.

Zur Arbeitnehmerfreizügigkeit gehört das Recht, in jeden Mitgliedstaat einzureisen und sich dort bis zu drei Monaten aufzuhalten, um einen Arbeitsplatz zu suchen. Für die Dauer der Erwerbstätigkeit besteht ein aus europäischem Recht begründetes Aufenthaltsrecht, das durch die Aufenthaltserlaubnis-EG gem. § 1 Abs. 4 Aufenthaltsgesetz/EWG nur bescheinigt wird. Das Freizügigkeitsrecht endet mit dem Verlust des Arbeitsplatzes, es sei denn, der Arbeitnehmer hat ein Verbleiberecht entsprechend § 6a Aufenthaltsgesetz/EWG erworben.

14. Bei **Flüchtlingen** ist die Rechtslage von einer Reihe von Faktoren, vor allem vom Anlaß der Ausreise aus dem Heimatstaat abhängig. Die Rechtslage ausländischer Flüchtlinge wurde durch den neuen Art. 16a GG und durch die Neugestaltung des Asylverfahrensgesetzes im Mai 1993 grundlegend geändert.

Flüchtlinge deutscher Staatsangehörigkeit stehen außerhalb des Ausländerrechts. Sie haben uneingeschränktes Recht auf Einreise gem. Art. 11 GG. Spätaussiedler *deutscher Volkszugehörigkeit* i. S. des Vertriebenengesetzes aus osteuropäischen Staaten, deren Ausreisewunsch als Spätfolge des 2. Weltkrieges anerkannt wird, haben nach der gesetzlichen Neuregelung des Jahres 1990 ein Aufnahmerecht nur dann, wenn sie den Aufnahmeantrag von ihrem bisherigen Wohnort über die zuständige deutsche Auslandsvertretung stellen. Bei spontaner Einreise unterliegen sie dem Ausländerrecht. Das Kriegsfolgenbereinigungsgesetz vom 21. 12. 1992 hat insbesondere die Voraussetzungen für die Aufnahme von **Spätaussiedlern** verschärft. Siehe die Bekanntmachung der Neufassung des Bundesvertriebenengesetzes vom 2. 6. 1993 (BGBl. I 829).

Das Recht ausländischer Flüchtlinge, im Bundesgebiet Schutz vor politischer Verfolgung zu suchen, wurde im Mai 1993 in zweifacher Weise beschränkt:
– Keinen Anspruch auf Asyl hat, wer über einen **sicheren** Drittstaat einreist (Art. 16 a Abs. 2 GG, § 26 a AsylVfG); er kann ohne Aufnahme ins Asylverfahren an der Grenze zurückgewiesen (§ 18 Abs. 2 Nr. 1 AsylVfG) oder nach illegaler Einreise zurückgeschoben werden (§ 19 Abs. 3 AsylVfG).
– Flüchtlinge aus sicheren Herkunftsländern können einen Asylantrag stellen; der Antrag ist jedoch als offensichtlich unbegründet abzulehnen, wenn nicht der Flüchtling Tatsachen vorträgt, aus denen sich seine politische Verfolgung ergibt. Ein Eilrechtsmittel an das Verwaltungsgericht bleibt in diesen Fällen gem. § 36 AsylVfG möglich, hat aber nur bei ernstlichen Zweifeln an der Rechtmäßigkeit der Ablehnung des Asylantrages und der Abschiebungsandrohung Erfolg.

Ausländische Flüchtlinge, die im Bundesgebiet Schutz vor politischer Verfolgung suchen, können diesen Schutz nur im Asylverfahren vor dem Bundesamt für die Anerkennung ausländischer Flüchtlinge erlangen, unabhängig davon, ob sie Anerkennung als politisch Verfolgte oder nur Abschiebungsschutz **(kleines Asyl)** begehren (§ 51 Abs. 1, 2 AuslG). Alle **Asylantragsteller** unterliegen den besonderen Beschränkungen gem. §§ 44 ff., 55 ff. AsylVfG. Um diese zu vermeiden, werden Duldungen gem. § 53 AuslG bei der örtlichen Ausländerbehörde beantragt.

Mit der Anerkennung als Asylberechtigter durch das Bundesamt für die Anerkennung ausländischer Flüchtlinge sind zahlreiche ausländerrechtliche Vergünstigungen verbunden. Insbesondere ist gem. § 68 Abs. 1 AsylVfG eine unbefristete Aufenthaltserlaubnis zu erteilen.

Die Anerkennung als Asylberechtigter ist nach § 73 AsylVfG zu widerrufen, wenn die politische Verfolgung entfällt. Das kann, muß aber nicht den Widerruf der Aufenthaltserlaubnis nach § 43 Abs. 1 Nr. 4 AuslG zur Folge haben.

§ 53 Abs. 1, 2 AuslG verbietet die Abschiebung bei drohender Folter oder Todesstrafe. Für die Aufnahme von Kriegs- und Bürgerkriegsflüchtlingen wurde im Mai 1993 die Sonderregelung des § 32 a AuslG geschaffen. Es bleibt die Möglichkeit der Aufenthaltsgestattung nach §§ 30, 32 AuslG oder die Erteilung von Duldungen gem. §§ 54, 55 AuslG.

Der geduldete Flüchtling bleibt nach § 56 Abs. 1 AuslG weiter *zur Ausreise verpflichtet,* d. h. nach Lage der Dinge muß er sich um die Aufnahme in ein anderes Land bemühen, was allerdings in der Regel aussichtslos ist. Durch die

Einführung

Duldung wird die Strafbarkeit des Aufenthaltes ausgeräumt und es werden die aufenthaltsrechtlichen Voraussetzungen für die Erteilung der Arbeitserlaubnis geschaffen.

Soll nicht nur vorübergehender Schutz im Bundesgebiet gewährt werden, ist eine *Aufenthaltsbefugnis* gem. § 30 AuslG zu erteilen.

15. Die **Ausweisung** ist in §§ 45–48 AuslG detailliert geregelt. Aufenthaltsverfestigungen sind gem. §§ 45 Abs. 2 u. 48 AuslG zu berücksichtigen.

Die Ausweisung ist der spezifisch ausländerrechtliche Verwaltungsakt zur Geltungsbeendigung einer Aufenthaltsgenehmigung (§ 44 Abs. 1 Nr. 1 AuslG) und somit Spezialregelung im Verhältnis zu Widerruf und Rücknahme des allgemeinen Verwaltungsrechts (anders jedoch BVerwG InfAuslR 1995, 349). Die Rechtsfolgen der Ausweisung sind weitergehend als die Rechtsfolgen von Rücknahme und Widerruf eines Verwaltungsaktes. Neben dem Erlöschen der Aufenthaltsgenehmigung und der daraus folgenden Ausreisepflicht (§ 42 Abs. 1 AuslG) bewirkt die Ausweisung ein Einreise- und Aufenthaltsverbot sowie das Verbot der Erteilung einer neuen Aufenthaltsgenehmigung, solange die Ausweisung gültig ist (§§ 8 Abs. 2, 44 Abs. 5 Satz 1 AuslG).

Die Grundvoraussetzung der Ausweisung wird in § 45 Abs. 1, 2 AuslG umschrieben. Nach § 45 Abs. 1 AuslG kann ein Ausländer ausgewiesen werden, wenn sein (weiterer) Aufenthalt die öffentliche Sicherheit und Ordnung oder sonstige erhebliche Interessen der Bundesrepublik Deutschland beeinträchtigt. Die Ausweisung dient daher auch weiterhin der Vermeidung bevorstehender Gefahren oder Beeinträchtigungen durch den Aufenthalt des betreffenden Ausländers. Grundlage der Ausweisung ist wie bisher eine Gefahrenprognose.

Ein *Ausweisungsgrund* gem. § 45 Abs. 1 AuslG liegt in der Person des Ausländers nicht schon dann vor, wenn er einen der *Ausweisungtatbestände* gem. § 46 AuslG verwirklicht hat. Insbesondere ein Verstoß gegen Rechtsvorschriften oder gerichtliche oder behördliche Entscheidungen i. S. des § 46 Nr. 2 AuslG stellt nur dann einen Ausweisungsgrund dar, wenn weitere Verstöße zu erwarten sind und deshalb der weitere Aufenthalt des Ausländers erhebliche Interessen der Bundesrepublik Deutschland beeinträchtigt.

Wenn ein Ausweisungtatbestand i. S. des § 46 AuslG vorliegt, hat bei der Entscheidung über die Ausweisung gem. § 45 Abs. 2 AuslG eine Abwägung mit den dort genannten persönlichen Belangen des Ausländers stattzufinden. Das ist eine Folge der systematischen Entscheidung des Gesetzgebers, eine Ausweisungsgeneralklausel voranzustellen und die einzelnen Ausweisungtatbestände nur als Beispiele zu regeln. Ein Ausweisungsgrund kann nur dann vorliegen, wenn insgesamt die gegen die weitere Anwesenheit sprechenden Gefahren und Beeinträchtigungen deutlich die Gesichtspunkte des § 45 Abs. 2 AuslG überwiegen. Denn zu den öffentlichen Interessen i. S. des § 45 Abs. 1 AuslG gehören auch die Wahrung der Rechtsstaatlichkeit gegenüber dem Ausländer i. S. seiner Aufenthaltsverfestigung und die Wahrung seiner Grundrechte, insbesondere des Familienzusammenhalts.

Das Vorliegen eines Ausweisungtatbestandes allein steht nicht der Verlängerung einer Aufenthaltserlaubnis nach § 7 Abs. 2 Nr. 1 AuslG oder der Erteilung einer unbefristeten Aufenthaltserlaubnis nach § 24 Abs. 1 Nr. 6 AuslG oder einer Aufenthaltsberechtigung nach § 27 Abs. 2 Nr. 5 AuslG entgegen, weil ein Ausweisungsgrund i. S. dieser Vorschriften nach dem oben Ausgeführten immer nur dann vorliegt, wenn die durch § 45 AuslG vorgeschriebene Abwägung ein Überwiegen der gegen den weiteren Aufenthalt sprechenden Gesichtspunkte ergibt. Die Rechtsprechung stützt allerdings überwiegend die entgegengesetzte Auffassung.

16. Häufiger als die Ausweisung ist das **Erlöschen der Aufenthaltsgenehmigung** aus anderen Gründen. Die Gründe des Erlöschens einer Aufenthaltsgenehmigung sind in §§ 43, 44 AuslG abschließend geregelt (anders BVerwG InfAuslR 1995, 349).

Häufigster Fall ist der *Ablauf der Geltungsdauer*. Wird vor Ablauf der Geltungsdauer die Verlängerung beantragt, gilt nach § 69 Abs. 3 AuslG der Aufenthalt bis zur Entscheidung der Ausländerbehörde als erlaubt. Entgegen dem üblichen Sprachgebrauch ist dies keine *fiktive Aufenthaltsgenehmigung* sondern eine *vorläufige gesetzliche Aufenthaltsgenehmigung*.

Die Befristung einer Aufenthaltsgenehmigung kann nach § 12 Abs. 2 AuslG *nachträglich verkürzt* werden, wenn eine für die Erteilung oder Verlängerung wesentliche Voraussetzung entfallen ist. Eine unbefristete Aufenthaltsgenehmigung darf nur unter den Voraussetzungen des § 24 Abs. 2 AuslG nachträglich befristet werden.

Der *Verlust des Passes* begründet nach § 44 Abs. 1 Nr. 1 AuslG ein nach Ermessen auszuübendes Widerrufsrecht; aus guten Gründen hat der Paßverlust nicht mehr das selbsttätige Erlöschen der Aufenthaltsgenehmigung zur Folge. In den meisten Fällen des Paßverlustes besteht kein Anlaß, die Aufenthaltsgenehmigung zu widerrufen. Der Ausweispflicht kann durch einen *Ausweisersatz* nach § 39 Abs. 1 AuslG genügt werden. Unter den Voraussetzungen des § 15 DVAuslG darf ein *Reisedokument* ausgestellt werden.

Die *Widerrufsregelung* nach § 43 AuslG ist abschließend. Daneben findet kein Rückgriff auf Widerrufsgründe des Verwaltungsverfahrensgesetzes statt. Gleiches sollte entgegen der Auffassung des BVerwG (InfAuslR 1995, 349) auch für die *Rücknahme* des allgemeinen Verwaltungsverfahrensrechts gelten. An ihre Stelle tritt die Ausweisung als die Aufenthaltsgenehmigung beendender Verwaltungsakt.

Die Aufenthaltsgenehmigung erlischt auch durch die *Ausreise aus einem seiner Natur nach nicht vorübergehenden Grund* (§ 44 Abs. 1 Nr. 2 AuslG). Dieser höchst unklare Tatbestand wird in § 44 Abs. 1 Nr. 3 AuslG gesetzlich dahin präzisiert, daß jedenfalls nach einem *Auslandsaufenthalt von 6 Monaten* die Aufenthaltsgenehmigung erlischt, wenn nicht die Ausländerbehörde die Frist verlängert hat oder die Frist wegen Erfüllung des Wehrdienstes (§ 44 Abs. 2 AuslG) überschritten wird. Auch im letzten Fall empfiehlt es sich, die Frist von der Ausländerbehörde verlängern zu lassen, um Beweisschwierigkeiten bei der Wiedereinreise zu vermeiden. Inhabern unbefristeter Aufenthaltserlaubnisse und von Aufenthaltsberechtigungen gewährt § 44 Abs. 3 AuslG einen Regelanspruch auf die *Verlängerung* der Frist für den Auslandsaufenthalt.

17. Ausreisepflichtig ist nach § 42 Abs. 1 AuslG jeder Ausländer, der sich ohne die erforderliche Aufenthaltsgenehmigung im Bundesgebiet aufhält. Die Ausreisepflicht beginnt mit der Einreise, wenn diese illegal ist und sonst mit jedem Erlöschen der erforderlichen Aufenthaltsgenehmigung, wenn nicht rechtzeitig ein Verlängerungsantrag mit der Wirkung des § 69 Abs. 2, 3 AuslG gestellt wird. Eine Ausweisung ist zur Begründung der Ausreisepflicht nicht erforderlich.

Wenn eine *Ausreisefrist* angeordnet wurde, so hat die Ausreise innerhalb dieser Frist zu erfolgen; sonst ist der Ausländer zur unverzüglichen Ausreise

Einführung

verpflichtet (§ 42 Abs. 3 AuslG), wenn die Ausreisepflicht vollziehbar ist. Die *Vollziehbarkeit* kann auch durch einen verspätet gestellten Antrag auf Verlängerung der Aufenthaltsgenehmigung gem. § 69 Abs. 2 AuslG oder durch ein Rechtsmittel mit *aufschiebender Wirkung* gem. § 80 VwGO ausgeschlossen sein. Hinsichtlich der aufschiebenden Wirkung ist § 72 AuslG zu beachten.

18. Abschiebung bedeutet, daß ein Ausländer unter polizeilichem Zwang außer Landes gebracht wird. Durch Abschiebung muß eine vollziehbare Ausreisepflicht im Wege des Verwaltungszwanges durchgesetzt werden, wenn sich der Ausländer in Haft befindet, wegen schwerer Straftaten ausgewiesen wurde oder andere Gründe die Überwachung seiner Ausreise erforderlich machen (§ 49 Abs. 1, 2 AuslG). Die Abschiebung kann auch damit begründet werden, daß die freiwillige Ausreise nicht gesichert erscheint. Dafür müssen allerdings objektive Anhaltspunkte bestehen.

Vor der Abschiebung bedarf es einer *Abschiebungsandrohung* mit Bestimmung einer Ausreisefrist (§ 50 Abs. 1 AuslG), wenn nicht aus der Haft abgeschoben wird (§ 50 Abs. 2 AuslG). In diesem Fall ist die Abschiebung mindestens eine Woche vorher anzukündigen.

Besteht der begründete Verdacht, daß sich ein Ausländer der Abschiebung entziehen will, kann gem. § 57 Abs. 2 AuslG *Abschiebehaft (Sicherungshaft)* angeordnet werden. Zur Vorbereitung der Ausweisung darf nach § 57 Abs. 1 AuslG *Vorbereitungshaft* verhängt werden. Beides geschieht durch den Haftrichter beim Amtsgericht im Verfahren nach dem Gesetz über das gerichtliche Verfahren bei Freiheitsentziehungen.

19. Die **Auslieferung** ist von der Ausweisung und Abschiebung zu unterscheiden. Sie ist eine Maßnahme der Strafverfolgung. Durch die Auslieferung erfüllt die Bundesrepublik ihre Verpflichtung gegenüber anderen Staaten zur Überstellung eines flüchtigen Verbrechers. Diese Verpflichtung, ihre Voraussetzungen und das Verfahren sind im Gesetz über die internationale Rechtshilfe in Strafsachen (IRG) vom 23. 12. 1982 (BGBl. I S. 2071) sowie in meist zweiseitigen Staatsverträgen festgelegt. Eigene Staatsangehörige dürfen nicht ausgeliefert werden. Politische Verbrecher sind grundsätzlich von der Auslieferung ausgenommen. Regelmäßig ist die Auslieferung davon abhängig, daß die Tat sowohl nach dem Recht des Zufluchtstaates als auch nach dem Recht des Staates, der die Auslieferung begehrt, strafbar ist (Prinzip der Normidentität). Über die Auslieferung entscheidet das örtlich zuständige Oberlandesgericht.

Gem. § 4 AsylVfG schützt die Anerkennung als Asylberechtigter nicht ohne weiteres vor der Auslieferung.

20. Wird der Versuch einer **unerlaubten Einreise** an der Grenze bemerkt, ist die Grenzbehörde gem. § 60 Abs. 1 AuslG zur **Zurückweisung** des Ausländers verpflichtet, sofern nicht ein *Ausnahmevisum* und/oder *Paßersatzpapiere* gem. § 58 Abs. 2 AuslG ausgestellt werden können. Bei Vorliegen eines Ausweisungsgrundes oder bei begründetem Verdacht, daß der Ausländer über seinen Einreisezweck täuscht, z.B. nicht wie vorgegeben als Tourist einreist, kann er an der Grenze zurückgewiesen werden.

Illegal eingereiste Ausländer unterliegen der **Zurückschiebung** gem. § 61 AuslG innerhalb von sechs Monaten. Die meisten *Schubabkommen* sehen indes eine Wochenfrist vor.

21. Die **behördlichen Verfügungen** sind Verwaltungsakte. Man unterscheidet begünstigende und belastende Verwaltungsakte (begünstigend beispielsweise die Aufenthaltsgenehmigung; belastend deren Versagung).

Gegen eine ungünstige Entscheidung, die den Betreffenden nach seiner Meinung in seinen Rechten verletzt, ist außerhalb des Asylverfahrens das **Rechtsmittel des Widerspruchs** vorgesehen. Der Widerspruch ist regelmäßig innerhalb eines Monats bei der Behörde einzulegen, die den belastenden Verwaltungsakt erlassen hat. Sie kann ihm, falls er begründet ist, von sich aus abhelfen. Andernfalls muß sie die Verhandlungen der Widerspruchsbehörde, zumeist dem Regierungspräsidenten vorlegen. Hilft auch er dem Widerspruch nicht ab und weist ihn zurück, ist dagegen **Anfechtungs-** bzw. **Verpflichtungsklage** zum zuständigen Verwaltungsgericht gegeben. Örtlich ist das Verwaltungsgericht zuständig, in dessen Bereich der angefochtene Verwaltungsakt erging. Maßgebend ist mithin für die örtliche Zuständigkeit grundsätzlich der Sitz der erlassenden Behörde.

Widerspruch und Klage sind innerhalb eines Monats von der Zustellung der Entscheidung an zu erheben. Falls die Behörde über einen Antrag oder Widerspruch nicht rechtzeitig, d. h. in der Regel nicht innerhalb dreier Monate seit Erhebung des Widerspruchs ohne zureichenden Grund entscheidet, kann Untätigkeitsklage erhoben werden. Sie kann mit der Anfechtungs- oder Verpflichtungsklage verbunden werden.

Die Klage muß so rechtzeitig schriftlich erhoben werden, daß sie spätestens mit Fristablauf dem Gericht vorliegt. Sie muß den Kläger, den Beklagten, den Streitgegenstand bezeichnen. Sie soll auch einen bestimmten Antrag enthalten und die zur Begründung dienenden Tatsachen und Beweismittel angeben. Die Rechtsbehelfsbelehrungen, die jeder belastende Verwaltungsakt, insbesondere auch der Widerspruchsbescheid enthält, sind mithin genau zu beachten.

Gem. § 72 Abs. 1 AuslG haben Widerspruch und Klage gegen die Ablehnung eines Antrages auf Erteilung oder Verlängerung einer Aufenthaltserlaubnis keine aufschiebende Wirkung i. S. von § 80 Abs. 1 VwGO. Das Gericht kann auf Antrag die aufschiebende Wirkung anordnen (§ 80 Abs. 5 VwGO). Erläßt die Behörde eine Verfügung, der gegenüber das Rechtsmittel grundsätzlich aufschiebende Wirkung hat, beispielsweise eine Ausweisungsverfügung (§ 80 Abs. 1 Satz 1 VwGO), kann sie die sofortige Vollziehbarkeit anordnen. Das freilich muß sie begründen (§ 80 Abs. 3 VwGO). Das Gericht kann die aufschiebende Wirkung wieder herstellen (§ 80 Abs. 5 VwGO).

22. Besondere Bedeutung für Ausländer hat ihre Sonderstellung bei **sozialen Leistungen (Nr. 10).** Die Leistungsberechtigung von Ausländern ist in den einzelnen Gesetzen unterschiedlich geregelt und knüpft an den tatsächlichen Aufenthalt, den EG-Status oder die Art der Aufenthaltsgenehmigung an. Die Sozialhilfebedürftigkeit und die Inanspruchnahme von Sozialhilfe, sowie die Hilfe zur Erziehung oder die Hilfe für junge Volljährige kann nach § 46 Nr. 6 und 7 AuslG nachteilige Folgen für den Aufenthaltsstatus haben. Dies gilt für Ausländer, die eine Aufenthaltsberechtigung oder eine unbefristete Aufenthaltserlaubnis besitzen, wenn sie sich auf die §§ 45 Abs. 2, 48 AuslG berufen können. Zu beachten ist das Europäische Fürsorgeabkommen, nach dessen Art. 6 eine Ausweisung allein wegen Sozialhilfebedürftigkeit ausgeschlossen ist. Nicht ausgeschlossen ist allerdings nach der

Einführung

Rechtsprechung des Bundesverwaltungsgerichts (BVerwGE 66, 29), daß der Sozialhilfeempfang oder die Sozialhilfebedürftigkeit zum Anlaß genommen werden, eine Aufenthaltsgenehmigung nicht zu verlängern.

23. Im Zuge der Ereignisse vom 11. September 2001 trat am 1. 1. 2002 das Gesetz zur Bekämpfung des internationalen Terrorismus vom 9. 1. 2002 in Kraft. Das AuslG (Nr. 1) wurde umfassend geändert (u. a. Aufnahme biometrischer Merkmale in die Aufenthaltsgenehmigung, Tonbandaufnahmen zur Identitätsfeststellung, Versagung der Aufenthaltsgenehmigung bei Gefährdung der freiheitlich demokratischen Grundordnung, Abschiebung bei Kriegsverbrechen).

1. Ausländergesetz

Vom 9. Juli 1990 (BGBl. I S. 1354)

Verkündet als Art. 1 Gesetz zur Neuregelung des Ausländerrechts vom 9. 7. 1990 (BGBl. I S. 1354)
Zuletzt geändert durch Gesetz vom 9. 1. 2002 (BGBl. I S. 361)
BGBl. III 26-6

Erster Abschnitt. Allgemeine Bestimmungen

§ 1 Einreise und Aufenthalt von Ausländern. (1) Ausländer können nach Maßgabe dieses Gesetzes in das Gebiet der Bundesrepublik Deutschland einschließlich des Landes Berlin (Bundesgebiet) einreisen und sich darin aufhalten, soweit nicht in anderen Gesetzen etwas anderes bestimmt ist.

(2) Ausländer ist jeder, der nicht Deutscher im Sinne des Artikels 116 Abs. 1 des Grundgesetzes ist.

§ 2 Anwendungsbereich. (1) Dieses Gesetz findet keine Anwendung auf Ausländer,

1. die nach Maßgabe der §§ 18 bis 20 des Gerichtsverfassungsgesetzes nicht der deutschen Gerichtsbarkeit unterliegen,

2. soweit sie nach Maßgabe völkerrechtlicher Verträge für den diplomatischen und konsularischen Verkehr und für die Tätigkeit internationaler Organisationen und Einrichtungen von Einwanderungsbeschränkungen, von der Ausländermeldepflicht und dem Erfordernis der Aufenthaltsgenehmigung befreit sind und wenn Gegenseitigkeit besteht, sofern die Befreiungen davon abhängig gemacht werden können.

(2) Auf die Ausländer, die nach Europäischem Gemeinschaftsrecht Freizügigkeit genießen, findet dieses Gesetz nur Anwendung, soweit das Europäische Gemeinschaftsrecht und das Aufenthaltsgesetz/EWG keine abweichenden Bestimmungen enthalten.

§ 3 Erfordernis der Aufenthaltsgenehmigung. (1) [1]Ausländer bedürfen für die Einreise und den Aufenthalt im Bundesgebiet einer Aufenthaltsgenehmigung. [2]Das Bundesministerium des Innern sieht zur Erleichterung des Aufenthalts von Ausländern durch Rechtsverordnung mit Zustimmung des Bundesrates Befreiungen vom Erfordernis der Aufenthaltsgenehmigung vor.

(2) Einer Aufenthaltsgenehmigung bedürfen auch Ausländer, die als Besatzungsmitglieder eines Seeschiffes tätig sind, das berechtigt ist, die Bundesflagge zu führen.

(3) [1]Die Aufenthaltsgenehmigung ist vor der Einreise in der Form des Sichtvermerks (Visum) einzuholen. [2]Das Bundesministerium des Innern kann durch Rechtsverordnung mit Zustimmung des Bundesrates bestimmen, daß die Aufenthaltsgenehmigung vor der Einreise bei der Ausländerbehörde oder nach der Einreise eingeholt werden kann.

(4) [1]Der Bundesminister des Innern kann Rechtsverordnungen nach Absatz 1 Satz 2 und Absatz 3 Satz 2 soweit es zur Erfüllung einer zwischen-

staatlichen Vereinbarung oder zur Wahrung öffentlicher Interessen erforderlich ist, ohne Zustimmung des Bundesrates erlassen und ändern. [2]Eine Rechtsverordnung nach Satz 1 tritt spätestens drei Monate nach ihrem Inkrafttreten
außer Kraft.

(5) Der Aufenthalt eines Ausländers, der keiner Aufenthaltsgenehmigung
bedarf, kann zeitlich und räumlich beschränkt sowie von Bedingungen und
Auflagen abhängig gemacht werden.

§ 4 Paßpflicht. (1) Ausländer, die in das Bundesgebiet einreisen oder sich
darin aufhalten wollen, müssen einen gültigen Paß besitzen.

(2) Das Bundesministerium des Innern kann durch Rechtsverordnung mit
Zustimmung des Bundesrates

1. Ausländer, deren Rückübernahme gesichert ist, von der Paßpflicht befreien,

2. andere amtliche Ausweise als Paßersatz einführen oder zulassen.

Zweiter Abschnitt. Erteilung und Verlängerung der Aufenthaltsgenehmigung

1. Aufenthaltsgenehmigung

§ 5 Arten der Aufenthaltsgenehmigung. (1) Die Aufenthaltsgenehmigung wird erteilt als

1. Aufenthaltserlaubnis (§§ 15, 17),

2. Aufenthaltsberechtigung (§ 27),

3. Aufenthaltsbewilligung (§§ 28, 29),

4. Aufenthaltsbefugnis (§ 30).

(2) [1]Die Aufenthaltsgenehmigung wird nach einheitlichem Vordruckmuster ausgestellt, das eine Seriennummer und eine Zone für das automatische
Lesen enthält. [2]Das Vordruckmuster enthält folgende Angaben:

1. Name und Vorname des Inhabers,

2. Gültigkeitsdauer,

3. Ausstellungsort und -datum,

4. Art der Aufenthaltsgenehmigung,

5. Ausstellungsbehörde,

6. Seriennummer des zugehörigen Passes oder Passersatzpapiers,

7. Anmerkungen.

(3) Wird die Aufenthaltsgenehmigung als eigenständiges Dokument ausgestellt, werden folgende zusätzliche Informationsfelder vorgesehen:

1. Tag und Ort der Geburt,

2. Staatsangehörigkeit,

3. Geschlecht,

4. Anmerkungen,

5. Anschrift des Inhabers,

(4) [1]Die Aufenthaltsgenehmigung kann neben dem Lichtbild und der eigenhändigen Unterschrift weitere biometrische Merkmale von Fingern oder Händen oder Gesicht des Inhabers enthalten. [2]Das Lichtbild, die Unterschrift und die weiteren biometrischen Merkmale dürfen auch in mit Sicherheitsverfahren verschlüsselter Form in die Aufenthaltsgenehmigung eingebracht werden. [3]Auch die in den Absätzen 2 und 3 aufgeführten Angaben über die Person dürfen in mit Sicherheitsverfahren verschlüsselter Form in die Aufenthaltsgenehmigung eingebracht werden.

(5) Die Zone für das automatische Lesen enthält folgende Angaben:

1. Familienname und Vorname,
2. Geburtsdatum,
3. Geschlecht,
4. Staatsangehörigkeit,
5. Art der Aufenthaltsgenehmigung,
6. Seriennummer des Vordrucks,
7. ausstellender Staat,
8. Gültigkeitsdauer,
9. Prüfziffern.

(6) Vordruckmuster und Ausstellungsmodalitäten, ihre Einzelheiten sowie ihre Aufnahme und die Einbringung von Merkmalen in verschlüsselter Form nach Absatz 4 bestimmt das Bundesministerium des Innern nach Maßgabe der gemeinschaftsrechtlichen Regelungen durch Rechtsverordnung, die der Zustimmung des Bundesrates bedarf.

(7) Öffentliche Stellen können die in der Zone für das automatische Lesen enthaltenen Daten zur Erfüllung ihrer gesetzlichen Aufgaben speichern, übermitteln und nutzen.

§ 6 Anspruch auf Aufenthaltsgenehmigung.

(1) [1]Ausländern ist auf Antrag eine Aufenthaltsgenehmigung zu erteilen, wenn sie darauf einen Anspruch haben. [2]Die Aufenthaltsgenehmigung darf nur versagt werden, soweit der Anspruch auf Grund des § 10 Abs. 2 ausgeschlossen oder wenn es ausdrücklich gesetzlich bestimmt ist.

(2) Soweit ein Anspruch auf Erteilung oder Verlängerung einer Aufenthaltsgenehmigung von der Dauer eines rechtmäßigen Aufenthalts im Bundesgebiet oder des Besitzes einer Aufenthaltsgenehmigung abhängig ist, werden die Zeiten nicht angerechnet, in denen der Ausländer sich in Strafhaft befunden hat.

§ 7 Erteilung der Aufenthaltsgenehmigung in sonstigen Fällen.

(1) Soweit kein Anspruch auf Erteilung einer Aufenthaltsgenehmigung besteht, kann Ausländern, die in das Bundesgebiet einreisen oder sich im Bundesgebiet aufhalten wollen, auf Antrag eine Aufenthaltsgenehmigung erteilt werden.

(2) Die Aufenthaltsgenehmigung wird in der Regel versagt, wenn

1. ein Ausweisungsgrund vorliegt,
2. der Ausländer seinen Lebensunterhalt einschließlich ausreichenden Krankenversicherungsschutzes nicht aus eigener Erwerbstätigkeit, eigenem Vermögen oder sonstigen eigenen Mitteln, aus Unterhaltsleistungen von Fami-

lienangehörigen oder Dritten, aus Stipendien, Umschulungs- oder Ausbildungsbeihilfen, aus Arbeitslosengeld oder sonstigen auf einer Beitragsleistung beruhenden öffentlichen Mitteln bestreiten kann oder

3. der Aufenthalt des Ausländers aus einem sonstigen Grunde Interessen der Bundesrepublik Deutschland beeinträchtigt oder gefährdet.

(3) Absatz 2 steht der Erteilung eines Visums ausschließlich für den Zweck der Durchreise durch das Bundesgebiet (Transit-Visum) nicht entgegen, wenn die Ausreise des Ausländers gesichert ist und die Durchreise Interessen der Bundesrepublik Deutschland nicht beeinträchtigt.

§ 8 Besondere Versagungsgründe. (1) Die Aufenthaltsgenehmigung wird auch bei Vorliegen der Voraussetzungen eines Anspruches nach diesem Gesetz versagt, wenn

1. der Ausländer ohne erforderliches Visum eingereist ist,

2. er mit einem Visum eingereist ist, das auf Grund seiner Angaben im Visumsantrag ohne erforderliche Zustimmung der Ausländerbehörde erteilt worden ist,

3. er keinen erforderlichen Paß besitzt,

4. die Identität oder Staatsangehörigkeit des Ausländers ungeklärt ist und er keine Berechtigung zur Rückkehr in einen anderen Staat besitzt,

5. er die freiheitliche demokratische Grundordnung oder die Sicherheit der Bundesrepublik Deutschland gefährdet oder sich bei der Verfolgung politischer Ziele an Gewalttätigkeiten beteiligt oder öffentlich zu Gewaltanwendung aufruft oder mit Gewaltanwendung droht oder wenn Tatsachen belegen, dass er einer Vereinigung angehört, die den internationalen Terrorismus unterstützt, oder er eine derartige Vereinigung unterstützt.

(2) [1]Ein Ausländer, der ausgewiesen oder abgeschoben worden ist, darf nicht erneut ins Bundesgebiet einreisen und sich darin aufhalten. [2]Ihm wird auch bei Vorliegen der Voraussetzungen eines Anspruches nach diesem Gesetz keine Aufenthaltsgenehmigung erteilt. [3]Die in den Sätzen 1 und 2 bezeichneten Wirkungen werden auf Antrag in der Regel befristet. [4]Die Frist beginnt mit der Ausreise.

§ 9 Ausnahmen und Befreiungen von Versagungsgründen. (1) Die Aufenthaltsgenehmigung kann erteilt werden abweichend von

1. § 8 Abs. 1 Nr. 1, wenn die Voraussetzungen eines Anspruches auf Erteilung der Aufenthaltsgenehmigung nach diesem Gesetz offensichtlich erfüllt sind und der Ausländer nur wegen des Zweckes oder der Dauer des beabsichtigten Aufenthalts visumspflichtig ist,

2. § 8 Abs. 1 Nr. 2, wenn die Voraussetzungen eines Anspruches auf Erteilung der Aufenthaltsgenehmigung nach diesem Gesetz offensichtlich erfüllt sind,

3. § 8 Abs. 1 Nr. 3 und 4 in begründeten Einzelfällen, insbesondere bei Vorliegen der Voraussetzungen eines Anspruches auf Erteilung der Aufenthaltsgenehmigung nach diesem Gesetz, wenn der Ausländer sich rechtmäßig im Bundesgebiet aufhält und einen Paß oder eine Rückkehrberechtigung in einen anderen Staat in zumutbarer Weise nicht erlangen kann,

4. § 8 Abs. 1 Nr. 5 in begründeten Einzelfällen, wenn sich der Ausländer gegenüber den zuständigen Behörden offenbart und glaubhaft von seinem sicherheitsgefährdenden Handeln Abstand nimmt.

(2) Das Bundesministerium des Innern oder die von ihm bestimmte Stelle kann in begründeten Einzelfällen vor der Einreise des Ausländers für den Grenzübertritt und einen anschließenden Aufenthalt bis zu sechs Monaten Ausnahmen von § 8 Abs. 1 Nr. 3 bis 5 zulassen.

(3) Einem ausgewiesenen oder abgeschobenen Ausländer kann ausnahmsweise vor Ablauf der nach § 8 Abs. 2 Satz 2 bestimmten Frist erlaubt werden, das Bundesgebiet kurzfristig zu betreten, wenn zwingende Gründe seine Anwesenheit erfordern oder die Versagung der Erlaubnis eine unbillige Härte bedeuten würde.

(4) Das Bundesministerium des Innern bestimmt, wenn es zur Erfüllung völkerrechtlicher Verpflichtungen erforderlich ist, zur Erleichterung des vorübergehenden Aufenthalts von Ausländern durch Rechtsverordnung mit Zustimmung des Bundesrates, daß Ausländern die Einreise und ein Aufenthalt von längstens drei Monaten abweichend von § 7 Abs. 2 und § 8 Abs. 2 erlaubt werden kann.

§ 10 Aufenthaltsgenehmigung zur Arbeitsaufnahme. (1) Ausländern, die sich länger als drei Monate im Bundesgebiet aufhalten wollen, um darin eine unselbständige Erwerbstätigkeit auszuüben, wird eine Aufenthaltsgenehmigung nur nach Maßgabe einer Rechtsverordnung nach Absatz 2 erteilt.

(2) [1]Das Bundesministerium des Innern bestimmt durch Rechtsverordnung mit Zustimmung des Bundesrates die Voraussetzungen und Begrenzungen für Aufenthaltsgenehmigungen zur Ausübung einer unselbständigen Erwerbstätigkeit, soweit es zur Wahrung von Interessen der Bundesrepublik Deutschland und der von ihr eingegangenen Verpflichtungen erforderlich ist. [2]Die Verordnung kann Beschränkungen auf bestimmte Berufe, Beschäftigungen und bestimmte Gruppen von Ausländern vorsehen, Art und Geltungsdauer der Aufenthaltsgenehmigung festlegen und die Erteilung einer unbefristeten Aufenthaltsgenehmigung beschränken oder ausschließen.

(3) Auf Verlangen des Bundestages ist die Rechtsverordnung aufzuheben.

§ 11 Aufenthaltsgenehmigung bei Asylantrag. (1) Einem Ausländer, der einen Asylantrag gestellt hat, kann vor dem bestandskräftigen Abschluß des Asylverfahrens eine Aufenthaltsgenehmigung außer in den Fällen eines gesetzlichen Anspruches nur mit Zustimmung der obersten Landesbehörde und nur dann erteilt werden, wenn wichtige Interessen der Bundesrepublik Deutschland es erfordern.

(2) Eine nach der Einreise des Ausländers von der Ausländerbehörde erteilte oder verlängerte Aufenthaltsgenehmigung kann nach den Vorschriften dieses Gesetzes ungeachtet des Umstandes verlängert werden, daß der Ausländer einen Asylantrag gestellt hat.

§ 12 Geltungsbereich und Geltungsdauer. (1) [1]Die Aufenthaltsgenehmigung wird für das Bundesgebiet (§ 1 Abs. 1) erteilt. [2]Sie kann, auch nachträglich, räumlich beschränkt werden.

(2) [1]Die Aufenthaltsgenehmigung wird befristet oder, wenn es gesetzlich bestimmt ist, unbefristet erteilt. [2]Ist eine für die Erteilung, die Verlängerung

oder die Bestimmung der Geltungsdauer wesentliche Voraussetzung entfallen, kann die befristete Aufenthaltsgenehmigung nachträglich zeitlich beschränkt werden.

§ 13 Verlängerung der Aufenthaltsgenehmigung. (1) Auf die Verlängerung der Aufenthaltsgenehmigung finden dieselben Vorschriften Anwendung wie auf die Erteilung.

(2) ¹Ein Visum, das auf Grund der Angaben des Ausländers im Visumsantrag ohne erforderliche Zustimmung der Ausländerbehörde erteilt wurde, kann auch bei Vorliegen der Voraussetzungen eines Anspruches auf Verlängerung nach diesem Gesetz nicht über eine Geltungsdauer von insgesamt sechs Monaten hinaus verlängert werden. ²§ 9 Abs. 1 Nr. 2 findet entsprechende Anwendung.

§ 14 Bedingungen und Auflagen. (1) ¹Die Aufenthaltsgenehmigung kann mit Bedingungen erteilt und verlängert werden. ²Sie kann insbesondere von dem Nachweis abhängig gemacht werden, daß ein Dritter die erforderlichen Ausreisekosten oder den Unterhalt des Ausländers für einen bestimmten Zeitraum, der die vorgesehene Aufenthaltsdauer nicht überschreiten darf, ganz oder teilweise zu tragen bereit ist.

(2) ¹Die Aufenthaltsgenehmigung kann, auch nachträglich, mit Auflagen verbunden werden. ²Insbesondere können das Verbot oder Beschränkungen der Aufnahme einer Erwerbstätigkeit angeordnet werden. ³Eine unselbständige Erwerbstätigkeit kann nicht der Arbeitserlaubnis oder Arbeitsberechtigung zuwider beschränkt oder untersagt werden, solange der Ausländer eine Aufenthaltsgenehmigung besitzt. ⁴Satz 3 findet auf eine erlaubte selbständige Erwerbstätigkeit entsprechende Anwendung.

(3) Auflagen können schon vor Erteilung der Aufenthaltsgenehmigung angeordnet werden.

2. Aufenthaltserlaubnis und Aufenthaltsberechtigung

§ 15 Aufenthaltserlaubnis. Die Aufenthaltsgenehmigung wird als Aufenthaltserlaubnis erteilt, wenn einem Ausländer der Aufenthalt ohne Bindung an einen bestimmten Aufenthaltszweck erlaubt wird.

§ 16 Recht auf Wiederkehr. (1) Einem Ausländer, der als Minderjähriger rechtmäßig seinen gewöhnlichen Aufenthalt im Bundesgebiet hatte, ist abweichend von § 10 eine Aufenthaltserlaubnis zu erteilen, wenn

1. der Ausländer sich vor seiner Ausreise acht Jahre rechtmäßig im Bundesgebiet aufgehalten und sechs Jahre im Bundesgebiet eine Schule besucht hat,
2. sein Lebensunterhalt aus eigener Erwerbstätigkeit oder durch eine Unterhaltsverpflichtung gesichert ist, die ein Dritter für die Dauer von fünf Jahren übernommen hat, und
3. der Antrag auf Erteilung der Aufenthaltserlaubnis nach Vollendung des 15. und vor Vollendung des 21. Lebensjahres sowie vor Ablauf von fünf Jahren seit der Ausreise gestellt wird.

(2) ¹Zur Vermeidung einer besonderen Härte kann von den in Absatz 1 Nr. 1 und 3 bezeichneten Voraussetzungen abgewichen werden. ²Von den in

Absatz 1 Nr. 1 bezeichneten Voraussetzungen kann abgesehen werden, wenn der Ausländer im Bundesgebiet einen anerkannten Schulabschluß erworben hat.

(3) Die Erteilung der Aufenthaltserlaubnis kann versagt werden,

1. wenn der Ausländer ausgewiesen worden war oder ausgewiesen werden konnte, als er das Bundesgebiet verließ,

2. wenn ein Ausweisungsgrund vorliegt oder

3. solange der Ausländer minderjährig und seine persönliche Betreuung im Bundesgebiet nicht gewährleistet ist.

(4) Die Aufenthaltserlaubnis ist zu verlängern, auch wenn der Lebensunterhalt nicht mehr aus eigener Erwerbstätigkeit gesichert oder die Unterhaltsverpflichtung wegen Ablaufs der fünf Jahre entfallen ist.

(5) Einem Ausländer, der von einem Träger im Bundesgebiet Rente bezieht, wird in der Regel eine Aufenthaltserlaubnis erteilt, wenn er sich vor seiner Ausreise mindestens acht Jahre rechtmäßig im Bundesgebiet aufgehalten hat.

§ 17 Familiennachzug zu Ausländern. (1) Einem ausländischen Familienangehörigen eines Ausländers kann zum Zwecke des nach Artikel 6 des Grundgesetzes gebotenen Schutzes von Ehe und Familie eine Aufenthaltserlaubnis für die Herstellung und Wahrung der familiären Lebensgemeinschaft mit dem Ausländer im Bundesgebiet erteilt und verlängert werden.

(2) Die Aufenthaltserlaubnis darf zu dem in Absatz 1 bezeichneten Zweck nur erteilt werden, wenn

1. der Ausländer eine Aufenthaltserlaubnis oder Aufenthaltsberechtigung besitzt,

2. ausreichender Wohnraum zur Verfügung steht und

3. der Lebensunterhalt des Familienangehörigen aus eigener Erwerbstätigkeit des Ausländers, aus eigenem Vermögen oder sonstigen eigenen Mitteln gesichert ist; zur Vermeidung einer besonderen Härte kann die Aufenthaltserlaubnis erteilt werden, wenn der Lebensunterhalt der Familie auch aus eigener Erwerbstätigkeit des sich rechtmäßig oder geduldet im Bundesgebiet aufhaltenden Familienangehörigen oder durch einen unterhaltspflichtigen Familienangehörigen gesichert wird.

(3) Dem Ehegatten und minderjährigen ledigen Kindern eines Asylberechtigten kann abweichend von Absatz 2 eine Aufenthaltserlaubnis erteilt werden.

(4) [1]Als ausreichender Wohnraum nach den Vorschriften dieses Gesetzes darf nicht mehr gefordert werden, als für die Unterbringung eines Wohnungsuchenden in einer öffentlich geförderten Sozialmietwohnung genügt. [2]Der Wohnraum ist nicht ausreichend, wenn er auch nach für Deutsche geltenden Rechtsvorschriften hinsichtlich Beschaffenheit und Belegung nicht genügt. [3]Kinder bis zur Vollendung des zweiten Lebensjahres werden bei der Berechnung des für die Familienunterbringung ausreichenden Wohnraums nicht mitgezählt.

(5) Die Aufenthaltserlaubnis kann auch bei Vorliegen der Voraussetzungen eines Anspruches nach diesem Gesetz versagt werden, wenn gegen den Familienangehörigen ein Ausweisungsgrund vorliegt oder wenn der Ausländer für

sonstige ausländische Familienangehörige, die sich im Bundesgebiet aufhalten und denen er allgemein zum Unterhalt verpflichtet ist, oder für Personen in seinem Haushalt, für die er Unterhalt getragen oder auf Grund einer Zusage zu tragen hat, Sozialhilfe in Anspruch nimmt oder in Anspruch nehmen muß.

§ 18 Ehegattennachzug. (1) Dem Ehegatten eines Ausländers ist nach Maßgabe des § 17 eine Aufenthaltserlaubnis zu erteilen, wenn der Ausländer

1. eine Aufenthaltsberechtigung besitzt,

2. als Asylberechtigter anerkannt ist,

3. eine Aufenthaltserlaubnis besitzt, die Ehe schon im Zeitpunkt der Einreise des Ausländers bestanden hat und von diesem bei der erstmaligen Beantragung der Aufenthaltserlaubnis angegeben worden ist oder

4. im Bundesgebiet geboren oder als Minderjähriger eingereist ist, eine unbefristete Aufenthaltserlaubnis oder eine Aufenthaltsberechtigung besitzt, sich acht Jahre rechtmäßig im Bundesgebiet aufgehalten hat und volljährig ist.

(2) Die Aufenthaltserlaubnis kann abweichend von Absatz 1 Nr. 3 erteilt werden.

(3) [1] In den Fällen des Absatzes 1 Nr. 4 kann dem Ehegatten eine Aufenthaltserlaubnis abweichend von § 17 Abs. 2 Nr. 3 erteilt werden, wenn der Lebensunterhalt der Ehegatten ohne Inanspruchnahme öffentlicher Mittel gesichert ist; der Erteilung der Aufenthaltserlaubnis steht nicht die Inanspruchnahme von Stipendien und Ausbildungsbeihilfen sowie von solchen öffentlichen Mitteln entgegen, die auf einer Beitragsleistung beruhen. [2] Das gleiche gilt, wenn in den Fällen des Absatzes 1 Nr. 4 der Ausländer sich seit fünf Jahren rechtmäßig im Bundesgebiet aufhält und aus der Ehe ein Kind hervorgegangen oder die Ehefrau schwanger ist.

(4) Die Aufenthaltserlaubnis kann abweichend von § 17 Abs. 2 Nr. 2 und 3 befristet verlängert werden, solange die eheliche Lebensgemeinschaft fortbesteht.

(5) Ist nach der Aufhebung der ehelichen Lebensgemeinschaft dem einen Ehegatten der weitere Aufenthalt nach § 19 erlaubt worden, wird dem anderen Ehegatten zur Wiederherstellung der ehelichen Lebensgemeinschaft im Bundesgebiet eine Aufenthaltserlaubnis nur erteilt, wenn er ausgereist war, ohne daß für ihn die Erteilung einer unbefristeten Aufenthaltserlaubnis ausgeschlossen war.

§ 19 Eigenständiges Aufenthaltsrecht der Ehegatten. (1) [1] Die Aufenthaltserlaubnis des Ehegatten wird im Falle der Aufhebung der ehelichen Lebensgemeinschaft als eigenständiges, von dem in § 17 Abs. 1 bezeichneten Aufenthaltszweck unabhängiges Aufenthaltsrecht verlängert, wenn

1. die eheliche Lebensgemeinschaft seit mindestens zwei Jahren rechtmäßig im Bundesgebiet bestanden hat,

2. die eheliche Lebensgemeinschaft rechtmäßig im Bundesgebiet bestanden hat und es zur Vermeidung einer besonderen Härte erforderlich ist, dem Ehegatten den weiteren Aufenthalt zu ermöglichen, es sei denn, für den Ausländer ist die Erteilung einer unbefristeten Aufenthaltserlaubnis ausgeschlossen, oder

3. der Ausländer gestorben ist, während die eheliche Lebensgemeinschaft im Bundesgebiet bestand,

und wenn

4. der Ausländer bis zum Eintritt der in den Nummern 1 bis 3 bezeichneten Voraussetzungen im Besitz der Aufenthaltserlaubnis oder Aufenthaltsberechtigung war, es sei denn, er konnte aus von ihm nicht zu vertretenden Gründen nicht rechtzeitig die Verlängerung der Aufenthaltserlaubnis beantragen.

²Eine besondere Härte im Sinne von Satz 1 Nr. 2 liegt insbesondere vor, wenn dem Ehegatten wegen der aus der Auflösung der ehelichen Lebensgemeinschaft erwachsenden Rückkehrverpflichtung eine erhebliche Beeinträchtigung seiner schutzwürdigen Belange droht, oder wenn dem Ehegatten wegen der Beeinträchtigung seiner schutzwürdigen Belange das weitere Festhalten an der ehelichen Lebensgemeinschaft unzumutbar ist; zu den schutzwürdigen Belangen zählt auch das Wohl eines mit dem Ehegatten in familiärer Lebensgemeinschaft lebenden Kindes. ³Zur Vermeidung von Missbrauch kann die Verlängerung der Aufenthaltserlaubnis in den Fällen des Satzes 1 Nr. 2 versagt werden, wenn der Ehegatte aus einem von ihm zu vertretenden Grund auf die Inanspruchnahme von Sozialhilfe angewiesen ist.

(2) ¹In den Fällen des Absatzes 1 ist die Aufenthaltserlaubnis für ein Jahr zu verlängern; die Inanspruchnahme von Sozialhilfe steht dieser Verlängerung, unbeschadet des Absatzes 1 Satz 3, nicht entgegen. ²Danach kann die Aufenthaltserlaubnis befristet verlängert werden, solange die Voraussetzungen für die unbefristete Verlängerung nicht vorliegen.

(3) Die Verlängerung der Aufenthaltserlaubnis kann unbeschadet des Absatzes 2 Satz 1 versagt werden, wenn gegen den Ehegatten ein Ausweisungsgrund vorliegt.

(4) Im übrigen wird die Aufenthaltserlaubnis eines Ehegatten mit der unbefristeten Verlängerung zu einem eigenständigen, von dem in § 17 Abs. 1 bezeichneten Aufenthaltszweck unabhängigen Aufenthaltsrecht.

§ 20 Kindernachzug. (1) Dem minderjährigen ledigen Kind eines Asylberechtigten ist nach Maßgabe des § 17 eine Aufenthaltserlaubnis zu erteilen.

(2) Dem ledigen Kind eines sonstigen Ausländers ist nach Maßgabe des § 17 eine Aufenthaltserlaubnis zu erteilen, wenn

1. auch der andere Elternteil eine Aufenthaltserlaubnis oder Aufenthaltsberechtigung besitzt oder gestorben ist und

2. das Kind das 16. Lebensjahr noch nicht vollendet hat.

(3) ¹Von der in Absatz 2 Nr. 1 bezeichneten Voraussetzung kann abgesehen werden, wenn die Eltern nicht oder nicht mehr miteinander verheiratet sind. ²Einem Kind, das sich seit fünf Jahren rechtmäßig im Bundesgebiet aufhält, kann die Aufenthaltserlaubnis abweichend von Absatz 2 Nr. 1 und § 17 Abs. 2 Nr. 3 erteilt werden.

(4) Im übrigen kann dem minderjährigen ledigen Kind eines Ausländers nach Maßgabe des § 17 eine Aufenthaltserlaubnis erteilt werden, wenn

1. das Kind die deutsche Sprache beherrscht oder gewährleistet erscheint, daß es sich auf Grund seiner bisherigen Ausbildung und Lebensverhältnisse in

die Lebensverhältnisse in der Bundesrepublik Deutschland einfügen kann oder

2. es auf Grund der Umstände des Einzelfalles zur Vermeidung einer besonderen Härte erforderlich ist.

(5) [1] Dem minderjährigen ledigen Kind eines Ausländers, der im Bundesgebiet geboren oder als Minderjähriger eingereist ist, kann die Aufenthaltserlaubnis abweichend von § 17 Abs. 2 Nr. 3 erteilt werden, wenn der Lebensunterhalt ohne Inanspruchnahme öffentlicher Mittel gesichert ist. [2] Der Erteilung der Aufenthaltserlaubnis steht nicht die Inanspruchnahme von Stipendien und Ausbildungsbeihilfen sowie von solchen öffentlichen Mitteln entgegen, die auf einer Beitragsleistung beruhen.

(6) Die einem Kind erteilte Aufenthaltserlaubnis wird abweichend von § 17 Abs. 2 Nr. 2 und 3 verlängert.

§ 21 Aufenthaltsrecht der Kinder. (1) [1] Einem Kind, das im Bundesgebiet geboren wird, ist von Amts wegen eine Aufenthaltserlaubnis zu erteilen, wenn die Mutter eine Aufenthaltserlaubnis oder Aufenthaltsberechtigung besitzt. [2] Die Aufenthaltserlaubnis ist nach Maßgabe des § 17 zu verlängern, solange die Mutter oder der allein personensorgeberechtigte Vater eine Aufenthaltserlaubnis oder Aufenthaltsberechtigung besitzt. [3] Sie wird abweichend von § 17 Abs. 2 Nr. 2 und 3 verlängert.

(2) Auf die Verlängerung der einem Kind erteilten Aufenthaltserlaubnis findet, soweit die Voraussetzungen des Absatzes 1 und der §§ 17 und 20 nicht vorliegen, § 16 entsprechende Anwendung.

(3) Die einem Kind erteilte Aufenthaltserlaubnis wird zu einem eigenständigen, von dem in § 17 Abs. 1 bezeichneten Aufenthaltszweck unabhängigen Aufenthaltsrecht, wenn sie unbefristet oder in entsprechender Anwendung des § 16 verlängert wird oder wenn das Kind volljährig wird.

(4) Die Aufenthaltserlaubnis kann befristet verlängert werden, solange die Voraussetzungen für die unbefristete Verlängerung noch nicht vorliegen.

§ 22 Nachzug sonstiger Familienangehöriger. [1] Einem sonstigen Familienangehörigen eines Ausländers kann nach Maßgabe des § 17 eine Aufenthaltserlaubnis erteilt werden, wenn es zur Vermeidung einer außergewöhnlichen Härte erforderlich ist. [2] Auf volljährige Familienangehörige finden § 18 Abs. 4 und § 19 und auf minderjährige Familienangehörige § 20 Abs. 6 und § 21 Abs. 2 bis 4 entsprechende Anwendung.

§ 23 Ausländische Familienangehörige Deutscher. (1) Die Aufenthaltserlaubnis ist nach Maßgabe des § 17 Abs. 1

1. dem ausländischen Ehegatten eines Deutschen,

2. dem ausländischen minderjährigen ledigen Kind eines Deutschen,

3. dem ausländischen Elternteil eines minderjährigen ledigen Deutschen zur Ausübung der Personensorge

zu erteilen, wenn der Deutsche seinen gewöhnlichen Aufenthalt im Bundesgebiet hat; sie kann nach Maßgabe des § 17 Abs. 1 auch dem nichtsorgeberechtigten Elternteil eines minderjährigen ledigen Deutschen erteilt werden, wenn die familiäre Gemeinschaft schon im Bundesgebiet gelebt wird.

(2) [1]Die Aufenthaltserlaubnis wird in der Regel für drei Jahre erteilt. [2]Sie wird befristet verlängert, solange die familiäre Lebensgemeinschaft mit dem Deutschen im Bundesgebiet fortbesteht und die Voraussetzungen für die unbefristete Verlängerung noch nicht vorliegen.

(3) § 17 Abs. 5 und die §§ 19 und 21 finden entsprechende Anwendung; an die Stelle der Aufenthaltsgenehmigung des Ausländers tritt der gewöhnliche Aufenthalt des Deutschen im Bundesgebiet.

(4) Auf sonstige Familienangehörige findet § 22 entsprechende Anwendung.

§ 24 Unbefristete Aufenthaltserlaubnis. (1) Die Aufenthaltserlaubnis ist unbefristet zu verlängern, wenn der Ausländer

1. die Aufenthaltserlaubnis seit fünf Jahren besitzt,

2. eine Arbeitsberechtigung besitzt, sofern er Arbeitnehmer ist,

3. im Besitz der sonstigen für eine dauernde Ausübung seiner Erwerbstätigkeit erforderlichen Erlaubnisse ist,

4. sich auf einfache Art in deutscher Sprache mündlich verständigen kann,

5. über ausreichenden Wohnraum (§ 17 Abs. 4) für sich und seine mit ihm in häuslicher Gemeinschaft lebenden Familienangehörigen verfügt

und wenn

6. kein Ausweisungsgrund vorliegt.

(2) [1]Ist der Ausländer nicht erwerbstätig, wird die Aufenthaltserlaubnis nach Maßgabe des Absatzes 1 nur verlängert, wenn der Lebensunterhalt des Ausländers

1. aus eigenem Vermögen oder aus sonstigen eigenen Mitteln oder

2. durch einen Anspruch auf Arbeitslosengeld oder noch für sechs Monate durch einen Anspruch auf Arbeitslosenhilfe

gesichert ist. [2]Im Falle des Satzes 1 Nr. 2 kann die Aufenthaltserlaubnis nachträglich zeitlich beschränkt werden, wenn der Ausländer nicht innerhalb von drei Jahren nachweist, daß sein Lebensunterhalt aus eigener Erwerbstätigkeit gesichert ist.

§ 25 Unbefristete Aufenthaltserlaubnis für Ehegatten. (1) Bei Ehegatten, die in ehelicher Lebensgemeinschaft zusammenleben, genügt es, wenn die in § 24 Abs. 1 Nr. 2 und 3 und Abs. 2 Satz 1 bezeichneten Voraussetzungen durch einen Ehegatten erfüllt werden.

(2) Die einem Ehegatten nach § 18 erteilte Aufenthaltserlaubnis wird nach Aufhebung der ehelichen Lebensgemeinschaft abweichend von § 24 Abs. 1 Nr. 2 und 3 und Abs. 2 Satz 1 unbefristet verlängert, wenn der Lebensunterhalt des Ehegatten durch Unterhaltsleistungen aus eigenen Mitteln des Ausländers gesichert ist und dieser eine unbefristete Aufenthaltserlaubnis oder Aufenthaltsberechtigung besitzt.

(3) [1]Die dem Ehegatten eines Deutschen erteilte Aufenthaltserlaubnis ist in der Regel nach drei Jahren unbefristet zu verlängern, wenn die eheliche Lebensgemeinschaft mit dem Deutschen fortbesteht und die in § 24 Abs. 1 Nr. 4 und 6 bezeichneten Voraussetzungen vorliegen. [2]Im Falle der Aufhebung der ehelichen Lebensgemeinschaft findet Absatz 2 entsprechende Anwendung.

§ 26 Unbefristete Aufenthaltserlaubnis für nachgezogene Kinder.
(1) [1] Die einem minderjährigen Ausländer zu dem in § 17 Abs. 1 bezeichneten Zweck erteilte Aufenthaltserlaubnis ist abweichend von § 24 unbefristet zu verlängern, wenn der Ausländer im Zeitpunkt der Vollendung seines 16. Lebensjahres seit acht Jahren im Besitz der Aufenthaltserlaubnis ist. [2] Das gleiche gilt, wenn der Ausländer

1. volljährig und seit acht Jahren im Besitz der Aufenthaltserlaubnis ist,

2. über ausreichende Kenntnisse der deutschen Sprache verfügt und

3. seinen Lebensunterhalt aus eigener Erwerbstätigkeit, eigenem Vermögen oder sonstigen eigenen Mitteln bestreiten kann oder sich in einer Ausbildung befindet, die zu einem anerkannten schulischen oder beruflichen Bildungsabschluß führt.

(2) Auf die nach Absatz 1 erforderliche Dauer des Besitzes der Aufenthaltserlaubnis werden in der Regel nicht die Zeiten angerechnet, in denen der Ausländer außerhalb des Bundesgebiets die Schule besucht hat.

(3) [1] Die unbefristete Aufenthaltserlaubnis darf nur versagt werden, wenn

1. ein auf dem persönlichen Verhalten des Ausländers beruhender Ausweisungsgrund vorliegt,

2. der Ausländer in den letzten drei Jahren wegen einer vorsätzlichen Straftat zu einer Jugend- oder Freiheitsstrafe von mindestens sechs Monaten oder einer Geldstrafe von mindestens 180 Tagessätzen verurteilt worden oder wenn die Verhängung einer Jugendstrafe ausgesetzt ist oder

3. der Lebensunterhalt nicht ohne Inanspruchnahme von Sozialhilfe oder Jugendhilfe nach dem Achten Buch Sozialgesetzbuch gesichert ist, es sei denn, der Ausländer befindet sich in einer Ausbildung, die zu einem anerkannten schulischen oder beruflichen Bildungsabschluß führt.

[2] In den Fällen des Satzes 1 kann die Aufenthaltserlaubnis befristet verlängert werden. [3] Ist im Falle des Satzes 1 Nr. 2 die Jugend- oder Freiheitsstrafe zur Bewährung oder die Verhängung einer Jugendstrafe ausgesetzt, wird die Aufenthaltserlaubnis in der Regel bis zum Ablauf der Bewährungszeit befristet verlängert.

(4) [1] Von den in Absatz 1 Nr. 2 und 3 und Absatz 3 Nr. 3 bezeichneten Voraussetzungen ist abzusehen, wenn sie von dem Ausländer wegen einer körperlichen, geistigen oder seelischen Krankheit oder Behinderung nicht erfüllt werden können. [2] Dies ist der Fall, wenn für die gewöhnlichen und regelmäßig wiederkehrenden Verrichtungen im Ablauf des täglichen Lebens voraussichtlich auf Dauer in erheblichem Maße eine Hilfsbedürftigkeit besteht.

§ 27 Aufenthaltsberechtigung. (1) [1] Die Aufenthaltsberechtigung ist zeitlich und räumlich unbeschränkt. [2] Sie kann nicht mit Bedingungen und Auflagen verbunden werden. [3] § 37 bleibt unberührt.

(2) Einem Ausländer ist die Aufenthaltsberechtigung zu erteilen, wenn

1. er seit
    a) acht Jahren die Aufenthaltserlaubnis besitzt oder
    b) drei Jahren die unbefristete Aufenthaltserlaubnis besitzt und zuvor im Besitz einer Aufenthaltsbefugnis war,

2. sein Lebensunterhalt aus eigener Erwerbstätigkeit, eigenem Vermögen oder sonstigen eigenen Mitteln gesichert ist,

3. er mindestens 60 Monate Pflichtbeiträge oder freiwillige Beiträge zur gesetzlichen Rentenversicherung geleistet hat oder Aufwendungen nachweist für einen Anspruch auf vergleichbare Leistungen einer Versicherungs- oder Versorgungseinrichtung oder eines Versicherungsunternehmens,

4. er in den letzten drei Jahren nicht wegen einer vorsätzlichen Straftat zu einer Jugend- oder Freiheitsstrafe von sechs Monaten oder einer Geldstrafe von 180 Tagessätzen oder einer höheren Strafe verurteilt worden ist und

5. die in § 24 Abs. 1 Nr. 2 bis 6 bezeichneten Voraussetzungen vorliegen.

(3) [1] In begründeten Fällen kann abweichend von Absatz 2 Nr. 1 einem Ausländer die Aufenthaltsberechtigung erteilt werden, wenn er seit fünf Jahren die Aufenthaltserlaubnis besitzt. [2] Ein solcher Fall liegt insbesondere vor bei

1. ehemaligen deutschen Staatsangehörigen,

2. Ausländern, die mit einem Deutschen in ehelicher Lebensgemeinschaft leben,

3. Asylberechtigten und diesen gleichgestellten Ausländern.

(4) Bei Ehegatten, die in ehelicher Lebensgemeinschaft zusammenleben, genügt es, wenn die in Absatz 2 Nr. 2 und 3 und in § 24 Abs. 1 Nr. 2 und 3 bezeichneten Voraussetzungen durch einen Ehegatten erfüllt werden.

(4a) [1] Die Aufenthaltsberechtigung wird abweichend von Absatz 2 Nr. 3 erteilt, wenn sich der Ausländer in einer Ausbildung befindet, die zu einem anerkannten schulischen oder beruflichen Bildungsabschluß führt. [2] Der Erteilung der Aufenthaltsberechtigung steht nicht die Inanspruchnahme von Stipendien und Ausbildungsbeihilfen sowie von solchen öffentlichen Mitteln entgegen, die auf einer Beitragsleistung beruhen.

(5) Bei straffälligen Ausländern beginnt die in Absatz 2 Nr. 4 bezeichnete Frist mit der Entlassung aus der Strafhaft.

§ 27 a Nachzug von Lebenspartnern. [1] Dem ausländischen Lebenspartner eines Ausländers kann eine Aufenthaltserlaubnis für die Herstellung und Wahrung der lebenspartnerschaftlichen Gemeinschaft mit dem Ausländer im Bundesgebiet erteilt und verlängert werden. [2] Auf die Einreise und den Aufenthalt des Lebenspartners finden § 17 Abs. 2 bis 5, §§ 18, 19 Abs. 1 Satz 1 Nr. 1, 3 und 4, Abs. 2 bis 4, §§ 23, 25 und 27 Abs. 3 Satz 2 Nr. 2 und Abs. 4 entsprechend Anwendung.

3. Aufenthaltsbewilligung

§ 28 Aufenthaltsbewilligung. (1) [1] Die Aufenthaltsgenehmigung wird als Aufenthaltsbewilligung erteilt, wenn einem Ausländer der Aufenthalt nur für einen bestimmten, seiner Natur nach einen nur vorübergehenden Aufenthalt erfordernden Zweck erlaubt wird. [2] § 10 bleibt unberührt.

(2) [1] Die Aufenthaltsbewilligung wird dem Aufenthaltszweck entsprechend befristet. [2] Sie wird für längstens zwei Jahre erteilt und kann um jeweils längstens zwei Jahre nur verlängert werden, wenn der Aufenthaltszweck noch nicht erreicht ist und in einem angemessenen Zeitraum noch erreicht werden kann.

(3) [1] Einem Ausländer kann in der Regel vor seiner Ausreise die Aufenthaltsbewilligung nicht für einen anderen Aufenthaltszweck erneut erteilt oder verlängert werden. [2] Eine Aufenthaltserlaubnis kann vor Ablauf eines Jahres

seit der Ausreise des Ausländers nicht erteilt werden; dies gilt nicht in den Fällen eines gesetzlichen Anspruches oder wenn es im öffentlichen Interesse liegt. [3]Sätze 1 und 2 finden keine Anwendung auf Ausländer, die sich noch nicht länger als ein Jahr im Bundesgebiet aufhalten.

(4) [1]Einem Ausländer, der sich aus beruflichen oder familiären Gründen wiederholt im Bundesgebiet aufhalten will, kann ein Visum mit der Maßgabe erteilt werden, daß er sich bis zu insgesamt drei Monaten jährlich im Bundesgebiet aufhalten darf. [2]Einem Ausländer, der von einem Träger im Bundesgebiet eine Rente bezieht und der familiäre Bindungen im Bundesgebiet hat, wird in der Regel ein Visum nach Satz 1 erteilt.

§ 29 Aufenthaltsbewilligung für Familienangehörige. (1) Dem Ehegatten eines Ausländers, der eine Aufenthaltsbewilligung besitzt, kann zum Zwecke des nach Artikel 6 des Grundgesetzes gebotenen Schutzes von Ehe und Familie eine Aufenthaltsbewilligung für die Herstellung und Wahrung der ehelichen Lebensgemeinschaft mit dem Ausländer im Bundesgebiet erteilt werden, wenn

1. der Lebensunterhalt des Ausländers und des Ehegatten ohne Inanspruchnahme von Sozialhilfe gesichert ist und

2. ausreichender Wohnraum (§ 17 Abs. 4) zur Verfügung steht.

(2) [1]Einem minderjährigen ledigen Kind eines Ausländers, der eine Aufenthaltsbewilligung besitzt, wird in entsprechender Anwendung der für die Erteilung der Aufenthaltserlaubnis an ein minderjähriges lediges Kind geltenden Vorschriften des § 20 Abs. 2 bis 4 und des § 21 Abs. 1 Satz 1 eine Aufenthaltsbewilligung erteilt. [2]Als gesicherter Lebensunterhalt genügt, daß dieser ohne Inanspruchnahme von Sozialhilfe gesichert ist.

(3) [1]Die Aufenthaltsbewilligung des Ehegatten und eines Kindes kann nur verlängert werden, solange der Ausländer eine Aufenthaltsbewilligung besitzt und die familiäre Lebensgemeinschaft mit ihm fortbesteht. [2]Von der Voraussetzung des gesicherten Lebensunterhalts kann bei der Verlängerung abgesehen werden.

(4) Dem Lebenspartner eines Ausländers, der eine Aufenthaltsbewilligung besitzt, kann unter den Voraussetzungen des Absatzes 1 Nr. 1 und 2 eine Aufenthaltsbewilligung für die Herstellung und Wahrung der lebenspartnerschaftlichen Gemeinschaft erteilt werden. Für die Verlängerung gilt Absatz 3 entsprechend.

4. Aufenthaltsbefugnis

§ 30 Aufenthaltsbefugnis. (1) Die Aufenthaltsgenehmigung wird als Aufenthaltsbefugnis erteilt, wenn einem Ausländer aus völkerrechtlichen oder dringenden humanitären Gründen oder zur Wahrung politischer Interessen der Bundesrepublik Deutschland Einreise und Aufenthalt im Bundesgebiet erlaubt werden soll und die Erteilung einer Aufenthaltserlaubnis ausgeschlossen ist oder ihr einer der in § 7 Abs. 2 bezeichneten Versagungsgründe entgegensteht.

(2) Einem Ausländer, der sich rechtmäßig im Bundesgebiet aufhält, kann aus dringenden humanitären Gründen eine Aufenthaltsbefugnis erteilt werden, wenn

1. die Erteilung oder Verlängerung einer anderen Aufenthaltsgenehmigung ausgeschlossen ist und

2. auf Grund besonderer Umstände des Einzelfalles das Verlassen des Bundesgebiets für den Ausländer eine außergewöhnliche Härte bedeuten würde;

soweit der Ausländer nicht mit einem weiteren Aufenthalt im Bundesgebiet rechnen durfte, sind die Dauer des bisherigen Aufenthalts des Ausländers und seiner Familienangehörigen nicht als dringende humanitäre Gründe anzusehen.

(3) Einem Ausländer, der unanfechtbar ausreisepflichtig ist, kann eine Aufenthaltsbefugnis abweichend von § 8 Abs. 1 erteilt werden, wenn die Voraussetzungen des § 55 Abs. 2 für eine Duldung vorliegen, weil seiner freiwilligen Ausreise und seiner Abschiebung Hindernisse entgegenstehen, die er nicht zu vertreten hat.

(4) Im übrigen kann einem Ausländer, der seit mindestens zwei Jahren unanfechtbar ausreisepflichtig ist und eine Duldung besitzt, abweichend von § 8 Abs. 1 und 2 eine Aufenthaltsbefugnis erteilt werden, es sei denn, der Ausländer weigert sich, zumutbare Anforderungen zur Beseitigung des Abschiebungshindernisses zu erfüllen.

(5) Einem Ausländer, dessen Asylantrag unanfechtbar abgelehnt worden ist oder der seinen Asylantrag zurückgenommen hat, darf eine Aufenthaltsbefugnis nur nach Maßgabe der Absätze 3 und 4 erteilt werden.

§ 31 Aufenthaltsbefugnis für Familienangehörige. (1) Dem Ehegatten oder Lebenspartner und einem minderjährigen ledigen Kind eines Ausländers, der eine Aufenthaltsbefugnis besitzt, darf nach Maßgabe des § 30 Abs. 1 bis 4 und abweichend von § 30 Abs. 5 eine Aufenthaltsbefugnis zur Herstellung und Wahrung der familiären Lebensgemeinschaft mit dem Ausländer im Bundesgebiet erteilt werden.

(2) [1]Einem Kind, das im Bundesgebiet geboren wird, ist von Amts wegen eine Aufenthaltsbefugnis zu erteilen, wenn die Mutter eine Aufenthaltsbefugnis besitzt. [2]Die Aufenthaltsbefugnis ist zu verlängern, solange die Mutter oder der allein personensorgeberechtigte Vater eine Aufenthaltsbefugnis besitzt.

§ 32 Aufnahmebefugnis der obersten Landesbehörden. [1]Die oberste Landesbehörde kann aus völkerrechtlichen oder humanitären Gründen oder zur Wahrung politischer Interessen der Bundesrepublik Deutschland anordnen, daß Ausländern aus bestimmten Staaten oder daß in sonstiger Weise bestimmten Ausländergruppen nach den §§ 30 und 31 Abs. 1 eine Aufenthaltsbefugnis erteilt wird und daß erteilte Aufenthaltsbefugnisse verlängert werden. [2]Zur Wahrung der Bundeseinheitlichkeit bedarf die Anordnung des Einvernehmens mit dem Bundesministerium des Innern.

§ 32a Aufnahme von Kriegs- und Bürgerkriegsflüchtlingen.
(1) [1]Verständigen sich der Bund und die Länder einvernehmlich darüber, daß Ausländer aus Kriegs- oder Bürgerkriegsgebieten vorübergehend Schutz in der Bundesrepublik Deutschland erhalten, ordnet die oberste Landesbehörde an, daß diesen Ausländern zur vorübergehenden Aufnahme eine Aufenthaltsbefugnis erteilt und verlängert wird. [2]Zur Wahrung der Bundeseinheit-

lichkeit bedarf die Anordnung des Einvernehmens mit dem Bundesministerium des Innern. [3] Die Anordnung kann vorsehen, daß die Aufenthaltsbefugnis abweichend von § 7 Abs. 2 und § 8 Abs. 1 erteilt wird. [4] Die Anordnung kann insbesondere auch vorsehen, daß die Aufenthaltsbefugnis nur erteilt wird, wenn der Ausländer einen vor Erlaß der Anordnung gestellten Asylantrag zurücknimmt oder erklärt, daß ihm keine politische Verfolgung im Sinne des § 51 Abs. 1 droht.

(2) Die Aufenthaltsbefugnis darf nur erteilt werden, wenn der Ausländer keinen Asylantrag stellt oder einen nach Erlaß der Anordnung nach Absatz 1 gestellten Asylantrag zurücknimmt.

(3) Familienangehörigen eines nach Absatz 1 aufgenommenen Ausländers darf eine Aufenthaltsbefugnis nur nach Maßgabe der Absätze 1 und 2 erteilt werden.

(4) [1] Die Ausländerbehörde unterrichtet unverzüglich das Bundesamt für die Anerkennung ausländischer Flüchtlinge über die Erteilung und den Ablauf der Geltungsdauer der Aufenthaltsbefugnis, wenn sie einem Ausländer erteilt wird, der einen Asylantrag gestellt und nicht nach Absatz 1 Satz 4 oder Absatz 2 zurückzunehmen hat. [2] Sie hat den Ausländer über die Regelungen des § 32a Abs. 2 und des § 80a Abs. 2 des Asylverfahrensgesetzes schriftlich zu belehren.

(5) [1] Der Ausländer hat keinen Anspruch darauf, sich in einem bestimmten Land oder an einem bestimmten Ort aufzuhalten. [2] Er darf seinen Wohnsitz und seinen gewöhnlichen Aufenthalt nur in dem Gebiet des Landes nehmen, das die Aufenthaltsbefugnis erteilt hat, im Falle der Verteilung nur im Gebiet des Landes, in das er verteilt worden ist. [3] Ist in einem Zuweisungsbescheid ein bestimmter Ort angegeben, hat der Ausländer an diesem Ort seinen Wohnsitz und gewöhnlichen Aufenthalt zu nehmen. [4] Die Ausländerbehörde eines anderen Landes kann in begründeten Ausnahmefällen dem Ausländer erlauben, in ihrem Bezirk seinen Wohnsitz und gewöhnlichen Aufenthalt zu nehmen.

(6) Die Ausübung einer unselbständigen Erwerbstätigkeit darf nicht durch eine Auflage ausgeschlossen werden.

(7) Ist der Ausländer nicht im Besitz eines gültigen Passes oder Paßersatzes, wird ihm ein Ausweisersatz ausgestellt.

(8) [1] Im Falle der Aufhebung der Anordnung kann die Aufenthaltsbefugnis widerrufen werden. [2] Widerspruch und Klage haben keine aufschiebende Wirkung.

(9) [1] Sind die Voraussetzungen für die Erteilung der Aufenthaltsbefugnis nach Absatz 1 entfallen, hat der Ausländer das Bundesgebiet innerhalb einer Frist von vier Wochen nach dem Erlöschen der Aufenthaltsbefugnis zu verlassen. [2] Die Ausreisepflicht ist vollziehbar, auch wenn der Ausländer die Verlängerung der Aufenthaltsbefugnis oder die Erteilung einer anderen Aufenthaltsgenehmigung beantragt hat.

(10) [1] Die Länder können Kontingente für die vorübergehende Aufnahme von Ausländern nach Absatz 1 vereinbaren. [2] Auf die Kontingente können die Ausländer angerechnet, die sich bereits erlaubt oder geduldet im Bundesgebiet aufhalten und die Aufnahmevoraussetzungen nach den Absätzen 1 und 2 erfüllen. [3] Ausländer, die eine Aufenthaltsberechtigung oder eine im Bundesge-

biet erteilte oder verlängerte Aufenthaltserlaubnis oder Aufenthaltsbewilligung oder eine Aufenthaltsbefugnis mit einer Gesamtgeltungsdauer von mehr als zwölf Monaten besitzen, werden nicht angerechnet.

(11) [1]Die Länder können vereinbaren, daß die aufzunehmenden Ausländer auf die Länder verteilt werden. [2]Die Verteilung auf die Länder erfolgt durch eine vom Bundesministerium des Innern bestimmte zentrale Verteilungsstelle. [3]Solange die Länder für die Verteilung keinen abweichenden Schlüssel vereinbart haben, gilt der für die Verteilung von Asylbewerbern festgelegte Schlüssel. [4]Auf die Quote eines Landes können die Ausländer angerechnet werden, die sich dort bereits aufhalten und im Falle des Absatzes 10 auf die Kontingente anzurechnen wären.

(12) [1]Die oberste Landesbehörde oder die von ihr bestimmte Stelle erläßt die Zuweisungsentscheidung. [2]Die Landesregierung oder die von ihr bestimmte Stelle wird ermächtigt, durch Rechtsverordnung die Verteilung innerhalb des Landes zu regeln, soweit dies nicht durch Landesgesetz geregelt ist. [3]Widerspruch und Klage gegen eine Zuweisungsentscheidung nach den Sätzen 1 und 2 haben keine aufschiebende Wirkung.

§ 33 Übernahme von Ausländern. (1) Das Bundesministerium des Innern oder die von ihm bestimmte Stelle kann einen Ausländer zum Zwecke der Aufenthaltsgewährung in das Bundesgebiet übernehmen, wenn völkerrechtliche oder humanitäre Gründe oder politische Interessen des Bundes es erfordern.

(2) Einem nach Absatz 1 übernommenen Ausländer wird eine Aufenthaltsbefugnis erteilt.

§ 34 Geltungsdauer der Aufenthaltsbefugnis. (1) Die Aufenthaltsbefugnis kann für jeweils längstens zwei Jahre erteilt und verlängert werden.

(2) Die Aufenthaltsbefugnis darf nicht verlängert werden, wenn das Abschiebungshindernis oder die sonstigen einer Aufenthaltsbeendigung entgegenstehenden Gründe entfallen sind.

§ 35 Daueraufenthalt aus humanitären Gründen. (1) [1]Einem Ausländer, der seit acht Jahren eine Aufenthaltsbefugnis besitzt, kann eine unbefristete Aufenthaltserlaubnis erteilt werden, wenn die in § 24 Abs. 1 Nr. 2 bis 6 bezeichneten Voraussetzungen vorliegen und sein Lebensunterhalt aus eigener Erwerbstätigkeit oder eigenem Vermögen gesichert ist. [2]Die Aufenthaltszeit des der Erteilung der Aufenthaltsbefugnis vorangegangenen Asylverfahrens wird abweichend von § 55 Abs. 3 des Asylverfahrensgesetzes auf die acht Jahre angerechnet. [3]Entsprechendes gilt für die Zeiten einer Duldung gemäß § 55 Abs. 2 auf der Grundlage des § 53 Abs. 1, 2, 4 oder 6 oder des § 54, soweit sie die Zeiten des Besitzes einer Aufenthaltsbefugnis nicht übersteigen.

(2) [1]Im Falle des Absatzes 1 Satz 1 wird dem Ehegatten und den minderjährigen ledigen Kindern des Ausländers eine Aufenthaltserlaubnis erteilt, wenn sie in diesem Zeitpunkt im Besitz einer Aufenthaltsbefugnis sind. [2]Für die Erteilung der unbefristeten Aufenthaltserlaubnis wird die Dauer des Besitzes der Aufenthaltsbefugnis auf die erforderliche Dauer des Besitzes der Aufenthaltserlaubnis angerechnet.

Dritter Abschnitt. Aufenthalts- und paßrechtliche Vorschriften

§ 36 Verlassenspflicht bei räumlicher Beschränkung. Ein Ausländer hat den Teil des Bundesgebiets, in dem er sich ohne Erlaubnis der Ausländerbehörde einer räumlichen Beschränkung zuwider aufhält, unverzüglich zu verlassen.

§ 37 Verbot und Beschränkung der politischen Betätigung. (1) [1] Ausländer dürfen sich im Rahmen der allgemeinen Rechtsvorschriften politisch betätigen. [2] Die politische Betätigung eines Ausländers kann beschränkt oder untersagt werden, soweit sie

1. die politische Willensbildung in der Bundesrepublik Deutschland oder das friedliche Zusammenleben von Deutschen und Ausländern oder von verschiedenen Ausländergruppen im Bundesgebiet, die öffentliche Sicherheit und Ordnung oder sonstige erhebliche Interessen der Bundesrepublik Deutschland beeinträchtigt oder gefährdet,

2. den außenpolitischen Interessen oder den völkerrechtlichen Verpflichtungen der Bundesrepublik Deutschland zuwiderlaufen kann,

3. gegen die Rechtsordnung der Bundesrepublik Deutschland, insbesondere unter Anwendung von Gewalt, verstößt oder

4. bestimmt ist, Parteien, andere Vereinigungen, Einrichtungen oder Bestrebungen außerhalb des Bundesgebiets zu fördern, deren Ziele oder Mittel mit den Grundwerten einer die Würde des Menschen achtenden staatlichen Ordnung unvereinbar sind.

(2) Die politische Betätigung eines Ausländers wird untersagt, soweit sie

1. die freiheitliche demokratische Grundordnung oder die Sicherheit der Bundesrepublik Deutschland gefährdet oder den kodifizierten Normen des Völkerrechts widerspricht,

2. Gewaltanwendung als Mittel zur Durchsetzung politischer, religiöser oder sonstiger Belange öffentlich unterstützt, befürwortet oder hervorzurufen bezweckt oder geeignet ist oder

3. Vereinigungen, politische Bewegungen oder Gruppen innerhalb oder außerhalb des Bundesgebiets unterstützt, die im Bundesgebiet Anschläge gegen Personen oder Sachen oder außerhalb des Bundesgebiets Anschläge gegen Deutsche oder deutsche Einrichtungen veranlaßt, befürwortet oder angedroht haben.

§ 38 Aufenthaltsanzeige. Das Bundesministerium des Innern kann zur Wahrung von Interessen der Bundesrepublik Deutschland durch Rechtsverordnung mit Zustimmung des Bundesrates bestimmen, daß Ausländer, die vom Erfordernis der Aufenthaltsgenehmigung befreit sind, und Ausländer, die mit einem Visum einreisen, bei oder nach der Einreise der Ausländerbehörde oder einer sonstigen Behörde den Aufenthalt anzuzeigen haben.

§ 39 Ausweisersatz. (1) [1] Ein Ausländer, der einen Paß weder besitzt noch in zumutbarer Weise erlangen kann, genügt der Ausweispflicht im Bundesgebiet mit der Bescheinigung über die Aufenthaltsgenehmigung oder Duldung, wenn sie mit den Angaben zur Person und einem Lichtbild versehen ist (Ausweisersatz). [2]Der Ausweisersatz enthält eine Seriennummer und eine Zone für das automatische Lesen. [3]In dem Vordruckmuster können neben der Bezeichnung von Ausstellungsbehörde, Ausstellungsort und -datum, Gültigkeitszeitraum bzw. -dauer, Name und Vorname des Inhabers, Aufenthaltsstatus sowie Nebenbestimmungen folgende Angaben über die Person des Inhabers vorgesehen sein:

1. Tag und Ort der Geburt,
2. Staatsangehörigkeit,
3. Geschlecht,
4. Größe,
5. Farbe der Augen,
6. Anschrift des Inhabers,
7. Lichtbild,
8. eigenhändige Unterschrift,
9. weitere biometrische Merkmale von Fingern oder Händen oder Gesicht,
10. Hinweis, dass die Personalangaben auf den eigenen Angaben des Ausländers beruhen.

[4]Das Lichtbild, die Unterschrift und die weiteren biometrischen Merkmale dürfen auch in mit Sicherheitsverfahren verschlüsselter Form in den Ausweisersatz eingebracht werden. [5]§ 5 Abs. 5 und 7 gilt entsprechend. [6]Vordruckmuster und Ausstellungsmodalitäten bestimmt das Bundesministerium des Innern durch Rechtsverordnung, die der Zustimmung des Bundesrates bedarf.

(2) Das Bundesministerium des Innern kann durch Rechtsverordnung mit Zustimmung des Bundesrates bestimmen, daß Ausländern, die einen Paß oder Paßersatz weder besitzen noch in zumutbarer Weise erlangen können, ein Reisedokument als Paßersatz ausgestellt, die Berechtigung zur Rückkehr in das Bundesgebiet bescheinigt und für den Grenzübertritt eine Ausnahme von der Paßpflicht erteilt werden kann.

§ 40 Ausweisrechtliche Pflichten. (1) Ein Ausländer ist verpflichtet, seinen Paß, seinen Paßersatz oder seinen Ausweisersatz und seine Aufenthaltsgenehmigung oder Duldung auf Verlangen den mit der Ausführung dieses Gesetzes betrauten Behörden vorzulegen, auszuhändigen und vorübergehend zu überlassen, soweit dies zur Durchführung oder Sicherung von Maßnahmen nach diesem Gesetz erforderlich ist.

(2) Das Bundesministerium des Innern regelt durch Rechtsverordnung mit Zustimmung des Bundesrates die ausweisrechtlichen Pflichten von Ausländern, die sich im Bundesgebiet aufhalten, hinsichtlich der Ausstellung und Verlängerung, des Verlustes und des Wiederauffindens sowie der Vorlage und der Abgabe eines Passes, Paßersatzes und Ausweisersatzes.

§ 41 Feststellung und Sicherung der Identität. (1) Bestehen Zweifel über die Person oder die Staatsangehörigkeit des Ausländers, sind die zur Feststellung seiner Identität oder Staatsangehörigkeit erforderlichen Maßnahmen zu treffen, wenn

1. dem Ausländer die Einreise erlaubt oder eine Aufenthaltsgenehmigung oder Duldung erteilt werden soll oder

2. es zur Durchführung anderer Maßnahmen nach diesem Gesetz erforderlich ist.

(2) [1] Zur Feststellung der Identität können die in § 81 b der Strafprozeßordnung bezeichneten erkennungsdienstlichen Maßnahmen durchgeführt werden, wenn die Identität in anderer Weise, insbesondere durch Anfragen bei anderen Behörden nicht oder nicht rechtzeitig oder nur unter erheblichen Schwierigkeiten festgestellt werden kann. [2] Zur Bestimmung des Herkunftsstaates oder der Herkunftsregion des Ausländers kann das gesprochene Wort des Ausländers auf Ton- oder Datenträger aufgezeichnet werden. [3] Diese Erhebung darf nur erfolgen, wenn der Ausländer vorher darüber in Kenntnis gesetzt wurde. [4] Die Sprachaufzeichnungen werden bei der aufzeichnenden Behörde aufbewahrt.

(3) Auch wenn die Voraussetzungen der Absätze 1 und 2 nicht vorliegen, können die erforderlichen Maßnahmen zur Feststellung und Sicherung der Identität durchgeführt werden,

1. wenn der Ausländer mit einem gefälschten oder verfälschten Pass oder Passersatz einreisen will oder eingereist ist,

2. wenn sonstige Anhaltspunkte den Verdacht begründen, dass der Ausländer nach einer Zurückweisung oder Beendigung des Aufenthalts erneut unerlaubt ins Bundesgebiet einreisen will,

3. wenn der Ausländer in einen in § 26 a Abs. 2 des Asylverfahrensgesetzes genannten Drittstaat zurückgewiesen oder zurückgeschoben wird,

4. wenn ein Versagungsgrund nach § 8 Abs. 1 Nr. 5 festgestellt worden ist,

5. bei der Beantragung eines Visums für einen Aufenthalt von mehr als drei Monaten durch Staatsangehörige der Staaten, bei denen Rückführungsschwierigkeiten bestehen sowie in den nach § 64 a Abs. 4 festgelegten Fällen.

(4) Die Identität eines Ausländers, der das 14. Lebensjahr vollendet hat und in Verbindung mit der unerlaubten Einreise aus einem Drittstaat kommend aufgegriffen und nicht zurückgewiesen wird, ist durch Abnahme der Abdrucke aller zehn Finger zu sichern.

(5) Die Identität eines Ausländers, der das 14. Lebensjahr vollendet hat und sich ohne erforderliche Aufenthaltsgenehmigung im Bundesgebiet aufhält und keine Duldung besitzt, ist durch Abnahme der Abdrucke aller zehn Finger zu sichern, wenn Anhaltspunkte dafür vorliegen, dass er einen Asylantrag in einem Mitgliedstaat der Europäischen Gemeinschaften gestellt hat.

(6) Der Ausländer hat die erkennungsdienstlichen Maßnahmen zu dulden.

§ 41 a Sicherung der Identität von Ausländern aus Kriegs- oder Bürgerkriegsgebieten.

(1) [1] Die Identität eines Ausländers aus einem Kriegs- oder Bürgerkriegsgebiet, der das 14. Lebensjahr vollendet hat, ist durch erkennungsdienstliche Maßnahmen zu sichern, sofern ihm eine Aufenthaltsbefugnis nach § 32 oder § 32 a oder eine Duldung nach § 54 erteilt wird oder seine Zurückschiebung oder Abschiebung in Betracht kommt. [2] Nach Satz 1 dürfen nur Lichtbilder und Abdrucke aller Finger aufgenommen werden.

(2) Zuständig für erkennungsdienstliche Maßnahmen sind die zentrale Verteilungsstelle nach § 32a Abs. 11 Satz 2, die Ausländerbehörden, die Grenzbehörden und die Polizeien der Länder.

(3) § 16 Abs. 3 bis 5 des Asylverfahrensgesetzes findet entsprechende Anwendung.

(4) Nach Absatz 1 gewonnene Unterlagen sind nach Erteilung einer unbefristeten Aufenthaltsgenehmigung und im übrigen acht Jahre nach Einreise zu vernichten; die entsprechenden Daten sind zu löschen.

Vierter Abschnitt. Beendigung des Aufenthalts

1. Begründung der Ausreisepflicht

§ 42 Ausreisepflicht. (1) Ein Ausländer ist zur Ausreise verpflichtet, wenn er eine erforderliche Aufenthaltsgenehmigung nicht oder nicht mehr besitzt.

(2) [1] Die Ausreisepflicht ist vollziehbar, wenn der Ausländer

1. unerlaubt eingereist ist,

2. nach Ablauf der Geltungsdauer seiner Aufenthaltsgenehmigung noch nicht die Verlängerung oder die Erteilung einer anderen Aufenthaltsgenehmigung beantragt hat oder

3. noch nicht die erstmalige Erteilung der erforderlichen Aufenthaltsgenehmigung beantragt hat und die gesetzliche Antragsfrist abgelaufen ist.

[2] Im übrigen ist die Ausreisepflicht erst vollziehbar, wenn die Versagung der Aufenthaltsgenehmigung oder der sonstige Verwaltungsakt, durch den der Ausländer nach Absatz 1 ausreisepflichtig wird, vollziehbar ist.

(3) [1] Ist die Ausreisepflicht vollziehbar, hat der Ausländer das Bundesgebiet unverzüglich oder, wenn ihm eine Ausreisefrist gesetzt ist, bis zum Ablauf der Frist zu verlassen. [2] Die Ausreisefrist endet spätestens sechs Monate nach dem Eintritt der Unanfechtbarkeit der Ausreisepflicht. [3] Sie kann in besonderen Härtefällen befristet verlängert werden.

(4) Durch die Einreise in einen anderen Mitgliedstaat der Europäischen Gemeinschaften genügt der Ausländer seiner Ausreisepflicht nur, wenn ihm Einreise und Aufenthalt dort erlaubt sind.

(5) Ein ausreisepflichtiger Ausländer, der seine Wohnung wechseln oder den Bezirk der Ausländerbehörde für mehr als drei Tage verlassen will, hat dies der Ausländerbehörde vorher anzuzeigen.

(6) Der Paß oder Paßersatz eines ausreisepflichtigen Ausländers soll bis zu dessen Ausreise in Verwahrung genommen werden.

(7) [1] Ein Ausländer kann zum Zweck der Aufenthaltsbeendigung in den Fahndungshilfsmitteln der Polizei zur Aufenthaltsermittlung und Festnahme ausgeschrieben werden, wenn sein Aufenthalt unbekannt ist. [2] Im Fall des § 8 Abs. 2 Satz 1 kann er zum Zweck der Einreiseverhinderung außerdem zur Zurückweisung und für den Fall des Antreffens im Bundesgebiet zur Festnahme ausgeschrieben werden.

§ 43 Widerruf der Aufenthaltsgenehmigung. (1) Die Aufenthaltsgenehmigung kann nur widerrufen werden, wenn der Ausländer

1. keinen gültigen Paß oder Paßersatz mehr besitzt,
2. seine Staatsangehörigkeit wechselt oder verliert,
3. noch nicht eingereist ist

oder wenn

4. seine Anerkennung als Asylberechtigter, seine Rechtsstellung als ausländischer Flüchtling, seine Rechtsstellung nach § 1 Abs. 1 des Gesetzes über Maßnahmen für im Rahmen humanitärer Hilfsaktionen aufgenommene Flüchtlinge[1] oder die Feststellung, daß die Voraussetzungen des § 51 Abs. 1 vorliegen, erlischt oder unwirksam wird.

(2) In den Fällen des Absatzes 1 Nr. 4 kann auch die Aufenthaltsgenehmigung der mit dem Ausländer in häuslicher Gemeinschaft lebenden Familienangehörigen widerrufen werden, wenn diesen kein Anspruch auf die Aufenthaltsgenehmigung zusteht.

§ 44 Beendigung der Rechtmäßigkeit des Aufenthalts; Fortgeltung von Beschränkungen. (1) Die Aufenthaltsgenehmigung erlischt außer in den Fällen des Ablaufs ihrer Geltungsdauer, des Widerrufs und des Eintritts einer auflösenden Bedingung, wenn der Ausländer

1. ausgewiesen wird,
2. aus einem seiner Natur nach nicht vorübergehenden Grunde ausreist,
3. ausgereist und nicht innerhalb von sechs Monaten oder einer von der Ausländerbehörde bestimmten längeren Frist wieder eingereist ist;

ein für mehrere Einreisen oder mit einer Geltungsdauer von mehr als drei Monaten erteiltes Visum erlischt nicht nach den Nummern 2 und 3.

(1 a) [1]Die unbefristete Aufenthaltserlaubnis oder die Aufenthaltsberechtigung eines Ausländers, der sich als Arbeitnehmer oder als Selbständiger mindestens 15 Jahre rechtmäßig im Bundesgebiet aufgehalten hat, erlischt nicht nach Absatz 1 Nr. 2 und 3, wenn er

1. eine Rente wegen Alters, verminderter Erwerbsfähigkeit, Arbeitsunfalls oder Berufskrankheit in einer solchen Höhe bezieht, daß er während seines Aufenthaltes im Bundesgebiet keine Sozialhilfe in Anspruch nehmen muß, und

2. einen alle Risiken abdeckenden Krankenversicherungsschutz genießt.

[2]Anstelle des Rentenbezuges nach Satz 1 Nr. 1 können eigenes Vermögen sowie ergänzende Unterhaltsleistungen unterhaltsverpflichteter Personen zur Deckung des Lebensunterhaltes anerkannt werden. [3]Zum Nachweis des Fortbestandes der unbefristeten Aufenthaltserlaubnis oder der Aufenthaltsberechtigung nach den Sätzen 1 und 2 stellt die Ausländerbehörde am Ort des letzten gewöhnlichen Aufenthaltes auf Antrag eine Bescheinigung aus.

(1 b) Die unbefristete Aufenthaltserlaubnis oder die Aufenthaltsberechtigung des Ehegatten eines nach § 44 Abs. 1 a begünstigten Ausländers erlischt nicht nach Absatz 1 Nr. 2 und 3, wenn der Ehegatte seinen Lebensunterhalt aus eigenen Rentenansprüchen oder aus dem Unterhalt des Ausländers bestreiten kann und über einen alle Risiken abdeckenden Krankenversicherungsschutz verfügt.

---

[1] Nr. 12.

(2) Die Aufenthaltsgenehmigung erlischt nicht nach Absatz 1 Nr. 3, wenn die Frist lediglich wegen Erfüllung der gesetzlichen Wehrpflicht im Heimatstaat überschritten wird und der Ausländer innerhalb von drei Monaten nach der Entlassung aus dem Wehrdienst wieder einreist.

(3) Nach Absatz 1 Nr. 3 wird in der Regel eine längere Frist bestimmt, wenn der Ausländer aus einem seiner Natur nach vorübergehenden Grunde ausreisen will und eine unbefristete Aufenthaltserlaubnis oder eine Aufenthaltsberechtigung besitzt oder wenn der Aufenthalt außerhalb des Bundesgebiets Interessen der Bundesrepublik Deutschland dient.

(4) Einem Ausländer wird die Zeit eines Aufenthalts außerhalb des Bundesgebiets mit insgesamt sechs Monaten auf die für die unbefristete Verlängerung der Aufenthaltserlaubnis und die Erteilung der Aufenthaltsberechtigung erforderlichen Zeiten des Besitzes einer Aufenthaltserlaubnis angerechnet, wenn er sich länger als sechs Monate außerhalb des Bundesgebiets aufgehalten hat, ohne daß seine Aufenthaltsgenehmigung erloschen ist.

(5) [1]Die Befreiung vom Erfordernis der Aufenthaltsgenehmigung entfällt, wenn der Ausländer ausgewiesen oder abgeschoben wird; § 8 Abs. 2 findet entsprechende Anwendung. [2]Im Falle der zeitlichen Beschränkung des Aufenthalts nach § 3 Abs. 5 entfällt die Befreiung mit Ablauf der Frist.

(6) Räumliche und sonstige Beschränkungen und Auflagen nach diesem und nach anderen Gesetzen bleiben auch nach Wegfall der Aufenthaltsgenehmigung oder Duldung in Kraft, bis sie aufgehoben werden oder der Ausländer seiner Ausreisepflicht nach § 42 Abs. 1 bis 4 nachgekommen ist.

§ 45 Ausweisung. (1) Ein Ausländer kann ausgewiesen werden, wenn sein Aufenthalt die öffentliche Sicherheit und Ordnung oder sonstige erhebliche Interessen der Bundesrepublik Deutschland beeinträchtigt.

(2) Bei der Entscheidung über die Ausweisung sind zu berücksichtigen

1. die Dauer des rechtmäßigen Aufenthalts und die schutzwürdigen persönlichen, wirtschaftlichen und sonstigen Bindungen des Ausländers im Bundesgebiet,

2. die Folgen der Ausweisung für die Familienangehörigen des Ausländers, die sich rechtmäßig im Bundesgebiet aufhalten und mit ihm in familiärer Lebensgemeinschaft leben, und

3. die in § 55 Abs. 2 genannten Duldungsgründe.

(3) Eine Verwaltungsvorschrift eines Landes, Ausländer oder bestimmte Gruppen von Ausländern bei Vorliegen der in Absatz 1 und in § 46 bezeichneten Gründe oder einzelner dieser Gründe nicht oder in der Regel nicht auszuweisen, bedarf des Einvernehmens mit dem Bundesministerium des Innern.

§ 46 Einzelne Ausweisungsgründe. Nach § 45 Abs. 1 kann insbesondere ausgewiesen werden, wer

1. in Verfahren nach diesem Gesetz oder zur Erlangung eines einheitlichen Sichtvermerkes nach Maßgabe des Schengener Durchführungsübereinkommens falsche Angaben zum Zwecke der Erlangung einer Aufenthaltsgenehmigung oder Duldung gemacht oder trotz bestehender Rechtspflicht nicht an Maßnahmen der für die Durchführung dieses Gesetzes zuständigen

Behörden im In- und Ausland mitgewirkt hat, wobei die Ausweisung auf dieser Grundlage nur zulässig ist, wenn der Ausländer vor der Befragung ausdrücklich auf die Rechtsfolgen falscher oder unrichtiger Angaben hingewiesen wurde.

2. einen nicht nur vereinzelten oder geringfügigen Verstoß gegen Rechtsvorschriften oder gerichtliche oder behördliche Entscheidungen oder Verfügungen begangen oder außerhalb des Bundesgebiets eine Straftat begangen hat, die im Bundesgebiet als vorsätzliche Straftat anzusehen ist,

3. gegen eine für die Ausübung der Gewerbsunzucht geltende Rechtsvorschrift oder behördliche Verfügung verstößt,

4. Heroin, Cocain oder ein vergleichbar gefährliches Betäubungsmittel verbraucht und nicht zu einer erforderlichen seiner Rehabilitation dienenden Behandlung bereit ist oder sich ihr entzieht,

5. durch sein Verhalten die öffentliche Gesundheit gefährdet oder längerfristig obdachlos ist,

6. für sich, seine Familienangehörigen, die sich im Bundesgebiet aufhalten und denen er allgemein zum Unterhalt verpflichtet ist, oder für Personen in seinem Haushalt, für die er Unterhalt getragen oder auf Grund einer Zusage zu tragen hat, Sozialhilfe in Anspruch nimmt oder in Anspruch nehmen muß oder

7. Hilfe zur Erziehung außerhalb der eigenen Familie oder Hilfe für junge Volljährige nach dem Achten Buch Sozialgesetzbuch erhält; das gilt nicht für einen Minderjährigen, dessen Eltern oder dessen allein personensorgeberechtigter Elternteil sich rechtmäßig im Bundesgebiet aufhalten.

§ 47 Ausweisung wegen besonderer Gefährlichkeit. (1) Ein Ausländer wird ausgewiesen, wenn er

1. wegen einer oder mehrerer vorsätzlicher Straftaten rechtskräftig zu einer Freiheits- oder Jugendstrafe von mindestens drei Jahren verurteilt worden ist oder wegen vorsätzlicher Straftaten innerhalb von fünf Jahren zu mehreren Freiheits- oder Jugendstrafen von zusammen mindestens drei Jahren rechtskräftig verurteilt oder bei der letzten rechtskräftigen Verurteilung Sicherungsverwahrung angeordnet worden ist oder

2. wegen einer vorsätzlichen Straftat nach dem Betäubungsmittelgesetz, wegen Landfriedensbruches unter den in § 125 a Satz 2 des Strafgesetzbuches genannten Voraussetzungen oder wegen eines im Rahmen einer verbotenen öffentlichen Versammlung oder eines verbotenen Aufzugs begangenen Landfriedensbruches gemäß § 125 des Strafgesetzbuches rechtskräftig zu einer Jugendstrafe von mindestens zwei Jahren oder zu einer Freiheitsstrafe verurteilt und die Vollstreckung der Strafe nicht zur Bewährung ausgesetzt worden ist.

(2) Ein Ausländer wird in der Regel ausgewiesen, wenn er

1. wegen einer oder mehrerer vorsätzlicher Straftaten rechtskräftig zu einer Jugendstrafe von mindestens zwei Jahren oder zu einer Freiheitsstrafe verurteilt und die Vollstreckung der Strafe nicht zur Bewährung ausgesetzt worden ist,

2. den Vorschriften des Betäubungsmittelgesetzes zuwider ohne Erlaubnis Betäubungsmittel anbaut, herstellt, einführt, durchführt oder ausführt, ver-

äußert, an einen anderen abgibt oder in sonstiger Weise in Verkehr bringt oder mit ihnen handelt oder wenn er zu einer solchen Handlung anstiftet oder Beihilfe leistet,

3. sich im Rahmen einer verbotenen oder aufgelösten öffentlichen Versammlung oder eines verbotenen oder aufgelösten Aufzugs an Gewalttätigkeiten gegen Menschen oder Sachen, die aus einer Menschenmenge in einer die öffentliche Sicherheit gefährdenden Weise mit vereinten Kräften begangen werden, als Täter oder Teilnehmer beteiligt,

4. wegen des Vorliegens der Voraussetzungen eines Versagungsgrundes gemäß § 8 Abs. 1 Nr. 5 keine Aufenthaltsgenehmigung erhalten dürfte oder

5. in einer Befragung, die der Klärung von Bedenken gegen die Einreise oder den weiteren Aufenthalt dient, der deutschen Auslandsvertretung oder der Ausländerbehörde gegenüber frühere Aufenthalte in Deutschland oder anderen Staaten verheimlicht oder in wesentlichen Punkten falsche oder unvollständige Angaben über Verbindungen zu Personen oder Organisationen macht, die der Unterstützung des internationalen Terrorismus verdächtig sind. Die Ausweisung auf dieser Grundlage ist nur zulässig, wenn der Ausländer vor der Befragung ausdrücklich auf den sicherheitsrechtlichen Zweck der Befragung und die Rechtsfolgen falscher oder unrichtiger Angaben hingewiesen wurde.

(3) [1]Ein Ausländer, der nach § 48 Abs. 1 erhöhten Ausweisungsschutz genießt, wird in den Fällen des Absatzes 1 in der Regel ausgewiesen. [2]In den Fällen des Absatzes 2 wird über seine Ausweisung nach Ermessen entschieden. [3]Über die Ausweisung eines heranwachsenden Ausländers, der im Bundesgebiet aufgewachsen ist und eine unbefristete Aufenthaltserlaubnis oder eine Aufenthaltsberechtigung besitzt, wird in den Fällen der Absätze 1 und 2 nach Ermessen entschieden. [4]Auf minderjährige Ausländer finden Absatz 1 und Absatz 2 Nr. 1 keine Anwendung.

§ 48 Besonderer Ausweisungsschutz. (1) [1]Ein Ausländer, der

1. eine Aufenthaltsberechtigung besitzt,

2. eine unbefristete Aufenthaltserlaubnis besitzt und im Bundesgebiet geboren oder als Minderjähriger in das Bundesgebiet eingereist ist,

3. eine unbefristete Aufenthaltserlaubnis besitzt und mit einem der in Nummern 1 und 2 bezeichneten Ausländer in ehelicher oder lebenspartnerschaftlicher Lebensgemeinschaft lebt,

4. mit einem deutschen Familienangehörigen in familiärer Lebensgemeinschaft lebt,

5. als Asylberechtigter anerkannt ist, im Bundesgebiet die Rechtsstellung eines ausländischen Flüchtlings genießt oder einen von einer Behörde der Bundesrepublik Deutschland ausgestellten Reiseausweis nach dem Abkommen über die Rechtsstellung für Flüchtlinge vom 28. Juli 1951 (BGBl. 1953 II S. 559) besitzt,

6. eine nach § 32a erteilte Aufenthaltsbefugnis besitzt,

kann nur aus schwerwiegenden Gründen der öffentlichen Sicherheit und Ordnung ausgewiesen werden. [2]Schwerwiegende Gründe der öffentlichen Sicherheit und Ordnung liegen in der Regel in den Fällen des § 47 Abs. 1 vor.

(2) [1] Ein minderjähriger Ausländer, dessen Eltern oder dessen allein personensorgeberechtigter Elternteil sich rechtmäßig im Bundesgebiet aufhalten, wird nicht ausgewiesen, es sei denn, er ist wegen serienmäßiger Begehung nicht unerheblicher vorsätzlicher Straftaten, wegen schwerer Straftaten oder einer besonders schweren Straftat rechtskräftig verurteilt worden. [2] Ein Heranwachsender, der im Bundesgebiet aufgewachsen ist und mit seinen Eltern in häuslicher Gemeinschaft lebt, wird nur nach Maßgabe des § 47 Abs. 1 und 2 Nr. 1 und Abs. 3 ausgewiesen.

(3) [1] Ein Ausländer, der einen Asylantrag gestellt hat, kann nur unter der Bedingung ausgewiesen werden, daß das Asylverfahren unanfechtbar ohne Anerkennung als Asylberechtigter abgeschlossen wird. [2] Von der Bedingung wird abgesehen, wenn

1. ein Sachverhalt vorliegt, der nach Absatz 1 eine Ausweisung rechtfertigt, oder

2. eine nach den Vorschriften des Asylverfahrensgesetzes erlassene Abschiebungsandrohung vollziehbar geworden ist.

2. Durchsetzung der Ausreisepflicht

§ 49 Abschiebung. (1) Ein ausreisepflichtiger Ausländer ist abzuschieben, wenn die Ausreisepflicht vollziehbar ist und wenn ihre freiwillige Erfüllung nach § 42 Abs. 3 und 4 nicht gesichert oder aus Gründen der öffentlichen Sicherheit und Ordnung eine Überwachung der Ausreise erforderlich erscheint.

(2) [1] Befindet sich der Ausländer auf richterliche Anordnung in Haft oder in sonstigem öffentlichem Gewahrsam, bedarf seine Ausreise einer Überwachung. [2] Das gleiche gilt, wenn der Ausländer

1. innerhalb der ihm gesetzten Ausreisefrist nicht ausgereist ist,

2. nach § 47 ausgewiesen worden ist,

3. mittellos ist,

4. keinen Paß besitzt,

5. gegenüber der Ausländerbehörde zum Zwecke der Täuschung unrichtige Angaben gemacht oder die Angaben verweigert hat oder

6. zu erkennen gegeben hat, daß er seiner Ausreisepflicht nicht nachkommen wird.

§ 50 Androhung der Abschiebung. (1) [1] Die Abschiebung soll schriftlich unter Bestimmung einer Ausreisefrist angedroht werden. [2] Die Androhung soll mit dem Verwaltungsakt verbunden werden, durch den der Ausländer nach § 42 Abs. 1 ausreisepflichtig wird.

(2) In der Androhung soll der Staat bezeichnet werden, in den der Ausländer abgeschoben werden soll, und der Ausländer darauf hingewiesen werden, daß er auch in einen anderen Staat abgeschoben werden kann, in den er einreisen darf oder der zu seiner Rückübernahme verpflichtet ist.

(3) [1] Das Vorliegen von Abschiebungshindernissen und Duldungsgründen nach den §§ 51 und 53 bis 55 steht dem Erlaß der Androhung nicht entgegen. [2] In der Androhung ist der Staat zu bezeichnen, in den der Ausländer nach den §§ 51 und 53 Abs. 1 bis 4 nicht abgeschoben werden darf. [3] Stellt

das Verwaltungsgericht das Vorliegen eines Abschiebungshindernisses fest, bleibt die Rechtmäßigkeit der Androhung im übrigen unberührt.

(4) [1] Die Ausreisefrist wird unterbrochen, wenn die Vollziehbarkeit der Ausreisepflicht oder der Androhung entfällt. [2] Nach Wiedereintritt der Vollziehbarkeit bedarf es keiner erneuten Fristsetzung, auch wenn die Vollziehbarkeit erst nach dem Ablauf der Ausreisefrist entfallen ist.

(5) [1] In den Fällen des § 49 Abs. 2 Satz 1 bedarf es keiner Fristsetzung; der Ausländer wird aus der Haft oder dem öffentlichen Gewahrsam abgeschoben. [2] Die Abschiebung soll mindestens eine Woche vorher angekündigt werden.

§ 51 Verbot der Abschiebung politisch Verfolgter. (1) Ein Ausländer darf nicht in einen Staat abgeschoben werden, in dem sein Leben oder seine Freiheit wegen seiner Rasse, Religion, Staatsangehörigkeit, seiner Zugehörigkeit zu einer bestimmten sozialen Gruppe oder wegen seiner politischen Überzeugung bedroht ist.

(2) [1] Die Voraussetzungen des Absatzes 1 liegen vor bei

1. Asylberechtigten und

2. sonstigen Ausländern, die im Bundesgebiet die Rechtsstellung ausländischer Flüchtlinge genießen oder die außerhalb des Bundesgebiets als ausländische Flüchtlinge im Sinne des Abkommens über die Rechtsstellung der Flüchtlinge anerkannt sind.

[2] In den sonstigen Fällen, in denen sich der Ausländer auf politische Verfolgung beruft, stellt das Bundesamt für die Anerkennung ausländischer Flüchtlinge in einem Asylverfahren nach den Vorschriften des Asylverfahrensgesetzes fest, ob die Voraussetzungen des Absatzes 1 vorliegen. [3] Die Entscheidung des Bundesamtes kann nur nach den Vorschriften des Asylverfahrensgesetzes angefochten werden.

(3) [1] Absatz 1 findet keine Anwendung, wenn der Ausländer aus schwerwiegenden Gründen als eine Gefahr für die Sicherheit der Bundesrepublik Deutschland anzusehen ist oder eine Gefahr für die Allgemeinheit bedeutet, weil er wegen eines Verbrechens oder besonders schweren Vergehens rechtskräftig zu einer Freiheitsstrafe von mindestens drei Jahren verurteilt worden ist. [2] Das Gleiche gilt, wenn aus schwerwiegenden Gründen die Annahme gerechtfertigt ist, dass der Ausländer ein Verbrechen gegen den Frieden, ein Kriegsverbrechen oder ein Verbrechen gegen die Menschlichkeit im Sinne der internationalen Vertragswerke, die ausgearbeitet worden sind, um Bestimmungen bezüglich dieser Verbrechen zu treffen, begangen hat oder dass er vor seiner Aufnahme als Flüchtling ein schweres nichtpolitisches Verbrechen außerhalb des Gebietes der Bundesrepublik Deutschland begangen hat oder sich hat Handlungen zuschulden kommen lassen, die den Zielen und Grundsätzen der Vereinten Nationen zuwiderlaufen.

(4) [1] Soll ein Ausländer abgeschoben werden, bei dem die Voraussetzungen des Absatzes 1 vorliegen, kann nicht davon abgesehen werden, die Abschiebung anzudrohen und eine angemessene Ausreisefrist zu setzen. [2] In der Androhung sind die Staaten zu bezeichnen, in die der Ausländer abgeschoben werden darf.

§ 52 Abschiebung bei möglicher politischer Verfolgung. In den Fällen des § 51 Abs. 3 kann einem Ausländer, der einen Asylantrag gestellt hat, abweichend von den Vorschriften des Asylverfahrensgesetzes die Abschiebung angedroht und diese durchgeführt werden.

§ 53 Abschiebungshindernisse. (1) Ein Ausländer darf nicht in einen Staat abgeschoben werden, in dem für diesen Ausländer die konkrete Gefahr besteht, der Folter unterworfen zu werden.

(2) [1]Ein Ausländer darf nicht in einen Staat abgeschoben werden, wenn dieser Staat den Ausländer wegen einer Straftat sucht und die Gefahr der Todesstrafe besteht. [2]In diesen Fällen finden die Vorschriften über die Auslieferung entsprechende Anwendung.

(3) Liegt ein förmliches Auslieferungsersuchen oder ein mit der Ankündigung eines Auslieferungsersuchens verbundenes Festnahmeersuchen eines anderen Staates vor, kann der Ausländer bis zur Entscheidung über die Auslieferung nicht in diesen Staat abgeschoben werden.

(4) Ein Ausländer darf nicht abgeschoben werden, soweit sich aus der Anwendung der Konvention zum Schutze der Menschenrechte und Grundfreiheiten vom 4. November 1950 (BGBl. 1952 II S. 686) ergibt, daß die Abschiebung unzulässig ist.

(5) Die allgemeine Gefahr, daß einem Ausländer in einem anderen Staat Strafverfolgung und Bestrafung drohen können, und, soweit sich aus den Absätzen 1 bis 4 nicht etwas anderes ergibt, die konkrete Gefahr einer nach der Rechtsordnung eines anderen Staates gesetzmäßigen Bestrafung stehen der Abschiebung nicht entgegen.

(6) [1]Von der Abschiebung eines Ausländers in einen anderen Staat kann abgesehen werden, wenn dort für diesen Ausländer eine erhebliche konkrete Gefahr für Leib, Leben oder Freiheit besteht. [2]Gefahren in diesem Staat, denen die Bevölkerung oder die Bevölkerungsgruppe, der der Ausländer angehört, allgemein ausgesetzt ist, werden bei Entscheidungen nach § 54 berücksichtigt.

§ 54 Aussetzung von Abschiebungen. [1]Die oberste Landesbehörde kann aus völkerrechtlichen oder humanitären Gründen oder zur Wahrung politischer Interessen der Bundesrepublik Deutschland anordnen, daß die Abschiebung von Ausländern aus bestimmten Staaten oder von in sonstiger Weise bestimmten Ausländergruppen allgemein oder in bestimmte Staaten für die Dauer von längstens sechs Monaten ausgesetzt wird. [2]Zur Wahrung der Bundeseinheitlichkeit bedarf die Anordnung des Einvernehmens mit dem Bundesministerium des Innern, wenn die Abschiebung länger als sechs Monate ausgesetzt werden soll.

§ 55 Duldungsgründe. (1) Die Abschiebung eines Ausländers kann nur nach Maßgabe der Absätze 2 bis 4 zeitweise ausgesetzt werden (Duldung).

(2) Einem Ausländer wird eine Duldung erteilt, solange seine Abschiebung aus rechtlichen oder tatsächlichen Gründen unmöglich ist oder nach § 53 Abs. 6 oder § 54 ausgesetzt werden soll.

(3) Einem Ausländer kann eine Duldung erteilt werden, solange er nicht unanfechtbar ausreisepflichtig ist oder wenn dringende humanitäre oder persönliche Gründe oder erhebliche öffentliche Interessen seine vorübergehende weitere Anwesenheit im Bundesgebiet erfordern.

(4) [1] Ist rechtskräftig entschieden, daß die Abschiebung eines Ausländers zulässig ist, kann eine Duldung nur erteilt werden, wenn die Abschiebung aus rechtlichen oder tatsächlichen Gründen unmöglich ist oder nach § 54 ausgesetzt werden soll. [2] Die Erteilung einer Duldung aus den in § 53 Abs. 6 Satz 1 genannten Gründen ist zulässig, soweit sie in der Abschiebungsandrohung vorbehalten worden ist.

§ 56 Duldung. (1) Die Ausreisepflicht eines geduldeten Ausländers bleibt unberührt.

(2) [1] Die Duldung ist befristet; die Frist soll ein Jahr nicht übersteigen. [2] Nach Ablauf der Frist kann die Duldung nach Maßgabe des § 55 erneuert werden.

(3) [1] Die Duldung ist räumlich auf das Gebiet des Landes beschränkt. [2] Weitere Bedingungen und Auflagen können angeordnet werden. [3] Insbesondere können das Verbot oder Beschränkungen der Aufnahme einer Erwerbstätigkeit angeordnet werden.

(4) Die Duldung erlischt mit der Ausreise des Ausländers.

(5) Die Duldung wird widerrufen, wenn die der Abschiebung entgegenstehenden Gründe entfallen.

(6) [1] Der Ausländer wird unverzüglich nach Erlöschen der Duldung ohne erneute Androhung und Fristsetzung abgeschoben, es sei denn, die Duldung wird erneuert. [2] Ist der Ausländer länger als ein Jahr geduldet, ist die für den Fall des Erlöschens der Duldung durch Ablauf der Geltungsdauer oder durch Widerruf vorgesehene Abschiebung mindestens einen Monat vorher anzukündigen; die Ankündigung ist zu wiederholen, wenn die Duldung für mehr als ein Jahr erneuert wurde.

§ 56a Bescheinigung über die Duldung. [1] Über die Duldung ist eine Bescheinigung auszustellen, die eine Seriennummer enthält und mit einer Zone für das automatische Lesen versehen sein kann. [2] Die Bescheinigung darf im Übrigen nur die in § 39 Abs. 1 bezeichneten Daten enthalten. [3] § 5 Abs. 5 und 7 gilt entsprechend. [4] Vordruckmuster und Ausstellungsmodalitäten bestimmt das Bundesministerium des Innern durch Rechtsverordnung, die der Zustimmung des Bundesrates bedarf.

§ 57 Abschiebungshaft. (1) [1] Ein Ausländer ist zur Vorbereitung der Ausweisung auf richterliche Anordnung in Haft zu nehmen, wenn über die Ausweisung nicht sofort entschieden werden kann und die Abschiebung ohne die Inhaftnahme wesentlich erschwert oder vereitelt würde (Vorbereitungshaft). [2] Die Dauer der Vorbereitungshaft soll sechs Wochen nicht überschreiten. [3] Im Falle der Ausweisung bedarf es für die Fortdauer der Haft bis zum Ablauf der angeordneten Haftdauer keiner erneuten richterlichen Anordnung.

(2) [1] Ein Ausländer ist zur Sicherung der Abschiebung auf richterliche Anordnung in Haft zu nehmen (Sicherungshaft), wenn

1. der Ausländer auf Grund einer unerlaubten Einreise vollziehbar ausreisepflichtig ist,

2. die Ausreisefrist abgelaufen ist und der Ausländer seinen Aufenthaltsort gewechselt hat, ohne der Ausländerbehörde eine Anschrift anzugeben, unter der er erreichbar ist,

3. er aus von ihm zu vertretenden Gründen zu einem für die Abschiebung angekündigten Termin nicht an dem von der Ausländerbehörde angegebenen Ort angetroffen wurde,

4. er sich in sonstiger Weise der Abschiebung entzogen hat oder

5. der begründete Verdacht besteht, daß er sich der Abschiebung entziehen will.

[2]Der Ausländer kann für die Dauer von längstens zwei Wochen in Sicherungshaft genommen werden, wenn die Ausreisefrist abgelaufen ist und feststeht, daß die Abschiebung durchgeführt werden kann. [3]Von der Anordnung der Sicherungshaft nach Satz 1 Nr. 1 kann ausnahmsweise abgesehen werden, wenn der Ausländer glaubhaft macht, daß er sich der Abschiebung nicht entziehen will. [4]Die Sicherungshaft ist unzulässig, wenn feststeht, daß aus Gründen, die der Ausländer nicht zu vertreten hat, die Abschiebung nicht innerhalb der nächsten drei Monate durchgeführt werden kann.

(3) [1]Die Sicherungshaft kann bis zu sechs Monaten angeordnet werden. [2]Sie kann in Fällen, in denen der Ausländer seine Abschiebung verhindert, um höchstens zwölf Monate verlängert werden. [3]Eine Vorbereitungshaft ist auf die Gesamtdauer der Sicherungshaft anzurechnen.

Fünfter Abschnitt. Grenzübertritt

§ 58 Unerlaubte Einreise; Ausnahme–Visum. (1) Die Einreise eines Ausländers in das Bundesgebiet ist unerlaubt, wenn er

1. eine erforderliche Aufenthaltsgenehmigung nicht besitzt,

2. einen erforderlichen Paß nicht besitzt oder

3. nach § 8 Abs. 2 nicht einreisen darf, es sei denn, er besitzt eine Betretenserlaubnis (§ 9 Abs. 3) oder ihm ist nach Maßgabe der Rechtsverordnung nach § 9 Abs. 4 die Einreise erlaubt worden.

(2) Die mit der polizeilichen Kontrolle des grenzüberschreitenden Verkehrs beauftragten Behörden können Ausnahme-Visa und Paßersatzpapiere ausstellen, soweit sie hierzu vom Bundesministerium des Innern ermächtigt sind.

§ 59 Grenzübertritt. (1) Soweit nicht auf Grund anderer Rechtsvorschriften oder zwischenstaatlicher Vereinbarungen Ausnahmen zugelassen sind, sind die Einreise in das Bundesgebiet und die Ausreise aus dem Bundesgebiet nur an den zugelassenen Grenzübergangsstellen und innerhalb der festgesetzten Verkehrsstunden zulässig und Ausländer verpflichtet, bei der Einreise und der Ausreise einen gültigen Paß oder Paßersatz mitzuführen, sich damit über ihre Person auszuweisen und sich der polizeilichen Kontrolle des grenzüberschreitenden Verkehrs zu unterziehen.

(2) [1]An einer zugelassenen Grenzübergangsstelle ist ein Ausländer erst eingereist, wenn er die Grenze überschritten und die Grenzübergangsstelle passiert hat. [2]Lassen die mit der polizeilichen Kontrolle des grenzüberschreitenden Verkehrs beauftragten Behörden einen Ausländer vor der Entscheidung über die Zurückweisung (§ 60 dieses Gesetzes, §§ 18, 18 a des Asylverfahrensgesetzes) oder während der Vorbereitung, Sicherung oder Durchführung dieser Maßnahme die Grenzübergangsstelle zu einem bestimmten vorüber-

gehenden Zweck passieren, liegt keine Einreise im Sinne des Satzes 1 vor, solange ihnen eine Kontrolle des Aufenthalts des Ausländers möglich bleibt. [3] Im übrigen ist ein Ausländer eingereist, wenn er die Grenze überschritten hat.

§ 60 Zurückweisung. (1) Ein Ausländer, der unerlaubt einreisen will, wird an der Grenze zurückgewiesen.

(2) Ein Ausländer kann an der Grenze zurückgewiesen werden, wenn

1. ein Ausweisungsgrund vorliegt,

2. der begründete Verdacht besteht, daß der Aufenthalt nicht dem angegebenen Zweck dient.

(3) Ein Ausländer, der für einen vorübergehenden Aufenthalt im Bundesgebiet vom Erfordernis der Aufenthaltsgenehmigung befreit ist, kann unter denselben Voraussetzungen zurückgewiesen werden, unter denen eine Aufenthaltsgenehmigung versagt werden darf.

(4) [1] Die Zurückweisung erfolgt in den Staat, aus dem der Ausländer einzureisen versucht. [2] Sie kann auch in den Staat erfolgen, in dem der Ausländer die Reise angetreten hat, in dem er seinen gewöhnlichen Aufenthalt hat, dessen Staatsangehörigkeit er besitzt oder der den Paß ausgestellt hat, oder in einen sonstigen Staat, in den der Ausländer einreisen darf.

(5) [1] § 51 Abs. 1 bis 3, § 53 Abs. 1, 2 und 4 und § 57 finden entsprechende Anwendung. [2] Ein Ausländer, der einen Asylantrag gestellt hat, darf nicht zurückgewiesen werden, solange ihm der Aufenthalt im Bundesgebiet nach den Vorschriften des Asylverfahrensgesetzes gestattet ist.

§ 61 Zurückschiebung. (1) [1] Ein Ausländer, der unerlaubt eingereist ist, soll innerhalb von sechs Monaten nach dem Grenzübertritt zurückgeschoben werden. [2] Ist ein anderer Staat auf Grund einer zwischenstaatlichen Übernahmevereinbarung zur Rückübernahme des Ausländers verpflichtet, so ist die Zurückschiebung zulässig, solange die Rückübernahmeverpflichtung besteht.

(2) Ein ausreisepflichtiger Ausländer, der von einem anderen Staat rückgeführt oder zurückgewiesen wird, soll unverzüglich in einen Staat zurückgeschoben werden, in den er einreisen darf, es sei denn, die Ausreisepflicht ist noch nicht vollziehbar.

(3) § 51 Abs. 1 bis 3, § 53 Abs. 1 bis 4 und §§ 57 und 60 Abs. 4 finden entsprechende Anwendung.

§ 62 Ausreise. (1) Ausländer können aus dem Bundesgebiet frei ausreisen.

(2) [1] Einem Ausländer kann die Ausreise in entsprechender Anwendung des § 10 Abs. 1 und 2 des Paßgesetzes vom 19. April 1986 (BGBl. I S. 537) untersagt werden. [2] Im übrigen kann einem Ausländer die Ausreise aus dem Bundesgebiet nur untersagt werden, wenn er in einen anderen Staat einreisen will, ohne im Besitz der dafür erforderlichen Dokumente und Erlaubnisse zu sein.

(3) Das Ausreiseverbot ist aufzuheben, sobald der Grund seines Erlasses entfällt.

Sechster Abschnitt. Verfahrensvorschriften

§ 63 Zuständigkeit. (1) [1] Für aufenthalts- und paßrechtliche Maßnahmen und Entscheidungen nach diesem Gesetz und nach ausländerrechtlichen Bestimmungen in anderen Gesetzen sind die Ausländerbehörden zuständig. [2] Die Landesregierung oder die von ihr bestimmte Stelle kann bestimmen, daß für einzelne Aufgaben nur eine oder mehrere bestimmte Ausländerbehörden zuständig sind. [3] Für die Einbürgerung sind die Einbürgerungsbehörden zuständig.

(2) Das Bundesministerium des Innern kann durch allgemeine Verwaltungsvorschrift mit Zustimmung des Bundesrates die zuständige Ausländerbehörde für die Fälle bestimmen, in denen

1. der Ausländer sich nicht im Bundesgebiet aufhält,

2. nach landesrechtlichen Vorschriften Ausländerbehörden mehrerer Länder zuständig sind oder jede Ausländerbehörde ihre Zuständigkeit im Hinblick auf die Zuständigkeit der Ausländerbehörde eines anderen Landes verneinen kann.

(3) Im Ausland sind für Paß- und Visaangelegenheiten die vom Auswärtigen Amt ermächtigten Auslandsvertretungen zuständig.

(4) Die mit der polizeilichen Kontrolle des grenzüberschreitenden Verkehrs beauftragten Behörden sind zuständig für

1. die Zurückweisung, die Zurückschiebung an der Grenze, die Rückführung von Ausländern aus und in andere Staaten und, soweit es zur Vorbereitung und Sicherung dieser Maßnahmen erforderlich ist, die Festnahme und die Beantragung von Haft,

2. die Erteilung eines Visums und die Ausstellung eines Paßersatzes nach § 58 Abs. 2 sowie die Durchführung des § 74 Abs. 2 Satz 2,

3. den Widerruf eines Visums im Falle der Zurückweisung oder Zurückschiebung, auf Ersuchen der Auslandsvertretung, die das Visum erteilt hat, oder auf Ersuchen der Ausländerbehörde, die der Erteilung des Visums zugestimmt hat, sofern diese ihrer Zustimmung bedurfte,

4. das Ausreiseverbot und die Maßnahmen nach § 82 Abs. 5 an der Grenze,

5. die Prüfung an der Grenze, ob Beförderungsunternehmer und sonstige Dritte die Vorschriften dieses Gesetzes und die auf Grund dieses Gesetzes erlassenen Verordnungen und Anordnungen beachtet haben, sowie

6. sonstige ausländerrechtliche Maßnahmen und Entscheidungen, soweit sich deren Notwendigkeit an der Grenze ergibt und sie vom Bundesministerium des Innern hierzu allgemein oder im Einzelfall ermächtigt sind.

(5) [1] Für die erkennungsdienstlichen Maßnahmen nach § 41 Abs. 2 bis 5 sind die Ausländerbehörden, die mit der polizeilichen Kontrolle des grenzüberschreitenden Verkehrs beauftragten Behörden und, soweit es für die Erfüllung ihrer Aufgaben nach Absatz 6 erforderlich ist, die Polizeien der Länder zuständig. [2] In den Fällen des § 41 Abs. 3 Nr. 5 sind die vom Auswärtigen Amt ermächtigten Auslandsvertretungen zuständig.

(6) Für die Zurückschiebung sowie die Durchsetzung der Verlassenspflicht des § 36 und die Durchführung der Abschiebung und, soweit es zur Vorbe-

reitung und Sicherung dieser Maßnahmen erforderlich ist, die Festnahme und Beantragung der Haft sind auch die Polizeien der Länder zuständig.

§ 64 Beteiligungserfordernisse. (1) [1] Eine Betretenserlaubnis (§ 9 Abs. 3) darf nur mit Zustimmung der für den vorgesehenen Aufenthaltsort zuständigen Ausländerbehörde erteilt werden. [2] Die Ausländerbehörde, die den Ausländer ausgewiesen oder abgeschoben hat, ist in der Regel zu beteiligen.

(2) [1] Räumliche Beschränkungen, Auflagen und Bedingungen, Befristungen nach § 8 Abs. 2 Satz 2, Anordnungen nach § 37 und sonstige Maßnahmen gegen einen Ausländer, der nicht im Besitz einer erforderlichen Aufenthaltsgenehmigung ist, dürfen von einer anderen Ausländerbehörde nur im Einvernehmen mit der Ausländerbehörde geändert oder aufgehoben werden, die die Maßnahme angeordnet hat. [2] Satz 1 findet keine Anwendung, wenn der Aufenthalt des Ausländers nach den Vorschriften des Asylverfahrensgesetzes auf den Bezirk der anderen Ausländerbehörde beschränkt ist.

(3) [1] Ein Ausländer, gegen den öffentliche Klage erhoben oder ein strafrechtliches Ermittlungsverfahren eingeleitet ist, darf nur im Einvernehmen mit der zuständigen Staatsanwaltschaft ausgewiesen und abgeschoben werden. [2] Ein Ausländer, der zu schützende Person im Sinne des § 1 des Zeugenschutz-Harmonisierungsgesetzes ist, darf nur im Einvernehmen mit der Zeugenschutzdienststelle ausgewiesen oder abgeschoben werden.

(4) Das Bundesministerium des Innern kann, um die Mitwirkung anderer beteiligter Behörden zu sichern, durch Rechtsverordnung mit Zustimmung des Bundesrates bestimmen, in welchen Fällen die Erteilung eines Visums der Zustimmung der Ausländerbehörde bedarf.

(5) § 45 des Achten Buches Sozialgesetzbuch gilt nicht für Einrichtungen, die der vorübergehenden Unterbringung von Ausländern dienen, denen aus humanitären Gründen eine Aufenthaltsbefugnis oder eine Duldung erteilt wird.

§ 64 a Sonstige Beteiligungserfordernisse im Visumverfahren und bei der Erteilung von Aufenthaltsgenehmigungen. (1) [1] Die im Visumverfahren von der deutschen Auslandsvertretung erhobenen Daten der visumantragstellenden Person und des Einladers können von dieser zur Feststellung von Versagungsgründen nach § 8 Abs. 1 Nr. 5 an den Bundesnachrichtendienst, das Bundesamt für Verfassungsschutz, den Militärischen Abschirmdienst, das Bundeskriminalamt und das Zollkriminalamt übermittelt werden. [2] Das Verfahren nach § 21 des Ausländerzentralregistergesetzes bleibt unberührt.

(2) Die Ausländerbehörden können zur Feststellung von Versagungsgründen nach § 8 Abs. 1 Nr. 5 vor der Erteilung oder Verlängerung einer sonstigen Aufenthaltsgenehmigung die bei ihr gespeicherten personenbezogenen Daten der betroffenen Person an den Bundesnachrichtendienst, den Militärischen Abschirmdienst und das Zollkriminalamt sowie an das Landesamt für Verfassungsschutz und das Landeskriminalamt übermitteln.

(3) [1] Die in den Absätzen 1 und 2 genannten Sicherheitsbehörden und Nachrichtendienste teilen der anfragenden Stelle unverzüglich mit, ob Versagungsgründe nach § 8 Abs. 1 Nr. 5 vorliegen. [2] Sie dürfen die mit der Anfrage übermittelten Daten speichern und nutzen, wenn das zur Erfüllung ihrer gesetzlichen Aufgaben erforderlich ist. [3] Übermittlungsregelungen nach anderen Gesetzen bleiben unberührt.

(4) Das Bundesministerium des Innern bestimmt im Einvernehmen mit dem Auswärtigen Amt und unter Berücksichtigung der aktuellen Sicherheitslage durch allgemeine Verwaltungsvorschrift, in welchen Fällen gegenüber Staatsangehörigen bestimmter Staaten sowie Angehörigen von in sonstiger Weise bestimmten Personengruppen von der Ermächtigung des Absatzes 1 Gebrauch gemacht wird.

§ 65 Beteiligung des Bundes, Weisungsbefugnis. (1) Ein Visum kann zur Wahrung politischer Interessen des Bundes mit der Maßgabe erteilt werden, daß die Verlängerung des Visums und die Erteilung einer Aufenthaltsgenehmigung oder Duldung nach Ablauf der Geltungsdauer des Visums sowie die Aufhebung und Änderung von Auflagen, Bedingungen und sonstigen Beschränkungen, die mit dem Visum verbunden sind, nur im Benehmen oder Einvernehmen mit dem Bundesministerium des Innern oder der von ihm bestimmten Stelle vorgenommen werden dürfen; die Erteilung einer Duldung bedarf keiner Beteiligung, wenn die Abschiebung aus rechtlichen oder tatsächlichen Gründen unmöglich ist.

(2) Das Bundesministerium des Innern kann Einzelweisungen zur Ausführung dieses Gesetzes und der auf Grund dieses Gesetzes erlassenen Rechtsverordnungen erteilen, wenn

1. die Sicherheit der Bundesrepublik Deutschland oder sonstige erhebliche Interessen der Bundesrepublik Deutschland es erfordern,

2. durch ausländerrechtliche Maßnahmen eines Landes erhebliche Interessen eines anderen Landes beeinträchtigt werden,

3. eine Ausländerbehörde einen Ausländer ausweisen will, der zu den bei konsularischen und diplomatischen Vertretungen vom Erfordernis der Aufenthaltsgenehmigung befreiten Personen gehört.

(3) Die Durchführung von Einzelweisungen im Land Berlin bedarf der Zustimmung des Senats von Berlin.

§ 66 Schriftform; Ausnahme von Formerfordernissen. (1) [1]Der Verwaltungsakt, durch den ein Paßersatz, ein Ausweisersatz oder eine Aufenthaltsgenehmigung versagt, räumlich oder zeitlich beschränkt oder mit Bedingungen und Auflagen versehen wird, sowie die Ausweisung, die Duldung und Beschränkungen der Duldung bedürfen der Schriftform. [2]Das gleiche gilt für Beschränkungen des Aufenthalts nach § 3 Abs. 5, die Anordnungen nach § 37 und den Widerruf von Verwaltungsakten nach diesem Gesetz.

(2) Die Versagung und die Beschränkung eines Visums und eines Paßersatzes vor der Einreise bedürfen keiner Begründung und Rechtsbehelfsbelehrung; die Versagung an der Grenze bedarf auch nicht der Schriftform.

§ 67 Entscheidung über den Aufenthalt. (1) [1]Über den Aufenthalt von Ausländern wird auf der Grundlage der im Bundesgebiet bekannten Umstände und zugänglichen Erkenntnisse entschieden. [2]Über das Vorliegen der im § 53 bezeichneten Abschiebungshindernisse entscheidet die Ausländerbehörde auf der Grundlage der ihr vorliegenden und im Bundesgebiet zugänglichen Erkenntnisse und, soweit es im Einzelfall erforderlich ist, der den Behörden des Bundes außerhalb des Bundesgebiets zugänglichen Erkenntnisse.

(2) Wird gegen einen Ausländer, der die Erteilung oder Verlängerung einer Aufenthaltsgenehmigung beantragt hat, wegen des Verdachts einer Straftat oder einer Ordnungswidrigkeit ermittelt, ist die Entscheidung über die Aufenthaltsgenehmigung bis zum Abschluß des Verfahrens, im Falle der Verurteilung bis zum Eintritt der Rechtskraft des Urteils auszusetzen, es sei denn, über die Aufenthaltsgenehmigung kann ohne Rücksicht auf den Ausgang des Verfahrens entschieden werden.

§ 68 Handlungsfähigkeit Minderjähriger. (1) Fähig zur Vornahme von Verfahrenshandlungen nach diesem Gesetz ist auch ein Ausländer, der das 16. Lebensjahr vollendet hat, sofern er nicht nach Maßgabe des Bürgerlichen Gesetzbuches geschäftsunfähig oder im Falle seiner Volljährigkeit in dieser Angelegenheit zu betreuen und einem Einwilligungsvorbehalt zu unterstellen wäre.

(2) [1]Die mangelnde Handlungsfähigkeit eines Minderjährigen steht seiner Zurückweisung und Zurückschiebung nicht entgegen. [2]Das gleiche gilt für die Androhung und Durchführung der Abschiebung in den Herkunftsstaat, wenn sich sein gesetzlicher Vertreter nicht im Bundesgebiet aufhält oder dessen Aufenthaltsort im Bundesgebiet unbekannt ist.

(3) [1]Bei der Anwendung dieses Gesetzes sind die Vorschriften des Bürgerlichen Gesetzbuchs dafür maßgebend, ob ein Ausländer als minderjährig oder volljährig anzusehen ist. [2]Die Geschäftsfähigkeit und die sonstige rechtliche Handlungsfähigkeit eines nach dem Recht seines Heimatstaates volljährigen Ausländers bleiben davon unberührt.

(4) Die gesetzlichen Vertreter eines Ausländers, der das 16. Lebensjahr noch nicht vollendet hat, und sonstige Personen, die an Stelle der gesetzlichen Vertreter den Ausländer im Bundesgebiet betreuen, sind verpflichtet, für den Ausländer die erforderlichen Anträge auf Erteilung und Verlängerung der Aufenthaltsgenehmigung und auf Erteilung und Verlängerung des Passes, des Paßersatzes und des Ausweisersatzes zu stellen.

§ 69 Beantragung der Aufenthaltsgenehmigung. (1) [1]Eine Aufenthaltsgenehmigung, die nach Maßgabe der Rechtsverordnung nach § 3 Abs. 3 Satz 2 nach der Einreise eingeholt werden kann, ist unverzüglich nach der Einreise oder innerhalb der in der Rechtsverordnung bestimmten Frist zu beantragen. [2]Für ein im Bundesgebiet geborenes Kind, dem nicht von Amts wegen eine Aufenthaltsgenehmigung zu erteilen ist, ist der Antrag innerhalb von sechs Monaten nach der Geburt zu stellen.

(2) [1]Beantragt ein Ausländer nach der Einreise die Erteilung einer Aufenthaltsgenehmigung oder die Verlängerung eines ohne Zustimmung der Ausländerbehörde erteilten Visums, gilt sein Aufenthalt nach Ablauf der Befreiung vom Erfordernis der Aufenthaltsgenehmigung oder der Geltungsdauer des Visums beschränkt auf den Bezirk der Ausländerbehörde als geduldet, bis die Ausländerbehörde über den Antrag entschieden hat. [2]Diese Wirkung der Antragstellung tritt nicht ein, wenn der Ausländer

1. unerlaubt eingereist ist,
2. ausgewiesen oder auf Grund eines sonstigen Verwaltungsaktes ausreisepflichtig und noch nicht ausgereist ist oder
3. nach der Ablehnung seines Antrages und vor der Ausreise einen neuen Antrag stellt.

[3]Dem Ausländer ist eine Bescheinigung über die Wirkung seiner Antragstellung (Fiktionsbescheinigung) auszustellen, die eine Seriennummer enthält und mit einer Zone für das automatische Lesen versehen sein kann. [4]Darin dürfen nur die in § 39 Abs. 1 bezeichneten Daten enthalten sein. [5]§ 5 Abs. 5 und 7 gilt entsprechend. [6]Vordruckmuster und Ausstellungsmodalitäten bestimmt das Bundesministerium des Innern durch Rechtsverordnung, die der Zustimmung des Bundesrates bedarf.

(3) [1]Beantragt ein Ausländer, der

1. mit einem mit Zustimmung der Ausländerbehörde erteilten Visum eingereist ist oder

2. sich seit mehr als sechs Monaten rechtmäßig im Bundesgebiet aufhält,

die Erteilung oder Verlängerung einer Aufenthaltsgenehmigung, gilt sein Aufenthalt bis zur Entscheidung der Ausländerbehörde als erlaubt. [2]In den Fällen des Absatzes 1 gilt der Aufenthalt des Ausländers bis zum Ablauf der Antragsfrist und nach Stellung des Antrages bis zur Entscheidung der Ausländerbehörde als erlaubt. [3]Absatz 2 Satz 2 Nr. 2 und 3 gilt entsprechend.

§ 70 Mitwirkung des Ausländers. (1) [1]Dem Ausländer obliegt es, seine Belange und für ihn günstige Umstände, soweit sie nicht offenkundig oder bekannt sind, unter Angabe nachprüfbarer Umstände unverzüglich geltend zu machen und die erforderlichen Nachweise über seine persönlichen Verhältnisse, sonstige erforderliche Bescheinigungen und Erlaubnisse sowie sonstige erforderliche Nachweise, die er erbringen kann, unverzüglich beizubringen. [2]Die Ausländerbehörde kann ihm dafür eine angemessene Frist setzen. [3]Nach Ablauf der Frist geltend gemachte Umstände und beigebrachte Nachweise können unberücksichtigt bleiben. [4]Der Ausländer soll auf seine Obliegenheiten nach Satz 1 hingewiesen werden. [5]Im Falle der Fristsetzung ist er auf die Folgen der Fristversäumung hinzuweisen.

(2) Absatz 1 findet im Widerspruchsverfahren entsprechende Anwendung.

(3) [1]Nach dem Eintritt der Unanfechtbarkeit der Abschiebungsandrohung bleiben für weitere Entscheidungen der Ausländerbehörde über die Abschiebung oder die Aussetzung der Abschiebung Umstände unberücksichtigt, die einer Abschiebung in den in der Abschiebungsandrohung bezeichneten Staat entgegenstehen und die vor dem Eintritt der Unanfechtbarkeit der Abschiebungsandrohung eingetreten sind; sonstige von dem Ausländer geltend gemachte Umstände, die der Abschiebung oder der Abschiebung in diesen Staat entgegenstehen, können unberücksichtigt bleiben. [2]Die Vorschriften, nach denen der Ausländer die im Satz 1 bezeichneten Umstände gerichtlich im Wege der Klage oder im Verfahren des vorläufigen Rechtsschutzes nach der Verwaltungsgerichtsordnung geltend machen kann, bleiben unberührt.

(4) [1]Soweit es zur Vorbereitung und Durchführung von Maßnahmen nach diesem Gesetz und nach ausländerrechtlichen Bestimmungen in anderen Gesetzen erforderlich ist, kann das persönliche Erscheinen des Ausländers bei der zuständigen Behörde sowie den Vertretungen des Staates, dessen Staatsangehörigkeit er vermutlich besitzt, angeordnet werden. [2]Leistet der Ausländer einer Anordnung nach Satz 1 ohne hinreichenden Grund keine Folge, kann sie zwangsweise durchgesetzt werden. [3]§ 40 Abs. 1 und 2, die §§ 41, 42 Abs. 1 Satz 1 und 3 des Bundesgrenzschutzes finden entsprechende Anwendung.

§ 71 Beschränkungen der Anfechtbarkeit. (1) [1]Die Versagung eines Visums und eines Paßersatzes an der Grenze ist unanfechtbar. [2]Der Ausländer wird auf die Möglichkeit einer Antragstellung bei der zuständigen Auslandsvertretung hingewiesen.

(2) [1]Gegen die Versagung der Aufenthaltsgenehmigung nach den §§ 8 und 13 Abs. 2 Satz 1 können vor der Ausreise des Ausländers Rechtsbehelfe nur darauf gestützt werden, daß der Versagungsgrund nicht vorliegt. [2]In den Fällen des § 8 Abs. 1 Nr. 1 und 2 und § 13 Abs. 2 Satz 1 wird vermutet, daß schon im Zeitpunkt der Einreise der Ausländer visumpflichtig und das Visum zustimmungsbedürftig war.

(3) Gegen die Versagung einer Duldung findet kein Widerspruch statt.

§ 72 Wirkungen von Widerspruch und Klage. (1) Widerspruch und Klage gegen die Ablehnung eines Antrages auf Erteilung oder Verlängerung der Aufenthaltsgenehmigung haben keine aufschiebende Wirkung.

(2) [1]Widerspruch und Klage lassen unbeschadet ihrer aufschiebenden Wirkung die Wirksamkeit der Ausweisung und eines sonstigen Verwaltungsaktes, der die Rechtmäßigkeit des Aufenthalts beendet, unberührt. [2]Eine Unterbrechung der Rechtmäßigkeit des Aufenthalts tritt nicht ein, wenn der Verwaltungsakt durch eine behördliche oder unanfechtbare gerichtliche Entscheidung aufgehoben wird.

§ 73 Rückbeförderungspflicht der Beförderungsunternehmer.
(1) Wird ein Ausländer, der mit einem Luft-, See- oder Landfahrzeug einreisen will, zurückgewiesen, so hat ihn der Beförderungsunternehmer unverzüglich außer Landes zu bringen.

(2) Die Verpflichtung nach Absatz 1 besteht für die Dauer von drei Jahren hinsichtlich der Ausländer, die ohne erforderlichen Paß oder ohne erforderliches Visum, das sie auf Grund ihrer Staatsangehörigkeit benötigen, in das Bundesgebiet befördert werden und die bei der Einreise nicht zurückgewiesen werden, weil sie sich auf politische Verfolgung oder auf die in § 53 Abs. 1 oder 4 bezeichneten Umstände berufen; die Verpflichtung erlischt, wenn dem Ausländer eine Aufenthaltsgenehmigung nach diesem Gesetz erteilt wird.

(3) Der Beförderungsunternehmer hat den Ausländer auf Verlangen der mit der polizeilichen Kontrolle des grenzüberschreitenden Verkehrs beauftragten Behörden in den Staat, der das Reisedokument ausgestellt hat oder aus dem er befördert wurde, oder in einen sonstigen Staat zu bringen, in dem seine Einreise gewährleistet ist.

§ 74 Sonstige Pflichten der Beförderungsunternehmer. (1) [1]Ein Beförderungsunternehmer darf Ausländer auf dem Luft- oder Seeweg nur in das Bundesgebiet befördern, wenn sie im Besitz eines erforderlichen Passes und eines erforderlichen Visums sind, das sie auf Grund ihrer Staatsangehörigkeit benötigen. [2]Das Bundesministerium des Innern oder die von ihm bestimmte Stelle kann im Einvernehmen mit dem Bundesministerium für Verkehr einem Beförderungsunternehmer untersagen, Ausländer auf einem sonstigen Wege in das Bundesgebiet zu befördern, wenn sie nicht im Besitz eines erforderlichen Passes und eines Visums sind, das sie auf Grund ihrer Staatsangehörigkeit benötigen.

(2) [1]Das Bundesministerium des Innern oder die von ihm bestimmte Stelle kann im Einvernehmen mit dem Bundesministerium für Verkehr, Bau- und Wohnungswesen einem Beförderungsunternehmer

1. aufgeben, Ausländer nicht dem Absatz 1 Satz 1 zuwider in das Bundesgebiet zu befördern, und

2. für den Fall der Zuwiderhandlung gegen diese Verfügung oder gegen das nach Absatz 1 Satz 2 angeordnete Beförderungsverbot das Zwangsgeld nach Satz 2 androhen.

[2]Der Beförderungsunternehmer hat für jeden Ausländer, den er einer Verfügung nach Satz 1 Nr. 1 oder Absatz 1 Satz 2 zuwider befördert, einen Betrag von mindestens 250 Euro und höchstens 2500 Euro, im Falle der Beförderung auf dem Luft- oder Seeweg jedoch nicht unter 1000 Euro zu entrichten.

(3) [1]Die Anordnungen nach Absatz 1 Satz 2 und Absatz 2 Satz 1 dürfen nur erlassen werden, wenn der Beförderungsunternehmer trotz Abmahnung Ausländer ohne erforderlichen Paß oder ohne erforderliches Visum befördert hat oder wenn der begründete Verdacht besteht, daß solche Ausländer befördert werden sollen. [2]Widerspruch und Anfechtungsklage gegen die Anordnungen haben keine aufschiebende Wirkung.

§ 74a Pflichten der Flughafenunternehmer. Der Unternehmer eines Verkehrsflughafens ist verpflichtet, auf dem Flughafengelände geeignete Unterkünfte zur Unterbringung von Ausländern, die nicht im Besitz eines erforderlichen Passes oder eines erforderlichen Visums sind, bis zum Vollzug der grenzpolizeilichen Entscheidung über die Einreise bereitzustellen.

§ 75 Erhebung personenbezogener Daten.[1)] (1) Die mit der Ausführung dieses Gesetzes betrauten Behörden dürfen zum Zwecke der Ausführung dieses Gesetzes und ausländerrechtlicher Bestimmungen in anderen Gesetzen personenbezogene Daten erheben, soweit dies zur Erfüllung ihrer Aufgaben nach diesem Gesetz und nach ausländerrechtlichen Bestimmungen in anderen Gesetzen erforderlich ist.

(2) [1]Die Daten sind beim Betroffenen zu erheben. [2]Sie dürfen auch ohne Mitwirkung des Betroffenen bei anderen öffentlichen Stellen, ausländischen Behörden und nicht-öffentlichen Stellen erhoben werden, wenn

1. dieses Gesetz oder eine andere Rechtsvorschrift es vorsieht oder zwingend voraussetzt,

2. es im Interesse des Betroffenen liegt und davon ausgegangen werden kann, daß dieser in Kenntnis des Verwendungszwecks seine Einwilligung erteilt hätte,

3. die Mitwirkung des Betroffenen nicht ausreicht oder einen unverhältnismäßigen Aufwand erfordern würde,

4. die zu erfüllende Aufgabe ihrer Art nach eine Erhebung bei anderen Personen oder Stellen erforderlich macht oder

5. es zur Überprüfung der Angaben des Betroffenen erforderlich ist.

[1)] Siehe auch Nr. 2a.

[3] Nach Satz 2 Nr. 3 oder 4 dürfen Daten nur erhoben werden, wenn keine Anhaltspunkte dafür bestehen, daß überwiegende schutzwürdige Interessen des Betroffenen beeinträchtigt werden.

(3) [1] Werden personenbezogene Daten beim Betroffenen auf Grund einer Rechtsvorschrift erhoben, die zur Auskunft verpflichtet, ist der Betroffene auf diese Rechtsvorschrift hinzuweisen. [2] Werden personenbezogene Daten bei einer nicht-öffentlichen Stelle erhoben, so ist die Stelle auf die der Erhebung zugrundeliegende Rechtsvorschrift, sonst auf die Freiwilligkeit ihrer Angaben hinzuweisen.

§ 76 Übermittlungen an Ausländerbehörden.[1] (1) Öffentliche Stellen haben auf Ersuchen (§ 75 Abs. 1) den mit der Ausführung dieses Gesetzes betrauten Behörden ihnen bekannt gewordene Umstände mitzuteilen.

(2) Öffentliche Stellen haben unverzüglich die zuständige Ausländerbehörde zu unterrichten, wenn sie Kenntnis erlangen von

1. dem Aufenthalt eines Ausländers, der weder eine erforderliche Aufenthaltsgenehmigung noch eine Duldung besitzt,

2. dem Verstoß gegen eine räumliche Beschränkung oder

3. einem sonstigen Ausweisungsgrund;

in den Fällen der Nummern 1 und 2 und sonstiger nach diesem Gesetz strafbarer Handlungen kann statt der Ausländerbehörde die zuständige Polizeibehörde unterrichtet werden, wenn eine der in § 63 Abs. 6 bezeichneten Maßnahmen in Betracht kommt; die Polizeibehörde unterrichtet unverzüglich die Ausländerbehörde.

(3) [1] Der Beauftragte der Bundesregierung für Ausländerfragen ist nach den Absätzen 1 und 2 zu Mitteilungen über einen diesem Personenkreis angehörenden Ausländer nur verpflichtet, soweit dadurch die Erfüllung ihrer eigenen Aufgaben nicht gefährdet wird. [2] Die Landesregierungen können durch Rechtsverordnung bestimmen, daß der Ausländerbeauftragte des Landes und die Ausländerbeauftragten von Gemeinden nach den Absätzen 1 und 2 zu Mitteilungen über einen Ausländer, der sich rechtmäßig in dem Land oder der Gemeinde aufhält oder der sich bis zum Erlaß eines die Rechtmäßigkeit des Aufenthalts beendenden Verwaltungsaktes rechtmäßig dort aufgehalten hat, nur nach Maßgabe des Satzes 1 verpflichtet sind.

(4) [1] Die für die Einleitung und Durchführung eines Straf- und eines Bußgeldverfahrens zuständigen Stellen haben die zuständige Ausländerbehörde unverzüglich über die Einleitung des Verfahrens sowie die Verfahrenserledigungen bei der Staatsanwaltschaft, bei Gericht oder bei der für die Verfolgung und Ahndung der Ordnungswidrigkeit zuständigen Verwaltungsbehörde unter Angabe der gesetzlichen Vorschriften zu unterrichten. [2] Satz 1 gilt entsprechend für die Einleitung eines Auslieferungsverfahrens gegen einen Ausländer. [3] Satz 1 gilt nicht für Verfahren wegen einer Ordnungswidrigkeit, die höchstens mit einer Geldbuße von 1000 Euro geahndet werden kann. [4] Die Zeugenschutzdienststelle unterrichtet die zuständige Ausländerbehörde unverzüglich über Beginn und Ende des Zeugenschutzes für einen Ausländer.

---

[1] Siehe auch Nr. **2 b**.

(5) [1]Das Bundesministerium des Innern bestimmt durch Rechtsverordnung mit Zustimmung des Bundesrates, daß die

1. Meldebehörden,
2. Staatsangehörigkeitsbehörden,
3. Paß- und Personalausweisbehörden,
4. Sozial- und Jugendämter,
5. Justiz-, Polizei- und Ordnungsbehörden,
6. Arbeitsämter,
7. Finanz- und Hauptzollämter und
8. Gewerbebehörden

ohne Ersuchen den Ausländerbehörden personenbezogene Daten von Ausländern, Amtshandlungen und sonstige Maßnahmen gegenüber Ausländern und sonstige Erkenntnisse über Ausländer mitzuteilen haben, soweit diese Angaben zur Erfüllung der Aufgaben der Ausländerbehörden nach diesem Gesetz und nach ausländerrechtlichen Bestimmungen in anderen Gesetzen erforderlich sind. [2]Die Rechtsverordnung bestimmt Art und Umfang der Daten, die Maßnahmen und die sonstigen Erkenntnisse, die zu übermitteln sind.

§ 77 Übermittlungen bei besonderen gesetzlichen Verwendungsregelungen. (1) Eine Übermittlung personenbezogener Daten und sonstiger Angaben nach § 76 unterbleibt, soweit besondere gesetzliche Verwendungsregelungen entgegenstehen.

(2) Personenbezogene Daten, die von einem Arzt oder anderen in § 203 Abs. 1 Nr. 1, 2, 4 bis 6 und Abs. 3 des Strafgesetzbuches genannten Personen einer öffentlichen Stelle zugänglich gemacht worden sind, dürfen von dieser übermittelt werden,

1. wenn der Ausländer die öffentliche Gesundheit gefährdet und besondere Schutzmaßnahmen zum Ausschluß der Gefährdung nicht möglich sind oder von dem Ausländer nicht eingehalten werden oder
2. soweit die Daten für die Feststellung erforderlich sind, ob die im § 46 Nr. 4 bezeichneten Voraussetzungen vorliegen.

(3) [1]Personenbezogene Daten, die nach § 30 der Abgabenordnung dem Steuergeheimnis unterliegen, dürfen übermittelt werden, wenn der Ausländer gegen eine Vorschrift des Steuerrechts einschließlich des Zollrechts und des Monopolrechts oder des Außenwirtschaftsrechts oder gegen Einfuhr-, Ausfuhr-, Durchfuhr- oder Verbringungsverbote oder -beschränkungen verstoßen hat und wegen dieses Verstoßes ein strafrechtliches Ermittlungsverfahren eingeleitet oder eine Geldbuße von mindestens 500 Euro verhängt worden ist. [2]In den Fällen des Satzes 1 dürfen auch die mit der polizeilichen Kontrolle des grenzüberschreitenden Verkehrs betrauten Behörden unterrichtet werden, wenn ein Ausreiseverbot nach § 62 Abs. 2 Satz 1 erlassen werden soll.

(4) Auf die Übermittlung durch die mit der Ausführung dieses Gesetzes betrauten Behörden und durch nicht-öffentliche Stellen finden die Absätze 1 bis 3 entsprechende Anwendung.

§ 78 Verfahren bei erkennungsdienstlichen Maßnahmen. (1) Das Bundeskriminalamt leistet Amtshilfe bei der Auswertung der nach § 41 Abs. 2 und 3 gewonnenen Unterlagen.

(2) Die nach § 41 Abs. 2 Satz 1 und Abs. 3 gewonnenen Unterlagen werden vom Bundeskriminalamt getrennt von anderen erkennungsdienstlichen Unterlagen aufbewahrt.

(3) [1] Die Nutzung der nach § 41 Abs. 2 und 3 gewonnenen Unterlagen ist auch zulässig zur Feststellung der Identität oder der Zuordnung von Beweismitteln im Rahmen der Strafverfolgung und der polizeilichen Gefahrenabwehr. [2] Sie dürfen, soweit und solange es erforderlich ist, den für diese Maßnahmen zuständigen Behörden überlassen werden.

(4) [1] Die nach § 41 Abs. 2 und 3 gewonnenen Unterlagen sind von allen Behörden, die sie aufbewahren, zu vernichten, wenn

1. dem Ausländer ein gültiger Paß oder Paßersatz ausgestellt und von der Ausländerbehörde eine Aufenthaltsgenehmigung erteilt worden ist oder

2. seit der letzten Ausreise des Ausländers und seiner letzten versuchten unerlaubten Einreise zehn Jahre vergangen sind,

3. im Falle des § 41 Abs. 3 Nr. 3 seit der Zurückweisung oder Zurückschiebung drei Jahre vergangen sind,

4. im Fall des § 41 Abs. 2 Satz 2 seit der Sprachaufzeichnung sowie im Fall des § 41 Abs. 3 Nr. 5 seit der Visumbeantragung zehn Jahre vergangen sind.

[2] Das gilt nicht, soweit und solange die Unterlagen im Rahmen eines Strafverfahrens oder zur Abwehr einer Gefahr für die öffentliche Sicherheit und Ordnung benötigt werden. [3] Über die Vernichtung ist eine Niederschrift anzufertigen.

§ 79 Übermittlungen durch Ausländerbehörden. (1) Ergeben sich im Einzelfall konkrete Anhaltspunkte für

1. eine Beschäftigung oder Tätigkeit von Ausländern ohne erforderliche Genehmigung nach § 284 Abs. 1 Satz 1 des Dritten Buches Sozialgesetzbuch,

2. Verstöße gegen die Mitwirkungspflicht nach § 60 Abs. 1 Satz 1 Nr. 2 des Ersten Buches Sozialgesetzbuch gegenüber einer Dienststelle der Bundesanstalt für Arbeit, einem Träger der gesetzlichen Kranken-, Pflege-, Unfalloder Rentenversicherung oder einem Träger der Sozialhilfe oder gegen die Meldepflicht nach § 8 a des Asylbewerberleistungsgesetzes,

3. die in § 308 Abs. 3 Nr. 1 bis 4 des Dritten Buches Sozialgesetzbuch bezeichneten Verstöße,

unterrichten die mit der Ausführung dieses Gesetzes betrauten Behörden die für die Verfolgung und Ahndung der Verstöße nach den Nummern 1 bis 3 zuständigen Behörden sowie die Träger der Sozialhilfe.

(2) Bei der Verfolgung und Ahndung von Verstößen gegen dieses Gesetz arbeiten die mit der Ausführung dieses Gesetzes betrauten Behörden insbesondere mit den anderen in § 304 Abs. 2 des Dritten Buches Sozialgesetzbuch genannten Behörden zusammen.

(3) Die mit der Ausführung dieses Gesetzes betrauten Behörden teilen Umstände und Maßnahmen nach diesem Gesetz, deren Kenntnis für die Leistung an Leistungsberechtigte des Asylbewerberleistungsgesetzes erforderlich ist, sowie die ihnen mitgeteilten Erteilungen von Arbeitserlaubnissen an diese Personen und Angaben über das Erlöschen, den Widerruf oder die Rück-

nahme der Arbeitserlaubnisse den nach § 10 des Asylbewerberleistungsgesetzes zuständigen Behörden mit.

§ 80 Speicherung und Löschung personenbezogener Daten. (1) ¹Das Bundesministerium des Innern kann durch Rechtsverordnung mit Zustimmung des Bundesrates bestimmen, daß

1. jede Ausländerbehörde eine Datei über Ausländer führt, die sich in ihrem Bezirk aufhalten oder aufgehalten haben, die bei ihr einen Antrag gestellt oder Einreise und Aufenthalt angezeigt haben und für und gegen die sie eine ausländerrechtliche Maßnahme oder Entscheidung getroffen hat,

2. die Auslandsvertretungen eine Datei über die erteilten Visa führen und

3. die mit der Ausführung dieses Gesetzes betrauten Behörden eine sonstige zur Erfüllung ihrer Aufgaben erforderliche Datei führen.

²Nach Satz 1 Nr. 1 und 2 werden erfaßt die Personalien einschließlich der Staatsangehörigkeit und der Anschrift des Ausländers, Angaben zum Paß, über ausländerrechtliche Maßnahmen und über die Erfassung im Ausländerzentralregister sowie über frühere Anschriften des Ausländers, die zuständige Ausländerbehörde und die Abgabe von Akten an eine andere Ausländerbehörde. ³Die Befugnis der Ausländerbehörden, weitere personenbezogene Daten zu speichern, richtet sich nach den datenschutzrechtlichen Bestimmungen der Länder.

(2) ¹Die Unterlagen über die Ausweisung und die Abschiebung sind zehn Jahre nach dem Ablauf der in § 8 Abs. 2 bezeichneten Frist zu vernichten. ²Sie sind vor diesem Zeitpunkt zu vernichten, soweit sie Erkenntnisse enthalten, die nach anderen gesetzlichen Bestimmungen nicht mehr gegen den Ausländer verwertet werden dürfen.

(3) Mitteilungen nach § 76 Abs. 1, die für eine anstehende ausländerrechtliche Entscheidung unerheblich sind und auch für eine spätere ausländerrechtliche Entscheidung nicht erheblich werden können, sind unverzüglich zu vernichten.

§ 81 Kosten. (1) Für Amtshandlungen nach diesem Gesetz und den zur Durchführung dieses Gesetzes erlassenen Rechtsverordnungen werden Kosten (Gebühren und Auslagen) erhoben.

(2) ¹Die Bundesregierung bestimmt durch Rechtsverordnung mit Zustimmung des Bundesrates die gebührenpflichtigen Tatbestände und die Gebührensätze sowie Gebührenbefreiungen und -ermäßigungen, insbesondere für Fälle der Bedürftigkeit. ²Das Verwaltungskostengesetz findet Anwendung, soweit dieses Gesetz keine abweichenden Vorschriften enthält.

(3) Die in der Rechtsverordnung bestimmten Gebühren dürfen folgende Höchstsätze nicht übersteigen:

1. für die Erteilung einer befristeten Aufenthaltserlaubnis: 80 Euro,

2. für die Erteilung einer Aufenthaltsbewilligung und einer Aufenthaltsbefugnis: 55 Euro,

3. für die Erteilung einer unbefristeten Aufenthaltserlaubnis und einer Aufenthaltsberechtigung: 130 Euro,

4. für die befristete Verlängerung einer Aufenthaltserlaubnis, einer Aufenthaltsbewilligung und einer Aufenthaltsbefugnis: die Hälfte der für die Erteilung bestimmten Gebühren,

5. für die Erteilung eines Visums und einer Duldung und die Ausstellung eines Paßersatzes und eines Ausweisersatzes: 30 Euro,

6. für sonstige Amtshandlungen: 30 Euro,

7. für Amtshandlungen zugunsten Minderjähriger: die Hälfte der für die Amtshandlung bestimmten Gebühr.

(4) [1] Für Amtshandlungen, die im Ausland vorgenommen werden, können Zuschläge zu den Gebühren festgesetzt werden, um Kaufkraftunterschiede auszugleichen. [2] Für die Erteilung eines Visums und eines Paßersatzes an der Grenze darf ein Zuschlag von höchstens 15 Euro erhoben werden. [3] Für eine auf Wunsch des Antragstellers außerhalb der Dienstzeit vorgenommene Amtshandlung darf ein Zuschlag von höchstens 30 Euro erhoben werden. [4] Gebührenzuschläge können auch für die Amtshandlungen gegenüber einem Staatsangehörigen festgesetzt werden, dessen Heimatstaat von Deutschen für entsprechende Amtshandlungen höhere als die nach Absatz 2 festgesetzten Gebühren erhebt. [5] Bei der Festsetzung von Gebührenzuschlägen können die in Absatz 3 bestimmten Höchstsätze überschritten werden.

(5) [1] Die Rechtsverordnung nach Absatz 2 kann vorsehen, daß für die Beantragung gebührenpflichtiger Amtshandlungen eine Bearbeitungsgebühr erhoben wird. [2] Die Bearbeitungsgebühr darf höchstens die Hälfte der für die Amtshandlung zu erhebenden Gebühr betragen. [3] Die Gebühr ist auf die Gebühr für die Amtshandlung anzurechnen. [4] Sie wird auch im Falle der Rücknahme des Antrages und der Versagung der beantragten Amtshandlung nicht zurückgezahlt.

(6) [1] Die Rechtsverordnung nach Absatz 2 kann für die Einlegung eines Widerspruchs Gebühren vorsehen, die höchstens betragen dürfen

1. für den Widerspruch gegen die Ablehnung eines Antrages auf Vornahme einer gebührenpflichtigen Amtshandlung: die Hälfte der für diese vorgesehenen Gebühr,

2. für den Widerspruch gegen eine sonstige Amtshandlung: 55 Euro.

[2] Soweit der Widerspruch Erfolg hat, ist die Gebühr auf die Gebühr für die vorzunehmende Amtshandlung anzurechnen und im übrigen zurückzuzahlen.

§82 Kostenschuldner; Sicherheitsleistung. (1) Kosten, die durch die Abschiebung, Zurückschiebung oder Zurückweisung entstehen, hat der Ausländer zu tragen.

(2) Neben dem Ausländer haftet für die in Absatz 1 bezeichneten Kosten, wer sich gegenüber der Ausländerbehörde oder der Auslandsvertretung verpflichtet hat, für die Ausreisekosten des Ausländers aufzukommen.

(3) [1] In den Fällen des § 73 Abs. 1 und 2 haftet der Beförderungsunternehmer neben dem Ausländer für die Kosten der Rückbeförderung des Ausländers und für die Kosten, die von der Ankunft des Ausländers an der Grenzübergangsstelle bis zum Vollzug der Entscheidung über die Einreise entstehen. [2] Ein Beförderungsunternehmer, der schuldhaft einer Verfügung nach § 74 Abs. 1 Satz 2 oder Abs. 2 Satz 1 Nr. 1 zuwiderhandelt, haftet neben dem Ausländer für sonstige Kosten, die in den Fällen des § 73 Abs. 1 durch die

Zurückweisung und in den Fällen des § 73 Abs. 2 durch die Abschiebung entstehen.

(4) [1]Für die Kosten der Abschiebung oder Zurückschiebung haftet, wer den Ausländer als Arbeitnehmer beschäftigt hat, wenn diesem die Ausübung der Erwerbstätigkeit nach den Vorschriften dieses Gesetzes oder des Dritten Buches Sozialgesetzbuch nicht erlaubt war. [2]In gleicher Weise haftet, wer eine nach § 92a oder § 92b strafbare Handlung begeht. [3]Der Ausländer haftet für die Kosten nur, soweit sie von dem anderen Kostenschuldner nicht beigetrieben werden können.

(5) [1]Von dem Kostenschuldner kann eine Sicherheitsleistung verlangt werden. [2]Die Anordnung einer Sicherheitsleistung des Ausländers kann von der Behörde, die sie erlassen hat, ohne vorherige Vollstreckungsanordnung und Fristsetzung vollstreckt werden, wenn andernfalls die Erhebung gefährdet wäre. [3]Zur Sicherung der Ausreisekosten können Rückflugscheine und sonstige Fahrausweise beschlagnahmt werden, die im Besitz eines Ausländers sind, der zurückgewiesen, zurückgeschoben, ausgewiesen oder abgeschoben werden soll oder dem Einreise und Aufenthalt nur wegen der Stellung eines Asylantrages gestattet wird.

§ 83 Umfang der Kostenhaftung; Verjährung. (1) Die Kosten der Abschiebung, Zurückschiebung und Zurückweisung umfassen

1. die Beförderungs- und sonstigen Reisekosten für den Ausländer innerhalb des Bundesgebiets und bis zum Zielort außerhalb des Bundesgebiets,

2. die bei der Vorbereitung und Durchführung der Maßnahme entstehenden Verwaltungskosten einschließlich der Kosten für die Abschiebungshaft und der Übersetzungskosten und die Ausgaben für die Unterbringung, Verpflegung und sonstige Versorgung des Ausländers sowie

3. sämtliche durch eine erforderliche amtliche Begleitung des Ausländers entstehenden Kosten einschließlich der Personalkosten.

(2) Die Kosten, für die der Beförderungsunternehmer nach § 82 Abs. 3 Satz 1 haftet, umfassen

1. die in Absatz 1 Nr. 1 bezeichneten Kosten,

2. die bis zum Vollzug der Entscheidung über die Einreise entstehenden Verwaltungskosten und Ausgaben für die Unterbringung, Verpflegung und sonstige Versorgung des Ausländers und

3. die in Absatz 1 Nr. 3 bezeichneten Kosten, soweit der Beförderungsunternehmer nicht selbst die erforderliche Begleitung des Ausländers übernimmt.

(3) Die Verjährung von Ansprüchen nach den §§ 81 und 82 wird auch unterbrochen, solange sich der Kostenschuldner nicht im Bundesgebiet aufhält oder sein Aufenthalt im Bundesgebiet deshalb nicht festgestellt werden kann, weil er einer gesetzlichen Meldepflicht oder Anzeigepflicht nicht nachgekommen ist.

(4) [1]Die in Absatz 1 und 2 genannten Kosten werden von der nach § 63 zuständigen Behörde durch Leistungsbescheid in Höhe der tatsächlich entstandenen Kosten erhoben. [2]Hinsichtlich der Berechnung der Personalkosten gelten die allgemeinen Grundsätze zur Berechnung von Personalkosten der öffentlichen Hand. [3]Die Ansprüche verjähren sechs Jahre nach Fälligkeit.

§ 84 Haftung für Lebensunterhalt. (1) [1]Wer sich der Ausländerbehörde oder einer Auslandsvertretung gegenüber verpflichtet hat, die Kosten für den Lebensunterhalt eines Ausländers zu tragen, hat sämtliche öffentlichen Mittel zu erstatten, die für den Lebensunterhalt des Ausländers einschließlich der Versorgung mit Wohnraum und der Versorgung im Krankheitsfalle und bei Pflegebedürftigkeit aufgewendet werden, auch soweit die Aufwendungen auf einem gesetzlichen Anspruch des Ausländers beruhen. [2]Aufwendungen, die auf einer Beitragsleistung beruhen, sind nicht zu erstatten.

(2) [1]Die Verpflichtung nach Absatz 1 Satz 1 bedarf der Schriftform. [2]Sie ist nach Maßgabe des Verwaltungs-Vollstreckungsgesetzes vollstreckbar. [3]Der Erstattungsanspruch steht der öffentlichen Stelle zu, die die öffentlichen Mittel aufgewendet hat.

(3) Die Auslandsvertretung unterrichtet unverzüglich die Ausländerbehörde über eine Verpflichtung nach Absatz 1 Satz 1.

(4) [1]Die Ausländerbehörde unterrichtet auf Ersuchen oder, wenn sie Kenntnis von der Aufwendung nach Absatz 1 zu erstattender öffentlicher Mittel erlangt, ohne Ersuchen unverzüglich die öffentliche Stelle, der der Erstattungsanspruch zusteht, über die Verpflichtung nach Absatz 1 Satz 1 und erteilt ihr alle für die Geltendmachung und Durchsetzung des Erstattungsanspruches erforderlichen Auskünfte. [2]Der Empfänger darf die Daten nur zum Zwecke der Erstattung der für den Ausländer aufgewendeten öffentlichen Mittel sowie der Versagung weiterer Leistungen verwenden.

Siebenter Abschnitt. Erleichterte Einbürgerung

§ 85 Einbürgerungsanspruch für Ausländer mit längerem Aufenthalt; Miteinbürgerung ausländischer Ehegatten und minderjähriger Kinder. (1) Ausländer, der seit acht Jahren rechtmäßig seinen gewöhnlichen Aufenthalt im Inland hat, ist auf Antrag einzubürgern, wenn er

1. sich zur freiheitlichen demokratischen Grundordnung des Grundgesetzes für die Bundesrepublik Deutschland bekennt und erklärt, daß er keine Bestrebungen verfolgt oder unterstützt oder verfolgt oder unterstützt hat, die gegen die freiheitliche demokratische Grundordnung, den Bestand oder die Sicherheit des Bundes oder eines Landes gerichtet sind oder eine ungesetzliche Beeinträchtigung der Amtsführung der Verfassungsorgane des Bundes oder eines Landes oder ihrer Mitglieder zum Ziele haben oder die durch Anwendung von Gewalt oder darauf gerichtete Vorbereitungshandlungen auswärtige Belange der Bundesrepublik Deutschland gefährden, oder glaubhaft macht, daß er sich von der früheren Verfolgung oder Unterstützung derartiger Bestrebungen abgewandt hat,

2. eine Aufenthaltserlaubnis oder eine Aufenthaltsberechtigung besitzt,

3. den Lebensunterhalt für sich und seine unterhaltsberechtigten Familienangehörigen ohne Inanspruchnahme von Sozial- oder Arbeitslosenhilfe bestreiten kann,

4. seine bisherige Staatsangehörigkeit aufgibt oder verliert und

5. nicht wegen einer Straftat verurteilt worden ist.

Von der in Satz 1 Nr. 3 bezeichneten Voraussetzung wird abgesehen, wenn der Ausländer aus einem von ihm nicht zu vertretenden Grunde den Lebensunterhalt nicht ohne Inanspruchnahme von Sozial- oder Arbeitslosenhilfe bestreiten kann.

(2) Der Ehegatte und die minderjährigen Kinder des Ausländers können nach Maßgabe des Absatzes 1 mit eingebürgert werden, auch wenn sie sich noch nicht seit acht Jahren rechtmäßig im Inland aufhalten. Absatz 1 Satz 1 Nr. 1 findet keine Anwendung, wenn ein minderjähriges Kind im Zeitpunkt der Einbürgerung das 16. Lebensjahr noch nicht vollendet hat.

(3) Bei einem Ausländer, der das 23. Lebensjahr noch nicht vollendet hat, ist Absatz 1 Satz 1 Nr. 3 nicht anzuwenden.

§ 86 Ausschlußgründe. Ein Anspruch auf Einbürgerung nach § 85 besteht nicht, wenn

1. der Einbürgerungsbewerber nicht über ausreichende Kenntnisse der deutschen Sprache verfügt,

2. tatsächliche Anhaltspunkte die Annahme rechtfertigen, daß der Einbürgerungsbewerber Bestrebungen verfolgt oder unterstützt oder verfolgt oder unterstützt hat, die gegen die freiheitliche demokratische Grundordnung, den Bestand oder die Sicherheit des Bundes oder eines Landes gerichtet sind oder eine ungesetzliche Beeinträchtigung der Amtsführung der Verfassungsorgane des Bundes oder eines Landes oder ihrer Mitglieder zum Ziele haben oder die durch Anwendung von Gewalt oder darauf gerichtete Vorbereitungshandlungen auswärtige Belange der Bundesrepublik Deutschland gefährden, es sei denn, der Einbürgerungsbewerber macht glaubhaft, daß er sich von der früheren Verfolgung oder Unterstützung derartiger Bestrebungen abgewandt hat, oder

3. ein Ausweisungsgrund nach § 47 Abs. 2 Nr. 4 vorliegt.

§ 87 Einbürgerung unter Hinnahme von Mehrstaatigkeit. (1) Von der Voraussetzung des § 85 Abs. 1 Satz 1 Nr. 4 wird abgesehen, wenn der Ausländer seine bisherige Staatsangehörigkeit nicht oder nur unter besonders schwierigen Bedingungen aufgeben kann. Das ist anzunehmen, wenn

1. das Recht des ausländischen Staates das Ausscheiden aus dessen Staatsangehörigkeit nicht vorsieht,

2. der ausländische Staat die Entlassung regelmäßig verweigert und der Ausländer der zuständigen Behörde einen Entlassungsantrag zur Weiterleitung an den ausländischen Staat übergeben hat,

3. der ausländische Staat die Entlassung aus der Staatsangehörigkeit aus Gründen versagt hat, die der Ausländer nicht zu vertreten hat, oder von unzumutbaren Bedingungen abhängig macht oder über den vollständigen und formgerechten Entlassungsantrag nicht in ausgemessener Zeit entschieden hat,

4. der Einbürgerung älterer Personen ausschließlich das Hindernis eintretender Mehrstaatigkeit entgegensteht, die Entlassung auf unverhältnismäßige Schwierigkeiten stößt und die Versagung der Einbürgerung eine besondere Härte darstellen würde,

5. dem Ausländer bei Aufgabe der ausländischen Staatsangehörigkeit erhebliche Nachteile insbesondere wirtschaftlicher oder vermögensrechtlicher Art entstehen würden, die über den Verlust der staatsbürgerlichen Rechte hinausgehen, oder

6. der Ausländer politisch Verfolgter im Sinne von § 51 ist oder wie ein Flüchtling nach dem Gesetz über Maßnahmen für im Rahmen humanitärer Hilfsaktionen aufgenommene Flüchtlinge behandelt wird.

(2) Von der Voraussetzung des § 85 Abs. 1 Satz 1 Nr. 4 wird ferner abgesehen, wenn der Ausländer die Staatsangehörigkeit eines anderen Mitgliedstaates der Europäischen Union besitzt und Gegenseitigkeit besteht.

(3) Von der Voraussetzung des § 85 Abs. 1 Satz 1 Nr. 4 kann abgesehen werden, wenn der ausländische Staat die Entlassung aus der bisherigen Staatsangehörigkeit von der Leistung des Wehrdienstes abhängig macht und der Ausländer den überwiegenden Teil seiner Schulausbildung in deutschen Schulen erhalten hat und im Bundesgebiet in deutsche Lebensverhältnisse und in das wehrpflichtige Alter hineingewachsen ist.

(4) Weitere Ausnahmen von der Voraussetzung des § 85 Abs. 1 Satz 1 Nr. 4 können nach Maßgabe völkerrechtlicher Verträge vorgesehen werden.

(5) Erfordert die Entlassung aus der ausländischen Staatsangehörigkeit die Volljährigkeit des Ausländers und liegen die Voraussetzungen der Absätze 1 bis 4 im übrigen nicht vor, so erhält ein Ausländer, der nach dem Recht seines Heimatstaates noch minderjährig ist, abweichend von Absatz 1 Satz 2 Nr. 1 eine Einbürgerungszusicherung.

§ 88 Entscheidung bei Straffälligkeit. (1) [1]Nach § 85 Nr. 4 und § 86 Abs. 1 Nr. 2 bleiben außer Betracht *(Fassung ab 1. 1. 2000: Nach § 85 Abs. 1 Satz 1 Nr. 5 bleiben außer Betracht)*

1. die Verhängung von Erziehungsmaßregeln oder Zuchtmitteln nach dem Jugendgerichtsgesetz,

2. Verurteilungen zu Geldstrafe bis zu 180 Tagessätzen und

3. Verurteilungen zu Freiheitsstrafe bis zu sechs Monaten, die zur Bewährung ausgesetzt und nach Ablauf der Bewährungszeit erlassen worden ist.

[2]Ist der Ausländer zu einer höheren Strafe verurteilt worden, wird im Einzelfall entschieden, ob die Straftat außer Betracht bleiben kann.

(2) Im Falle der Verhängung von Jugendstrafe bis zu einem Jahr, die zur Bewährung ausgesetzt ist, erhält der Ausländer eine Einbürgerungszusicherung für den Fall, daß die Strafe nach Ablauf der Bewährungszeit erlassen wird.

(3) [1]Wird gegen einen Ausländer, der die Einbürgerung beantragt hat, wegen des Verdachts einer Straftat ermittelt, ist die Entscheidung über die Einbürgerung bis zum Abschluß des Verfahrens, im Falle der Verurteilung bis zum Eintritt der Rechtskraft des Urteils auszusetzen. [2]Das gleiche gilt, wenn die Verhängung der Jugendstrafe nach § 27 des Jugendgerichtsgesetzes ausgesetzt ist.

§ 89 Unterbrechungen des rechtmäßigen Aufenthalts. (1) [1]Der gewöhnliche Aufenthalt im Bundesgebiet wird durch Aufenthalte bis zu sechs Monaten außerhalb des Bundesgebiets nicht unterbrochen. [2]Hat der Ausländer sich aus einem seiner Natur nach vorübergehenden Grunde länger als sechs Monate außerhalb des Bundesgebiets aufgehalten, wird auch diese Zeit bis zu einem Jahr auf die für die Einbürgerung erforderliche Aufenthaltsdauer angerechnet.

(2) Hat der Ausländer sich aus einem seiner Natur nach nicht vorübergehenden Grunde länger als sechs Monate außerhalb des Bundesgebiets aufgehalten,

kann die frühere Aufenthaltszeit im Bundesgebiet bis zu fünf Jahren auf die für die Einbürgerung erforderliche Aufenthaltsdauer angerechnet werden.

(3) Unterbrechungen der Rechtmäßigkeit des Aufenthalts bleiben außer Betracht, wenn sie darauf beruhen, daß der Ausländer nicht rechtzeitig die erstmals erforderliche Erteilung oder die Verlängerung der Aufenthaltsgenehmigung beantragt hat oder nicht im Besitz eines gültigen Passes war.

§ 90 Einbürgerungsgebühr. Die Gebühr für die Einbürgerung nach diesem Gesetz beträgt 255 Euro. Sie ermäßigt sich für ein minderjähriges Kind, das miteingebürgert wird und keine eigenen Einkünfte im Sinne des Einkommensteuergesetzes hat, auf 51 Euro. Von der Gebühr kann aus Gründen der Billigkeit oder des öffentlichen Interesses Gebührenermäßigung oder -befreiung gewährt werden.

§ 91 Verfahrensvorschriften. Für das Verfahren bei der Einbürgerung gelten § 68 Abs. 1 und 3, § 70 Abs. 1, 2 und 4 Satz 1 entsprechend. Im übrigen gelten für das Verfahren bei der Einbürgerung einschließlich der Bestimmung der örtlichen Zuständigkeit die Vorschriften des Staatsangehörigkeitsrechts.

Achter Abschnitt. Beauftragte für Ausländerfragen

§ 91a Amt der Beauftragten. (1) [1] Die Bundesregierung kann eine Beauftragte für Ausländerfragen bestellen. [2] Die Amtsbezeichnung kann auch in der männlichen Form geführt werden.

(2) [1] Das Amt der Beauftragten wird beim Bundesministerium für Arbeit und Sozialordnung eingerichtet. [2] Die Beauftragte kann Mitglied des Deutschen Bundestages sein.

(3) [1] Der Beauftragten ist die für die Erfüllung ihrer Aufgaben notwendige Personal- und Sachausstattung zur Verfügung zu stellen. [2] Der Ansatz ist im Einzelplan des Bundesministeriums für Arbeit und Sozialordnung in einem eigenen Kapitel auszuweisen.

(4) Das Amt der Beauftragten endet, außer im Fall der Entlassung, mit dem Zusammentreten eines neuen Bundestages.

§ 91b Aufgaben. Die Beauftragte hat die Aufgaben,

1. die Integration der dauerhaft im Bundesgebiet ansässigen ausländischen Bevölkerung zu fördern und insbesondere die Bundesregierung bei der Weiterentwicklung ihrer Integrationspolitik, auch im Hinblick auf arbeitsmarkt- und sozialpolitische Aspekte, zu unterstützen sowie für die Weiterentwicklung der Integrationspolitik auch im europäischen Rahmen Anregungen zu geben;
2. die Voraussetzungen für ein möglichst spannungsfreies Zusammenleben zwischen Ausländern und Deutschen sowie unterschiedlichen Gruppen von Ausländern weiterzuentwickeln, Verständnis für einander zu fördern und Fremdenfeindlichkeit entgegenzuwirken;
3. nicht gerechtfertigten Ungleichbehandlungen, soweit sie Ausländer betreffen, entgegenzuwirken;

4. den Belangen der im Bundesgebiet befindlichen Ausländer zu einer angemessenen Berücksichtigung zu verhelfen;

5. über die gesetzlichen Möglichkeiten der Einbürgerung zu informieren;

6. auf die Wahrung der Freizügigkeitsrechte der im Bundesgebiet lebenden Unionsbürger zu achten und zu deren weiterer Ausgestaltung Vorschläge zu machen;

7. Initiativen zur Integration der dauerhaft im Bundesgebiet ansässigen ausländischen Bevölkerung auch bei den Ländern und kommunalen Gebietskörperschaften sowie bei den gesellschaftlichen Gruppen anzuregen und zu unterstützen;

8. die Zuwanderung ins Bundesgebiet und in die Europäische Union sowie die Entwicklung der Zuwanderung in anderen Staaten zu beobachten;

9. in den Aufgabenbereichen der Nummern 1 bis 8 mit den Stellen der Gemeinden, Länder, anderer Mitgliedstaaten der Europäischen Union und der Europäischen Union selbst, die gleiche oder ähnliche Aufgaben haben wie die Beauftragte, zusammenzuarbeiten;

10. die Öffentlichkeit zu den in den Nummern 1 bis 9 genannten Aufgabenbereichen zu informieren.

§ 91 c Amtsbefugnisse. (1) [1] Die Beauftragte wird bei Rechtsetzungsvorhaben der Bundesregierung oder einzelner Bundesministerien sowie bei sonstigen Angelegenheiten, die ihren Aufgabenbereich betreffen, möglichst frühzeitig beteiligt. [2] Sie kann der Bundesregierung Vorschläge machen und Stellungnahmen zuleiten. [3] Die Bundesministerien unterstützen die Beauftragte bei der Erfüllung ihrer Aufgaben.

(2) Die Beauftragte erstattet dem Deutschen Bundestag mindestens alle zwei Jahre einen Bericht über die Lage der Ausländer in Deutschland.

(3) [1] Liegen der Beauftragten hinreichende Anhaltspunkte vor, daß öffentliche Stellen des Bundes Verstöße im Sinne des § 91 b Abs. 1 Nr. 3 begehen oder sonst die gesetzlichen Rechte von Ausländern nicht wahren, so kann sie eine Stellungnahme anfordern. [2] Sie kann diese Stellungnahme mit einer eigenen Bewertung versehen und der öffentlichen und deren vorgesetzter Stelle zuleiten. [3] Die öffentlichen Stellen des Bundes sind verpflichtet, Auskunft zu erteilen und Fragen zu beantworten. [4] Personenbezogene Daten übermitteln die öffentlichen Stellen nur, wenn sich der Betroffene selbst mit der Bitte, in seiner Sache gegenüber der öffentlichen Stelle tätig zu werden, an die Beauftragte gewandt hat oder die Einwilligung des Ausländers anderweitig nachgewiesen ist.

Neunter Abschnitt. Straf- und Bußgeldvorschriften

§ 92 Strafvorschriften. (1) Mit Freiheitsstrafe bis zu einem Jahr oder mit Geldstrafe wird bestraft, wer

1. entgegen § 3 Abs. 1 Satz 1 sich ohne Aufenthaltsgenehmigung im Bundesgebiet aufhält und keine Duldung nach § 55 Abs. 1 besitzt,

2. entgegen § 4 Abs. 1 in Verbindung mit § 39 Abs. 1 sich ohne Paß und ohne Ausweisersatz im Bundesgebiet aufhält,

3. einer vollziehbaren Auflage nach § 14 Abs. 2 Satz 2 oder § 56 Abs. 3 Satz 3, jeweils auch in Verbindung mit § 44 Abs. 6, oder einer vollziehbaren Anordnung nach § 62 Abs. 2 zuwiderhandelt,

4. einer vollziehbaren Anordnung nach § 37 zuwiderhandelt,

5. entgegen § 41 Abs. 6 eine erkennungsdienstliche Maßnahme nicht duldet,

6. entgegen § 58 Abs. 1 Nr. 1 oder 2 in das Bundesgebiet einreist oder,

7. im Bundesgebiet einer überwiegend aus Ausländern bestehenden Vereinigung oder Gruppe angehört, deren Bestehen, Zielsetzung oder Tätigkeit vor den Behörden geheimgehalten wird, um ihr Verbot abzuwenden.

(2) Mit Freiheitsstrafe bis zu drei Jahren oder mit Geldstrafe wird bestraft, wer

1. entgegen § 8 Abs. 2 Satz 1 unerlaubt

   a) in das Bundesgebiet einreist oder

   b) sich darin aufhält oder

2. unrichtige oder unvollständige Angaben macht oder benutzt, um für sich oder einen anderen eine Aufenthaltsgenehmigung oder Duldung zu beschaffen, oder eine so beschaffte Urkunde wissentlich zur Täuschung im Rechtsverkehr gebraucht.

(2a) In den Fällen des Absatzes 1 Nr. 6 und des Absatzes 2 Nr. 1 Buchstabe a ist der Versuch strafbar.

(3) Gegenstände, auf die sich eine Straftat nach Absatz 2 Nr. 2 bezieht, können eingezogen werden.

(4) Artikel 31 Abs. 1 des Abkommens über die Rechtsstellung der Flüchtlinge bleibt unberührt.

§ 92 a Einschleusen von Ausländern. (1) Mit Freiheitsstrafe bis zu fünf Jahren oder mit Geldstrafe wird bestraft, wer einen anderen zu einer der in § 92 Abs. 1 Nr. 1, 2 oder 6 oder Abs. 2 bezeichneten Handlungen anstiftet oder ihm dazu Hilfe leistet und

1. dafür einen Vermögensvorteil erhält oder sich versprechen läßt oder

2. wiederholt oder zugunsten von mehreren Ausländern handelt.

(2) Mit Freiheitsstrafe von sechs Monaten bis zu zehn Jahren wird bestraft, wer in den Fällen des Absatzes 1

1. gewerbsmäßig oder

2. als Mitglied einer Bande, die sich zur fortgesetzten Begehung solcher Taten verbunden hat,

handelt.

(3) Der Versuch ist strafbar.

(4) Absatz 1 Nr. 1, Absatz 2 Nr. 1 und Absatz 3 sind auf Zuwiderhandlungen gegen Rechtsvorschriften über die Einreise und den Aufenthalt von Ausländern in das europäische Hoheitsgebiet einer der Vertragsstaaten des Schengener Übereinkommens vom 19. Juni 1990 anzuwenden, wenn

1. sie den in § 92 Abs. 1 Nr. 1 oder 6 oder Abs. 2 Nr. 1 bezeichneten Handlungen entsprechen und

2. der Täter einen Ausländer unterstützt, der nicht die Staatsangehörigkeit eines Mitgliedstaates der Europäischen Gemeinschaft oder eines anderen

Vertragsstaates des Abkommens über den Europäischen Wirtschaftsraum besitzt.

(5) [1]In den Fällen des Absatzes 2 Nr. 1, auch in Verbindung mit Absatz 4, ist § 73 d des Strafgesetzbuches anzuwenden. [2]In den Fällen des Absatzes 2 Nr. 2 sind die §§ 43 a, 73 d des Strafgesetzbuches anzuwenden.

§ 92 b Gewerbs- und bandenmäßiges Einschleusen von Ausländern. (1) Mit Freiheitsstrafe von einem Jahr bis zu zehn Jahren wird bestraft, wer in den Fällen des § 92 a Abs. 1, auch in Verbindung mit Abs. 4, als Mitglied einer Bande, die sich zur fortgesetzten Begehung solcher Taten verbunden hat, gewerbsmäßig handelt.

(2) In minder schweren Fällen ist die Strafe Freiheitsstrafe von sechs Monaten bis zu fünf Jahren.

(3) Die §§ 43 a, 73 d des Strafgesetzbuches sind anzuwenden.

§ 93 Bußgeldvorschriften. (1) Ordnungswidrig handelt, wer in den Fällen des § 92 Abs. 1 Nr. 1 bis 4 oder Abs. 2 Nr. 1 Buchstabe b fahrlässig handelt.

(2) Ordnungswidrig handelt, wer

1. entgegen § 40 Abs. 1 eine dort genannte Urkunde nicht vorlegt, aushändigt oder überläßt oder

2. entgegen § 59 Abs. 1 sich der polizeilichen Kontrolle des grenzüberschreitenden Verkehrs entzieht.

(3) Ordnungswidrig handelt, wer vorsätzlich oder fahrlässig

1. einer vollziehbaren Auflage nach § 3 Abs. 5, § 14 Abs. 2 Satz 1, Abs. 3 oder § 56 Abs. 3 Satz 2 oder einer räumlichen Beschränkung nach § 12 Abs. 1 Satz 2 oder § 56 Abs. 3 Satz 1, jeweils auch in Verbindung mit § 44 Abs. 6 oder einer räumlichen Beschränkung nach § 69 Abs. 2 Satz 1 zuwiderhandelt,

2. einer vollziehbaren Anordnung nach § 74 Abs. 1 Satz 2 oder Abs. 2 Satz 1 Nr. 1 zuwiderhandelt,

3. einer Rechtsverordnung nach § 38 oder § 40 Abs. 2 zuwiderhandelt, soweit sie für einen bestimmten Tatbestand auf diese Bußgeldvorschrift verweist,

4. entgegen § 59 Abs. 1 außerhalb einer zugelassenen Grenzübergangsstelle oder außerhalb der festgesetzten Verkehrsstunden einreist oder ausreist oder einen gültigen Paß oder Paßersatz nicht mitführt oder

5. entgegen § 68 Abs. 4 einen der dort genannten Anträge nicht stellt.

(4) In den Fällen des Absatzes 2 Nr. 2 und des Absatzes 3 Nr. 4 kann der Versuch der Ordnungswidrigkeit geahndet werden.

(5) Die Ordnungswidrigkeit kann in den Fällen der Absätze 1 und 2 Nr. 1 und des Absatzes 3 Nr. 4 mit einer Geldbuße bis zu 2500 Euro, in den Fällen des Absatzes 2 Nr. 2 mit einer Geldbuße bis zu 5000 Euro, in den Fällen des Absatzes 3 Nr. 1, 3 und 5 mit einer Geldbuße bis zu 500 Euro und in den Fällen des Absatzes 3 Nr. 2 mit einer Geldbuße bis zu 10000 Euro geahndet werden.

(6) Artikel 31 Abs. 1 des Abkommens über die Rechtsstellung der Flüchtlinge bleibt unberührt.

Zehnter Abschnitt. Übergangs- und Schlußvorschriften

§ 94 Fortgeltung bisheriger Aufenthaltsrechte.[1] (1) Eine vor dem Inkrafttreten dieses Gesetzes erteilte Aufenthaltsberechtigung gilt fort als

1. unbefristete Aufenthaltserlaubnis-EG, wenn dem Ausländer Freizügigkeit nach dem Aufenthaltsgesetz/EWG gewährt wird,

2. Aufenthaltsberechtigung nach diesem Gesetz, wenn sie einem sonstigen Ausländer erteilt worden ist.

(2) Eine vor dem Inkrafttreten dieses Gesetzes erteilte unbefristete Aufenthaltserlaubnis gilt fort als

1. unbefristete Aufenthaltserlaubnis-EG, wenn die in Absatz 1 Nr. 1 bezeichneten Voraussetzungen vorliegen,

2. unbefristete Aufenthaltserlaubnis nach diesem Gesetz, wenn sie einem sonstigen Ausländer erteilt worden ist.

(3) Eine vor dem Inkrafttreten dieses Gesetzes erteilte befristete Aufenthaltserlaubnis gilt fort als

1. Aufenthaltserlaubnis-EG, wenn die in Absatz 1 Nr. 1 bezeichneten Voraussetzungen vorliegen,

2. Aufenthaltsbewilligung, wenn sie einem Ausländer für einen seiner Natur nach nur vorübergehenden Aufenthalt erfordernden Zweck oder als Familienangehörigen eines solchen Ausländers erteilt worden ist,

3. Aufenthaltsbefugnis, wenn sie dem Ausländer aus humanitären oder politischen Gründen oder wegen eines Abschiebungshindernisses oder als Familienangehörigen eines solchen Ausländers oder eines Ausländers erteilt worden ist, der eine Aufenthaltsgestattung nach dem Asylverfahrensgesetz oder eine Duldung besitzt,

4. befristete Aufenthaltserlaubnis nach diesem Gesetz, wenn sie einem sonstigen Ausländer erteilt worden ist.

(4) Eine vor dem Inkrafttreten dieses Gesetzes erteilte Aufenthaltserlaubnis in der Form des Sichtvermerks gilt als Visum nach diesem Gesetz fort.

§ 95 Fortgeltung sonstiger ausländerrechtlicher Maßnahmen. (1) Die vor dem Inkrafttreten dieses Gesetzes getroffenen sonstigen ausländerrechtlichen Maßnahmen, insbesondere zeitliche und räumliche Beschränkungen, Bedingungen und Auflagen, Verbote und Beschränkungen der politischen Betätigung sowie Ausweisungen, Abschiebungsandrohungen und Abschiebungen einschließlich ihrer Rechtsfolgen und der Befristung ihrer Wirkungen sowie Duldungen und sonstige begünstigende Maßnahmen bleiben wirksam.

(2) ¹Auflagen zur Aufenthaltsberechtigung sind auf Antrag aufzuheben. ²Die Aufhebung ist gebührenfrei.

---

[1] Zur Anwendung auf dem Gebiet der ehem. DDR gilt folgende Maßgabe: Die Aufenthaltsrechte, die nicht von § 94 erfaßt werden, werden in die entsprechenden Aufenthaltsgenehmigungen nach § 5 überführt (Anl. I Kap. II Sachgeb. B Abschn. III Nr. 3 Einigungsvertrag vom 31. 8. 1990, BGBl. II S. 889, 915).

§ 96 Erhaltung der Rechtsstellung jugendlicher Ausländer. (1) [1]Ausländer, die im Zeitpunkt des Inkrafttretens dieses Gesetzes das 16. Lebensjahr noch nicht vollendet haben und sich rechtmäßig im Bundesgebiet aufhalten, erhalten nach Maßgabe der Vorschriften dieses Gesetzes auf Antrag eine Aufenthaltsgenehmigung. [2]Die Aufenthaltsgenehmigung kann abweichend von § 7 Abs. 2 und § 8 Abs. 1 und auch dann erteilt werden, wenn eine Erteilungsvoraussetzung nach diesem Gesetz nicht vorliegt.

(2) [1]Der Antrag auf Erteilung der Aufenthaltsgenehmigung ist innerhalb eines Jahres nach dem Inkrafttreten dieses Gesetzes zu stellen. [2]Bis zum Ablauf der Antragsfrist und nach Stellung des Antrages bis zur Entscheidung der Ausländerbehörde gilt die Befreiung vom Erfordernis der Aufenthaltserlaubnis, die vor dem Inkrafttreten dieses Gesetzes bestanden hat, fort, es sei denn, der Ausländer ist auf Grund eines Verwaltungsaktes ausreisepflichtig geworden.

(3) [1]Soweit für den Erwerb oder die Ausübung eines Rechts oder für eine Vergünstigung die Dauer des Besitzes einer Aufenthaltsgenehmigung maßgebend ist, sind für Ausländer, die vor Vollendung ihres 16. Lebensjahres eingereist sind, der rechtmäßige Aufenthalt vor Inkrafttreten dieses Gesetzes und der rechtmäßige Aufenthalt nach Absatz 2 Satz 2 als Zeiten des Besitzes einer Aufenthaltsgenehmigung anzurechnen. [2]Das gleiche gilt für Ausländer, die nach dem Inkrafttreten dieses Gesetzes wegen ihres Alters nach Maßgabe einer Rechtsverordnung oder einer anderen Rechtsvorschrift vom Erfordernis der Aufenthaltsgenehmigung befreit sind.

(4) Staatsangehörigen unter 16 Jahren von Bosnien und Herzegowina, der Bundesrepublik Jugoslawien, von Kroatien, Marokko, Mazedonien, Slowenien, der Türkei und von Tunesien, die vor dem 15. Januar 1997 vom Erfordernis der Aufenthaltsgenehmigung befreit waren und sich rechtmäßig im Bundesgebiet aufhalten, wird nach Maßgabe des § 17 Abs. 1 eine Aufenthaltsgenehmigung abweichend von § 17 Abs. 2 Nr. 2 und 3 und § 8 Abs. 1 Nr. 1 und 2 erteilt.

§ 97 Unterbrechungen der Rechtmäßigkeit des Aufenthalts. Unterbrechungen der Rechtmäßigkeit des Aufenthalts bis zu einem Jahr können außer Betracht bleiben.

§ 98 Übergangsregelung für Inhaber einer Aufenthaltserlaubnis.
(1) Auf Ausländer, die im Zeitpunkt des Inkrafttretens dieses Gesetzes im Besitz einer Arbeitserlaubnis oder einer befristeten Aufenthaltserlaubnis sind, findet § 7 Abs. 2 Nr. 1 und 2 mit der Maßgabe Anwendung, daß die Aufenthaltserlaubnis auch ungeachtet eines ergänzenden Bezuges von Sozialhilfe befristet verlängert werden kann, solange dem Ausländer ein Anspruch auf Arbeitslosengeld oder Arbeitslosenhilfe zusteht.

(2) Dem Ehegatten eines Ausländers, dessen vor dem Inkrafttreten dieses Gesetzes erteilte Aufenthaltserlaubnis als Aufenthaltserlaubnis nach diesem Gesetz fortgilt, wird abweichend von § 18 Abs. 1 Nr. 3 nach Maßgabe der §§ 17 und 18 Abs. 5 eine Aufenthaltserlaubnis erteilt.

(3) Die Absätze 1 und 2 finden entsprechende Anwendung, wenn der Ausländer vor Inkrafttreten dieses Gesetzes die Verlängerung der Aufenthaltserlaubnis beantragt hat und diese nach dem Inkrafttreten dieses Gesetzes als Aufenthaltserlaubnis verlängert wird.

§ 99 Übergangsregelung für Inhaber einer Aufenthaltsbefugnis.
(1) [1] In den Fällen des § 94 Abs. 3 Nr. 3 kann die Aufenthaltsbefugnis abweichend von § 34 Abs. 2 verlängert werden. [2] Bei der Anwendung des § 35 ist die Zeit des Besitzes einer Aufenthaltserlaubnis vor dem Inkrafttreten dieses Gesetzes auf die erforderliche Dauer des Besitzes einer Aufenthaltsbefugnis anzurechnen. [3] Bei Ausländern, die sich vor dem 3. Oktober 1990 rechtmäßig in dem in Artikel 3 des Einigungsvertrages genannten Gebiet aufgehalten haben, ist die Zeit des rechtmäßigen Aufenthalts vor der Erteilung einer Aufenthaltsbefugnis auf die in § 35 Abs. 1 Satz 1 vorgesehene Frist anzurechnen.

(2) Eine Anordnung der obersten Landesbehörde nach § 32 zur Ausführung des Absatzes 1 bedarf nicht des Einvernehmens mit dem Bundesministerium des Innern.

§ 100 Übergangsregelung für ehemalige Asylbewerber. (1) [1] Einem Ausländer,

1. dessen Asylverfahren unanfechtbar ohne Anerkennung als Asylberechtigter abgeschlossen ist,

2. der auf Grund einer Verwaltungsvorschrift des Landes oder einer Entscheidung im Einzelfall aus rechtlichen oder humanitären Gründen wegen der Verhältnisse in seinem Herkunftsland nicht abgeschoben worden ist oder

3. dessen Aufenthalt wegen eines sonstigen von ihm nicht zu vertretenden Ausreise- und Abschiebungshindernisses nicht beendet werden kann,

kann eine Aufenthaltsbefugnis erteilt werden, wenn er sich im Zeitpunkt des Inkrafttretens dieses Gesetzes seit mindestens acht Jahren auf Grund einer Aufenthaltsgestattung nach dem Asylverfahrensgesetz oder geduldet im Bundesgebiet aufhält; Aufenthaltszeiten vor Stellung des Asylantrages bleiben außer Betracht. [2] § 30 Abs. 5 findet keine Anwendung.

(2) Dem Ehegatten und den ledigen Kindern eines Ausländers, dem nach Absatz 1 eine Aufenthaltsbefugnis erteilt wird, wird eine Aufenthaltsbefugnis erteilt, wenn sie sich im Zeitpunkt des Inkrafttretens dieses Gesetzes auf Grund einer Aufenthaltsgestattung nach dem Asylverfahrensgesetz oder geduldet im Bundesgebiet aufhalten.

(3) Die Absätze 1 und 2 finden keine Anwendung auf Ausländer, die ausgewiesen sind oder die wegen einer vorsätzlichen Straftat rechtskräftig zu Freiheitsstrafe von mehr als sechs Monaten oder zu einer Geldstrafe von mehr als 180 Tagessätzen verurteilt worden sind.

(4) Eine Anordnung der obersten Landesbehörde nach § 32 zur Ausführung der Absätze 1 und 2 bedarf nicht des Einvernehmens mit dem Bundesministerium des Innern.

§ 101 Ausnahmeregelung für Wehrdienstleistende. (1) Einem Ausländer, der rechtmäßig seinen gewöhnlichen Aufenthalt im Bundesgebiet hatte und der sich im Zeitpunkt des Inkrafttretens dieses Gesetzes wegen Erfüllung der gesetzlichen Wehrpflicht in seinem Heimatstaat nicht im Bundesgebiet aufhält, wird unbeschadet des § 16 und abweichend von § 10 in der Regel eine Aufenthaltserlaubnis zur Rückkehr ins Bundesgebiet erteilt, wenn

1. ihm ein Arbeitsplatz zur Verfügung steht oder

2. er zu seinem Ehegatten, seinem minderjährigen ledigen Kind, seinen Eltern oder einem Elternteil, die rechtmäßig ihren gewöhnlichen Aufenthalt im Bundesgebiet haben, zurückkehren will.

(2) Die Aufenthaltserlaubnis wird nur erteilt, wenn der Ausländer den Antrag innerhalb von drei Monaten nach der Entlassung aus dem Wehrdienst stellt und wenn seine Aufenthaltsgenehmigung ausschließlich wegen Ablaufs der Geltungsdauer oder wegen der Dauer des Aufenthalts außerhalb des Bundesgebiets erlischt oder erloschen ist.

§ 102 Übergangsregelung für Verordnungen und Gebühren.[1] (1) In der Verordnung zur Durchführung des Ausländergesetzes in der Fassung der Bekanntmachung vom 29. Juni 1976 (BGBl. I S. 1717), zuletzt geändert durch Verordnung vom 3. Mai 1989 (BGBl. I S. 881), tritt an die Stelle des Wortes „Aufenthaltserlaubnis" jeweils das Wort „Aufenthaltsgenehmigung".

(2) [1]Die Gebührenverordnung zum Ausländergesetz vom 20. Dezember 1977 (BGBl. I S. 2840) wird mit Ausnahme von § 2 Abs. 2 und §§ 3 und 4 aufgehoben. [2]Bis zum Erlaß einer Gebührenordnung auf Grund des § 81 Abs. 2 werden für die in § 81 Abs. 3 Nr. 1 bis 5 bezeichneten Amtshandlungen Gebühren in Höhe der Hälfte, für Amtshandlungen zugunsten Minderjähriger in Höhe eines Viertels der dort genannten Höchstbeträge erhoben.

§ 102a Übergangsregelung für Einbürgerungsbewerber. Auf Einbürgerungsanträge, die bis zum 16. März 1999 gestellt worden sind, finden die §§ 85 bis 91 in der vor dem 1. Januar 2000 geltenden Fassung mit der Maßgabe Anwendung, dass die Einbürgerung zu versagen ist, wenn ein Ausschlussgrund nach § 86 Nr. 2 oder 3 vorliegt, und dass sich die Hinnahme von Mehrstaatigkeit nach § 87 beurteilt.

§ 103 Einschränkung von Grundrechten. (1) Die Grundrechte der körperlichen Unversehrtheit (Artikel 2 Abs. 2 Satz 1 des Grundgesetzes) und der Freiheit der Person (Artikel 2 Abs. 2 Satz 2 des Grundgesetzes) werden nach Maßgabe dieses Gesetzes eingeschränkt.

(2) [1]Das Verfahren bei Freiheitsentziehungen richtet sich nach dem Gesetz über das gerichtliche Verfahren bei Freiheitsentziehungen. [2]Ist über die Fortdauer der Abschiebungshaft zu entscheiden, so kann das Amtsgericht das Verfahren durch unanfechtbaren Beschluß an das Gericht abgeben, in dessen Bezirk die Abschiebungshaft vollzogen wird.

§ 104 Allgemeine Verwaltungsvorschriften. Der Bundesinnenminister erläßt mit Zustimmung des Bundesrates allgemeine Verwaltungsvorschriften zu diesem Gesetz und den auf Grund dieses Gesetzes erlassenen Rechtsverordnungen.

§ 105 Stadtstaatenklausel. Die Senate der Länder Berlin, Bremen und Hamburg werden ermächtigt, die Vorschriften dieses Gesetzes über die Zu-

---

[1] § 102 wurde durch Inkrafttreten der Verordnung zur Durchführung des Ausländergesetzes vom 18. 12. 1990 und der Gebührenverordnung zum Ausländergesetz vom 19. 12. 1990 zum 1. 1. 1991 und dem damit verbundenen Außerkrafttreten der in § 102 genannten Vorschriften gegenstandslos.

ständigkeit von Behörden dem besonderen Verwaltungsaufbau ihrer Länder anzupassen.

§ 106 Berlin-Klausel. *(gegenstandslos)*

2. Verordnung zur Durchführung des Ausländergesetzes (DVAuslG)

Vom 18. Dezember 1990 (BGBl. I S. 2983)

Zuletzt geändert durch Verordnung vom 9. 1. 2002 (BGBl. I S. 361)

BGBl. III 26-1-8

Erster Abschnitt. Befreiungen

§ 1 Befreiung vom Erfordernis der Aufenthaltsgenehmigung für Kurzaufenthalte. (1) [1]Staatsangehörige der in der Anlage I zu dieser Verordnung aufgeführten Staaten bedürfen für Aufenthalte bis zu drei Monaten keiner Aufenthaltsgenehmigung, wenn sie

1. einen Nationalpaß, einen als Paßersatz zugelassenen Kinderausweis oder einen auf Grund zwischenstaatlicher Vereinbarungen zur visumsfreien Einreise berechtigenden amtlichen Personalausweis oder sonstigen Reiseausweis besitzen und

2. keine Erwerbstätigkeit (§ 12) aufnehmen.

[2]Der Aufenthalt im Bundesgebiet ist auf drei Monate innerhalb eines Zeitraums von sechs Monaten von dem Zeitpunkt der ersten Einreise in das Hoheitsgebiet der Vertragsparteien des Schengener Durchführungsübereinkommens vom 19. Juni 1990 (BGBl. 1993 II S. 1013) an beschränkt, soweit vor dem 1. September 1993 geschlossene Sichtvermerksabkommen mit den in Nummer 1 der Anlage 1a zu dieser Verordnung aufgeführten Staaten nicht entgegenstehen.

(2) [1]Die Befreiung nach Absatz 1 gilt auch für die Inhaber eines Reiseausweises für Flüchtlinge (§ 14 Abs. 2 Nr. 1) oder für Staatenlose (§ 14 Abs. 2 Nr. 2), wenn der Reiseausweis

1. von Behörden eines in der Anlage I zu dieser Verordnung aufgeführten Staates ausgestellt wurde und

2. eine Rückkehrberechtigung enthält, die bei der Einreise noch mindestens vier Monate gültig ist.

[2]Absatz 1 Satz 2 gilt entsprechend.

(3) Die Befreiungen nach den Absätzen 1 und 2 gelten nicht für Ausländer, die von einem anderen Staat wegen illegaler Einreise oder illegalen Aufenthalts rückgeführt werden.

§ 2 Befreiung vom Erfordernis der Aufenthaltsgenehmigung für Ausländer unter 16 Jahren. [1]Keiner Aufenthaltsgenehmigung bedürfen die Staatsangehörigen unter 16 Jahren der Mitgliedstaaten der Europäischen Union und der anderen Vertragsstaaten des Abkommens vom 2. Mai 1992 über den Europäischen Wirtschaftsraum (BGBl. 1993 II S. 266) und der Schweiz, wenn sie einen Nationalpaß oder einen als Paßersatz zugelassenen amtlichen Personalausweis oder Kinderausweis besitzen. [2]Das gleiche gilt für die Staatsangehörigen unter 16 Jahren von Ecuador.

§ 3 Befreiung vom Erfordernis der Aufenthaltsgenehmigung für Personen bei Vertretungen ausländischer Staaten. (1) Keiner Aufenthaltsgenehmigung bedürfen, wenn Gegenseitigkeit besteht,

1. die in die Bundesrepublik Deutschland amtlich entsandten Mitglieder des dienstlichen Hauspersonals berufskonsularischer Vertretungen im Bundesgebiet und die mit ihnen im gemeinsamen Haushalt lebenden, nicht ständig im Bundesgebiet ansässigen Familienangehörigen,

2. die Familienangehörigen der Mitglieder des in die Bundesrepublik Deutschland amtlich entsandten dienstlichen Hauspersonals diplomatischer Missionen, sofern sie mit dem jeweiligen Mitglied des Hauspersonals in einem gemeinsamen Haushalt leben,

3. die nicht amtlich entsandten, mit Zustimmung des Auswärtigen Amtes örtlich angestellten Mitglieder des diplomatischen und berufskonsularischen, des Verwaltungs- und technischen Personals sowie des dienstlichen Hauspersonals diplomatischer Missionen und berufskonsularischer Vertretungen im Bundesgebiet und ihre mit Zustimmung des Auswärtigen Amtes zugezogenen, mit ihnen im gemeinsamen Haushalt lebenden Ehegatten, minderjährigen ledigen Kinder und volljährigen ledigen Kinder, die sich in der Ausbildung befinden und wirtschaftlich von ihnen abhängig sind,

4. die mit Zustimmung des Auswärtigen Amtes beschäftigten privaten Hausangestellten von Mitgliedern diplomatischer Missionen und berufskonsularischer Vertretungen im Bundesgebiet und ihre mit Zustimmung des Auswärtigen Amtes zugezogenen, mit ihnen im gemeinsamen Haushalt lebenden Ehegatten, minderjährigen ledigen Kinder und volljährigen ledigen Kinder, die sich in der Ausbildung befinden und wirtschaftlich von ihnen abhängig sind,

5. die mitreisenden Familienangehörigen von Repräsentanten anderer Staaten und deren Begleitung im Sinne des § 20 des Gerichtsverfassungsgesetzes.

(2) Die nach Absatz 1 und nach § 2 Abs. 1 des Ausländergesetzes als Familienangehörige vom Erfordernis der Aufenthaltsgenehmigung befreiten Ausländer bedürfen auch im Falle der erlaubten Aufnahme und Ausübung einer selbständigen oder einer arbeitsgenehmigungsfreien unselbständigen Erwerbstätigkeit keiner Aufenthaltsgenehmigung.

§ 4 Befreiung vom Erfordernis der Aufenthaltsgenehmigung für Inhaber besonderer Ausweise und Dokumente. (1) Keiner Aufenthaltsgenehmigung bedürfen Inhaber

1. von Ausweisen für Mitglieder und Bedienstete der Organe der Europäischen Gemeinschaften,

2. von Ausweisen für Abgeordnete der Parlamentarischen Versammlung des Europarates,

3. von vatikanischen Pässen, wenn sie sich nicht länger als drei Monate im Bundesgebiet aufhalten,

4. von Ausweisen für den kleinen Grenzverkehr oder den Touristenverkehr (§ 14 Abs. 2 Nr. 5) für den Aufenthalt im Geltungsbereich des Ausweises,

5. von Grenzgängerkarten (§ 14 Abs. 1 Nr. 2) für den Aufenthalt im Geltungsbereich des Ausweises.

(2) ¹Für Aufenthalte bis zu drei Monaten ohne Aufnahme einer Erwerbstätigkeit bedürfen Staatsangehörige der in der Anlage II zu dieser Verordnung aufgeführten Staaten keiner Aufenthaltsgenehmigung, wenn sie Inhaber eines in dieser Anlage bezeichneten amtlichen Passes sind. ²Der Aufenthalt im Bundesgebiet ist auf drei Monate innerhalb eines Zeitraums von sechs Monaten von dem Zeitpunkt der ersten Einreise in das Hoheitsgebiet der Vertragsparteien des Schengener Durchführungsübereinkommens vom 19. Juni 1990 (BGBl. 1993 II S. 1013) an beschränkt, soweit vor dem 1. September 1993 geschlossene Sichtvermerksabkommen mit den in Nummer 2 der Anlage I a zu dieser Verordnung aufgeführten Staaten nicht entgegenstehen.

(3) Ausländische Schüler bedürfen nach Maßgabe des Artikels 1 Abs. 1 des Beschlusses des Rates der Europäischen Union vom 30. November 1994 über die vom Rat aufgrund von Artikel K. 3 Absatz 2 Buchstabe b) des Vertrages über die Europäische Union beschlossene gemeinsame Maßnahme über Reiseerleichterungen für Schüler von Drittstaaten mit Wohnsitz in einem Mitgliedstaat (ABl. EG Nr. L 327 S. 1) keiner Aufenthaltsgenehmigung.

(4) Bei Ausländern, die unter den Voraussetzungen des Artikels 21 Abs. 1 des Schengener Durchführungsübereinkommens vom 19. Juni 1990 (BGBl. 1993 II S. 1013) für einen Aufenthalt bis zu drei Monaten keiner Aufenthaltsgenehmigung bedürfen, sind Aufenthaltszeiten nach den §§ 1 und 4 dieser Verordnung, auf Grund eines Visums für einen kurzfristigen Aufenthalt oder nach Artikel 21 Abs. 1 des Übereinkommens jeweils anzurechnen.

§ 5 Befreiung von der Paßpflicht. Für den Grenzübertritt und den Aufenthalt im Bundesgebiet benötigen Ausländer keinen Paß, soweit sie auf Grund zwischenstaatlicher Vereinbarungen von der Paßpflicht befreit sind.

§ 6 Befreiung vom Erfordernis der Aufenthaltsgenehmigung und von der Paßpflicht. Vom Erfordernis der Aufenthaltsgenehmigung und von der Paßpflicht sind befreit

1. Ausländer mit ständigem Wohnsitz in den Zollanschlußgebieten Mittelberg und Jungholz, wenn sie durch einen amtlichen Lichtbildausweis ihren ständigen Aufenthalt in diesen Zollanschlußgebieten nachweisen,

2. Ausländer, die aus den Nachbarstaaten oder im Wege von Rettungsflügen aus anderen Staaten bei Unglücks- oder Katastrophenfällen Hilfe leisten oder in Anspruch nehmen wollen,

3. Ausländer, die zum Flug- oder Begleitpersonal von Rettungsflügen gehören,

4. Ausländer, die bei dem Bau oder der Erhaltung von Grenzbauwerken, grenzüberschreitenden Bauwerken oder Verkehrswegen oder mit Arbeiten in oder an natürlichen oder künstlichen Grenzgewässern beschäftigt sind, für den Bereich der Arbeitsstelle, soweit die Befreiungen in einer zwischenstaatlichen Vereinbarung vorgesehen sind,

5. Ausländer, die auf Grund einer zwischenstaatlichen Vereinbarung durch das Bundesgebiet durchbefördert werden, einschließlich der begleitenden Aufsichtspersonen.

§ 6 a Befreiung vom Erfordernis der Aufenthaltsgenehmigung in sonstigen Fällen. Ausländer bedürfen für die Durchreise durch das Bundesgebiet nach Maßgabe einer zwischenstaatlichen Vereinbarung über die Gestattung der Durchreise für einen Zeitraum von bis zu drei Tagen im Bundesgebiet keiner Aufenthaltsgenehmigung.

§ 7 Befreiungen im Luftverkehr. (1) Flugpersonal ist vom Erfordernis der Aufenthaltsgenehmigung und von der Paßpflicht befreit, wenn es

1. den Transitbereich des angeflogenen Flughafens nicht verläßt,

2. eine Lizenz oder einen Besatzungsausweis (Crew Member Certificate – Anlage des Anhangs 9 in der jeweils geltenden Fassung zum Abkommen über die internationale Zivilluftfahrt vom 7. Dezember 1944) besitzt und

   a) sich nur auf dem Flughafen, auf dem das Flugzeug zwischengelandet ist oder seinen Flug beendet hat, aufhält,

   b) sich nur im Gebiet einer in der Nähe des Flughafens gelegenen Stadt aufhält oder

   c) zu einem in der Nähe gelegenen Flughafen überwechselt.

(2) Flugpersonal ohne Lizenz oder Besatzungsausweis ist in den Fällen des Absatzes 1 Nr. 2 vom Erfordernis der Aufenthaltsgenehmigung befreit, wenn es einen Passierschein besitzt.

(3) Fluggäste mit durchgehendem Flugausweis, die für die Einreise in den Zielstaat erforderliche Dokumente und Erlaubnisse besitzen, sind

1. vom Erfordernis der Aufenthaltsgenehmigung und von der Paßpflicht befreit, wenn sie im Bundesgebiet nur zwischenlanden und den Transitbereich des Flughafens nicht verlassen oder im Zuge ihrer Durchreise nur zu einem in der Nähe gelegenen Flughafen überwechseln müssen,

2. vom Erfordernis der Aufenthaltsgenehmigung befreit, wenn sie im Flugdurchgangsverkehr vom Ausland über deutsche Flughäfen ins Ausland reisen, einen Passierschein besitzen und sich nur bis zum Abflug des nächsten flugplanmäßigen Luftfahrzeugs zur Übernachtung in einer dem Flughafen nahe gelegenen Stadt aufhalten.

(4) Absatz 3 gilt für Staatsangehörige von Bulgarien, Eritrea, Indien, Rumänien und der Türkei nur, wenn sie im Besitz eines gültigen Visums oder einer Aufenthaltsgenehmigung für einen Mitgliedstaat der Europäischen Union oder das Hoheitsgebiets eines anderen Vertragsstaates des Abkommens vom 2. Mai 1992 über den Europäischen Wirtschaftsraum (BGBl. 1993 II S. 266), Kanada, die Schweiz oder die Vereinigten Staaten von Amerika sind.

(4a) Absatz 3 gilt für Staatsangehörige von Äthiopien, Afghanistan, Bangladesch, Ghana, Irak, Iran, Kongo (Demokratische Republik Kongo), Nigeria, Pakistan, Somalia und Sri Lanka nur, wenn sie im Besitz einer Aufenthaltsgenehmigung für einen Mitgliedstaat der Europäischen Union oder eines anderen Vertragsstaates des Abkommens vom 2. Mai 1992 über den Europäischen Wirtschaftsrum (BGBl. 1993 II S. 266) oder einer unbefristeten Aufenthaltsgenehmigung für Andorra, Japan, Kanada, Monaco, San Marino, der Schweiz, des Vatikans oder der Vereinigten Staaten von Amerika sind. Absatz 3 gilt uneingeschränkt für iranische Staatsangehörige, die sich mit einem amtlichen iranischen Paß ausweisen.

(5) [1] Absatz 3 gilt nicht für Staatsangehörige der in der Anlage III zu dieser Verordnung aufgeführten Staaten und für sonstige Ausländer, die sich nur mit einem Paß oder Paßersatz eines dieser Staaten ausweisen.

§ 8 Befreiungen im Schiffsverkehr. (1) Vom Erfordernis der Aufenthaltsgenehmigung und von der Paßpflicht sind befreit

1. Fahrgäste eines Schiffes der See- oder Küstenschiffahrt im Durchgangsverkehr vom Ausland über deutsche Häfen ins Ausland, wenn sie das Schiff nicht verlassen,

2. Besatzungsmitglieder eines Schiffes der See- oder Küstenschiffahrt, das nicht berechtigt ist, die Bundesflagge zu führen, im Durchgangsverkehr vom Ausland über deutsche Häfen ins Ausland, wenn sie das Schiff nicht verlassen,

3. Lotsen der See- und Küstenschiffahrt in Ausübung ihres Berufes, die sich durch amtliche Papiere oder durch ihr Lotsenschild über ihre Person und ihre Lotseneigenschaft ausweisen.

(2) Keiner Aufenthaltsgenehmigung bedürfen

1. Inhaber von Landgangsausweisen während der Liegezeit des Schiffes für den Aufenthalt in dem Gebiet des angelaufenen deutschen Hafenortes, wenn sie den Landgangsausweis und einen Lichtbildausweis mit sich führen, aus dem die Personalien und die Staatsangehörigkeit des Inhabers hervorgehen,

2. Seeleute, die ein deutsches Seefahrtbuch und einen von Behörden der in Anlage I zu dieser Verordnung aufgeführten Staaten ausgestellten Nationalpaß besitzen, sofern sie sich lediglich als Besatzungsmitglieder eines Schiffes, das berechtigt ist, die Bundesflagge zu führen, an Bord oder im Bundesgebiet aufhalten.

(3) Die Befreiungen nach Absatz 1 Nr. 1 und Absatz 2 Nr. 1 gelten nicht für Fahrgäste auf Fähren und für Fahrgäste, die nur bis zum Bundesgebiet befördert werden.

(4) In der Rhein- oder Donauschiffahrt einschließlich Main-Donau-Kanal auf einem im Ausland für ein Unternehmen mit Sitz im Ausland registrierten Schiff tätige Ausländer, die einen ausländischen Paß oder Paßersatz besitzen, in dem die Eigenschaft als Rheinschiffer bescheinigt ist, oder die Inhaber eines Donauschifferausweises, Schifferdienstpasses, Seemannspasses oder Seefahrtbuches und in die Besatzungsliste eingetragen sind, bedürfen für Aufenthalte bis zu drei Monaten innerhalb eines Zeitraums von zwölf Monaten zur grenzüberschreitenden Beförderung von Personen oder Sachen sowie in der Donauschiffahrt zur Weiterbeförderung derselben Personen und Sachen keiner Aufenthaltsgenehmigung

1. für den Aufenthalt an Bord,

2. für den Aufenthalt im Gebiet des Liegehafens und der nächstgelegenen Stadt oder

3. für Reisen zwischen Grenzübergang und Schiffsliegeort oder zwischen Schiffsliegeorten auf dem kürzesten Wege.

Das gleiche gilt für die in den Donauschifferausweisen, Schifferdienstpässen, Seemannspässen und Seefahrtbüchern eingetragenen Familienangehörigen.

Zweiter Abschnitt. Aufenthaltsrechtliche Vorschriften

§ 9 Aufenthaltsgenehmigung nach der Einreise. (1) [1]Die Staatsangehörigen der Mitgliedstaaten der Europäischen Union, der anderen Vertragsstaaten des Abkommens vom 2. Mai 1992 über den Europäischen Wirtschaftsraum (BGBl. 1993 II S. 266) und der Schweiz können eine erforderliche Aufenthaltsgenehmigung nach der Einreise einholen. [2]Das gleiche gilt für die Staatsangehörigen von Australien, Israel, Japan, Kanada, Neuseeland und der Vereinigten Staaten von Amerika.

(2) Ein Ausländer kann die Aufenthaltserlaubnis zu dem in § 17 Abs. 1 des Ausländergesetzes bezeichneten Zweck nach der Einreise einholen, wenn er sich rechtmäßig, geduldet oder gestattet nach § 55 Abs. 1 des Asylverfahrensgesetzes im Bundesgebiet aufhält und

1. nach seiner Einreise durch Eheschließung im Bundesgebiet oder durch Geburt eines Kindes, für das er die Personensorge ausübt, einen gesetzlichen Anspruch auf Erteilung der Aufenthaltserlaubnis erworben hat,

2. erlaubt eingereist ist und während seines rechtmäßigen Aufenthalts im Bundesgebiet die Voraussetzungen für die Erteilung der Aufenthaltserlaubnis nach § 17 Abs. 2, § 18 Abs. 1 oder 3, § 20 Abs. 1 oder 2 oder § 23 Abs. 1 des Ausländergesetzes eingetreten sind,

3. erlaubt eingereist ist und während seines rechtmäßigen Aufenthalts im Bundesgebiet die Umstände, die eine besondere Härte im Sinne des § 20 Abs. 4 Nr. 2 des Ausländergesetzes oder eine außergewöhnliche Härte im Sinne des § 22 Satz 1 des Ausländergesetzes begründen, im Bundesgebiet eingetreten sind oder

4. Staatsangehöriger eines in Anlage I zu dieser Verordnung aufgeführten Staates ist und ein Anspruch auf Erteilung der Aufenthaltserlaubnis nach § 23 Abs. 1 des Ausländergesetzes besteht.

Dem Besitz einer Duldung steht es gleich, wenn die Ausreisepflicht oder die Abschiebungsandrohung noch nicht oder nicht mehr vollziehbar ist.

(3) Die Staatsangehörigen von Honduras, Monaco und San Marino, die sich länger als drei Monate im Bundesgebiet aufhalten und keine Erwerbstätigkeit aufnehmen wollen, können die Aufenthaltsgenehmigung nach der Einreise einholen.

(4) Die Staatsangehörigen der in Anlage I zu dieser Verordnung aufgeführten Staaten können in Ausnahmefällen nach der Einreise eine Aufenthaltsbewilligung für einen weiteren Aufenthalt von längstens drei Monaten ohne Aufnahme einer Erwerbstätigkeit einholen.

(5) Ein Ausländer kann die Aufenthaltsgenehmigung nach der Einreise einholen, wenn er

1. im Zeitpunkt der Einreise vom Erfordernis der Aufenthaltsgenehmigung befreit und die Befreiung nicht auf einen Teil des Bundesgebiets oder auf einen Aufenthalt bis zu längstens sechs Monaten beschränkt war oder

2. erlaubt eingereist ist und sich seit mehr als sechs Monaten rechtmäßig im Bundesgebiet aufhält.

(6) [1]Die Aufenthaltsgenehmigung ist in den Fällen der Absätze 1 und 3 innerhalb von drei Monaten nach der Einreise und in den Fällen der Absätze 4

und 5 bis zum Ablauf der Rechtmäßigkeit des Aufenthalts ohne Aufenthaltsgenehmigung zu beantragen. [2]Die Antragsfristen enden vorzeitig, wenn

1. der Aufenthalt des Ausländers nach § 3 Abs. 5 des Ausländergesetzes zeitlich beschränkt wird oder
2. der Ausländer ausgewiesen wird.

(7) Die Absätze 1 bis 5 gelten nicht für Ausländer, die ausgewiesen oder abgeschoben wurden, solange noch keine Frist nach § 8 Abs. 2 Satz 2 des Ausländergesetzes bestimmt oder diese Frist nicht abgelaufen ist.

§ 10 Aufenthaltsgenehmigung vor der Einreise. Ausländer, die ihren gewöhnlichen Aufenthalt in einem Staat haben, in dem die Bundesrepublik Deutschland keine Auslandsvertretung unterhält oder in dem die deutsche Auslandsvertretung vorübergehend keine Visa erteilen kann, können die Aufenthaltsgenehmigung vor der Einreise bei der für den Sitz des Auswärtigen Amtes zuständigen Ausländerbehörde einholen, soweit das Auswärtige Amt keine andere Auslandsvertretung zur Visaerteilung ermächtigt hat.

§ 11 Zustimmung der Ausländerbehörde zur Visumserteilung. (1) Ein Visum bedarf der vorherigen Zustimmung der für den vorgesehenen Aufenthaltsort zuständigen Ausländerbehörde, wenn der Ausländer

1. sich länger als drei Monate im Bundesgebiet aufhalten will oder
2. im Bundesgebiet eine Erwerbstätigkeit (§ 12) ausüben will,
3. einem der nach § 64a Abs. 4 des Ausländergesetzes festgelegten Tatbestände unterfällt.

(2) Abweichend von Absatz 1 bedarf das Visum nicht der Zustimmung der Ausländerbehörde bei

1. Inhabern von Aufnahmebescheiden nach dem Bundesvertriebenengesetz und den im Aufnahmebescheid aufgeführten Ehegatten und Abkömmlingen,
2. Wissenschaftlern, die für eine wissenschaftliche Tätigkeit von deutschen Wissenschaftsorganisationen vermittelt werden und in diesem Zusammenhang in der Bundesrepublik Deutschland ein Stipendium aus öffentlichen Mitteln erhalten, und ihren miteinreisenden Ehegatten und minderjährigen ledigen Kindern,
3. Gastwissenschaftlern, die auf Einladung einer Hochschule oder sonstigen öffentlichen Forschungseinrichtung wissenschaftlich tätig werden, und ihren miteinreisenden Ehegatten und minderjährigen ledigen Kindern,
4. Ausländern, die auf Grund einer zwischenstaatlichen Vereinbarung als Gastarbeitnehmer oder als Werkvertragsarbeitnehmer tätig werden oder auf Grund einer zwischenstaatlichen Vereinbarung im Rahmen eines Ferienaufenthalts bis zu einem Jahr eine Erwerbstätigkeit bis zu 90 Tagen ausüben dürfen,
5. Ausländern, die eine von der Bundesanstalt für Arbeit vermittelte Erwerbstätigkeit bis zu einer Höchstdauer von neun Monaten ausüben,
6. Ausländer, die eine Tätigkeit bis zu längstens drei Monaten ausüben wollen, für die sie nur ein Stipendium erhalten, das ausschließlich aus öffentlichen Mitteln gezahlt wird,
7. Ausländern, die ohne Begründung eines gewöhnlichen Aufenthalts im Bundesgebiet als Besatzungsmitglieder eines Seeschiffes tätig werden, das

berechtigt ist, die Bundesflagge zu führen, und das in das internationale Seeschiffahrtsregister eingetragen ist (§ 12 des Flaggenrechtsgesetzes),

8. Ausländern, die für ein Studium von einer deutschen Wissenschaftsorganisation vermittelt werden und in diesem Zusammenhang in der Bundesrepublik Deutschland ein Stipendium aus öffentlichen Mitteln erhalten.

(3) Wird der Aufenthalt des Ausländers von einer Stelle mit Sitz im Bundesgebiet vermittelt, kann die Zustimmung zur Visumserteilung auch von der Ausländerbehörde erteilt werden, die für den Sitz der vermittelnden Stelle zuständig ist.

(4) Ein Visum bedarf nicht der Zustimmung der Ausländerbehörde nach Absatz 1, wenn die oberste Landesbehörde der Visumserteilung zugestimmt hat.

§ 12 Begriff der Erwerbstätigkeit. (1) Erwerbstätigkeit im Sinne dieser Verordnung ist jede selbständige und unselbständige Tätigkeit, die auf die Erzielung von Gewinn gerichtet oder für die ein Entgelt vereinbart oder üblich ist oder für die eine Genehmigung für die Beschäftigung als Arbeitnehmer oder eine Berufsausübungserlaubnis erforderlich ist.

(2) Im Bundesgebiet übt keine Erwerbstätigkeit aus, wer als Arbeitnehmer im Dienst eines Unternehmens mit Sitz im Ausland unter Beibehaltung seines gewöhnlichen Aufenthalts im Ausland längstens insgesamt drei Monate innerhalb eines Zeitraums von zwölf Monaten im Bundesgebiet

1. für das ausländische Unternehmen Besprechungen und Verhandlungen führt, Verträge schließt, unternehmenseigene Messestände oder Messestände für ein ausländisches Unternehmen, das im Sitzstaat des Arbeitgebers ansässig ist, aufbaut, abbaut und betreut oder vergleichbare Dienstleistungen erbringt, die für keinen Geschäftspartner im Bundesgebiet entgeltliche Leistungen sind,

2. als Angehöriger des fahrenden Personals
   a) im grenzüberschreitenden Personen- und Güterverkehr tätig ist, sofern das Unternehmen seinen Sitz im Hoheitsgebiet eines Vertragsstaates des Abkommens vom 2. Mai 1992 über den Europäischen Wirtschaftsraum (BGBl. 1993 II S. 266) hat, das Fahrzeug dort zugelassen ist und der Arbeitnehmer dort die erforderliche Aufenthalts- und Arbeitsgenehmigung besitzt,
   b) im die Außengrenzen der Vertragsstaaten des Abkommens vom 2. Mai 1992 über den Europäischen Wirtschaftsraum (BGBl. 1993 II S. 266) überschreitenden Personen- und Güterverkehr tätig ist, sofern das Unternehmen seinen Sitz außerhalb des Hoheitsgebiets dieser Vertragsstaaten hat und das Fahrzeug dort zugelassen ist, oder
   c) im grenzüberschreitenden Linienverkehr mit Omnibussen unter den übrigen Voraussetzungen der Buchstaben a und b tätig ist, auch wenn das Fahrzeug in der Bundesrepublik Deutschland zugelassen ist,

3. eine von dem ausländischen Unternehmen gelieferte verwendungsfertige und gewerblichen Zwecken dienende Maschine oder Anlage aufstellt, montiert oder in sonstiger Weise abnahmefertig macht, in ihre Bedienung einweist, sie wartet oder repariert,

4. eine von dem ausländischen Unternehmen erworbene Anlage, Maschine oder sonstige Sache abnimmt oder in ihre Bedienung eingewiesen wird oder

5. im Rahmen von Exportlieferungs- oder Lizenzverträgen einen Betriebslehrgang absolviert.

(3) Im Bundesgebiet übt keine Erwerbstätigkeit aus, wer von einem Unternehmen mit Sitz im Bundesgebiet als Arbeitnehmer im kaufmännischen Bereich im Ausland beschäftigt wird und sich unter Beibehaltung seines gewöhnlichen Aufenthalts im Ausland im Rahmen seiner Beschäftigung insgesamt nicht länger als drei Monate innerhalb eines Zeitraums von zwölf Monaten im Bundesgebiet aufhält.

(4) Für Selbständige gelten die Absätze 2 und 3 entsprechend.

(5) Eine in § 9 Nr. 1, 4, 6 bis 12, 15 bis 17 der Arbeitsgenehmigungsverordnung bezeichnete Tätigkeit, die ein Ausländer als Arbeitnehmer oder als Selbständiger unter Beibehaltung seines gewöhnlichen Aufenthalts im Ausland längstens drei Monate innerhalb eines Zeitraums von zwölf Monaten im Bundesgebiet ausübt, ist nicht als Ausübung einer Erwerbstätigkeit im Sinne des Absatzes 1 anzusehen.

(6) Die Ausübung eines Reisegewerbes im Bundesgebiet ist stets als Ausübung einer Erwerbstätigkeit anzusehen.

§ 13 Anzeigepflicht. Ausländer unter 16 Jahren, die nach § 2 vom Erfordernis der Aufenthaltsgenehmigung befreit sind, haben innerhalb von drei Monaten nach ihrer Einreise ihren Aufenthalt bei der Ausländerbehörde anzuzeigen.

Dritter Abschnitt. Paß- und ausweisrechtliche Vorschriften

§ 14 Paßersatz. (1) Als Paßersatz für Ausländer werden eingeführt

1. das Reisedokument,

2. die Grenzgängerkarte,

3. der Reiseausweis als Paßersatz,

4. der Passierschein für Flugpersonal und Fluggäste,

5. der Landgangsausweis

(2) Als Paßersatz für Ausländer werden zugelassen

1. Reiseausweise für Flüchtlinge, ausgestellt auf Grund
   a) des Londoner Abkommens betreffend Reiseausweise an Flüchtlinge vom 15. Oktober 1946 oder
   b) des Abkommens über die Rechtsstellung der Flüchtlinge vom 28. Juli 1951,

2. Reiseausweise für Staatenlose auf Grund des Übereinkommens über die Rechtsstellung der Staatenlosen vom 28. September 1954,

3. Ausweise für Mitglieder und Bedienstete der Organe der Europäischen Gemeinschaften,

4. Ausweise für Abgeordnete der Parlamentarischen Versammlung des Europarates,

5. Ausweise für den kleinen Grenzverkehr oder den Touristenverkehr,

6. sonstige Ausweise, die nach Europäischem Gemeinschaftsrecht oder sonstigen zwischenstaatlichen Vereinbarungen zum Grenzübertritt berechtigen,

7. amtliche Personalausweise der Mitgliedstaaten der Europäischen Union, der anderen Vertragsstaaten des Abkommens vom 2. Mai 1992 über den Europäischen Wirtschaftsraum (BGBl. 1993 II S. 266) und der Schweiz, sofern sie nach dem Recht des ausstellenden Staates auch für Auslandsreisen bestimmt sind,

8. Sammellisten sowie nach Maßgabe des Artikels 2 des in § 4 Abs. 3 bezeichneten Beschlusses des Rates der Europäischen Union vom 30. November 1994 Listen der Reisenden für Schulreisen innerhalb der Europäischen Union,

9. Kinderausweise für Kinder unter 10 Jahren ohne Lichtbild und für Kinder über 10 bis 16 Jahre mit Lichtbild,

10. Seefahrtbücher,

11. als Paßersatz ausgestellte Reisedokumente von Behörden ausländischer Staaten für die eigenen Staatsangehörigen, wenn der Bundesminister des Innern sie anerkannt hat,

12. sonstige als Paßersatz von Behörden ausländischer Staaten ausgestellte Reiseausweise für Angehörige anderer Staaten oder für Staatenlose oder Personen mit ungeklärter Staatsangehörigkeit, wenn der Bundesminister des Innern sie anerkannt hat.

(3) Die Zulassung als Paßersatz nach den Absätzen 1 und 2 ist auf den Geltungsbereich beschränkt, der sich aus den Ausweisen oder aus sonstigen Bestimmungen ergibt.

(4) Die in Absatz 2 bezeichneten Ausweise werden nicht als Paßersatz zugelassen, wenn aus ihrem Geltungsbereich der ausstellende Staat ausgenommen oder die Inhaber nicht zur Rückkehr in diesen Staat berechtigt sind.

(5) Die Zulassung der in Absatz 2 bezeichneten Ausweise entfällt, wenn der Bundesminister des Innern feststellt, daß

1. die Gegenseitigkeit nicht gewahrt ist,

2. der Ausweis nicht als Paßersatz anerkannt wird, weil er den nach § 4 Abs. 1 Satz 1 und 2 des Paßgesetzes für deutsche Reisepässe geltenden Anforderungen nicht genügt oder weil der Ausweis ohne Angabe des Geltungsbereichs, der Gültigkeitsdauer, der ausstellenden Behörde, des Ortes und Datums der Ausstellung oder ohne Siegel und Unterschrift ausgestellt wird oder weil der Ausweis die Angaben nicht in einer germanischen oder romanischen Sprache enthält, oder

3. der auf Grund einer zwischenstaatlichen Vereinbarung ausgestellte Ausweis den darin vorgesehenen Anforderungen nicht genügt.

§ 15 Ausstellung und Verlängerung des Reisedokuments. (1) Einem Ausländer, der nachweislich einen Paß oder Paßersatz nicht besitzt und nicht in zumutbarer Weise erlangen kann, darf ein Reisedokument ausgestellt werden, wenn er

1. eine unbefristete Aufenthaltsgenehmigung oder eine Aufenthaltsbefugnis besitzt oder

2. eine befristete Aufenthaltserlaubnis besitzt und
   a) im Bundesgebiet mit einem deutschen Familienangehörigen in familiärer Lebensgemeinschaft lebt oder
   b) sein Ehegatte eine unbefristete Aufenthaltsgenehmigung besitzt oder
   c) minderjährig ist und ein Elternteil eine unbefristete Aufenthaltsgenehmigung besitzt.

(2) Den in § 23 Abs. 1 des Ausländergesetzes bezeichneten Familienangehörigen eines Deutschen, die im Ausland mit dem Deutschen in familiärer Lebensgemeinschaft leben, kann in begründeten Ausnahmefällen ein Reisedokument ausgestellt werden, wenn sie nachweislich einen Paß oder Paßersatz weder besitzen noch in zumutbarer Weise erlangen können.

(3) [1]Ein Reisedokument wird nach den Absätzen 1 und 2 nicht ausgestellt, wenn der Herkunftsstaat die Ausstellung eines Passes oder Paßersatzes wegen Nichtableistung des Wehrdienstes oder Nichterfüllung einer sonstigen zumutbaren Anforderung oder aus einem anderen dem deutschen Paßrecht entsprechenden Versagungsgrund verweigert. [2]Eine Ausnahme ist nur zulässig, wenn dem Ausländer aus zwingenden Gründen die Ableistung des Wehrdienstes nicht zugemutet werden kann.

(4) Ein Reisedokument kann ausgestellt werden, wenn es erforderlich ist, um einem Ausländer die erstmalige Einreise ins Bundesgebiet oder um ihm die endgültige Ausreise aus dem Bundesgebiet zu ermöglichen, weil er für die rechtzeitige Ausreise einen Paß oder Paßersatz nicht besitzt und nicht mehr in zumutbarer Weise erlangen kann.

(5) Das Reisedokument darf nur verlängert werden, wenn die Ausstellungsvoraussetzungen weiterhin vorliegen.

(6) [1]Einem Asylbewerber, der nachweislich einen Paß oder Paßersatz nicht besitzt und nicht in zumutbarer Weise erlangen kann, darf in begründeten Ausnahmefällen ein Reisedokument bis zu einer Gesamtgültigkeitsdauer von einem Monat ausgestellt werden, wenn hierfür ein dringendes privates oder öffentliches Interesse besteht, und die Durchführung des Asylverfahrens nicht gefährdet wird. [2]Der Geltungsbereich des Reisedokuments ist grundsätzlich auf die den Zweck der Reise betreffenden Staaten ausgenommen den Herkunftsstaat zu beschränken. [3]Die Verlängerung des Reisedokuments ist ausgeschlossen.

§ 16 Ausstellung und Verlängerung des Reisedokuments im Ausland. [1]Im Ausland darf ein Reisedokument nur mit Zustimmung des Auswärtigen Amtes und des Bundesministers des Innern ausgestellt werden. [2]Das gleiche gilt für die Verlängerung eines nach Satz 1 ausgestellten Reisedokuments im Ausland. [3]Im übrigen dürfen Reisedokumente im Ausland nur mit Zustimmung der Ausländerbehörde, die das Reisedokument ausgestellt oder seine Gültigkeitsdauer zuletzt verlängert hat, verlängert werden.

§ 17 Gültigkeitsdauer und Geltungsbereich des Reisedokuments.
(1) Das Reisedokument kann bis zu einer Gesamtgültigkeitsdauer
1. von zehn Jahren, wenn der Ausländer im Zeitpunkt der Ausstellung das 18. Lebensjahr vollendet hat,
2. von fünf Jahren, wenn der Ausländer im Zeitpunkt der Ausstellung das 18. Lebensjahr noch nicht vollendet hat,
ausgestellt und verlängert werden.

(2) [1]Die Gültigkeitsdauer des Reisedokuments darf die Geltungsdauer der Aufenthaltsgenehmigung des Ausländers nicht überschreiten. [2]Das gilt nicht für minderjährige Ausländer, soweit ein Elternteil eine Aufenthaltsgenehmigung mit längerer Geltungsdauer besitzt.

(3) [1]Das Reisedokument gilt für alle Staaten mit Ausnahme des Staates, dessen Staatsangehörigkeit der Ausländer besitzt. [2]In den Fällen des § 15 Abs. 4 und in Ausnahmefällen kann es abweichend von Satz 1 ausgestellt werden. [3]Der Geltungsbereich kann auf bestimmte Staaten oder Erdteile beschränkt werden.

§ 18 Entziehung des Reisedokuments. Das Reisedokument wird in der Regel entzogen, wenn die Ausstellungsvoraussetzungen entfallen sind.

§ 19 Grenzgängerkarte. (1) [1]Die Grenzgängerkarte kann den Staatsangehörigen von Polen, der Schweiz und der Tschechischen Republik erteilt werden, die in der Grenzzone eine unselbständige Erwerbstätigkeit ausüben. [2]Sie darf nur erteilt werden, wenn

1. eine erforderliche Arbeitsgenehmigung und eine sonstige erforderliche Berufsausübungserlaubnis in Aussicht gestellt oder erteilt sind, und

2. der Ausländer jeden Tag in seinen Heimatstaat zurückkehrt oder sich längstens zwei Tage wöchentlich zur Ausübung der Erwerbstätigkeit in der Grenzzone aufhält.

(1 a) Die Grenzgängerkarte kann auch dem mit einem deutschen Ehegatten in ehelicher Lebensgemeinschaft lebenden Ausländer für die Ausübung einer unselbständigen Erwerbstätigkeit erteilt werden, wenn die Ehegatten ihren gemeinsamen Wohnsitz aus dem Bundesgebiet in einen anderen angrenzenden Mitgliedstaat der Europäischen Union verlegt haben und wenn der Ausländer mindestens einmal wöchentlich an den Wohnsitz zurückkehrt.

(2) [1]Die Grenzgängerkarte kann bei der erstmaligen Erteilung bis zu einer Gültigkeitsdauer von zwei Jahren ausgestellt werden. [2]Sie kann bis zu einer Gesamtgültigkeitsdauer von fünf Jahren verlängert werden.

(3) Die Grenzzonen zu den in Absatz 1 genannten Staaten sind in der Anlage IV zu dieser Verordnung festgelegt.

§ 20 Reiseausweis als Paßersatz. (1) Einem Ausländer darf zur Vermeidung einer unbilligen Härte an der Grenze ein Reiseausweis als Paßersatz ausgestellt werden, wenn er

1. Staatsangehöriger eines in der Anlage I zu dieser Verordnung aufgeführten Staates ist oder

2. zum Aufenthalt in einem Mitgliedstaat der Europäischen Union in einem anderen Vertragsstaat des Abkommens vom 2. Mai 1992 über den Europäischen Wirtschaftsraum (BGBl. 1993 II S. 266) oder der Schweiz oder zur Rückkehr dorthin berechtigt ist.

(2) Die Gültigkeitsdauer des Reiseausweises als Paßersatz beträgt längstens einen Monat.

§ 21 Passierschein, Landgangsausweis. (1) Ein Passierschein kann Flugpersonal ohne Lizenz oder Besatzungsausweis für einen Aufenthalt nach § 7 Abs. 1 Nr. 2 und Fluggästen mit durchgehendem Flugausweis für einen Aufenthalt nach § 7 Abs. 3 Nr. 2 erteilt werden.

(2) [1] Ein Landgangsausweis kann Besatzungsmitgliedern und Fahrgästen eines in der See- oder Küstenschiffahrt oder in der Rhein-Seeschiffahrt verkehrenden Schiffes für den Aufenthalt in dem Gebiet des angelaufenen deutschen Hafenortes für die Dauer der Liegezeit des Schiffes ausgestellt werden. [2] Den in § 8 Abs. 3 bezeichneten Fahrgästen wird kein Landgangsausweis ausgestellt.

(3) Der Passierschein und der Landgangsausweis sind nur gültig in Verbindung mit einem Lichtbildausweis, aus dem die Personalien und die Staatsangehörigkeit des Inhabers hervorgehen.

§ 22 Muster der Paßersatzpapiere; Datei. (1) [1] Die in § 14 Abs. 1 und 2 Nr. 1 und 2 bezeichneten Passersatzpapiere und Ausweise werden nach einheitlichen Vordruckmustern ausgestellt. [2] Vordruckmuster, Ausstellungsmodalitäten sowie die in der Zone für das automatische Lesen enthaltenen Angaben bestimmt das Bundesministerium des Innern.

(2) [1] Die Passersatzpapiere und Ausweise dürfen neben einer Seriennummer und einer Zone für das automatische Lesen nur die in § 39 Abs. 1 des Ausländergesetzes bezeichneten Daten enthalten. [2] Zulässig sind die Eintragung von Auflagen zum Ausweis sowie amtliche Vermerke über ein Verwaltungshandeln gegenüber dem Ausländer, die auch in ausländischen Pässen angebracht werden.

(3) [1] Über die ausgestellten Reisedokumente, Grenzgängerkarten und Reiseausweise als Paßersatz hat die ausstellende Behörde oder Dienststelle eine Datei zu führen. [2] Die Vorschriften über das Paßregister für deutsche Reisepässe gelten entsprechend.

§ 23 Zuständigkeit zur Ausstellung von Paßersatzpapieren. [1] Der Reiseausweis als Paßersatz, der Passierschein und der Landgangsausweis werden von den mit der polizeilichen Kontrolle des grenzüberschreitenden Verkehrs beauftragten Behörden und Dienststellen ausgestellt. [2] Diese Behörden und Dienststellen können an der Grenze auch die nach § 14 Abs. 2 Nr. 5 und 6 als Paßersatz zugelassenen Ausweise für den kleinen Grenzverkehr und den Touristenverkehr sowie sonstige Ausweise, die auf Grund zwischenstaatlicher Vereinbarungen zum Grenzübertritt berechtigen, ausstellen, soweit die Gültigkeitsdauer einen Monat nicht überschreitet.

§ 24 Bescheinigung der Rückkehrberechtigung. Einem Ausländer, der keinen Paß oder Paßersatz besitzt, kann auf dem Ausweisersatz die Berechtigung zur Rückkehr in das Bundesgebiet bescheinigt und für den Grenzübertritt eine Ausnahme von der Paßpflicht erteilt werden, wenn er

1. eine Aufenthaltsgenehmigung besitzt und

2. aus beruflichen oder dringenden privaten Gründen vorübergehend das Bundesgebiet verlassen will.

§ 25 Ausweisrechtliche Pflichten. Ein Ausländer, der sich im Bundesgebiet aufhält, ist verpflichtet,

1. rechtzeitig vor Ablauf der Gültigkeitsdauer seines Passes die Verlängerung oder einen neuen Paß zu beantragen,

2. unverzüglich einen neuen Paß zu beantragen, wenn der bisherige Paß aus anderen Gründen als wegen Ablaufs der Gültigkeitsdauer ungültig geworden oder wenn er abhanden gekommen ist,

3. unverzüglich einen Ausweisersatz zu beantragen, wenn er einen gültigen Paß weder besitzt noch erlangen kann,

4. der Ausländerbehörde unverzüglich den Verlust und das Wiederauffinden seines Passes, seines Paßersatzes oder seines Ausweisersatzes anzuzeigen,

5. der Ausländerbehörde unverzüglich seinen neuen Paß oder Paßersatz vorzulegen,

6. seinen Ausweisersatz, sein Reisedokument (§ 14 Abs. 1 Nr. 1) oder seinen sonstigen von einer Behörde der Bundesrepublik Deutschland ausgestellten Paßersatz unverzüglich nach Ablauf der Gültigkeitsdauer oder, wenn im Falle des Abhandenkommens ein neuer Ausweisersatz, ein neues Reisedokument oder ein neuer sonstiger Paßersatz ausgestellt worden ist, unverzüglich nach Wiederauffinden bei der Ausländerbehörde abzugeben und

7. seinen Ausweisersatz, sein Reisedokument (§ 14 Abs. 1 Nr. 1) oder seinen sonstigen von einer Behörde der Bundesrepublik Deutschland ausgestellten Paßersatz unverzüglich bei der Ausländerbehörde vorzulegen, wenn Eintragungen unzutreffend geworden sind.

Vierter Abschnitt. Ordnungswidrigkeiten

§ 26 Ordnungswidrigkeiten. Ordnungswidrig im Sinne des § 93 Abs. 3 Nr. 3 des Ausländergesetzes handelt, wer vorsätzlich oder fahrlässig

1. entgegen § 13 oder § 25 Nr. 4 eine Anzeige nicht, nicht richtig, nicht vollständig oder nicht rechtzeitig erstattet oder

2. entgegen § 25 Nr. 5 bis 7 eine dort genannte Urkunde nicht oder nicht rechtzeitig vorlegt oder abgibt.

§ 27 Verwaltungsbehörden im Sinne des Gesetzes über Ordnungswidrigkeiten. Die Zuständigkeit für die Verfolgung und Ahndung von Ordnungswidrigkeiten wird

1. bei Ordnungswidrigkeiten nach § 93 Abs. 2 Nr. 1, wenn sie bei der Einreise oder der Ausreise begangen werden, nach § 93 Abs. 2 Nr. 2 und Abs. 3 Nr. 4 des Ausländergesetzes auf die Grenzschutzämter,

2. bei Ordnungswidrigkeiten nach § 93 Abs. 3 Nr. 2 des Ausländergesetzes auf die Grenzschutzdirektion

übertragen, soweit nicht die Länder im Einvernehmen mit dem Bund Aufgaben des grenzpolizeilichen Einzeldienstes mit eigenen Kräften wahrnehmen.

Fünfter Abschnitt. Übergangs- und Schlußvorschriften

§ 28 Übergangsvorschrift. (1) [1]Solange das Muster für das Reisedokument noch nicht bestimmt ist und die Vordrucke noch nicht zur Verfügung stehen, wird für die Ausstellung des Reisedokuments der Vordruck für den Fremdenpaß nach § 4 des Ausländergesetzes vom 28. April 1965 (BGBl. I S. 353), das zuletzt durch Artikel 15 Abs. 2 des Gesetzes vom 9. Juli 1990 (BGBl. I S. 1354) geändert worden ist, verwendet. [2]Im übrigen kann bei der Ausstellung des Reisedokuments bis zum 31. Dezember 1992 der Vordruck für den Fremdenpaß verwendet werden. [3]In den Fällen der Sätze 1 und 2 beträgt die Gesamtgültigkeitsdauer des Reisedokuments längstens fünf Jahre.

(2) [1]Ein vor dem 1. Januar 1991 nach § 4 des Ausländergesetzes vom 28. April 1965 ausgestellter Fremdenpaß bleibt bis zum Ablauf seiner Gültigkeitsdauer gültig. [2]Er kann nach Maßgabe der §§ 15 bis 17 verlängert werden.

(3) Solange die Muster für den Reiseausweis als Paßersatz, den Passierschein und den Landgangsausweis nicht bestimmt sind und die Vordrucke nach diesen Mustern nicht zur Verfügung stehen, werden die bisherigen Vordrucke verwendet.

(4) [1]Staatsangehörige unter 16 Jahren von Bosnien und Herzegowina, der Bundesrepublik Jugoslawien, von Kroatien, Marokko, Mazedonien, Slowenien, der Türkei und von Tunesien, die einen Nationalpaß oder einen als Paßersatz zugelassenen Kinderausweis besitzen, wird, abgesehen von den gesetzlich vorgesehenen Fällen, bis zum 30. Juni 1998 von Amts wegen entsprechend den gesetzlichen Vorschriften eine Aufenthaltsgenehmigung erteilt, wenn sie erlaubt eingereist sind, sich seither rechtmäßig im Bundesgebiet aufhalten oder nur vorübergehend ausgereist sind, mindestens ein Elternteil eine Aufenthaltsgenehmigung besitzt und die Anzeige- oder Meldepflicht erfüllt worden ist. [2]In denjenigen Fällen, in denen die Anzeige- oder Meldepflicht nicht erfüllt worden ist, können sie unter den Voraussetzungen des Satzes 1 bis zum 30. Juni 1998 im Bundesgebiet eine Aufenthaltsgenehmigung beantragen. [3]Sie bedürfen bis zum Ablauf der Frist und im Fall der rechtzeitigen Antragstellung oder der Erteilung der Aufenthaltsgenehmigung von Amts wegen bis zur Entscheidung der Ausländerbehörde keiner Aufenthaltsgenehmigung. [4]Wer ohne Verschulden außerstande war, die Antragsfrist einzuhalten, kann den Antrag noch bis zum Ablauf von sechs Monaten nach Fortfall des Hindernisses abgeben. [5]Die Antragsfrist und die Befreiung enden vorzeitig, wenn

1. eine der in Satz 1 bezeichneten Voraussetzungen entfällt,

2. der Ausländer auf Grund eines Verwaltungsaktes ausreisepflichtig wird oder

3. der Ausländer aus einem seiner Natur nach nicht vorübergehenden Grunde ausreist, bevor er die Aufenthaltsgenehmigung beantragt hat.

§ 29 Inkrafttreten. [1]Diese Verordnung tritt am 1. Januar 1991 in Kraft. [2]Gleichzeitig tritt die Verordnung zur Durchführung des Ausländergesetzes in der Fassung der Bekanntmachung vom 29. Juni 1976 (BGBl. I S. 1717), zuletzt geändert durch Artikel 1 § 102 Abs. 1 des Gesetzes vom 9. Juli 1990 (BGBl. I S. 1354, 1356), außer Kraft.

Anlage I

(zu § 1 Abs. 1 und 2, § 8 Abs. 2, § 9 Abs. 2 und 4 sowie § 20 Abs. 1)

Andorra
Argentinien
Australien
  sowie Kokosinseln,
  Norfolkinseln,
  Weihnachtsinsel
Belgien
Bolivien
Brasilien
Brunei
Chile
Costa Rica
Dänemark
Ecuador
El Salvador
Estland
Finnland
Frankreich
  einschließlich Französisch-
  Guayana,
  Französisch-Polynesien,
  Guadeloupe, Martinique,
  Neukaledonien, Réunion,
  St. Pierre und Miquelon
Griechenland
Guatemala
Honduras
Irland
Island
Israel
Italien
Japan
Kanada
Kolumbien
Korea (Republik Korea)
Kroatien
Lettland
Litauen
Luxemburg
Malaysia
Malta

Mexiko
Monaco
Neuseeland
  einschließlich Cookinseln,
  Niue, Tokelau
Nicaragua
Niederlande
  einschließlich Niederländische
  Antillen und Aruba
Norwegen
Österreich
Panama
Paraguay
Polen
Portugal
  einschließlich Macau
San Marino
Schweden
Schweiz und Liechtenstein
Singapur
Slowakische Republik
Slowenien
Spanien
  einschließlich Spanische Hoheitsgebiete
  in Nordafrika
  (mit Ceuta, Melilla)
Tschechische Republik
Ungarn
Uruguay
Venezuela
Vereinigte Staaten von Amerika
  einschließlich Amerikanische Jungfern-
  inseln,
  Amerikanisch-Samoa,
  Guam,
  Puerto Rico
Vereinigtes Königreich Großbritannien und
  Nordirland
  sowie Kanalinseln, Insel Man und Ber-
  muda
Zypern

Anlage I a

(zu § 1 Abs. 1 und 2 sowie § 4 Abs. 2)

1. Australien	(GMBl. 1953 S. 575)
Chile	(GMBl. 1955 S. 22)
Ecuador	(GMBl. 1967 S. 442)
El Salvador	(BAnz. 1998 S. 12778)
Honduras	(GMBl. 1963 S. 363)
Japan	(BAnz. 1998 S. 12778)
Kanada	(GMBl. 1953 S. 575)

Korea (Republik Korea)	(BGBl. 1974 II S. 682; BGBl. 1998 II S. 1390)
Kroatien	(BGBl. 1998 II S. 1388)
Malta	(Europäisches Übereinkommen vom 13. Dezember 1957 über die Regelung des Personenverkehrs zwischen den Mitgliedstaaten des Europarates, BGBl. 1959 II S. 389)
Mexiko	(GMBl. 1960 S. 27)
Monaco	(GMBl. 1959 S. 287)
Neuseeland	(BGBl. 1972 II S. 1550)
Panama	(BAnz. 1967 S. 1)
Polen	(BAnz. 1991 S. 4389)
San Marino	(BGBl. 1969 II S. 203)
Schweiz und Liechtenstein	(GMBl. 1956 S. 356)
Slowakische Republik	(BAnz. 1990 S. 4669)
Slowenien	(BGBl. 1998 II S. 1392)
Tschechische Republik	(BAnz. 1990 S. 4669)
Ungarn	(BAnz. 1990 S. 4670)
Vereinigte Staaten von Amerika	(GMBl. 1953 S. 575)
2. Ghana	(BGBl. 1979 I S. 617; BGBl. 1998 II S. 2909)
Philippinen	(BAnz. 1968 S. 2)

Anlage II
(zu § 4 Abs. 2)

Von der Visumspflicht sind befreit die Inhaber

1. amtlicher Pässe von
El Salvador
Ghana
Korea (Republik Korea)

Philippinen
Thailand
Türkei
Tschad

2. von Diplomatenpässen von
Bulgarien
Indien
Jamaika
Kenia
Malawi
Marokko

Mazedonien
Namibia
Pakistan
Peru
Rumänien
Südafrika
Tunesien

Anlage III
(zu § 7 Abs. 5)

Angola
Gambia
Jordanien

Libanon
Sudan
Syrien

Anlage IV
(zu § 19 Abs. 3)

Grenzzonen sind
1. zu Polen
a) in Mecklenburg-Vorpommern
im Landkreis Ostvorpommern
die Ämter
Ahlbeck bis Stettiner Haff

An der Peenemündung
Insel Usedom-Mitte
Usedom-Süd
Wolgast-Land
Am Schmollensee

die amtsfreien Gemeinden
  Heringsdorf
  Wolgast
  Zinnowitz
im Landkreis Uecker-Randow
die Ämter
  Ferdinandshof
  Löcknitz
  Penkun
  Uecker-Randow-Tal
  Ueckermünde-Land
die amtsfreien Gemeinden
  Eggesin
  Pasewalk
  Torgelow
  Ueckermünde
b) in Brandenburg
im Landkreis Uckermark
die Ämter
  Brüssow
  Gartz (Oder)
  Oder-Welse
  Angermünde-Land
die Städte
  Angermünde
  Schwedt/Oder
im Landkreis Barnim
die Ämter
  Oderberg
  Britz-Chorin
  Joachimsthal (Schorfheide)
die Stadt
  Eberswalde
die Gemeinde
  Finowfurt
im Landkreis Märkisch-Oderland
die Ämter
  Bad Freienwalde-Insel
  Falkenberg-Höhe
  Wriezen-Land
  Letschin
  Neuhardenberg
  Golzow
  Seelow-Land
  Lebus
die Städte
  Seelow
  Wriezen
im Landkreis Oder-Spree
die Ämter
  Brieskow-Finkenherd
  Schlaubetal
  Neuzelle
die Stadt
  Eisenhüttenstadt
im Landkreis Spree-Neiße
die Ämter
  Schenkendöbern

Jänschwalde
Hornow/Simmersdorf
Döbern-Land
die Städte
  Guben
  Forst/Lausitz
die kreisfreie Stadt
  Frankfurt (Oder)
c) in Sachsen
die Landkreise
  Niederschlesischer Oberlausitzkreis
  Löbau-Zittau
die kreisfreie Stadt
  Görlitz

2. zur Schweiz
in Baden-Württemberg die
Kreise
  Breisgau-Hochschwarzwald
  Schwarzwald-Baar-Kreis
  Tuttlingen
  Lörrach
  Waldshut
  Konstanz
  Bodenseekreis
  Ravensburg
  Freiburg (Stadtkreis)
  Biberach
  Sigmaringen

3. zur Tschechischen Republik
a) in Bayern
die Landkreise Passau
  Deggendorf
  Freyung-Grafenau
  Straubing-Bogen
  Regen
  Cham
  Schwandorf
  Amberg-Sulzbach
  Neustadt a. d. Waldnaab
  Tirschenreuth
  Bayreuth
  Wunsiedel i. Fichtelgebirge
  Hof
  Kulmbach
  Kronach
die kreisfreien Städte
  Passau
  Straubing
  Amberg
  Weiden i. d. Opf.
  Bayreuth
  Hof
b) in Sachsen
die Landkreise
  Löbau-Zittau
  Bautzen
  Sächsische Schweiz

Weißeritzkreis
Freiberg
Mittlerer Erzgebirgskreis
Annaberg

Aue-Schwarzenberg
Vogtlandkreis
die kreisfreie Stadt
Plauen

3. Verordnung über Aufenthaltsgenehmigungen zur Ausübung einer unselbständigen Erwerbstätigkeit (Arbeitsaufenthalteverordnung – AAV)

Vom 18. Dezember 1990 (BGBl. I S. 2994)

Zuletzt geändert durch Gesetz vom 4. Februar 2002 (BGBl. I S. 578)

BGBl. III 26-1-12

§ 1 Grundsatz. Ausländern darf für die Aufnahme und Ausübung einer unselbständigen Erwerbstätigkeit im Bundesgebiet von mehr als drei Monaten eine Aufenthaltsgenehmigung nur nach Maßgabe der folgenden Vorschriften und nur dann erteilt werden, wenn eine erforderliche Genehmigung zur Beschäftigung als Arbeitnehmer und eine sonstige erforderliche Berufsausübungserlaubnis in Aussicht gestellt oder erteilt sind.

§ 2 Aufenthaltsbewilligung zur Aus- oder Weiterbildung. (1) Eine Aufenthaltsbewilligung kann erteilt werden

1. Absolventen von deutschen oder ausländischen Hoch- und Fachhochschulen, die an Hochschulen, wissenschaftlichen Instituten oder in sonstigen zur Aus- und Weiterbildung zugelassenen Einrichtungen überwiegend zu ihrer Aus- oder Weiterbildung beschäftigt werden,

2. Fach- und Führungskräften (Regierungspraktikanten), die ein Stipendium aus öffentlichen Mitteln erhalten, für die Dauer des Stipendiums,

3. Aus- und Weiterzubildenden mit deutscher oder ausländischer Hochschul- oder Fachhochschulreife, die nachweislich im Rahmen eines anerkannten Lehr- und Ausbildungsplans zur höherqualifizierten Fach- oder Führungskraft ausgebildet werden,

4. sonstigen Aus- und Weiterzubildenden, die nachweislich im Rahmen eines anerkannten Lehr- und Ausbildungsplans tätig werden, soweit an der Ausbildung ein besonderes öffentliches, insbesondere entwicklungspolitisches Interesse besteht oder soweit eine internationale Ausbildung allgemein üblich ist.

(2) Eine Aufenthaltsbewilligung kann erteilt und bis zu einer Gesamtgeltungsdauer von längstens einem Jahr verlängert werden

1. Ausländern, die von einem Unternehmen mit Sitz im Bundesgebiet im Ausland beschäftigt und durch eine vorübergehende Beschäftigung im Bundesgebiet eingearbeitet werden,

2. Fachkräften zur Einarbeitung oder Aus- und Weiterbildung, die in einem auf der Grundlage einer zwischenstaatlichen Vereinbarung gegründeten deutsch-ausländischen Gemeinschaftsunternehmen beschäftigt werden,

3. Ausländern, die zur beruflichen Qualifikation im Rahmen von Exportlieferungs- oder Lizenzverträgen oder zur Abwicklung solcher Verträge im Bundesgebiet tätig werden,

4. Ausländern unter 25 Jahren für eine Au-pair-Beschäftigung in Familien, in denen Deutsch als Muttersprache gesprochen wird.

(3) Eine Aufenthaltsbewilligung kann erteilt und bis zu einer Gesamtgeltungsdauer von längstens 18 Monaten verlängert werden

1. Gastarbeitnehmern zur beruflichen und sprachlichen Fortbildung auf Grund einer zwischenstaatlichen Vereinbarung,

2. Ausländern, die im Rahmen von Geschäftsbeziehungen zur Einführung in die Geschäftspraxis oder Arbeitsweise des deutschen Geschäftspartners von diesem vorübergehend beschäftigt werden.

(4) Eine Aufenthaltsbewilligung kann erteilt und bis zu einer Gesamtgeltungsdauer von längstens zwei Jahren verlängert werden

1. Absolventen deutscher Hoch- und Fachhochschulen, die im Anschluß an ihre Ausbildung eine praktische Tätigkeit zur Vertiefung der erworbenen Kenntnisse im Rahmen eines fachbezogenen Praktikums nach Plan ableisten,

2. Fach- und Führungskräften, die auf Grund zwischenstaatlicher Vereinbarungen oder auf Grund von Vereinbarungen von Verbänden oder öffentlich-rechtlichen Einrichtungen der deutschen Wirtschaft zu ihrer Aus- oder Weiterbildung vorübergehend in Unternehmen oder Verbänden mit Sitz im Bundesgebiet beschäftigt werden.

(5) Die Aufenthaltsbewilligung kann über die in den Absätzen 2 bis 4 bestimmte Gesamtgeltungsdauer hinaus verlängert werden, soweit es in einer zwischenstaatlichen Vereinbarung vorgesehen oder soweit für die Aus- oder Weiterbildung eine längere Dauer gesetzlich bestimmt oder im Einzelfall erforderlich ist.

(6) Weiterbildung im Sinne dieser Verordnung sind auch eine Fortbildung und eine Umschulung.

§ 3 Aufenthaltsbewilligung für Werkvertragsarbeitnehmer. (1) [1]Ausländern, die auf der Grundlage einer zwischenstaatlichen Vereinbarung zur Erfüllung eines oder mehrerer bestimmter Werkverträge beschäftigt werden, kann eine Aufenthaltsbewilligung bis zur Vollendung des oder der Werke erteilt werden. [2]Die Gesamtgeltungsdauer der Aufenthaltsbewilligung darf die in der zwischenstaatlichen Vereinbarung vorgesehene Beschäftigungsdauer nicht überschreiten.

(2) [1]Soll der Ausländer erneut als Werkvertragsarbeitnehmer beschäftigt werden, darf ihm eine Aufenthaltsbewilligung nur erteilt werden, wenn der zwischen Ausreise und erneuter Einreise liegende Zeitraum nicht kürzer ist als die Gesamtgeltungsdauer der früheren Aufenthaltsbewilligung. [2]Der in Satz 1 bezeichnete Zeitraum beträgt jedoch höchstens zwei Jahre; er beträgt drei Monate, wenn der Ausländer vor der Ausreise nicht länger als neun Monate im Bundesgebiet beschäftigt war.

§ 4 Aufenthaltsgenehmigung für zeitlich begrenzte Arbeitsaufenthalte. (1) [1]Einem Ausländer kann für eine Beschäftigung im Schaustellergewerbe eine Aufenthaltsbewilligung erteilt und bis zu einer Gesamtgeltungsdauer von längstens neun Monaten jährlich verlängert werden. [2]Wenn die Beschäftigung in einem Kalenderjahr sechs Monate überschreitet, darf dem Ausländer im folgenden Kalenderjahr keine Aufenthaltsbewilligung für eine Beschäftigung im Schaustellergewerbe erteilt werden.

(2) Lehrkräften kann zur Erteilung muttersprachlichen Unterrichts an öffentlichen und anerkannten privaten Schulen unter deutscher Schulaufsicht oder außerhalb solcher Schulen unter Aufsicht der jeweils zuständigen berufskonsularischen Vertretung eine Aufenthaltserlaubnis erteilt und bis zu einer Gesamtgeltungsdauer von längstens fünf Jahren verlängert werden.

(3) Lehrkräften und Lektoren kann zur Sprachvermittlung an Hochschulen im Bundesgebiet eine Aufenthaltserlaubnis erteilt und bis zu einer Gesamtgeltungsdauer von längstens fünf Jahren verlängert werden.

(4) ¹Spezialitätenköchen kann für die Beschäftigung in Spezialitätenrestaurants eine Aufenthaltserlaubnis erteilt und bis zu einer Gesamtgeltungsdauer von längstens drei Jahren verlängert werden, sofern sie ihre fachliche Qualifikation durch eine erfolgreich abgeschlossene Kochausbildung nachweisen und Staatsangehörige des Landes sind, auf dessen Küche das Restaurant spezialisiert ist. ²Eine praktische Kochausbildung von weniger als zwei Jahren genügt nur, wenn der Ausländer zusätzlich über eine mindestens zweijährige Berufserfahrung verfügt. ³Als fachliche Qualifikation kann im Einzelfall auch eine mindestens sechsjährige Tätigkeit als Koch anerkannt werden.

(4 a) Ausländern kann für eine versicherungspflichtige Vollzeitbeschäftigung für hauswirtschaftliche Arbeiten in Haushalten mit Pflegebedürftigen im Sinne des Elften Buches Sozialgesetzbuch bis zum Ablauf des 31. Dezember 2002 erstmals eine Aufenthaltsbewilligung erteilt und bis zu einer Gesamtgeltungsdauer von längstens drei Jahren verlängert werden.

(5) Einem Ausländer darf für eine erneute Beschäftigung nach den Absätzen 2 bis 4 a eine Aufenthaltsgenehmigung nicht vor Ablauf von drei Jahren seit seiner Ausreise erteilt werden.

(6) ¹Die Erteilung einer unbefristeten Aufenthaltsgenehmigung ist ausgeschlossen. ²Abweichend von Satz 1 und von Absatz 2 kann einer Lehrkraft an einer Schule unter deutscher Schulaufsicht die Aufenthaltserlaubnis nach Maßgabe der Vorschriften des Ausländergesetzes verlängert und eine Aufenthaltsberechtigung erteilt werden, wenn die Lehrkraft auf Dauer beschäftigt werden soll und die für die Schulaufsicht oberste Landesbehörde feststellt, daß daran ein öffentliches Interesse besteht.

§ 5 Aufenthaltserlaubnis für sonstige Beschäftigungen. Eine Aufenthaltserlaubnis kann erteilt werden

1. Wissenschaftlern für eine Beschäftigung in Forschung und Lehre, sofern wegen ihrer besonderen fachlichen Kenntnisse ein öffentliches Interesse an ihrer Beschäftigung besteht,

2. Fachkräften, die eine Hochschul- oder Fachhochschulausbildung oder eine vergleichbare Qualifikation besitzen, sofern an ihrer Beschäftigung wegen ihrer besonderen fachlichen Kenntnisse ein öffentliches Interesse besteht,

3. leitenden Angestellten und Spezialisten eines im Bundesgebiet ansässigen Unternehmens mit Hauptsitz in dem Land, dessen Staatsangehörigkeit sie besitzen, für eine Tätigkeit in diesem Unternehmen; als Spezialisten sind nur Personen anzusehen, die über eine mit deutschen Facharbeitern vergleichbare Qualifikation und darüber hinaus über besondere, vor allem unternehmensspezifische Spezialkenntnisse verfügen,

4. leitenden Angestellten für eine Beschäftigung in einem auf der Grundlage zwischenstaatlicher Vereinbarungen gegründeten deutsch-ausländischen Gemeinschaftsunternehmen,

5. Fachkräften, die von einem deutschen Träger in der Sozialarbeit für ausländische Arbeitnehmer und ihre Familien beschäftigt werden und über ausreichende Kenntnisse der deutschen Sprache verfügen,

6. Seelsorgern, die ihre fachliche Qualifikation durch Absolvierung eines anerkannten Ausbildungsganges erworben haben und nachweislich die Befähigung zur Erteilung von Religionsunterricht und zur Abhaltung von Gottesdiensten besitzen, wenn sie in der Seelsorge für ausländische Arbeitnehmer und ihre Familien beschäftigt werden und dafür ein örtliches Bedürfnis besteht,

7. Ordensangehörigen, die im Pflegedienst oder in der Sozialarbeit tätig werden,

8. Krankenschwestern und -pflegern, Kinderkrankenschwestern und -pflegern sowie Altenpflegern aus europäischen Staaten mit beruflicher Qualifikation und ausreichenden deutschen Sprachkenntnissen; Pflegekräften aus außereuropäischen Staaten nur, sofern sie bereits früher im Bundesgebiet als solche beschäftigt waren oder deutscher Abstammung sind,

9. Künstlern und Artisten sowie ihrem Hilfspersonal,

10. Berufssportlern und Berufstrainern, deren Einsatz in deutschen Sportvereinen oder vergleichbaren sportlichen Einrichtungen, soweit sie am Wettkampfsport teilnehmen, vorgesehen ist, wenn sie das 16. Lebensjahr vollendet haben und eine Vereinbarung mit dem Verein oder der Einrichtung über ein Gehalt nachweisen, das mindestens 50 Prozent der Beitragsbemessungsgrenze für die gesetzliche Rentenversicherung beträgt, und der für die Sportart zuständige deutsche Spitzenverband im Einvernehmen mit dem Deutschen Sportbund ihre sportlichen Qualifikation als Berufssportler oder ihre fachliche Eignung als Trainer bestätig; auf die Verlängerung von Aufenthaltserlaubnissen bei am 7. Februar 2002 bestehenden Vertragsverhältnissen findet Nummer 10 in der bis zum 7. Februar 2002 geltenden Fassung Anwendung.

§ 6 Aufenthaltsgenehmigung für arbeitserlaubnisfreie Beschäftigungen. (1) [1]Einem Ausländer kann eine Aufenthaltsgenehmigung für die Ausübung einer unselbständigen Erwerbstätigkeit erteilt werden, für die er keiner Genehmigung zur Beschäftigung als Arbeitnehmer bedarf. [2]Dies gilt nicht für die in § 5 Abs. 2 Nr. 4 und 5 des Betriebsverfassungsgesetzes bezeichneten Personen.

(2) Die Erteilung einer unbefristeten Aufenthaltsgenehmigung ist ausgeschlossen, wenn

1. der Arbeitgeber seinen Sitz im Ausland hat,

2. der Ausländer in einer diplomatischen oder berufskonsularischen Vertretung oder im Haushalt eines Bediensteten einer solchen Vertretung beschäftigt wird,

3. der Ausländer nur zeitlich befristet beschäftigt wird oder

4. die Tätigkeit ganz oder überwiegend außerhalb des Bundesgebiets, insbesondere an Bord eines Seeschiffes, das berechtigt ist, die Bundesflagge zu führen, ausgeübt wird.

§ 7 Zwischenstaatliche Vereinbarungen. (1) Einem Ausländer kann auf der Grundlage einer zweiseitigen zwischenstaatlichen Vereinbarung der Bundesrepublik Deutschland mit dem Staat, dessen Staatsangehörigkeit der Ausländer besitzt, eine Aufenthaltsgenehmigung auch für die Ausübung einer nicht in den §§ 2 bis 6 genannten unselbständigen Erwerbstätigkeit erteilt werden.

(2) [1]Soweit in der zwischenstaatlichen Vereinbarung nichts anderes bestimmt ist, beträgt die Gesamtgeltungsdauer der Aufenthaltsgenehmigung längstens fünf Jahre. [2]Die Erteilung einer unbefristeten Aufenthaltsgenehmigung ist ausgeschlossen.

§ 8 Aufenthaltsgenehmigung in Ausnahmefällen. Einem Ausländer darf in einem begründeten Ausnahmefall eine Aufenthaltsgenehmigung erteilt werden, wenn die oberste Landesbehörde oder die von ihr bestimmte Stelle jeweils im Benehmen mit dem Landesarbeitsamt festgestellt hat, daß ein besonderes öffentliches, insbesondere ein regionales, wirtschaftliches oder arbeitsmarktpolitisches Interesse seine Beschäftigung erfordert.

§ 9 Ausnahmen für Angehörige bestimmter Staaten. Staatsangehörigen der folgenden Staaten kann abweichend von den §§ 2 bis 8 eine Aufenthaltsgenehmigung erteilt werden:

Andorra	Monaco
Australien	Neuseeland
Finnland	Norwegen
Island	Österreich
Israel	San Marino
Japan	Schweden
Kanada	Schweiz
Liechtenstein	Vereinigte Staaten von Amerika
Malta	Zypern.

§ 10 Aufenthaltsgenehmigung für deutsche Volkszugehörige. Deutschen Volkszugehörigen, die einen Aufnahmebescheid nach dem Bundesvertriebenengesetz besitzen, sowie ehemaligen Deutschen und Kindern ehemaliger Deutscher, sofern sie über ausreichende Kenntnisse der deutschen Sprache verfügen, kann abweichend von den §§ 2 bis 8 eine Aufenthaltsgenehmigung erteilt werden.

§ 11 Übergangsvorschriften. (1) Einem Ausländer, der sich im Zeitpunkt des Inkrafttretens dieser Verordnung seit mehr als acht Jahren als Lehrkraft oder Lektor oder seit mehr als fünf Jahren als Spezialitätenkoch rechtmäßig im Bundesgebiet aufhält, kann die Aufenthaltsgenehmigung abweichend von § 4 Abs. 2 bis 4 und 6 nach Maßgabe der Vorschriften des Ausländergesetzes erteilt und verlängert werden.

(2) Werkvertragsarbeitnehmern, die sich im Zeitpunkt des Inkrafttretens dieser Verordnung seit mehr als acht Jahren rechtmäßig im Bundesgebiet aufhalten, kann abweichend von § 3 Abs. 1 nach Maßgabe der Vorschriften des Ausländergesetzes eine Aufenthaltserlaubnis und eine Aufenthaltsberechtigung erteilt werden.

(3) [1] Ausländern, die sich im Zeitpunkt des Inkrafttretens dieser Verordnung auf Grund einer zwischenstaatlichen Vereinbarung der Deutschen Demokratischen Republik als Arbeitnehmer im Bundesgebiet aufhalten, wird eine Aufenthaltsbewilligung erteilt. [2] Die Aufenthaltsbewilligung kann bis zu der in der zwischenstaatlichen Vereinbarung vorgesehenen Beschäftigungsdauer verlängert werden, auch soweit dem Ausländer die Ausübung einer anderen als der in der zwischenstaatlichen Vereinbarung vorgesehenen Beschäftigung erlaubt wird. [3] Absatz 2 findet entsprechende Anwendung.

(4) Auf die Verlängerung der Aufenthaltsgenehmigung von Ausländern, denen vor dem Inkrafttreten dieser Verordnung eine Aufenthaltserlaubnis und eine Arbeitserlaubnis erteilt worden ist, und die keinen Ausnahmetatbestand nach den §§ 2 bis 10 erfüllen, finden die Vorschriften des Ausländergesetzes Anwendung.

(5) Lehrkräften darf abweichend von § 4 Abs. 2 die Aufenthaltserlaubnis über die Gesamtgeltungsdauer von fünf Jahren hinaus verlängert werden, wenn sie vor dem 1. Januar 1991 eingereist sind und soweit von einer deutschen öffentlichen Stelle mit einer öffentlichen Stelle des Herkunftsstaates eine längere Beschäftigungsdauer vereinbart worden ist.

§ 12 Inkrafttreten. Diese Verordnung tritt am 1. Januar 1991 in Kraft.

4. Verordnung über Aufenthaltserlaubnisse für hoch qualifizierte ausländische Fachkräfte der Informations- und Kommunikationstechnologie (IT-AV)

Vom 25. Juli 2000 (BGBl. I S. 1976), geändert durch Gesetz vom 3. 12. 2001 (BGBl. I S. 3306)

Auf Grund des § 10 Abs. 2 des Ausländergesetzes vom 9. Juli 1990 (BGBl. I S. 1354, 1356) verordnet das Bundesministerium des Innern:

§ 1 Erteilung und Verlängerung der Aufenthaltserlaubnis. (1) Einem Ausländer, der eine Hochschul- oder Fachhochschulausbildung mit Schwerpunkt auf dem Gebiet der Informations- und Kommunikationstechnologie abgeschlossen hat oder dessen Qualifikation auf diesem Gebiet durch eine Vereinbarung mit dem Arbeitgeber über ein Jahresgehalt von mindestens 51 000 EUR nachgewiesen wurde, soll für eine unselbständige Erwerbstätigkeit in den Berufen der Informations- und Kommunikationstechnologie eine Aufenthaltserlaubnis erteilt werden, wenn eine erforderliche Genehmigung zur Beschäftigung als Arbeitnehmer nach der Verordnung über die Arbeitsgenehmigung für hoch qualifizierte ausländische Fachkräfte der Informations- und Kommunikationstechnologie vom 11. Juli 2000 (BGBl. I S. 1146) zugesichert oder erteilt ist.

(2) Die Aufenthaltserlaubnis wird für die Dauer der Beschäftigung, längstens für fünf Jahre erteilt oder verlängert.

§ 2 Aufenthaltserlaubnis für Absolventen deutscher Hochschulen. Einem Ausländer, der bei Antragstellung über eine im Zusammenhang mit einem Hochschul- oder Fachhochschulstudium mit Schwerpunkt auf dem Gebiet der Informations- und Kommunikationstechnologie erteilte Aufenthaltsbewilligung verfügt, soll nach im Bundesgebiet erfolgreich abgeschlossenem Studium eine Aufenthaltserlaubnis nach § 1 erteilt und verlängert werden.

§ 3 Inkrafttreten, Außerkrafttreten. Diese Verordnung tritt am 1. August 2000 in Kraft. Sie tritt mit Ablauf des 31. Juli 2008 außer Kraft.

5. Gebührenverordnung zum Ausländergesetz und zum Gesetz zu dem Schengener Durchführungsübereinkommen (Ausländergebührenverordnung – AuslGebV)

Vom 19. Dezember 1990 (BGBl. I S. 3002), geändert durch Verordnung vom 30. Juli 1998 (BGBl. I S. 1992) und Gesetz vom 3. 12. 2001 (BGBl. I S. 3306)

Auf Grund des § 81 Abs. 2 Satz 1 des Ausländergesetzes vom 9. Juli 1990 (BGBl. I S. 1354, 1356) in Verbindung mit dem 2. Abschnitt des Verwaltungskostengesetzes vom 23. Juni 1970 (BGBl. I S. 821) verordnet die Bundesregierung:

§ 1 Gebühren für die Aufenthaltsgenehmigung. An Gebühren sind zu erheben

1. für die Erteilung einer befristeten Aufenthaltserlaubnis   51 EUR,
2. für die Erteilung einer Aufenthaltsbewilligung mit einer Gesamtgeltungsdauer von längstens drei Monaten   25 EUR,
3. für die Erteilung einer Aufenthaltsbewilligung für einen Aufenthalt von mehr als drei Monaten   40 EUR,
4. für die Erteilung einer Aufenthaltsbefugnis   40 EUR,
5. für die befristete Verlängerung einer Aufenthaltserlaubnis für einen weiteren Aufenthalt
   a) bis zu 3 Monaten   13 EUR,
   b) von mehr als 3 Monaten   25 EUR,
6. für die Verlängerung einer Aufenthaltsbewilligung oder Aufenthaltsbefugnis für einen weiteren Aufenthalt von
   a) bis zu 3 Monaten   13 EUR,
   b) von mehr als 3 Monaten   20 EUR,
7. für die Erteilung einer unbefristeten Aufenthaltserlaubnis   61 EUR,
8. für die Erteilung einer Aufenthaltsberechtigung   71 EUR.

§ 2 Gebühren für ein nationales Visum. An Gebühren für ein nationales Visum (Kategorie „D") sind zu erheben

1. für Erteilung eines Visums ohne Zustimmung der Ausländerbehörde mit einer Geltungsdauer
   a) bis zu 3 Monaten   20 EUR,
   b) von mehr als 3 Monaten   25 EUR,
2. für die Erteilung eines Visums mit Zustimmung der Ausländerbehörde   25 EUR,
3. für die Erteilung eines Ausnahme-Visums (§ 58 Abs. 2 des Ausländergesetzes)   25 EUR,
4. für die Verlängerung eines Visums im Bundesgebiet bis zu einer Gesamtgeltungsdauer von sechs Monaten (§ 13 Abs. 2 des Ausländergesetzes)   20 EUR.

§ 2 a Gebühren für ein Schengen-Visum. An Gebühren sind zu erheben

1. a) für die Erteilung eines Transit-Visums für einen, zwei oder mehrmalige Aufenthalte im Flughafentransit (Kategorie „A") und für eine, zwei oder mehrmalige Einreisen zur Durchreise (Kategorie „B")   **10 EUR**
   b) für die Erteilung eines solchen Visums in Form eines Sammelvisums (5 bis 50 Personen)   **10 EUR zuzüglich 1 EUR pro Person,**

2. a) für die Erteilung eines Visums für einen Aufenthalt bis zu 30 Tagen im Halbjahr für eine, zwei oder mehrmalige Einreisen (Kategorie „C 1")   **25 EUR,**
   b) für die Erteilung eines solchen Visums in Form eines Sammelvisums (5 bis 50 Personen) für eine oder zwei Einreisen   **30 EUR zuzüglich 1 EUR pro Person,**
   c) für die Erteilung eines solchen Visums in Form eines Sammelvisums (5 bis 50 Personen) für mehrmalige Einreisen   **30 EUR zuzüglich 3 EUR pro Person,**

3. für die Erteilung eines Visums für einen Aufenthalt von 31 bis zu 90 Tagen im Halbjahr (Kategorie „C 2")
   a) für eine Einreise   **30 EUR**
   b) für zwei oder mehrmalige Einreisen   **35 EUR**

4. für die Erteilung eines Visums für einen Aufenthalt bis zu 90 Tagen im Halbjahr für mehrmalige Einreisen
   a) mit einer Gültigkeitsdauer von einem Jahr (Kategorie „C 3")   **50 EUR**
   b) mit einer Gültigkeitsdauer von mehr als einem Jahr bis zu fünf Jahren (Kategorie „C 4")   **50 EUR zuzüglich 30 EUR für jedes weitere Jahr,**

5. für die Erteilung eines Ausnahme-Visum für einen Aufenthalt oder eine Einreise
   a) bei einem Transit-Visum (Kategorie „A" und „B")   **20 EUR,**
   b) bei einem Transit-Visum (Kategorie „A" und „B") in Form eines Sammelvisums (5 bis 50 Personen)   **20 EUR zuzüglich 2 EUR pro Person,**
   c) bei einem Visum für einen Aufenthalt bis zu 30 Tagen im Halbjahr (Kategorie „C 1")   **40 EUR,**
   d) bei einem Visum für einen Aufenthalt bis zu 30 Tagen im Halbjahr (Kategorie „C 1" in Form eines Sammelvisums (5 bis 50 Personen)   **50 EUR zuzüglich 2 EUR pro Person,**

6. für die Verlängerung eines Visums im Bundesgebiet für einen Aufenthalt bis zu 30 bzw. 90 Tagen im Halbjahr (Kategorie „C 1", „C 2", „C 3" und „C 4")   **die in den Nummern 2, 3, 4 und 5 Buchstaben c und d bestimmten Gebühren.**

Die Gebühren werden entsprechend erhoben für die Erteilung und Verlängerung eines räumlich beschränkten Schengen-Visums.

§ 3 Gebühren für sonstige aufenthaltsrechtliche Amtshandlungen.
An Gebühren sind zu erheben

1. für die Erteilung einer Duldung 20 EUR,
2. für die Erneuerung einer Duldung 13 EUR,
3. für die Befristung nach § 8 Abs. 2 Satz 3 des Ausländergesetzes 25 EUR,
4. für die Erteilung einer Betretenserlaubnis (§ 9 Abs. 3 des Ausländergesetzes) 25 EUR,
5. für die Aufhebung oder Änderung einer Auflage zur Aufenthaltsgenehmigung auf Antrag 25 EUR,
6. für die Aufhebung oder Änderung einer Auflage zur Duldung auf Antrag 15 EUR,
7. für die Bescheinigung des Aufenthaltsrechts oder die Erteilung sonstiger Bescheinigungen auf Antrag 8 EUR,
8. für die Ausstellung der Aufenthaltsgenehmigung oder der Duldung auf besonderem Blatt 8 EUR,
9. für die Übertragung von Aufenthaltsgenehmigungen 8 EUR.
10. für die Anerkennung einer Verpflichtungserklärung (§§ 84, 82 des Ausländergesetzes) 20 EUR,
11. für die Bestätigung einer Reisendenliste für nach dem Europäischen Gemeinschaftsrecht nicht freizügigkeitsberechtigte Ausländer ausgestellt nach Maßgabe des Artikels 1 Abs. 1 oder Artikel 2 des in § 4 Abs. 3 der Verordnung zur Durchführung des Ausländergesetzes bezeichneten Beschlusses des Rates der Europäischen Union vom 30. November 1994 5 EUR pro Person.

§ 4 Gebühren für einen Paßersatz. (1) An Gebühren sind zu erheben

1. für die Ausstellung eines Reisedokuments (§ 14 Abs. 1 Nr. 1 der Verordnung zur Durchführung des Ausländergesetzes) oder eines Reiseausweises für Flüchtlinge oder für Staatenlose 25 EUR,
2. für die Verlängerung eines Reisedokuments oder eines Reiseausweises für Flüchtlinge oder für Staatenlose 15 EUR,
3. für die Ausstellung einer Grenzgängerkarte (§ 14 Abs. 1 Nr. 2 der Verordnung zur Durchführung des Ausländergesetzes) mit einer Gültigkeitsdauer
   a) bis zu einem Jahr 20 EUR,
   b) bis zu zwei Jahren 25 EUR,
4. für die Verlängerung einer Grenzgängerkarte
   a) bis zu einem Jahr 10 EUR,
   b) bis zu zwei Jahren 15 EUR,
5. für die Ausstellung eines Reiseausweises als Paßersatz (§ 14 Abs. 1 Nr. 3 der Verordnung zur Durchführung des Ausländergesetzes) 20 EUR,
6. für die Ausstellung oder Verlängerung eines Passierscheins (§ 14 Abs. 1 Nr. 4 der Verordnung zur Durchführung des Ausländergesetzes) 10 EUR,

7. für die Ausstellung oder Verlängerung eines Landgangsausweises (§ 14 Abs. 1 Nr. 5 der Verordnung zur Durchführung des Ausländergesetzes)   8 EUR,

8. für die Ausstellung oder Verlängerung eines Ausweises für den kleinen Grenzverkehr oder den Touristenverkehr (§ 14 Abs. 1 Nr. 5 der Verordnung zur Durchführung des Ausländergesetzes) mit einer Gültigkeitsdauer
   a) bis zu drei Monaten   8 EUR,
   b) von mehr als drei Monaten   15 EUR,

9. für die Änderung oder Umschreibung eines der in den Nummern 1 bis 8 bezeichneten Ausweise   8 EUR.

(2) Wird eine der in Absatz 1 bezeichneten Amtshandlungen auf Veranlassung des Antragstellers außerhalb der behördlichen Dienstzeit vorgenommen, so erhöht sich die Gebühr um einen Zuschlag von 50 vom Hundert.

(3) Keine Gebühren sind zu erheben

1. für die Änderung eines der in Absatz 1 bezeichneten Ausweise, wenn die Änderung von Amts wegen eingetragen wird,

2. für die Berichtigung der Wohnortangaben in einem der in Absatz 1 bezeichneten Ausweise und

3. für die Eintragung eines Vermerks über die Eheschließung in einem Reisedokument oder einem Reiseausweis für Flüchtlinge oder für Staatenlose.

§ 5 Gebühren für sonstige paß- und ausweisrechtliche Maßnahmen.
An Gebühren sind zu erheben

1. für die Erteilung eines Ausweisersatzes (§ 39 Abs. 1 des Ausländergesetzes)   15 EUR,

2. für die Verlängerung eines Ausweisersatzes   8 EUR,

3. für die Bescheinigung der Rückkehrberechtigung zusammen mit einer Ausnahme von der Paßpflicht für den Grenzübertritt (§ 24 der Verordnung zur Durchführung des Ausländergesetzes)   15 EUR,

4. für die Ausnahme von der Paßpflicht nach § 9 Abs. 2 des Ausländergesetzes   15 EUR.

§ 6 Bearbeitungsgebühren. (1) Gebühren sind zu erheben für die Bearbeitung eines Antrages auf

1. Erteilung oder Verlängerung einer Aufenthaltsgenehmigung oder eines Visums,

2. Aufhebung oder Änderung einer Auflage zur Aufenthaltsgenehmigung oder

3. Ausstellung eines Reisedokuments oder eines Reiseausweises für Flüchtlinge oder für Staatenlose

in der Höhe der Hälfte der in den §§ 1, 2, 2a, 3 Nr. 5 und in § 4 Abs. 1 Nr. 1 für die beantragte Amtshandlung bestimmten Gebühr.

(2) Eine Bearbeitungsgebühr wird nicht erhoben, wenn ein Antrag

1. ausschließlich wegen Unzuständigkeit der Behörde oder der mangelnden Handlungsfähigkeit des Antragstellers abgelehnt wird oder

2. vom Antragsteller zurückgenommen wird, bevor mit der sachlichen Bearbeitung begonnen wurde.

§ 7 Gebühren für Amtshandlungen zugunsten Minderjähriger.
(1) [1] Für Amtshandlungen zugunsten Minderjähriger und die Bearbeitung von Anträgen Minderjähriger sind Gebühren zu erheben in der Höhe der Hälfte der in den §§ 1 bis 4 Abs. 1 und §§ 5 und 6 Abs. 1 bestimmten Gebühren. [2] Die Gebühren für die Erteilung der unbefristeten Aufenthaltserlaubnis nach § 26 Abs. 1 Satz 1 des Ausländergesetzes beträgt 18 EUR.

(2) Für die zweite Ausstellung und jede weitere Neuausstellung eines Reisedokuments, eines Reiseausweises für Flüchtlinge oder für Staatenlose an Minderjährige sind jeweils 10 EUR an Gebühren zu erheben.

§ 8 Widerspruchsgebühr. (1) An Gebühren sind zu erheben für den Widerspruch gegen

1. die Ablehnung einer gebührenpflichtigen Amtshandlung die Hälfte der für die Amtshandlung nach den §§ 1 bis 5 und 7 zu erhebenden Gebühr,

2. eine Bedingung, eine Auflage oder eine sonstige Beschränkung der Aufenthaltsgenehmigung oder der Duldung 40 EUR,

3. die Ausweisung 51 EUR,

4. die Abschiebungsandrohung 46 EUR,

5. eine Rückbeförderungvergütung (§ 73 des Ausländergesetzes) 51 EUR,

6. eine Untersagungs- oder Zwangsgeldverfügung (§ 74 Abs. 1 Satz 2, Abs. 2 des Ausländergesetzes) 51 EUR,

7. die Anordnung einer Sicherheitsleistung (§ 82 Abs. 5 des Ausländergesetzes) 51 EUR,

8. einen Leistungsbescheid (§ 83 Abs. 4 des Ausländergesetzes) 51 EUR.

(2) Eine Gebühr nach Absatz 1 Nr. 4 wird nicht erhoben, wenn die Abschiebungsandrohung nur mit der Begründung angefochten wird, daß der Verwaltungsakt aufzuheben ist, auf dem die Ausreisepflicht beruht.

(3) § 6 Abs. 2 gilt entsprechend.

§ 9 Befreiungen und Ermäßigungen. (1) Von den Gebühren nach den §§ 1, 2 Nr. 1 und 2, 2a Nr. 1 bis 4, § 3 Nr. 9 und § 6 Abs. 1 Nr. 1 sind befreit

1. Ehegatten und minderjährige ledige Kinder Deutscher sowie Elternteile minderjähriger Deutscher,

2. Staatsangehörige der Mitgliedstaaten der Europäischen Union und anderer Vertragsparteien des Abkommens über den Europäischen Wirtschaftsraum vom 2. Mai 1992 (BGBl. 1993 II S. 266) sowie ihre Ehegatten und Verwandten in auf- und absteigender Linie, auch soweit sie nicht Staatsangehörige eines dieser Staaten sind.

(2) Asylberechtigte und sonstige Ausländer, die im Bundesgebiet die Rechtsstellung ausländischer Flüchtlinge genießen, sind befreit von den Gebühren

1. für die Erteilung und Übertragung der unbefristeten Aufenthaltserlaubnis,

2. für die Erteilung, Verlängerung und Übertragung der Aufenthaltsbefugnis und

3. für die Bearbeitung von Anträgen auf Vornahme der in den Nummern 1 und 2 genannten Amtshandlungen.

(3) Ausländer, die für ihren Aufenthalt im Bundesgebiet ein Stipendium aus öffentlichen Mitteln erhalten, sind befreit von den Gebühren

1. für die Erteilung des Visums,

2. für die Erteilung, Verlängerung und Übertragung der Aufenthaltsbewilligung und

3. für die Bearbeitung der Anträge auf Erteilung und Verlängerung der Aufenthaltsbewilligung.

(4) Zugunsten von Ausländern, die im Bundesgebiet kein Arbeitsentgelt beziehen und nur eine Aus-, Fort- oder Weiterbildung oder eine Umschulung erhalten, können die in Absatz 3 bezeichneten Gebühren ermäßigt oder kann von ihrer Erhebung abgesehen werden.

(5) Gebühren können ermäßigt oder von ihrer Erhebung kann abgesehen werden, wenn die Amtshandlung der Wahrung kultureller, außenpolitischer, entwicklungspolitischer oder sonstiger erheblicher öffentlicher Interessen dient.

§ 10 Befreiung und Ermäßigung aus Billigkeitsgründen. (1) Ausländer, die ihren Lebensunterhalt nicht ohne Inanspruchnahme von Sozialhilfe bestreiten können, sind von den Gebühren befreit für

1. die Erteilung einer befristeten Aufenthaltsgenehmigung,

2. die befristete Verlängerung einer Aufenthaltsgenehmigung,

3. die Erteilung oder Erneuerung einer Duldung,

4. die Aufhebung oder Änderung einer Auflage zur Aufenthaltsgenehmigung oder Duldung,

5. die Ausstellung der Aufenthaltsgenehmigung oder der Duldung auf besonderem Blatt,

6. die Übertragung einer Aufenthaltsgenehmigung,

7. die Ausstellung und Verlängerung eines Ausweisersatzes und

8. die Bearbeitung von Anträgen auf Vornahme der in den Nummern 1, 2 und 4 bezeichneten Amtshandlungen;

sonstige Gebühren können ermäßigt oder von ihrer Erhebung kann abgesehen werden.

(2) Gebühren können ermäßigt oder von ihrer Erhebung kann abgesehen werden, wenn der Gebührenpflichtige Arbeitslosenhilfe bezieht oder wenn es sonst mit Rücksicht auf seine wirtschaftlichen Verhältnisse geboten ist.

§ 11 Zwischenstaatliche Vereinbarungen. Zwischenstaatliche Vereinbarungen über die Befreiung und eine geringere Bemessung von Gebühren werden durch diese Verordnung nicht berührt.

§ 12 Inkrafttreten. Diese Verordnung tritt am 1. Januar 1991 in Kraft.

6. Sozialgesetzbuch (SGB) Drittes Buch (III) (Arbeitsförderung)

Vom 24. März 1997 (BGBl. I 594, 595), zuletzt geändert durch Gesetz vom 13. 9. 2001 (BGBl. I S. 2376), durch Gesetz vom 10. 12. 2001 (BGBl. I S. 3443), durch Gesetz vom 13. 12. 2001 (BGBl. I S. 3584), durch Gesetz vom 20. 12. 2001 (BGBl. I S. 4013), durch Gesetz vom 23. 3. 2002 (BGBl. I S. 1130) und durch Gesetz vom 27. 4. 2002 (BGBl. I S. 1467)

– Auszug –

§ 284 Genehmigungspflicht. (1) [1]Ausländer dürfen eine Beschäftigung nur mit Genehmigung des Arbeitsamtes ausüben und von Arbeitgebern nur beschäftigt werden, wenn sie eine solche Genehmigung besitzen. [2]Einer Genehmigung bedürfen nicht

1. Ausländer, denen nach den Rechtsvorschriften der Europäischen Gemeinschaften oder nach dem Abkommen über den Europäischen Wirtschaftsraum Freizügigkeit zu gewähren ist,

2. Ausländer, die eine unbefristete Aufenthaltserlaubnis oder eine Aufenthaltsberechtigung besitzen, und

3. andere Ausländer, wenn dies in zwischenstaatlichen Vereinbarungen, auf Grund eines Gesetzes oder durch Rechtsverordnung bestimmt ist.

(2) Die Genehmigung ist vor der Aufnahme der Beschäftigung einzuholen.

(3) Der Arbeitgeber, bei dem ein Ausländer beschäftigt werden soll, der dafür eine Genehmigung benötigt, hat Auskunft über Arbeitsentgelt, Arbeitszeiten und sonstige Arbeitsbedingungen zu erteilen.

(4) Die Genehmigung wird als Arbeitserlaubnis erteilt, wenn nicht Anspruch auf die Erteilung als Arbeitsberechtigung besteht.

(5) Die Genehmigung darf nur erteilt werden, wenn der Ausländer eine Aufenthaltsgenehmigung nach § 5 des Ausländergesetzes besitzt, soweit durch Rechtsverordnung nichts anderes bestimmt ist, und wenn die Ausübung einer Beschäftigung nicht durch eine ausländerrechtliche Auflage ausgeschlossen ist.

§ 285 Arbeitserlaubnis. (1) [1]Die Arbeitserlaubnis kann erteilt werden, wenn

1. sich durch die Beschäftigung von Ausländern nachteilige Auswirkungen auf den Arbeitsmarkt, insbesondere hinsichtlich der Beschäftigungsstruktur, der Regionen und der Wirtschaftszweige, nicht ergeben,

2. für die Beschäftigung deutsche Arbeitnehmer sowie Ausländer, die diesen hinsichtlich der Arbeitsaufnahme rechtlich gleichgestellt sind, nicht zur Verfügung stehen, und

3. der Ausländer nicht zu ungünstigeren Arbeitsbedingungen als vergleichbare deutsche Arbeitnehmer beschäftigt wird.

[2]Für eine Beschäftigung stehen deutsche Arbeitnehmer und diesen gleichgestellte Ausländer auch dann zur Verfügung, wenn sie nur mit Förderung des Arbeitsamtes vermittelt werden können.

(2) Die Arbeitserlaubnis kann abweichend von Absatz 1 Satz 1 Nr. 1 und 2 erteilt werden, soweit dies durch Rechtsverordnung oder in zwischenstaatlichen Vereinbarungen bestimmt ist.

(3) Ausländern, die ihren Wohnsitz oder gewöhnlichen Aufenthalt im Ausland haben und eine Beschäftigung im Bundesgebiet aufnehmen wollen, darf eine Arbeitserlaubnis nicht erteilt werden, soweit durch Rechtsverordnung nichts anderes bestimmt ist.

(4) Für die erstmalige Beschäftigung kann die Erteilung der Arbeitserlaubnis für einzelne Personengruppen durch Rechtsverordnung davon abhängig gemacht werden, daß sich der Ausländer unmittelbar vor der Antragstellung eine bestimmte Zeit, die fünf Jahre nicht überschreiten darf, erlaubt oder geduldet im Bundesgebiet aufgehalten hat oder vor einem bestimmten Zeitpunkt in den Geltungsbereich dieses Gesetzes eingereist ist.

(5) Die Arbeitserlaubnis kann befristet und auf bestimmte Betriebe, Berufsgruppen, Wirtschaftszweige oder Bezirke beschränkt werden.

§ 286 Arbeitsberechtigung. (1) [1]Die Arbeitsberechtigung wird erteilt, wenn der Ausländer

1. eine Aufenthaltserlaubnis oder Aufenthaltsbefugnis besitzt und
   a) fünf Jahre rechtmäßig eine versicherungspflichtige Beschäftigung im Bundesgebiet ausgeübt hat oder
   b) sich seit sechs Jahren im Bundesgebiet ununterbrochen aufhält und
2. nicht zu ungünstigeren Arbeitsbedingungen als vergleichbare deutsche Arbeitnehmer beschäftigt wird.

[2]Für einzelne Personengruppen können durch Rechtsverordnung Ausnahmen von Satz 1 Nr. 1 zugelassen werden.

(2) Auf die Beschäftigungszeit nach Absatz 1 Satz 1 Nr. 1 Buchstabe a werden nicht angerechnet Zeiten

1. einer Beschäftigung, die vor dem Zeitpunkt liegen, in dem der Ausländer aus dem Bundesgebiet unter Aufgabe seines gewöhnlichen Aufenthalts ausgereist war,
2. einer auf Grund einer Rechtsverordnung nach § 288 Abs. 1 Nr. 3 zeitlich begrenzten Beschäftigung sowie
3. einer Beschäftigung, für die der Ausländer auf Grund einer Rechtsverordnung nach § 288 Abs. 1 Nr. 7 oder auf Grund einer zwischenstaatlichen Vereinbarung von der Genehmigungspflicht für eine Beschäftigung befreit war.

(3) Die Arbeitsberechtigung wird unbefristet und ohne betriebliche, berufliche und regionale Beschränkungen erteilt, soweit durch Rechtsverordnung nichts anderes bestimmt ist.

§ 287 Gebühren für die Durchführung der Vereinbarungen über Werkvertragsarbeitnehmer. (1) Für die Aufwendungen, die der Bundesanstalt bei der Durchführung der zwischenstaatlichen Vereinbarungen über die Beschäftigung von Arbeitnehmern auf der Grundlage von Werkverträgen entstehen, kann vom Arbeitgeber der ausländischen Arbeitnehmer eine Gebühr erhoben werden.

(2) [1]Die Gebühr wird für die Aufwendungen erhoben, die im Zusammenhang mit dem Antragsverfahren und der Überwachung der Einhaltung der Vereinbarungen stehen, insbesondere für die

1. Prüfung der werkvertraglichen Grundlagen,
2. Prüfung der Voraussetzungen für die Beschäftigung der ausländischen Arbeitnehmer,
3. Zusicherung, Erteilung und Aufhebung der Arbeitserlaubnis,
4. Überwachung der Einhaltung der für die Ausführung eines Werkvertrages festgesetzten Zahl der Arbeitnehmer,
5. Überwachung der Einhaltung der für die Arbeitgeber nach den Vereinbarungen bei der Beschäftigung ihrer Arbeitnehmer bestehenden Pflichten einschließlich der Durchführung der dafür erforderlichen Prüfungen nach § 304 Abs. 1 Nr. 2 sowie
6. Durchführung von Ausschlussverfahren nach den Vereinbarungen.

[2]Die Bundesanstalt wird ermächtigt, durch Anordnung die gebührenpflichtigen Tatbestände zu bestimmen und für die Gebühr feste Sätze vorzusehen.

(3) Der Arbeitgeber darf sich die Gebühr nach den Absätzen 1 und 2 von dem ausländischen Arbeitnehmer oder einem Dritten weder ganz noch teilweise erstatten lassen.

(4) Die Vorschriften des Verwaltungskostengesetzes sind anzuwenden.

§ 288 Verordnungsermächtigung und Weisungsrecht. (1) Das Bundesministerium für Arbeit und Sozialordnung kann durch Rechtsverordnung

1. Ausnahmen für die Erteilung einer Arbeitserlaubnis an Ausländer, die keine Aufenthaltsgenehmigung besitzen,
2. Ausnahmen für die Erteilung einer Arbeitserlaubnis unabhängig von der Arbeitsmarktlage,
3. Ausnahmen für die Erteilung einer Arbeitserlaubnis an Ausländer mit Wohnsitz oder gewöhnlichem Aufenthalt im Ausland,
4. die Voraussetzungen für die Erteilung einer Arbeitserlaubnis sowie das Erfordernis einer ärztlichen Untersuchung von Ausländern mit Wohnsitz oder gewöhnlichem Aufenthalt im Ausland mit deren Einwilligung für eine erstmalige Beschäftigung,
5. das Nähere über Umfang und Geltungsdauer der Arbeitserlaubnis,
6. weitere Personengruppen, denen eine Arbeitsberechtigung erteilt wird, sowie die zeitliche, betriebliche, berufliche und regionale Beschränkung der Arbeitsberechtigung,
7. weitere Ausnahmen von der Genehmigungspflicht sowie
8. die Voraussetzungen für das Verfahren und die Aufhebung einer Genehmigung

näher bestimmen.

(2) Das Bundesministerium für Arbeit und Sozialordnung kann der Bundesanstalt zur Durchführung der Bestimmungen dieses Unterabschnittes und der hierzu erlassenen Rechtsverordnungen sowie der von den Organen der Europäischen Gemeinschaften erlassenen Bestimmungen über den Zugang zum Arbeitsmarkt und der zwischenstaatlichen Vereinbarungen über die Beschäftigung von Arbeitnehmern Weisungen erteilen.

§ 292 Auslandsvermittlung, Anwerbung aus dem Ausland. Das Bundesministerium für Arbeit und Sozialordnung kann durch Rechtsverordnung bestimmen, dass die Vermittlung für eine Beschäftigung im Ausland außerhalb der Europäischen Gemeinschaft oder eines anderen Vertragsstaates des Abkommens über den Europäischen Wirtschaftsraum sowie die Vermittlung und die Anwerbung aus diesem Ausland für eine Beschäftigung im Inland (Auslandsvermittlung) für bestimmte Berufe und Tätigkeiten nur von der Bundesanstalt durchgeführt werden dürfen.

§ 296 Vermittlungsvertrag zwischen einem Vermittler und einem Arbeitsuchenden. (1) [1] Ein Vertrag, nach dem sich ein Vermittler verpflichtet, einem Arbeitsuchenden eine Arbeitsstelle zu vermitteln, bedarf der schriftlichen Form. [2] In dem Vertrag ist insbesondere die Vergütung des Vermittlers anzugeben. [3] Zu den Leistungen der Vermittlung gehören auch alle Leistungen, die zur Vorbereitung und Durchführung der Vermittlung erforderlich sind, insbesondere die Feststellung der Kenntnisse des Arbeitsuchenden sowie die mit der Vermittlung verbundene Berufsberatung. [4] Der Vermittler hat dem Arbeitsuchenden den Vertragsinhalt in Textform mitzuteilen.

(2) [1] Der Arbeitsuchende ist zur Zahlung der Vergütung nach Absatz 3 nur verpflichtet, wenn infolge der Vermittlung des Vermittlers der Arbeitsvertrag zustande gekommen ist. [2] Der Vermittler darf keine Vorschüsse auf die vergütungen verlangen oder entgegennehmen.

(3) [1] Die Vergütung einschließlich der auf sie entfallenden Umsatzsteuer darf den in § 421 g Abs. 2 Nr. 3 genannten Betrag nicht übersteigen, soweit nicht durch Rechtsverordnung für bestimmte Berufe oder Personengruppen etwas anderes bestimmt ist. [2] Für Arbeitslose darf sie in den ersten drei Monaten der Arbeitslosigkeit den in § 421 g Abs. 2 Nr. 1 genannten Betrag und für Arbeitnehmer, die einen Anspruch auf einen Vermittlungsgutschein haben, die in § 421 g Abs. 2 genannten Beträge nicht übersteigen. [3] Bei der Vermittlung von Personen in Au-pair-Verhältnisse darf die Vergütung 150 Euro nicht übersteigen.

(4) [1] Ein Arbeitsuchender, der dem Vermittler einen Vermittlungsgutschein vorlegt, kann die Vergütung abweichend von § 266 des Bürgerlichen Gesetzbuchs in Teilbeträgen zahlen. [2] Die Vergütung ist nach Vorlage des Vermittlungsgutscheins bis zu dem Zeitpunkt gestundet, in dem das Arbeitsamt nach Maßgabe von § 421 g gezahlt hat.

§ 302 *(aufgehoben)*

§ 303 *(aufgehoben)*

§ 404 Bußgeldvorschriften. (1) Ordnungswidrig handelt, wer
1. ...
2. als Unternehmer Dienst- oder Werkleistungen in erheblichem Umfang ausführen läßt, indem er einen anderen Unternehmer beauftragt, von dem er weiß oder fahrlässig nicht weiß, daß dieser zur Erfüllung dieses Auftrags
   a) entgegen § 284 Abs. 1 Satz 1 Ausländer ohne erforderliche Genehmigung beschäftigt oder
   b) einen Nachunternehmer einsetzt oder zuläßt, daß ein Nachunternehmer tätig wird, der entgegen § 284 Abs. 1 Satz 1 Ausländer ohne erforderliche Genehmigung beschäftigt.

(2) Ordnungswidrig handelt, wer vorsätzlich oder fahrlässig

1. ...

2. entgegen § 284 Abs. 1 Satz 1 einen Ausländer beschäftigt,

3. ohne Genehmigung nach § 284 Abs. 1 Satz 1 eine Beschäftigung ausübt,

4. entgegen § 284 Abs. 3 eine Auskunft nicht richtig erteilt,

5. entgegen § 287 Abs. 3 sich die dort genannte Gebühr erstatten läßt,

...

(3) Die Ordnungswidrigkeit kann in den Fällen des Absatzes 1 Nr. 2 und des Absatzes 2 Nr. 2 mit einer Geldbuße bis zu zweihundertfünzigtausend Euro, in den Fällen des Absatzes 2 Nr. 4 bis 9, 11 bis 13, 17 und 18 mit einer Geldbuße bis zu fünfundzwanzigtausend Euro, in den Fällen des Absatzes 2 Nr. 1, 3, 16 und 26 mit einer Geldbuße bis zu fünftausend Euro, im Falle des Absatzes 1 Nr. 1 mit einer Geldbuße bis zu zweitausendfünfhundert Euro, in den übrigen Fällen mit einer Geldbuße bis zu tausendfünfhundert Euro geahndet werden.

§ 405 Zuständigkeit und Vollstreckung. (1) Verwaltungsbehörden im Sinne des § 36 Abs. 1 Nr. 1 des Gesetzes über Ordnungswidrigkeiten sind die Hauptstelle der Bundesanstalt, die Landesarbeitsämter und die Arbeitsämter jeweils für ihren Geschäftsbereich sowie die Hauptzollämter für Ordnungswidrigkeiten nach § 404 Abs. 2 Nr. 17 und 18.

(2) Die Geldbußen fließen in die Kasse der Verwaltungsbehörde, die den Bußgeldbescheid erlassen hat. § 66 des Dritten Buches gilt entsprechend.

(3) [1] Die nach Absatz 2 Satz 1 zuständige Kasse trägt abweichend von § 105 Abs. 2 des Gesetzes über Ordnungswidrigkeiten die notwendigen Auslagen. [2] Sie ist auch ersatzpflichtig im Sinne des § 110 Abs. 4 des Gesetzes über Ordnungswidrigkeiten.

(4) Bei der Verfolgung und Ahndung der Beschäftigung oder Tätigkeit von Ausländern ohne erforderliche Genehmigung nach § 284 Abs. 1 Satz 1 sowie der Verstöße gegen die Mitwirkungspflicht gegenüber einem Arbeitsamt nach § 60 Abs. 1 Satz 1 Nr. 2 des Ersten Buches arbeiten die Behörden nach Absatz 1 mit den in § 304 Abs. 2 genannten Behörden.

(5) Die Bundesanstalt und die Hauptzollämter unterrichten jeweils für ihren Geschäftsbereich das Gewerbezentralregister über rechtskräftige Bußgeldbescheide nach § 404 Abs. 1 Nr. 2, Abs. 2 Nr. 2 und 4 bis 20, sofern die Geldbuße mehr als zweihundert Euro beträgt.

§ 406 Unerlaubte Auslandsvermittlung, Anwerbung und Beschäftigung von Ausländern ohne Genehmigung und zu ungünstigen Arbeitsbedingungen. (1) Wer vorsätzlich eine in § 404 Abs. 2 Nr. 2 bezeichnete Handlung begeht, indem er einen Ausländer, der eine Genehmigung nach § 284 Abs. 1 Satz 1 nicht besitzt, zu Arbeitsbedingungen beschäftigt, die in eiem auffälligen Missverhältnis zu den Arbeitsbedingungen deutscher Arbeitnehmer stehen, die die gleiche oder eine vergleichbare Tätigkeit ausüben, wird mit Freiheitsstrafe bis zu drei Jahren oder mit Geldstrafe bestraft.

(2) ¹In besonders schweren Fällen ist die Strafe Freiheitsstrafe von sechs Monaten bis zu fünf Jahren. ²Ein besonders schwerer Fall liegt in der Regel vor, wenn der Täter gewerbsmäßig oder aus grobem Eigennutz handelt.

§ 407 Beschäftigung von Ausländern ohne Genehmigung in größerem Umfang. (1) Wer

1. vorsätzlich eine in § 404 Abs. 2 Nr. 2 bezeichnete Handlung begeht, indem er gleichzeitig mehr als fünf Ausländer, die eine Genehmigung nach § 284 Abs. 1 Satz 1 nicht besitzen, mindestens dreißig Kalendertage beschäftigt oder

2. eine in § 404 Abs. 2 Nr. 2 bezeichnete vorsätzliche Handlung beharrlich wiederholt,

wird mit Freiheitsstrafe bis zu einem Jahr oder mit Geldstrafe bestraft.

(2) Handelt der Täter aus grobem Eigennutz, ist die Strafe Freiheitsstrafe bis zu drei Jahren oder Geldstrafe.

7. Verordnung über die Arbeitsgenehmigung für ausländische Arbeitnehmer (Arbeitsgenehmigungsverordnung – ArGV)

Vom 17. September 1998 (BGBl. I 2899), zuletzt geändert durch Zweite Verordnung zur Änderung der Arbeitsgenehmigungsverordnung vom 24. 7. 2001 (BGBl. I S. 1876) und durch Gesetz zur Vereinfachung der Wahl der Arbeitnehmervertreter in den Aufsichtsrat vom 23. 3. 2002 (BGBl. I S. 1130)

Auf Grund des § 288 Abs. 1 Nr. 1 und 2 sowie Nr. 4 bis 8 des Dritten Buches Sozialgesetzbuch – Arbeitsförderung – (Artikel 1 des Gesetzes vom 24. März 1997, BGBl. I S. 594) in Verbindung mit Artikel 81 Satz 1 des Arbeitsförderungsgesetzes vom 24. März 1997 (BGBl. I S. 594) verordnet das Bundesministerium für Arbeit und Sozialordnung:

§ 1 Arbeitserlaubnis. (1) Die Arbeitserlaubnis kann nach Lage und Entwicklung des Arbeitsmarktes (§ 285 Abs. 1 Satz 1 Nr. 1 und 2 des Dritten Buches Sozialgesetzbuch) erteilt werden

1. für eine bestimmte berufliche Tätigkeit in einem bestimmten Betrieb oder

2. ohne Beschränkung auf eine bestimmte berufliche Tätigkeit und ohne Beschränkung auf einen bestimmten Betrieb.

(2) Die Arbeitserlaubnis kann abweichend von § 285 Abs. 1 Satz 1 Nr. 1 und 2 des Dritten Buches Sozialgesetzbuch auch dann erteilt werden, wenn

1. die Versagung unter Berücksichtigung der besonderen Verhältnisse des einzelnen Falles eine besondere Härte bedeuten würde oder

2. der Ausländer nach einem Jahr rechtmäßiger Beschäftigung die Beschäftigung bei demselben Arbeitgeber fortsetzt.

Die Höchstgrenzen für die Geltungsdauer von Arbeitserlaubnissen nach der Anwerbestoppausnahmeverordnung vom 17. September 1998 (BGBl. I S. 2893) oder auf Grund einer zwischenstaatlichen Vereinbarung bleiben unberührt.

§ 2 Arbeitsberechtigung. (1) Die Arbeitsberechtigung wird abweichend von § 286 Abs. 1 Satz 1 Nr. 1 des Dritten Buches Sozialgesetzbuch auch dann erteilt, wenn der Ausländer

1. mit einem deutschen Familienangehörigen oder als Lebenspartner mit einem Ausländer, dem nach den Rechtsvorschriften der Europäischen Gemeinschaften oder nach dem Abkommen über den Europäischen Wirtschaftsraum Freizügigkeit zu gewähren ist, in familiärer Lebensgemeinschaft lebt und eine nach § 23 Abs. 1 des Ausländergesetzes erteilte Aufenthaltserlaubnis besitzt,

2. einen von einer deutschen Behörde ausgestellten gültigen Reiseausweis für Flüchtlinge besitzt oder

3. nach § 33 des Ausländergesetzes übernommen worden ist und eine Aufenthaltsbefugnis besitzt.

97

(2) [1]Dem Ehegatten oder Lebenspartner eines Deutschen oder eines Ausländers ist die Arbeitsberechtigung nach Absatz 1 zu erteilen, wenn die Voraussetzungen für die Verlängerung der Aufenthaltserlaubnis nach § 19 Abs. 1 Nr. 1 oder 3 und 4 des Ausländergesetzes vorliegen. [2]Satz 1 gilt entsprechend, wenn die eheliche Lebensgemeinschaft oder lebenspartnerschaftliche Gemeinschaft fortbesteht.

(3) Einem Ausländer, der eine Aufenthaltserlaubnis oder Aufenthaltsbefugnis besitzt, ist die Arbeitsberechtigung zu erteilen, wenn er vor Vollendung des 18. Lebensjahres in das Inland eingereist ist und hier

1. einen Schulabschluß einer allgemeinbildenden Schule oder einen Abschluß in einer staatlich anerkannten oder vergleichbar geregelten Berufsausbildung erworben hat,

2. an einem beruflichen Vollzeitschuljahr oder einer außerschulischen berufsvorbereitenden Vollzeitmaßnahme von mindestens zehnmonatiger Dauer regelmäßig und unter angemessener Mitarbeit teilgenommen hat oder

3. einen Ausbildungsvertrag für eine Berufsausbildung in einem staatlich anerkannten oder vergleichbar geregelten Ausbildungsberuf abschließt.

(4) [1]Einem Ausländer, der eine Aufenthaltserlaubnis oder Aufenthaltsbefugnis besitzt, ist bis zur Vollendung des 18. Lebensjahres die Arbeitsberechtigung zu erteilen, wenn er sich in den letzten fünf Jahren vor Beginn der Geltungsdauer der Arbeitsberechtigung ununterbrochen rechtmäßig im Inland aufgehalten hat. [2]Sind bei Vollendung des 18. Lebensjahres die Voraussetzungen des Satzes 1 erfüllt, bleibt der Anspruch auf Erteilung einer Arbeitsberechtigung bestehen, solange sich der Ausländer fortgesetzt ununterbrochen rechtmäßig im Inland aufhält.

(5) Einem Ausländer, dem auf Grund des § 16 Abs. 1 oder 2 des Ausländergesetzes eine Aufenthaltserlaubnis erteilt worden ist, ist die Arbeitsberechtigung zu erteilen.

(6) [1]Durch Zeiten eines Auslandsaufenthalts bis zur Dauer von jeweils sechs Monaten werden die Fristen nach § 286 Abs. 1 Satz 1 Nr. 1 Buchstabe b des Dritten Buches Sozialgesetzbuch und nach Absatz 4 nicht unterbrochen. [2]Satz 1 gilt für Zeiten eines Auslandsaufenthalts wegen Erfüllung der gesetzlichen Wehrpflicht entsprechend, wenn der Ausländer innerhalb von drei Monaten nach Entlassung aus dem Wehrdienst wieder einreist. [3]Auf die Fristen werden Zeiten des Auslandsaufenthalts nach Satz 1 bis zur Dauer von drei Monaten und Zeiten des Wehrdienstes nach Satz 2 bis zur Dauer von sechs Monaten angerechnet.

§ 3 Wartezeit. Die Erteilung einer Arbeitserlaubnis für eine erstmalige Beschäftigung wird für Ausländer, die

1. eine Aufenthaltsgenehmigung oder eine Duldung besitzen,

2. als Ehegatten, Lebenspartner oder Kinder eines Ausländers eine befristete Aufenthaltserlaubnis oder Aufenthaltsbewilligung besitzen,

davon abhängig gemacht, dass sich der Antragsteller unmittelbar vor der Beantragung ein Jahr erlaubt oder geduldet im Inland aufgehalten hat (Wartezeit). Die Wartezeit gilt nicht für Ehegatten, Lebenspartner und Kinder eines Ausländers, der eine unbefristete Aufenthaltserlaubnis oder eine Aufenthaltsberechtigung besitzt.

§ 4 Räumlicher Geltungsbereich und Geltungsdauer der Arbeitsgenehmigung. (1) [1]Die Arbeitserlaubnis gilt für den Bezirk des Arbeitsamtes, das sie erteilt hat. [2]Sie kann regional erweitert oder beschränkt werden. [3]Die Arbeitserlaubnis wird auf die Dauer der Beschäftigung, längstens auf drei Jahre befristet.

(2) Die Arbeitsberechtigung nach § 2 Abs. 3 Nr. 3 wird auf die Dauer der Ausbildung befristet.

§ 5 Verhältnis zum aufenthaltsrechtlichen Status. Die Arbeitsgenehmigung kann abweichend von § 284 Abs. 5 des Dritten Buches Sozialgesetzbuch auch Ausländern erteilt werden,

1. die vom Erfordernis der Aufenthaltsgenehmigung befreit sind, wenn die Befreiung nicht auf Aufenthalte bis zu drei Monaten oder auf Aufenthalte ohne Aufnahme einer genehmigungspflichtigen Beschäftigung beschränkt ist,

2. die eine Aufenthaltsgestattung (§ 55 des Asylverfahrensgesetzes) besitzen und nicht verpflichtet sind, in einer Aufnahmeeinrichtung zu wohnen (§§ 47 bis 50 des Asylverfahrensgesetzes),

3. deren Aufenthalt nach § 69 Abs. 3 des Ausländergesetzes als erlaubt gilt,

4. die ausreisepflichtig sind, solange die Ausreisepflicht nicht vollziehbar oder eine gesetzte Ausreisefrist noch nicht abgelaufen ist,

5. die eine Duldung (§ 55 des Ausländergesetzes) besitzen, es sei denn, diese Ausländer haben sich in das Inland begeben, um Leistungen nach dem Asylbewerberleistungsgesetz zu erlangen, oder bei diesen Ausländern können aus von ihnen zu vertretenden Gründen aufenthaltsbeendende Maßnahmen nicht vollzogen werden (§ 1 a des Asylbewerberleistungsgesetzes), oder

6. deren Abschiebung durch eine richterliche Anordnung ausgesetzt ist.

§ 6 Versagungsgründe. (1) Die Arbeitserlaubnis ist zu versagen, wenn

1. das Arbeitsverhältnis auf Grund einer unerlaubten Arbeitsvermittlung oder Anwerbung zustande gekommen ist,

2. der Arbeitnehmer als Leiharbeitnehmer (§ 1 Abs. 1 des Arbeitnehmerüberlassungsgesetzes) tätig werden will.

(2) Die Arbeitsgenehmigung kann versagt werden, wenn

1. der Ausländer gegen § 404 Abs. 1 Nr. 2 oder Abs. 2 Nr. 2 bis 13, §§ 406 oder 407 des Dritten Buches Sozialgesetzbuch oder gegen die §§ 15, 15 a oder 16 Abs. 1 Nr. 2 des Arbeitnehmerüberlassungsgesetzes schuldhaft verstoßen hat,

2. der Arbeitnehmer eine widerrufene oder erloschene Arbeitsgenehmigung trotz Aufforderung nicht dem Arbeitsamt zurückgibt oder

3. wichtige Gründe in der Person des Arbeitnehmers vorliegen.

§ 7 Widerruf. (1) [1]Die Arbeitserlaubnis kann widerrufen werden, wenn der Ausländer zu ungünstigeren Arbeitsbedingungen als vergleichbare deutsche Arbeitnehmer beschäftigt wird (§ 285 Abs. 1 Satz 1 Nr. 3 des Dritten Buches Sozialgesetzbuch) oder der Tatbestand des § 6 Abs. 1 oder des § 6 Abs. 2 Nr. 1 oder 3 erfüllt ist. [2]Der Widerruf ist nur innerhalb eines Monats nach dem Zeitpunkt zulässig, in dem die Behörde von den Tatsachen, die den Widerruf rechtfertigen, Kenntnis erlangt und eine Anhörung nach § 24 des Zehnten Buches Sozialgesetzbuch stattgefunden hat.

(2) [1] Die nach § 4 Abs. 1 Satz 3 für eine längere Zeit als ein Jahr erteilte Arbeitserlaubnis kann unabhängig von Absatz 1 aus Gründen der Arbeitsmarktlage zum Ablauf des ersten oder zweiten Jahres ihrer Geltungsdauer widerrufen werden. [2] Der Widerruf ist nur zulässig, wenn er bei der Erteilung der Arbeitserlaubnis vorbehalten worden ist und dem Arbeitnehmer spätestens einen Monat vor Ablauf des ersten oder zweiten Jahres ihrer Geltungsdauer zugeht.

(3) Wird die Arbeitserlaubnis widerrufen, so kann sie von der Behörde zurückgefordert werden.

§ 8 Erlöschen. (1) Die Arbeitserlaubnis erlischt, wenn

1. der Ausländer keine der in § 5 bezeichneten Voraussetzungen erfüllt,

2. der Ausländer ausreist und seine Aufenthaltsgenehmigung (§ 5 des Ausländergesetzes) infolge der Ausreise oder während seines Aufenthalts im Ausland erlischt oder

3. der Ausbildungsvertrag nach § 2 Abs. 3 Nr. 3 vorzeitig aufgelöst wird.

(2) In den Fällen des Absatzes 1 Nr. 1 gilt die Arbeitsgenehmigung nicht als erloschen, wenn während ihrer vorgesehenen Geltungsdauer die Voraussetzungen des § 5 wieder eintreten.

(3) [1] In den Fällen des Absatzes 1 Nr. 2 gilt die Arbeitsgenehmigung nicht als erloschen, wenn

1. der Ausländer sich im Auftrag seines Arbeitgebers unter Fortsetzung seines Arbeitsverhältnisses oder zur Ableistung des Wehrdienstes im Ausland aufhält oder

2. die Ausländerin sich aus Anlaß der Geburt eines Kindes nicht länger als zwölf Monate im Ausland aufhält

und dem Ausländer oder der Ausländerin wieder eine Aufenthaltsgenehmigung erteilt wird. [2] Endet die Geltungsdauer einer Arbeitsgenehmigung während des Auslandsaufenthalts nach Satz 1, ist dem Ausländer nach der Rückkehr in das Inland eine Arbeitsgenehmigung zu erteilen, die der Genehmigung entspricht, die er vor der Ausreise hatte.

(4) Erlischt die Arbeitsgenehmigung, so kann sie von der Behörde zurückgefordert werden.

§ 9 Arbeitsgenehmigungsfreie Beschäftigung. Keiner Arbeitserlaubnis bedürfen

1. die in § 5 Abs. 2 des Betriebsverfassungsgesetzes aufgeführten Personen sowie leitende Angestellte, denen Generalvollmacht oder Prokura erteilt ist;

2. leitende Angestellte eines international tätigen Konzerns oder Unternehmens für eine Beschäftigung in dem inländischen Konzern- oder Unternehmensteil auf der Vorstands-, Direktions- und Geschäftsleitungsebene oder für eine Tätigkeit in sonstiger leitender Position, die für die Entwicklung des Konzerns oder Unternehmens von entscheidender Bedeutung ist, wenn die Beschäftigung im Rahmen des Personalaustausches zur

Internationalisierung des Führungskreises erfolgt und die Dauer der Beschäftigung im Inland fünf Jahre nicht erreicht;

3. das fahrende Personal im grenzüberschreitenden Personen- und Güterverkehr bei Arbeitgebern mit Sitz im Ausland, wenn
   a) das Fahrzeug im Sitzstaat des Arbeitgebers zugelassen ist,
   b) das Fahrzeug im Inland zugelassen ist für einer Tätigkeit der Arbeitnehmer im Linienverkehr mit Omnibussen;

4. die Besatzungen von Seeschiffen, Binnenschiffen und Luftfahrzeugen mit Ausnahme der Luftfahrzeugführer, Flugingenieure und Flugnavigatoren für eine Tätigkeit bei Unternehmen mit Sitz im Inland;

5. Personen, die unter Beibehaltung ihres gewöhnlichen Aufenthaltes im Ausland von ihrem Arbeitgeber mit Sitz im Ausland in das Inland entsandt werden, um
   a) Montage- und Instandhaltungsarbeiten oder Reparaturen an gelieferten, verwendungsfertigen Anlagen oder Maschinen auszuführen, die gewerblichen Zwecken dienen,
   b) bestellte Anlagen, Maschinen und sonstige Sachen abzunehmen oder in ihre Bedienung eingewiesen zu werden,
   c) im Rahmen von Exportlieferungs- oder Lizenzverträgen einen Betriebslehrgang zu absolvieren,
   d) unternehmenseigene Messestände oder Messestände für ein ausländisches Unternehmen, das im Sitzstaat des Arbeitgebers ansässig ist, aufzubauen, abzubauen und zu betreuen oder vergleichbare Dienstleistungen zu erbringen, die für keinen Geschäftspartner im Inland entgeltliche Leistungen sind, wenn im Inland ansässigen Unternehmen in dem jeweils betroffenen Land die gleichen Rechte eingeräumt werden,
   wenn die Dauer der Beschäftigung drei Monate nicht übersteigt;

6. Personen, die unter Beibehaltung ihres gewöhnlichen Aufenthaltes im Ausland in Vorträgen oder Darbietungen von besonderem wissenschaftlichen oder künstlerischen Wert oder bei Darbietungen sportlichen Charakters im Inland tätig werden, wenn die Dauer der Tätigkeit drei Monate nicht übersteigt;

7. Personen, die nur gelegentlich mit Tagesdarbietungen auftreten;

8. Lehrpersonen, wissenschaftliche Mitarbeiter und Assistenten an Hochschulen oder wissenschaftliche Mitarbeiter an öffentlich-rechtlichen Forschungseinrichtungen oder an Forschungseinrichtungen, deren Finanzbedarf ausschließlich oder überwiegend von der öffentlichen Hand getragen wird oder an privaten Forschungseinrichtungen, wenn an der Beschäftigung des Ausländers wegen seiner besonderen fachlichen Kenntnisse auch ein öffentliches Interesse besteht, sowie Lehrpersonen an öffentlichen Schulen und an staatlich anerkannten privaten Ersatzschulen;

9. Studenten und Schüler an Hochschulen und Fachschulen im Inland für eine vorübergehende Beschäftigung, Studenten und Schüler ausländischer Hochschulen und Fachschulen für eine Ferienbeschäftigung im Rahmen eines internationalen Austauschprogramms studentischer oder vergleichbarer Einrichtungen im Einvernehmen mit der Zentralstelle für Arbeitsvermittlung der Bundesanstalt für Arbeit sowie Studenten und Schüler für eine von einer Dienststelle der Bundesanstalt für Arbeit vermittelte Ferienbeschäftigung, wenn die Beschäftigung insgesamt drei Monate im Jahr nicht übersteigt;

10. Personen für eine Tätigkeit in einer diplomatischen oder konsularischen Vertretung oder bei einer internationalen Organisation sowie private Hausangestellte von Mitgliedern diplomatischer und berufskonsularischer Vertretungen, wenn sie für den Aufenthalt zur Ausübung dieser Tätigkeit keiner Aufenthaltsgenehmigung bedürfen;

11. Journalisten, Korrespondenten und Berichterstatter, die für ihren Arbeitgeber mit Sitz im Ausland im Inland tätig werden und für die Ausübung dieser Tätigkeit vom Presse- und Informationsamt der Bundesregierung anerkannt sind;

12. Berufssportler und -trainer, deren Einsatz in inländischen Sportvereinen oder vergleichbaren sportlichen Einrichtungen soweit sie am Wettkampfsport teilnehmen, vorgesehen ist, wenn der zuständige Sportfachverband ihre sportliche Qualifikation oder ihre fachliche Eignung als Trainer bestätigt und der Verein oder die Einrichtung ein für den Lebensunterhalt ausreichendes Gehalt zahlt;

13. Personen, die auf Grund des Artikels 6 Abs. 1 des Zusatzabkommens zum NATO-Truppenstatut in (BGBl. 1961 II S. 1183, 1218) als Mitglieder einer Truppe, eines zivilen Gefolges oder als Angehörige vom Erfordernis der Aufenthaltsgenehmigung befreit sind;

14. Personen, die von einem Arbeitgeber mit Sitz im Inland als Arbeitnehmer im kaufmännischen Bereich im Ausland beschäftigt werden und unter Beibehaltung ihres gewöhnlichen Aufenthalts im Ausland im Rahmen ihrer Beschäftigung vorübergehend im Inland tätig sind, wenn die Tätigkeit drei Monate nicht übersteigt;

15. Studenten ausländischer Hoch- und Fachhochschulen für ein Praktikum bis zu sechs Monaten, wenn die Beschäftigung in einem unmittelbaren sachlichen Zusammenhang mit dem Fachstudium des Praktikanten steht und im Rahmen eines internationalen Austauschprogramms studentischer oder vergleichbarer Einrichtungen im Einvernehmen mit der Zentralstelle für Arbeitsvermittlung der Bundesanstalt für Arbeit erfolgt;

16. Ausländer, die das 16. und noch nicht das 27. Lebensjahr vollendet haben, für die Teilnahme an einem freiwilligen Jahr im Sinne des Gesetzes zur Förderung eines Freiwilligen Sozialen Jahres, im Sinne des Gesetzes zur Förderung eines Freiwilligen Ökologischen Jahres oder im Rahmen eines vergleichbaren Programms der Europäischen Gemeinschaft;

17. Personen während eines vorübergehenden Praktikums im Rahmen eines von der Europäischen Union finanziell geförderten Programms, wenn die Beschäftigung im Einvernehmen mit der Zentralstelle für Arbeitsvermittlung der Bundesanstalt für Arbeit erfolgt.

§ 10 Arbeitserlaubnisersatz. Die Arbeitserlaubnis wird durch die Zulassungsbescheinigungen für Gastarbeitnehmer ersetzt, die im Rahmen eines mit anderen Staaten vereinbarten Austauschs von Gastarbeitnehmern zum Zwecke der beruflichen und sprachlichen Fortbildung von einer Dienststelle der Bundesanstalt für Arbeit ausgestellt sind.

§ 11 Zuständigkeit. (1) [1]Die Arbeitsgenehmigung ist von dem Ausländer schriftlich bei dem Arbeitsamt zu beantragen, in dessen Bezirk der Beschäftigungsort des Arbeitnehmers liegt. [2]Als Beschäftigungsort gilt der Ort, an dem sich der Sitz des Betriebs oder der Niederlassung befindet. [3]Bei Beschäftigungen mit wechselnden Arbeitsstätten gilt der Sitz der für die Lohnabrechnung zuständigen Stelle als Beschäftigungsort.

(2) Der Antrag ist vor Aufnahme der Beschäftigung oder vor Ablauf der Geltungsdauer einer bereits erteilten Arbeitsgenehmigung zu stellen.

(3) In besonderen Fällen kann die Arbeitsgenehmigung von Amts wegen erteilt werden.

(4) Das nach Absatz 1 zuständige Arbeitsamt entscheidet über die Erteilung und den Widerruf, die Rücknahme und die Aufhebung der Arbeitsgenehmigung.

(5) Die Bundesanstalt für Arbeit kann die Zuständigkeit für den Antrag, die Erteilung und den Widerruf, die Rücknahme und die Aufhebung für besondere Berufs- oder Personengruppen aus Zweckmäßigkeitsgründen anderen Dienststellen ihres Geschäftsbereichs übertragen.

§ 12 Form. (1) Die Arbeitsgenehmigung ist dem Arbeitnehmer schriftlich zu erteilen.

(2) Die Arbeitserlaubnis für Grenzarbeitnehmer ist als solche zu kennzeichnen.

(3) Der Widerruf, die Rücknahme und die Aufhebung der Arbeitsgenehmigung sind dem Arbeitnehmer schriftlich mitzuteilen.

§ 13 Assoziierungsabkommen EWG–Türkei. Günstigere Regelungen des Beschlusses Nr. 1/80 des Assoziationsrates EWG–Türkei (Amtliche Nachrichten der Bundesanstalt für Arbeit Nr. 1/1981 S. 2) über den Zugang türkischer Arbeitnehmer und ihrer Familienangehörigen zum Arbeitsmarkt bleiben unberührt.

§ 14 Übergangsvorschriften. (1) Eine Arbeitsgenehmigung, die im Zeitraum vom 1. Januar 1998 bis zum Inkrafttreten dieser Verordnung erteilt worden ist, behält ihre Gültigkeit bis zum Ablauf ihrer Geltungsdauer.

(2) Die §§ 7 und 8 finden entsprechende Anwendung auf Arbeitserlaubnisse, die auf Grund der Übergangsregelung nach § 432 des Dritten Buches Sozialgesetzbuch ab 1. Januar 1998 weitergelten oder die in der Zeit vom 1. Januar 1998 bis zum Inkrafttreten dieser Verordnung erteilt worden sind.

(3) Flugzeugführer, Flugingenieure und Flugnavigatoren bei Luftfahrtunternehmen, deren Arbeitsverhältnis vor dem 1. Januar 1973 begründet worden ist, sowie Hubschrauberführer bei Luftfahrtunternehmen und Luftfahrzeugführer, Flugingenieure und Flugnavigatoren bei sonstigen Unternehmen, deren Arbeitsverhältnis vor dem 1. August 1976 begründet worden ist, bedürfen abweichend von § 284 Abs. 1 Satz 1 des Dritten Buches Sozialgesetzbuch in Verbindung mit § 9 Nr. 4 keiner Arbeitsgenehmigung.

§ 15 Inkrafttreten. Diese Verordnung tritt am Tage nach der Verkündung in Kraft. Gleichzeitig tritt die Verordnung über die Arbeitserlaubnis für nichtdeutsche Arbeitnehmer vom 2. März 1971 (BGBl. I S. 152), zuletzt geändert durch die Zwölfte Verordnung zur Änderung der Arbeitserlaubnisverordnung vom 17. Dezember 1997 (BGBl. I S. 3195), außer Kraft.

8. Verordnung über Ausnahmeregelungen für die Erteilung einer Arbeitserlaubnis an neueinreisende ausländische Arbeitnehmer (Anwerbestoppausnahmeverordnung – ASAV)

Vom 17. September 1998 (BGBl. I 2893), geändert durch Gesetz
vom 16. 2. 2001 (BGBl. I S. 266) und durch Verordnung vom 30. 1. 2002
(BGBl. I S. 575)

Auf Grund des § 288 Abs. 1 Nr. 3 des Dritten Buches Sozialgesetzbuch – Arbeitsförderung – (Artikel 1 des Gesetzes vom 24. März 1997, BGBl. I S. 594) in Verbindung mit Artikel 81 Satz 1 des Arbeitsförderungs-Reformgesetzes vom 24. März 1997 (BGBl. I S. 594) verordnet das Bundesministerium für Arbeit und Sozialordnung:

§ 1 Grundsatz. Ausländern mit Wohnsitz oder gewöhnlichem Aufenthalt im Ausland darf die Arbeitserlaubnis nach § 285 Abs. 1 des Dritten Buches Sozialgesetzbuch nach Maßgabe der §§ 2 bis 10 erteilt werden.

§ 2 Ausbildung und Weiterbildung. (1) Die Arbeitserlaubnis kann erteilt werden

1. Absolventen von deutschen oder ausländischen Hoch- und Fachhochschulen, die an Hochschulen, wissenschaftlichen Instituten oder in sonstigen zur Aus- und Weiterbildung zugelassenen Einrichtungen überwiegend zum Zwecke ihrer Aus- und Weiterbildung beschäftigt werden;

2. Fach- und Führungskräften (Regierungspraktikanten), die ein Stipendium aus öffentlichen Mitteln erhalten, für die Dauer des Stipendiums;

3. Aus- und Weiterzubildenden mit deutscher oder ausländischer Hochschul- oder Fachhochschulreife, die nachweislich im Rahmen eines anerkannten Lehr- und Ausbildungsplans zur höher qualifizierten Fach- oder Führungskraft ausgebildet werden;

4. sonstigen Weiterzubildenden mit Berufsabschluß oder vergleichbarer beruflicher Qualifikation sowie Auszubildenden, die nachweislich im Rahmen eines im Inland anerkannten Lehr- und Ausbildungsplanes tätig werden, soweit im Einzelfall die erworbenen beruflichen Kenntnisse und Fertigkeiten im Herkunftsland praktisch genutzt werden können und an der Aus- oder Weiterbildung ein besonderes öffentliches, insbesondere entwicklungspolitisches Interesse besteht oder eine internationale Ausbildung allgemein üblich ist; die Arbeitserlaubnis für eine Erstausbildung kann nur in besonders begründeten Einzelfällen erteilt werden.

(2) Die Arbeitserlaubnis kann bis zu einer Geltungsdauer von einem Jahr erteilt werden

1. Ausländern, die von einem Unternehmen mit Sitz im Inland im Ausland beschäftigt und durch eine vorübergehende Beschäftigung im Inland eingearbeitet werden;

2. Fachkräften zur Einarbeitung oder Aus- und Weiterbildung, die in einem auf der Grundlage einer zwischenstaatlichen Vereinbarung gegründeten deutsch-ausländischen Gemeinschaftsunternehmen beschäftigt werden;

3. Ausländern, die zur beruflichen Qualifikation im Rahmen von Exportlieferungs- oder Lizenzverträgen oder zur Abwicklung solcher Verträge im Inland tätig werden;

4. Ausländern unter 25 Jahren für eine Au-pair-Beschäftigung in Familien, in denen Deutsch als Muttersprache gesprochen wird.

(3) Die Arbeitserlaubnis kann bis zu einer Geltungsdauer von 18 Monaten erteilt werden

1. Gastarbeitnehmern zur beruflichen und sprachlichen Fortbildung auf Grund einer zwischenstaatlichen Vereinbarung;

2. Ausländern, die in dem im Rahmen von bestehenden Geschäftsbeziehungen notwendigen Umfang zur Einführung in die Geschäftspraxis oder Arbeitsweise des deutschen Geschäftspartners von diesem vorübergehend beschäftigt werden.

(4) Die Arbeitserlaubnis kann bis zu einer Geltungsdauer von zwei Jahren erteilt werden

1. Absolventen deutscher Hoch- und Fachhochschulen, die im Anschluß an ihre Ausbildung eine praktische Tätigkeit zur Vertiefung der erworbenen Kenntnisse im Rahmen eines fachbezogenen Praktikums nach Plan ableisten;

2. Fach- und Führungskräften, die auf Grund zwischenstaatlicher Vereinbarungen oder auf Grund von Vereinbarungen von Verbänden oder öffentlich-rechtlichen Einrichtungen der deutschen Wirtschaft zu ihrer Aus- oder Weiterbildung vorübergehend in Unternehmen oder Verbänden mit Sitz im Inland beschäftigt werden. Fachkräften darf die Arbeitserlaubnis nur in besonders begründeten Einzelfällen erteilt werden.

(5) Die Arbeitserlaubnis kann über die in den Absätzen 2 bis 4 vorgesehene Geltungsdauer hinaus verlängert werden, soweit es in einer zwischenstaatlichen Vereinbarung vorgesehen oder soweit für die Aus- oder Weiterbildung eine längere Dauer gesetzlich bestimmt oder im Einzelfall erforderlich ist.

§ 3 Werkverträge. (1) [1] Ausländern, die auf der Grundlage einer zwischenstaatlichen Vereinbarung zur Erfüllung eines oder mehrerer Werkverträge beschäftigt werden, kann die Arbeitserlaubnis für die Beschäftigung im Rahmen von Werkverträgen bei demselben Arbeitgeber für längstens zwei Jahre erteilt werden. [2] Steht von vornherein fest, daß die Ausführung des Werkvertrages länger als zwei Jahre dauert, kann die Arbeitserlaubnis bis zur Höchstdauer von drei Jahren erteilt werden. [3] Verläßt der Ausländer das Inland und ist die Aufenthaltsbewilligung abgelaufen oder erloschen, so darf ihm eine neue Arbeitserlaubnis für eine Beschäftigung nur erteilt werden, wenn der zwischen Ausreise und erneuter Einreise als Werkvertragsarbeitnehmer liegende Zeitraum nicht kürzer ist als die Gesamtgeltungsdauer der früheren Aufenthaltsbewilligung. [4] Der in Satz 3 genannte Zeitraum beträgt höchstens zwei Jahre; er beträgt drei Monate, wenn der Ausländer vor der Ausreise nicht länger als neun Monate im Inland beschäftigt war.

(2) [1] Das Bundesministerium für Arbeit und Sozialordnung kann die Erteilung der Arbeitserlaubnis durch die Bundesanstalt für Arbeit an Arbeitnehmer

der Bauwirtschaft im Rahmen von Werkverträgen im Verhältnis zu den beschäftigten gewerblichen Arbeitnehmern des im Inland ansässigen Unternehmens zahlenmäßig beschränken. [2] Dabei ist darauf zu achten, daß auch kleine und mittelständische im Inland ansässige Unternehmen angemessen berücksichtigt werden.

(3) [1] Ausländern, die von einem Unternehmen mit Sitz im Ausland, das auf der Grundlage einer zwischenstaatlichen Vereinbarung über Werkvertragsarbeitnehmer tätig ist, vorübergehend in das Inland als leitende Mitarbeiter oder als Verwaltungspersonal mit betriebsspezifischen Kenntnissen für eine Beschäftigung bei der Niederlassung oder Zweigstellen des Unternehmens oder zur Durchführung von Revisionen entsandt werden, kann in dem für die Werkvertragtätigkeit erforderlichen Umfang die Arbeitserlaubnis bis zu insgesamt vier Jahren erteilt werden. [2] Absatz 1 Satz 3 und 4 ist entsprechend anzuwenden.

§ 4 Zeitlich begrenzte Erwerbstätigkeit. (1) [1] Die Arbeitserlaubnis kann Ausländern für eine Beschäftigung von mindestens 30 Stunden wöchentlich bei durchschnittlich mindestens sechs Stunden arbeitstäglich in der Land- und Forstwirtschaft, im Hotel- und Gaststättengewerbe, in der Obst- und Gemüseverarbeitung sowie in Sägewerken bis zu insgesamt drei Monaten im Kalenderjahr erteilt werden, wenn der Arbeitnehmer auf Grund einer Absprache der Bundesanstalt für Arbeit mit der Arbeitsverwaltung des Herkunftslandes über das Verfahren, die Auswahl und die Vermittlung vermittelt worden ist. [2] Der Zeitraum für die Beschäftigung von Arbeitnehmern nach Satz 1 ist für einen Betrieb auf sieben Monate im Kalenderjahr begrenzt. [3] Satz 2 gilt nicht für Betriebe des Obst-, Gemüse-, Wein-, Hopfen- und Tabakanbaus.

(2) [1] Die Arbeitserlaubnis kann Ausländern für eine Beschäftigung im Schaustellergewerbe bis zu insgesamt neun Monaten im Kalenderjahr erteilt werden, wenn der Arbeitnehmer von der Bundesanstalt für Arbeit auf Grund einer Absprache mit der Arbeitsverwaltung des Herkunftslandes über das Verfahren, die Auswahl und die Vermittlung vermittelt worden ist. [2] Wenn die Beschäftigung in einem Kalenderjahr sechs Monate überschreitet, darf dem Ausländer im folgenden Kalenderjahr keine Arbeitserlaubnis für eine zeitlich begrenzte Beschäftigung im Schaustellergewerbe erteilt werden; dabei sind auch Beschäftigungen nach Abs. 1 zu berücksichtigen.

(3) [1] Die Arbeitserlaubnis kann Ausländern bis zu insgesamt zwölf Monaten erteilt erden, sofern der Arbeitnehmer unter Beibehaltung seines gewöhnlichen Aufenthaltes im Ausland von seinem Arbeitgeber mit Sitz im Ausland in das Inland entsandt wird, um die von dem Arbeitgeber im Ausland hergestellten Fertig- und Ausbauhäuser sowie Fertig- und Ausbauhallen zu montieren. [2] Satz 1 gilt auch für Arbeitnehmer, die im Zusammenhang mit der Montage von Fertighäusern und Fertighallen mit den notwendigen Installationsarbeiten beschäftigt werden. [3] Wenn die Beschäftigung in einem Kalenderjahr sechs Monate überschreitet, darf dem Ausländer im folgenden Kalenderjahr keine Arbeitserlaubnis für eine Beschäftigung erteilt werden.

(4) Die Arbeitserlaubnis kann Lehrkräften zur Erteilung muttersprachlichen Unterrichts an öffentlichen Schulen und anerkannten privaten Schulen unter deutscher Schulaufsicht oder außerhalb solcher Schulen unter Aufsicht der jeweils zuständigen berufskonsularischen Vertretung bis zu einer Geltungsdauer von fünf Jahren erteilt werden.

(5) Die Arbeitserlaubnis kann Lehrkräften und Lektoren zur Sprachvermittlung an Hochschulen im Geltungsbereich dieser Verordnung bis zu einer Geltungsdauer von fünf Jahren erteilt werden.

(6) [1] Die Arbeitserlaubnis kann Spezialitätenköchen für die Beschäftigung in Spezialitätenrestaurants, wenn sie ihre fachliche Qualifikation durch eine erfolgreich abgeschlossene Kochausbildung nachweisen und Staatsangehörige des Landes sind, auf dessen Küche das Restaurant spezialisiert ist, bis zu einer Geltungsdauer von drei Jahren erteilt werden. [2] Eine praktische Kochausbildung von weniger als zwei Jahren genügt nur, wenn der Ausländer zusätzlich über eine mindestens zweijährige Berufserfahrung verfügt. [3] Als fachliche Qualifikation kann im Einzelfall auch eine mindestens sechsjährige Tätigkeit als Koch anerkannt werden.

(7) Die Arbeitserlaubnis kann Fachkräften eines international tätigen Konzerns oder Unternehmens für eine Beschäftigung im inländischen Konzern- oder Unternehmensteil bis zu einer Geltungsdauer von zwei Jahren erteilt werden, wenn die Tätigkeit im Rahmen des Personalaustausches zur Koordinierung und Gewährleistung hoher Produktqualität im internationalen Wettbewerb unabdingbar erforderlich ist und der Arbeitnehmer eine Hochschul- oder Fachhochschulausbildung oder eine vergleichbare Qualifikation besitzt.

(8) [1] Die Arbeitserlaubnis kann im Ausland beschäftigten Fachkräften eines international tätigen Konzerns oder Unternehmens für eine Beschäftigung im inländischen Konzern- oder Unternehmensteil bis zu einer Geltungsdauer von drei Jahren erteilt werden, wenn die Tätigkeit zur Vorbereitung von Auslandsprojekten unabdingbar erforderlich ist, der Arbeitnehmer bei der Durchführung des Projekts im Ausland tätig wird und über eine mit deutschen Facharbeitern vergleichbare Qualifikation und darüber hinaus über besondere, vor allem unternehmensspezifische Spezialkenntnisse verfügt. [2] In den Fällen des Satzes 1 kann die Arbeitserlaubnis auch Fachkräften des Auftraggebers des Auslandsprojektes erteilt werden, wenn die Fachkräfte im Zusammenhang mit den vorbereitenden Arbeiten vorübergehend vom Auftragnehmer beschäftigt werden, der Auftrag eine entsprechende Verpflichtung für den Auftragnehmer enthält und die Beschäftigung für die spätere Tätigkeit im Rahmen des fertiggestellten Projektes notwendig ist. [3] Satz 2 findet auch Anwendung, wenn der Auftragnehmer keine Zweigstelle oder Betriebe im Ausland hat.

(9) Die Arbeitserlaubnis kann einem ausländischen Hausangestellten eines Ausländers, der für einen begrenzten Zeitraum für seinen Arbeitgeber oder im Auftrag eines Unternehmens mit Sitz im Ausland im Inland tätig wird, für diesen Zeitraum erteilt werden, wenn der Ausländer im Zeitpunkt seiner Einreise den Hausangestellten seit mindestens einem Jahr in seinem Haushalt zur Betreuung eines Kindes unter 16 Jahren oder eines pflegebedürftigen Haushaltsmitglieds beschäftigt.

(9 a) Für die Aufnahme einer versicherungspflichtigen Vollzeitbeschäftigung bis zu drei Jahren kann Ausländern für hauswirtschaftliche Arbeiten in Haushalten mit Pflegebedürftigen im Sinne des Elften Buches Sozialgesetzbuch bis zum 31. Dezember 2002 die Arbeitserlaubnis erteilt werden, wenn die Haushaltshilfe auf Grund einer Absprache der Bundesanstalt für Arbeit mit der Arbeitsverwaltung des Herkunftslandes über das Verfahren, die Auswahl und die Vermittlung vermittelt worden ist.

(10) Für eine erneute Beschäftigung nach den Absätzen 4 bis 7 und 9 a darf die Arbeitserlaubnis nicht vor Ablauf von drei Jahren nach der Ausreise des Ausländers erteilt werden.

§ 5 Sonstige Erwerbstätigkeiten. Die Arbeitserlaubnis kann erteilt werden

1. Wissenschaftlern für eine Beschäftigung in Forschung und Lehre, wenn wegen ihrer besonderen fachlichen Kenntnisse ein öffentliches Interesse an ihrer Beschäftigung besteht;

2. Fachkräften, die eine Hochschul- oder Fachhochschulausbildung oder eine vergleichbare Qualifikation besitzen, wenn an ihrer Beschäftigung wegen ihrer besonderen fachlichen Kenntnisse ein öffentliches Interesse besteht oder internationale Abkommen zur Liberalisierung des grenzüberschreitenden Personenverkehrs von Dienstleistungsanbietern im Rahmen der Welthandelsorganisation eine Beschäftigung vorsehen;

3. leitenden Angestellten und Spezialisten eines im Inland ansässigen Unternehmens mit Hauptsitz in dem Land, dessen Staatsangehörigkeit sie besitzen, für eine Tätigkeit in diesem Unternehmen; als Spezialisten sind nur Personen anzusehen, die über eine mit deutschen Facharbeitern vergleichbare Qualifikation und darüber hinaus über besondere, vor allem unternehmensspezifische Spezialkenntnisse verfügen;

4. leitenden Angestellten für eine Beschäftigung in einem auf der Grundlage zwischenstaatlicher Vereinbarungen gegründeten deutsch-ausländischen Gemeinschaftsunternehmen;

5. Fachkräften, die von einem deutschen Träger in der Sozialarbeit für ausländische Arbeitnehmer und ihre Familien beschäftigt werden und über ausreichende Kenntnisse der deutschen Sprache verfügen;

6. Seelsorgern, die ihre fachliche Qualifikation durch Absolvierung eines anerkannten Ausbildungsganges erworben haben und nachweislich die Befähigung zur Erteilung von Religionsunterricht und zur Abhaltung von Gottesdiensten besitzen, wenn sie in der Seelsorge für ausländische Arbeitnehmer und ihre Familien beschäftigt werden und dafür ein örtliches Bedürfnis besteht;

7. Krankenschwestern und -pflegern, Kinderkrankenschwestern und -pflegern sowie Altenpflegern aus europäischen Staaten mit beruflicher Qualifikation und ausreichenden deutschen Sprachkenntnissen, sofern der Ausländer von der Bundesanstalt für Arbeit auf Grund einer Absprache mit der Arbeitsverwaltung des Herkunftslandes über das Verfahren, die Auswahl und die Vermittlung vermittelt worden ist; Pflegekräften aus außereuropäischen Staaten nur, wenn sie deutscher Abstammung sind oder bereits früher im Inland als Pflegekraft und nicht nur zur Ausbildung oder im Rahmen eines freiwilligen Jahres im Sinne des Gesetzes zur Förderung eines Freiwilligen Sozialen Jahres oder eines vergleichbaren Programmes der Europäischen Gemeinschaft beschäftigt waren;

8. Künstlern und Artisten sowie ihrem Hilfspersonal;

9. Fotomodellen, Werbetypen, Mannequins und Dressmen.

§ 6 Grenzgängerbeschäftigungen. (1) Einem Ausländer, der in einem an die Bundesrepublik Deutschland angrenzenden Staat wohnt, Staatsangehöriger dieses Staates ist und dort keine Sozialleistungen bezieht, kann die Arbeitserlaubnis für eine mehr als geringfügige Beschäftigung im Sinne des § 8 Abs. 1 des Vierten Buches Sozialgesetzbuch bei täglicher Rückkehr in seinen Heimatstaat oder für eine auf längstens zwei Tage in der Woche begrenzte Beschäftigung innerhalb der in der Anlage zu dieser Verordnung aufgeführten Grenzzone erteilt werden.

(2) Einem Ausländer, der im Inland beschäftigt ist und mit einem deutschen Ehegatten oder Lebenspartner in familiärer Lebensgemeinschaft lebt, kann die Arbeitserlaubnis erteilt werden, wenn die Ehegatten oder Lebenspartner den gemeinsamen Wohnsitz in einen anderen Mitgliedstaat der Europäischen Gemeinschaft oder einen Vertragsstaat des Abkommens über den Europäischen Wirtschaftsraum verlegen und der Ausländer mindestens einmal wöchentlich an den Wohnsitz zurückkehrt.

§ 7 Zwischenstaatliche Vereinbarungen. Einem Ausländer kann auf der Grundlage einer zwischenstaatlichen Vereinbarung der Bundesrepublik Deutschland mit dem Staat, dessen Staatsangehörigkeit der Ausländer besitzt, eine Arbeitserlaubnis auch für die Ausübung einer nicht in den §§ 2 bis 6 genannten Beschäftigung erteilt werden.

§ 8 Ausnahmebefugnis in Einzelfällen. In einem begründeten Einzelfall kann einem Ausländer die Arbeitserlaubnis auch für die Ausübung einer nicht in den §§ 2 bis 7 genannten Beschäftigung erteilt werden, sofern das Landesarbeitsamt im Benehmen mit der für die Ausländerbehörde zuständigen obersten Landesbehörde oder der von ihr bestimmten Stelle festgestellt hat, daß ein besonderes öffentliches, insbesondere ein regionales, wirtschaftliches oder arbeitsmarktpolitisches Interesse die Beschäftigung des Ausländers erfordert.

§ 9 Regionale Ausnahmen. Staatsangehörigen der folgenden Staaten kann abweichend von den §§ 2 bis 8 die Arbeitserlaubnis erteilt werden:
Andorra, Australien, Israel, Japan, Kanada, Malta, Monaco, Neuseeland, San Marino, Schweiz, Vereinigte Staaten von Amerika sowie Zypern.

§ 10 Erwerbstätigkeit von deutschen Volkszugehörigen. Deutschen Volkszugehörigen, die einen Aufnahmebescheid nach dem Bundesvertriebenengesetz besitzen, sowie ehemaligen Deutschen und Kindern ehemaliger Deutscher mit ausreichenden Kenntnissen der deutschen Sprache kann abweichend von den §§ 2 bis 8 eine Arbeitserlaubnis erteilt werden.

§ 11 Inkrafttreten, Außerkrafttreten. (1) § 3 Abs. 1, § 4 Nr. 7 und 8 und § 5 Nr. 2 treten am 1. Oktober 1998 in Kraft. Im übrigen tritt diese Verordnung am Tage nach der Verkündung in Kraft.

(2) § 3 Abs. 1 und § 5 Nr. 2 der Verordnung über Ausnahmeregelungen für die Erteilung einer Arbeitserlaubnis an neueinreisende ausländische Arbeitnehmer vom 21. Dezember 1990 (BGBl. I S. 3012), zuletzt geändert durch Artikel 2 der Verordnung vom 30. September 1996 (BGBl. I S. 1491), treten am 1. Oktober 1998 außer Kraft. Im übrigen tritt die in Satz 1 bezeichnete Anwerbestoppausnahme-Verordnung am Tage nach der Verkündung dieser Verordnung außer Kraft.

Anlage
(zu § 6)

Grenzzonen im Sinne des § 6 Abs. 1 der Verordnung sind

1. zu Polen
   a) in Mecklenburg-Vorpommern
      im Landkreis Ostvorpommern die Ämter   Usedom-Süd
      Ahlbeck bis Stettinger Haff
      An der Peenemündung   Wolgast-Land
      Insel Usedom-Mitte   Am Schmollensee

      die amtsfreien Gemeinden
      Heringsdorf   Wolgast
      Zinnowitz

      im Landkreis Uecker-Randow
      die Ämter
      Ferdinandshof   Uecker-Randow-Tal
      Löcknitz   Ueckermünde-Land
      Penkun

      die amtsfreien Gemeinden
      Eggesin   Torgelow
      Pasewalk   Ueckermünde

   b) in Brandenburg

      im Landkreis Uckermark
      die Ämter
      Gartz (Oder)
      Oder-Welse
      Angermünde-Land

      die Städte
      Angermünde
      Schwedt/Oder

      im Landkreis Barnim
      die Ämter
      Oderberg   Joachimsthal (Schorfheide)
      Britz-Chorin   Barnim-Nord

      die Stadt Eberswalde

      im Landkreis Märkisch-Oderland
      die Ämter
      Bad Freienwalde   Neuhardenberg
      Falkenberg-Höhe   Golzow
      Wriezen   Seelow-Land
      Wriezen-Land   Lebus
      Lefschin

      die Stadt Seelow

      im Landkreis Oder-Spree
      die Ämter
      Brieskow-Finkenheerd   Schlaubetal
      Neuzelle

      die Stadt Eisenhüttenstadt

      im Landkreis Spree-Neiße
      die Ämter
      Schenkendöbern   Hornow/Simmersdorf
      Jänschwalde   Döbern-Land

die Städte
Guben
Forst/Lausitz
die kreisfreie Stadt Frankfurt/Oder

c) in Sachsen

die Landkreise
Niederschlesischer Oberlausitzkreis
Löbau-Zittau
die kreisfreie Stadt Görlitz

2. zur Tschechischen Republik

a) in Bayern

die Landkreise

Passau	Neustadt a. d. Waldnaab
Deggendorf	Tirschenreuth
Freyung-Grafenau	Bayreuth
Straubing-Bogen	Wunsiedel i. Fichtelgebirge
Regen	Hof
Cham	Kulmbach
Schwandorf	Kronach
Amberg-Sulzbach	

die kreisfreien Städte

Passau	Weiden i. d. Opf.
Straubing	Bayreuth
Amberg	Hof

b) in Sachsen

die Landkreise

Löbau-Zittau	Mittlerer Erzgebirgskreis
Bautzen	Annaberg
Sächsische Schweiz	Aue-Schwarzenberg
Weißeritzkreis	Vogtlandkreis
Freiberg	

9. Verordnung über die Arbeitsgenehmigung für hoch qualifizierte ausländische Fachkräfte der Informations- und Kommunikationstechnologie (IT-ArGV)

Vom 11. Juli 2000 (BGBl. I S. 1146), geändert durch Gesetz vom 3. 12. 2001 (BGBl. I S. 3306) und durch Gesetz vom 23. 3. 2002 (BGBl. I S. 1130)

Auf Grund des § 288 Abs. 1 Nr. 2, 3, 4, 5, 7 und 8 und des § 292 Abs. 2 Satz 3 des Dritten Buches Sozialgesetzbuch – Arbeitsförderung – (Artikel 1 des Gesetzes vom 24. März 1997, BGBl. I S. 594) verordnet das Bundesministerium für Arbeit und Sozialordnung:

§ 1 Grundsatz. Zur Deckung eines aktuellen, vorübergehenden Bedarfs an hoch qualifizierten Fachkräften der Informations- und Kommunikationstechnologie darf die Arbeitserlaubnis nach § 285 Abs. 1 des Dritten Buches Sozialgesetzbuch Ausländern mit Wohnsitz oder gewöhnlichem Aufenthalt im Ausland und an ausländische Absolventen deutscher Hochschulen und Fachhochschulen nach Maßgabe der folgenden Vorschriften erteilt werden.

§ 2 Erforderliche Qualifikation. Die Arbeitserlaubnis kann an Fachkräfte erteilt werden,

1. die eine Hochschul- oder Fachhochschulausbildung mit Schwerpunkt auf dem Gebiet der Informations- und Kommunikationstechnologie abgeschlossen haben oder

2. deren Qualifikation auf diesem Gebiet durch eine Vereinbarung mit dem Arbeitgeber über ein Jahresgehalt von mindestens 51 000 EUR nachgewiesen wird.

§ 3 Beschäftigungen. Die Arbeitserlaubnis kann in den Berufen der Informations- und Kommunikationstechnologie, beispielsweise für Beschäftigungen als

1. System-, Internet- und Netzwerkspezialist,

2. Software-, Multimedia-Entwickler und Programmierer,

3. Entwickler von Schaltkreisen und IT-Systemen und

4. Fachkraft für IT-Consulting erteilt werden.

§ 4 Absolventen deutscher Hochschulen. Die Arbeitserlaubnis kann auch Ausländern erteilt werden, die sich im Zusammenhang mit einem Hochschul- oder Fachhochschulstudium mit Schwerpunkt auf dem Gebiet der Informations- und Kommunikationstechnologie im Bundesgebiet aufhalten und eine Beschäftigung gemäß § 3 im Anschluss an den erfolgreichen Abschluss des Studiums aufnehmen.

§ 5 Höchstzahl der Arbeitserlaubnisse. Die Zahl der Arbeitserlaubnisse ist für die erstmalige Aufnahme einer Beschäftigung auf 10 000 festgelegt und wird bei weitergehendem Bedarf auf höchstens 20 000 erhöht.

§ 6 Beantragungszeitraum und Geltungsdauer der Arbeitserlaubnis. (1) Die erstmalige Arbeitserlaubnis kann bis zum 31. Juli 2003 beantragt werden.

(2) Die Arbeitserlaubnis wird bei der Erteilung auf die Dauer der Beschäftigung, längstens auf fünf Jahre befristet. Bei mehreren aufeinander folgenden Beschäftigungen dürfen die Arbeitserlaubnisse bis zu einer Gesamtgeltungsdauer von fünf Jahren erteilt werden.

(3) Nach Erteilung der erstmaligen Arbeitserlaubnis können weitere Arbeitserlaubnisse unabhängig von der Arbeitsmarktlage erteilt werden.

§ 7 Durchführungsvorschriften. (1) Über die Erteilung der Arbeitserlaubnis oder deren Zusicherung soll das Arbeitsamt in der Regel innerhalb einer Frist von einer Woche entscheiden, sobald die für die Entscheidung über den Antrag erforderlichen Angaben und Unterlagen vorliegen.

(2) Die einem Arbeitgeber vor der Einreise der Fachkraft vom Arbeitsamt gegebene Zusicherung, die Arbeitserlaubnis zu erteilen, ersetzt für die ersten drei Monate der Beschäftigung des Arbeitnehmers die Arbeitserlaubnis.

§ 8 *(aufgehoben)*

§ 9 Inkrafttreten, Außerkrafttreten. Diese Verordnung tritt am 1. August 2000 in Kraft. Sie tritt am 31. Juli 2008 außer Kraft.

10. Zugang zu Sozialleistungen

a) Bundeserziehungsgeldgesetz
idF der Bekanntmachung vom 7. 12. 2001 (BGBl. I S. 3358)

(Auszug)

§ 1 Berechtigte. (1) [1]Anspruch auf Erziehungsgeld hat, wer

1. einen Wohnsitz oder seinen gewöhnlichen Aufenthalt in Deutschland hat,
2. mit einem Kind, für das ihm die Personensorge zusteht, in einem Haushalt lebt,
3. dieses Kind selbst betreut und erzieht und
4. keine oder keine volle Erwerbstätigkeit ausübt.

[2]Die Anspruchsvoraussetzungen müssen bei Beginn des Leistungszeitraums vorliegen. Abweichend von Satz 2, § 1594, § 1600 d und §§ 1626 a bis 1626 e des Bürgerlichen Gesetzbuches können im Einzelfall nach billigem Ermessen die Tatsachen der Vaterschaft und der elterlichen Sorgeerklärung des Anspruchsberechtigten auch schon vor dem Zeitpunkt ihrer Rechtswirksamkeit berücksichtigt werden.

(2) [1]Anspruch auf Erziehungsgeld hat auch, wer ohne eine der Voraussetzungen des Absatzes 1 Nr. 1 zu erfüllen,

1. im Rahmen seines in Deutschland bestehenden Beschäftigungsverhältnisses vorübergehend ins Ausland entsandt ist und aufgrund über- oder zwischenstaatlichen Rechts oder nach § 4 des Vierten Buches Sozialgesetzbuch dem deutschen Sozialversicherungsrecht unterliegt oder im Rahmen seines in Deutschland bestehenden öffentlich-rechtlichen Dienst- oder Amtsverhältnisses vorübergehend ins Ausland abgeordnet, versetzt oder kommandiert ist,
2. Versorgungsbezüge nach beamten- oder soldatenrechtlichen Vorschriften oder Grundsätzen oder eine Versorgungsrente von einer Zusatzversorgungsanstalt für Arbeitnehmer des öffentlichen Dienstes erhält oder
3. Entwicklungshelfer im Sinne des § 1 des Entwicklungshelfer-Gesetzes ist.

[2]Dies gilt auch für den mit ihm in einem Haushalt lebenden Ehegatten oder Lebenspartner, wenn dieser im Ausland keine Erwerbstätigkeit ausübt, welche den dortigen Vorschriften der sozialen Sicherheit unterliegt.

(3) Einem in Absatz 1 Nr. 2 genannten Kind steht gleich

1. ein Kind, das mit dem Ziel der Annahme als Kind in die Obhut des Annehmenden aufgenommen ist,
2. ein Kind des Ehegatten oder Lebenspartners, das der Antragsteller in seinen Haushalt aufgenommen hat,
3. ein leibliches Kind des nicht sorgeberechtigten Antragstellers, mit dem dieser in einem Haushalt lebt.

(4) Der Anspruch auf Erziehungsgeld bleibt unberührt, wenn der Antragsteller aus einem wichtigen Grund die Betreuung und Erziehung des Kindes nicht sofort aufnehmen kann oder sie unterbrechen muss.

(5) [1] In Fällen besonderer Härte, insbesondere bei schwerer Krankheit, Behinderung oder Tod eines Elternteils oder bei erheblich gefährdeter wirtschaftlicher Existenz, kann von dem Erfordernis der Personensorge oder den Voraussetzungen des Absatzes 1 Nr. 3 und 4 abgesehen werden. [2] Das Erfordernis der Personensorge kann nur entfallen, wenn die sonstigen Voraussetzungen des Absatzes 1 erfüllt sind, das Kind mit einem Verwandten bis dritten Grades oder dessen Ehegatten oder Lebenspartner in einem Haushalt lebt und kein Erziehungsgeld für dieses Kind von einem Personensorgeberechtigten in Anspruch genommen wird.

(6) [1] Ein Ausländer mit der Staatsangehörigkeit eines Mitgliedstaates der Europäischen Union oder eines der Vertragsstaaten des Europäischen Wirtschaftsraums (EU-/EWR-Bürger) erhält nach Maßgabe der Absätze 1 bis 5 Erziehungsgeld. [2] Ein anderer Ausländer ist anspruchsberechtigt, wenn

1. er eine Aufenthaltsberechtigung oder Aufenthaltserlaubnis besitzt,

2. er unanfechtbar als Asylbewerber anerkannt ist oder

3. das Vorliegen der Voraussetzungen des § 51 Abs. 1 des Ausländergesetzes unanfechtbar festgestellt worden ist.

[3] Maßgebend ist der Monat, in dem die Voraussetzungen des Satzes 2 eintreten. [4] Im Fall der Verlängerung einer Aufenthaltserlaubnis oder der Erteilung einer Aufenthaltsberechtigung wird Erziehungsgeld rückwirkend (§ 4 Abs. 2 Satz 3 bewilligt, wenn der Aufenthalt nach § 69 Abs. 3 des Ausländergesetzes als erlaubt abgegolten hat.

(7) [1] Anspruchsberechtigt ist unter den Voraussetzungen des Absatzes 1 Nr. 2 bis 4 auch, wer als

1. EU-/EWR-Bürger mit dem Wohnsitz in einem anderen Mitgliedstaat der Europäischen Union oder des Europäischen Wirtschaftsraums (anderen EU-/EWR-Gebiet) oder

2. Grenzgänger aus einem sonstigen, unmittelbar an Deutschland angrenzenden Staat

in Deutschland in einem öffentlich-rechtlichen Dienst- oder Amtsverhältnis steht oder ein Arbeitsverhältnis mit einer mehr als geringfügigen Beschäftigung hat. [2] Im Fall der Nummer 1 ist eine mehr als geringfügige selbständige Tätigkeit (§ 8 des Vierten Buches Sozialgesetzbuch) gleichgestellt. [3] Der in einem anderen EU-/EWR-Gebiet wohnende Ehegatte des in Satz 1 genannten EU-/EWR-Bürgers ist anspruchsberechtigt, wenn er die Voraussetzungen des Absatzes 1 Nr. 2 bis 4 sowie die in den Verordnungen (EWG) Nr. 1408/71 und Nr. 574/72 niedergelegten Voraussetzungen erfüllt. [4] Im Übrigen gelten § 3 und § 8 Abs. 3.

(8) Unter den Voraussetzungen des Absatzes 1 ist auch der Ehegatte oder Lebenspartner eines Mitglieds der Truppe oder des zivilen Gefolges eines NATO-Mitgliedstaates anspruchsberechtigt, soweit er EU-/EWR-Bürger ist oder bis zur Geburt des Kindes in einem öffentlich-rechtlichen Dienst- oder Amtsverhältnis steht oder eine mehr als geringfügige Beschäftigung (§ 8 des Vierten Buches Sozialgesetzbuch) ausgeübt hat oder Mutterschaftsgeld oder eine Entgeltersatzleistung nach § 2 Abs. 2 bezogen hat.

(9) [1] Kein Erziehungsgeld erhält, wer im Rahmen seines im Ausland bestehenden Beschäftigungsverhältnisses vorübergehend nach Deutschland entsandt ist und aufgrund über- oder zwischenstaatlichen Rechts oder nach § 5 des Vierten Buches Sozialgesetzbuch nicht dem deutschen Sozialversicherungsrecht unterliegt. [2] Entsprechendes gilt für den ihn begleitenden Ehegatten oder Lebenspartner, wenn er in Deutschland keine mehr als geringfügige Beschäftigung (§ 8 des Vierten Buches Sozialgesetzbuch) ausübt.

b) Bundeskindergeldgesetz

idF der Bekanntmachung vom 2. 1. 2002 (BGBl. I S. 6), geändert durch
Gesetz vom 23. 3. 2002 (BGBl. I S. 1130)

(Auszug)

§ 1 Anspruchsberechtigte. (1) Kindergeld nach diesem Gesetz für seine Kinder erhält, wer nach § 1 Abs. 1 und 2 des Einkommensteuergesetzes nicht unbeschränkt steuerpflichtig ist und auch nicht nach § 1 Abs. 3 des Einkommensteuergesetzes als unbeschränkt steuerpflichtig behandelt wird und

1. in einem Versicherungspflichtverhältnis zur Bundesanstalt für Arbeit nach § 24 des Dritten Buches Sozialgesetzbuch steht oder versicherungsfrei nach § 28 Nr. 1 des Dritten Buches Sozialgesetzbuch ist oder

2. als Entwicklungshelfer Unterhaltsleistungen im Sinne des § 4 Abs. 1 Nr. 1 des Entwicklungshelfer-Gesetzes erhält oder als Missionar der Missionswerke und -gesellschaften, die Mitglieder oder Vereinbarungspartner des Evangelischen Missionswerkes Hamburg, der Arbeitsgemeinschaft Evangelikaler Missionen e. V., des Deutschen katholischen Missionsrates oder der Arbeitsgemeinschaft pfingstlich-charismatischer Missionen sind, tätig ist oder

3. eine nach § 123 a des Beamtenrechtsrahmengesetzes bei einer Einrichtung außerhalb Deutschlands zugewiesene Tätigkeit ausübt oder

4. als Ehegatte eines Mitglieds der Truppe oder des zivilen Gefolges eines NATO-Mitgliedstaates die Staatsangehörigkeit eines EU/EWR-Mitgliedstaates besitzt und in Deutschland seinen Wohnsitz oder gewöhnlichen Aufenthalt hat.

(2) [1] Kindergeld für sich selbst erhält, wer

1. in Deutschland einen Wohnsitz oder seinen gewöhnlichen Aufenthalt hat,

2. Vollwaise ist oder den Aufenthalt seiner Eltern nicht kennt und

3. nicht bei einer anderen Person als Kind zu berücksichtigen ist.

[2] § 2 Abs. 2 und 3 sowie die §§ 4 und 5 sind entsprechend anzuwenden. [3] Im Fall des § 2 Abs. 2 Satz 1 Nr. 3 wird Kindergeld längstens bis zur Vollendung des 27. Lebensjahres gewährt.

(3) [1] Ein Ausländer erhält Kindergeld nur, wenn er im Besitz einer Aufenthaltsberechtigung oder Aufenthaltserlaubnis ist. [2] Ein ausländischer Arbeitnehmer, der zur vorübergehenden Dienstleistung nach Deutschland entsandt ist, erhält kein Kindergeld; sein Ehegatte erhält Kindergeld, wenn er im Besitz einer Aufenthaltsberechtigung oder Aufenthaltserlaubnis ist und in einem Versicherungspflichtverhältnis zur Bundesanstalt für Arbeit nach § 24 des Dritten Buches Sozialgesetzbuch steht oder versicherungsfrei nach § 28 Nr. 1 des Dritten Buches Sozialgesetzbuch ist.

c) Unterhaltsvorschußgesetz
idF der Bekanntmachung vom 2. 1. 2002 (BGBl. I S. 2, ber. S. 615)

(Auszug)

§ 1 Berechtigte. (...)

(2a) Ein Ausländer hat einen Anspruch nach diesem Gesetz nur, wenn er oder der in Absatz 1 Nr. 2 bezeichnete Elternteil im Besitz einer Aufenthaltsberechtigung oder Aufenthaltserlaubnis ist. Der Anspruch auf Unterhaltsvorschußleistungen beginnt mit dem Ausstellungsdatum der Aufenthaltsberechtigung oder Aufenthaltserlaubnis. Abweichend von Satz 1 besteht der Anspruch für Angehörige eines Mitgliedstaates der Europäischen Union oder eines anderen Vertragsstaates des Abkommens über den Europäischen Wirtschaftsraum mit Beginn des Aufenthaltsrechts. Auch bei Besitz einer Aufenthaltserlaubnis hat ein Ausländer keinen Anspruch auf Unterhaltsleistung nach diesem Gesetz, wenn der in Absatz 1 Nr. 2 bezeichnete Elternteil als Arbeitnehmer von seinem im Ausland ansässigen Arbeitgeber zur vorübergehenden Dienstleistung in den Geltungsbereich des Gesetzes entsandt ist.

d) Bundesausbildungsförderungsgesetz
idF der Bekanntmachung vom 6. 6. 1983 (BGBl. I S. 645)

Zuletzt geändert durch Gesetz vom 20. 12. 2001 (BGBl. I S. 3986)

§ 8 Staatsangehörigkeit. (1) Ausbildungsförderung wird geleistet

1. Deutschen im Sinne des Grundgesetzes,
2. heimatlosen Ausländern im Sinne des Gesetzes über die Rechtsstellung heimatloser Ausländer im Bundesgebiet in der im Bundesgesetzblatt Teil III, Gliederungsnummer 243-1, veröffentlichten bereinigten Fassung, zuletzt geändert durch Artikel 4 des Gesetzes vom 9. Juli 1990 (BGBl. I S. 1354),
3. Ausländern, die ihren gewöhnlichen Aufenthalt im Inland haben und als Asylberechtigte nach dem Asylverfahrensgesetz anerkannt sind,
4. Ausländern, die ihren gewöhnlichen Aufenthalt im Inland haben und Flüchtlinge nach § 1 des Gesetzes über Maßnahmen für im Rahmen humanitärer Hilfaktionen aufgenommene Flüchtlinge vom 22. Juli 1980 (BGBl. I S. 1057), das zuletzt durch Artikel 3 des Gesetzes vom 29. Oktober 1997 (BGBl. I S. 2584) geändert worden ist,
5. Ausländern, die ihren gewöhnlichen Aufenthalt im Inland haben und auf Grund des Abkommens vom 28. Juli 1951 über die Rechtsstellung der Flüchtlinge (BGBl. 1953 II S. 559) oder nach dem Protokoll über die Rechtsstellung der Flüchtlinge vom 31. Januar 1967 (BGBl. 1969 II S. 1293) außerhalb der Bundesrepublik Deutschland als Flüchtlinge anerkannt und im Gebiet der Bundesrepublik Deutschland nicht nur vorübergehend zum Aufenthalt berechtigt sind,
6. Ausländern, die ihren gewöhnlichen Aufenthalt im Inland haben und bei denen festgestellt ist, dass Abschiebungsschutz nach § 51 Abs. 1 des Ausländergesetzes besteht,

7. Ausländern, die ihren ständigen Wohnsitz im Inland haben, wenn ein Elternteil oder der Ehegatte Deutscher im Sinne des Grundgesetzes ist,

8. Auszubildenden, denen nach dem Aufenthaltsgesetz/EWG als Kindern Freizügigkeit gewährt wird, die danach als Kinder verbleibeberechtigt sind oder denen danach als Kindern Freizügigkeit oder Verbleiberecht nur deshalb nicht zustehen, weil sie 21 Jahre alt oder älter sind und von ihren Eltern oder ihrem Ehegatten keinen Unterhalt erhalten,

9. Auszubildenden, die die Staatsangehörigkeit eines anderen EG-Mitgliedstaates oder eines anderen Vertragsstaates des Abkommens über den Europäischen Wirtschaftsraum haben und im Inland vor Beginn der Ausbildung in einem Beschäftigungsverhältnis gestanden haben; zwischen der darin ausgeübten Tätigkeit und dem Gegenstand der Ausbildung muß grundsätzlich ein inhaltlicher Zusammenhang bestehen.

(2) Anderen Ausländern wird Ausbildungsförderung geleistet, wenn

1. sie selbst vor Beginn des förderungsfähigen Teils des Ausbildungsabschnitts insgesamt fünf Jahre sich im Inland aufgehalten haben und rechtmäßig erwerbstätig gewesen sind oder

2. zumindest ein Elternteil während der letzten sechs Jahre vor Beginn des förderungsfähigen Teils des Ausbildungsabschnitts sich insgesamt drei Jahre im Inland aufgehalten hat und rechtmäßig erwerbstätig gewesen ist, im übrigen von dem Zeitpunkt an, in dem im weiteren Verlauf des Ausbildungsabschnitts diese Voraussetzungen vorgelegen haben. Die Voraussetzungen gelten auch für einen einzigen weiteren Ausbildungsabschnitt als erfüllt, wenn der Auszubildende in dem vorhergehenden Ausbildungsabschnitt die Zugangsvoraussetzungen erworben hat und danach unverzüglich den Ausbildungsabschnitt beginnt. Von dem Erfordernis der Erwerbstätigkeit des Elternteils während der letzten sechs Jahre kann abgesehen werden, wenn sie aus einem von ihm nicht zu vertretenden Grunde nicht ausgeübt worden ist und er im Inland mindestens sechs Monate erwerbstätig gewesen ist.

(3) Rechts- und Verwaltungsvorschriften, nach denen anderen Ausländern Ausbildungsförderung zu leisten ist, bleiben unberührt.

e) Sozialgesetzbuch VIII (KJHG)

idF der Bekanntmachung vom 8. 12. 1998 (BGBl. I S. 3546), geändert durch Gesetz vom 12. 10. 2000 (BGBl. I S. 1426), Gesetz vom 2. 11. 2000 (BGBl. I S. 1479), Gesetz vom 25. 6. 2001 (BGBl. I S. 1206), Gesetz vom 5. 11. 2001 (BGBl. I S. 2950), Gesetz vom 15. 12. 2001 (BGBl. I S. 3762) und Gesetz vom 9. 4. 2002 (BGBl. I S. 1239)

(Auszug)

§ 6 Geltungsbereich. (1) [1]Leistungen nach diesem Buch werden jungen Menschen, Müttern, Vätern und Personensorgeberechtigten von Kindern und Jugendlichen gewährt, die ihren tatsächlichen Aufenthalt im Inland haben. [2]Für die Erfüllung anderer Aufgaben gilt Satz 1 entsprechend.

(2) Ausländer können Leistungen nach diesem Buch nur beanspruchen, wenn sie rechtmäßig oder aufgrund einer ausländerrechtlichen Duldung ihren gewöhnlichen Aufenthalt im Inland haben.

(3) Deutschen können Leistungen nach diesem Buch auch gewährt werden, wenn sie ihren Aufenthalt im Ausland haben und soweit sie nicht Hilfe vom Aufenthaltsland erhalten.

(4) Regelungen des über- und zwischenstaatlichen Rechts bleiben unberührt.

f) Bundessozialhilfegesetz
idF der Bekanntmachung vom 23. 3. 1994 (BGBl. I S. 646)

Zuletzt geändert durch Gesetz vom 27. 4. 2002 (BGBl. I S. 1467)

(Auszug)

§ 120 Sozialhilfe für Ausländer. (1) [1]Ausländern, die sich in der Bundesrepublik Deutschland tatsächlich aufhalten, ist Hilfe zum Lebensunterhalt, Hilfe bei Krankheit, Hilfe bei Schwangerschaft und Mutterschaft und Hilfe zur Pflege nach diesem Gesetz zu gewähren. [2]Im übrigen kann Sozialhilfe gewährt werden, soweit dies im Einzelfall gerechtfertigt ist. [3]Rechtsvorschriften, nach denen außer den in Satz 1 genannten Leistungen auch sonstige Sozialhilfe zu gewähren ist oder gewährt werden soll, bleiben unberührt.

(2) Leistungsberechtigte nach § 1 des Asylbewerberleistungsgesetzes erhalten keine Leistungen der Sozialhilfe.

(3) [1]Ausländer, die sich in die Bundesrepublik Deutschland begeben haben, um Sozialhilfe zu erlangen, haben keinen Anspruch. [2]Haben sie sich zum Zwecke einer Behandlung oder Linderung einer Krankheit in die Bundesrepublik Deutschland begeben, soll Hilfe bei Krankheit insoweit nur zur Behebung eines akut lebensbedrohlichen Zustandes oder für eine unaufschiebbare und unabweisbar gebotene Behandlung einer schweren oder ansteckenden Erkrankung geleistet werden.

(4) Im Rahmen von Leistungen der Sozialhilfe an Ausländer ist auf die Leistungen bestehender Rückführungs- und Weiterwanderungsprogramme, die ihnen gewährt werden können, hinzuweisen; in geeigneten Fällen ist auf eine Inanspruchnahme solcher Programme hinzuwirken.

(5) [1]Ausländern darf in den Teilen der Bundesrepublik Deutschland, in denen sie sich einer ausländerrechtlichen räumlichen Beschränkung zuwider aufhalten, der für den tatsächlichen Aufenthaltsort zuständige Träger der Sozialhilfe nur die nach den Umständen unabweisbar gebotene Hilfe leisten. [2]Das gleiche gilt für Ausländer, die eine räumlich nicht beschränkte Aufenthaltsbefugnis besitzen, wenn sie sich außerhalb des Landes aufhalten, in dem die Aufenthaltsbefugnis erteilt worden ist.

g) Opferentschädigungsgesetz
idF der Bekanntmachung vom 7. 1. 1985 (BGBl. I S. 1)

Zuletzt geändert durch Gesetz vom 6. 12. 2000 (BGBl. I S. 1676)

§ 1 Anspruch auf Versorgung. (1) Wer im Geltungsbereich dieses Gesetzes oder auf einem deutschen Schiff oder Luftfahrzeug infolge eines vorsätzlichen, rechtswidrigen tätlichen Angriffs gegen seine oder eine andere Person oder durch dessen rechtmäßige Abwehr eine gesundheitliche Schädigung erlitten hat, erhält wegen der gesundheitlichen und wirtschaftlichen Folgen auf Antrag Versorgung in entsprechender Anwendung der Vorschriften des Bundesversorgungsgesetzes. ...

(...)

(4) Ausländer haben einen Anspruch auf Versorgung,

1. wenn sie Staatsangehörige eines Mitgliedstaates der Europäischen Gemeinschaften sind oder

2. soweit Rechtsvorschriften der Europäischen Gemeinschaften, die eine Gleichbehandlung mit Deutschen erforderlich machen, auf sie anwendbar sind oder

3. wenn die Gegenseitigkeit gewährleistet ist.

(5) Sonstige Ausländer, die sich rechtmäßig nicht nur für einen vorübergehenden Aufenthalt von längstens sechs Monaten im Bundesgebiet aufhalten, erhalten Versorgung nach folgenden Maßgaben:

1. Leistungen wie Deutsche erhalten Ausländer, die sich seit mindestens drei Jahren ununterbrochen rechtmäßig im Bundesgebiet aufhalten;

2. ausschließlich einkommensunabhängige Leistungen erhalten Ausländer, die sich ununterbrochen rechtmäßig noch nicht drei Jahre im Bundesgebiet aufhalten.

Rechtmäßiger Aufenthalt im Sinne dieses Gesetzes ist auch ein aus humanitären Gründen oder aus erheblichem öffentlichen Interesse geduldeter Aufenthalt. Die in Anlage I Kapitel VIII Sachgebiet K Abschnitt III Nr. 18 des Einigungsvertrages vom 31. August 1990 (BGBl. 1990 II S. 885, 1069) genannten Maßgaben gelten entsprechend für Ausländer, die eine Schädigung im Beitrittsgebiet erleiden, es sei denn, sie haben ihren Wohnsitz, ihren gewöhnlichen Aufenthalt oder ständigen Aufenthalt in dem Gebiet, in dem dieses Gesetz schon vor dem Beitritt gegolten hat.

(6) Versorgung wie die in Absatz 5 Nr. 2 genannten Ausländer erhalten auch ausländische Geschädigte, die sich rechtmäßig für einen vorübergehenden Aufenthalt von längstens sechs Monaten im Bundesgebiet aufhalten,

1. wenn sie mit einem Deutschen oder einem Ausländer, der zu den in Absatz 4 oder 5 bezeichneten Personen gehört, verheiratet oder in gerader Linie verwandt sind oder

2. wenn sie Staatsangehörige eines Vertragsstaates des Europäischen Übereinkommens vom 24. November 1983 über die Entschädigung für Opfer von Gewalttaten sind, soweit dieser keine Vorbehalte zum Übereinkommen erklärt hat.

(7) [1] Wenn ein Ausländer, der nach Absatz 5 oder 6 anspruchsberechtigt ist,

1. ausgewiesen oder abgeschoben wird oder

2. das Bundesgebiet verlassen hat und seine Aufenthaltsgenehmigung erloschen ist oder

3. ausgereist und nicht innerhalb von sechs Monaten erlaubt wieder eingereist ist

erhält er für jedes begonnene Jahr seines ununterbrochen rechtmäßigen Aufenthalts im Bundesgebiet eine Abfindung in Höhe des Dreifachen, insgesamt jedoch mindestens in Höhe des Zehnfachen, höchstens in Höhe des Dreißigfachen der monatlichen Grundrente. [2]Dies gilt nicht, wenn er aus einem der in § 46 Nr. 1 bis 4 oder § 47 des Ausländergesetzes genannten Gründe ausgewiesen wird. [3]Mit dem Entstehen des Anspruchs auf die Abfindung nach Satz 1 oder mit der Ausweisung nach Satz 2 erlöschen sämtliche sich aus den Absätzen 5 und 6 ergebenden weiteren Ansprüche: entsprechendes gilt für Ausländer, bei denen die Schädigung nicht zu einer rentenberechtigenden Minderung der Erwerbsfähigkeit geführt hat. [4]Die Sätze 1 und 3 gelten auch für heimatlose Ausländer sowie für sonstige Ausländer, die im Bundesgebiet die Rechtsstellung nach dem Abkommen vom 28. Juli 1951 über die Rechtsstellung der Flüchtlinge (BGBl. 1953 II S. 559) oder nach dem Übereinkommen vom 28. September 1954 über die Rechtsstellung der Staatenlosen (BGBl. 1976 II S. 473) genießen, wenn die Tat nach dem 27. Juli 1993 begangen worden ist. [5]Die Sätze 1 bis 4 gelten entsprechend auch für Hinterbliebene, die sich nicht im Geltungsbereich dieses Gesetzes aufhalten.

(8) [1]Die Hinterbliebenen eines Geschädigten erhalten auf Antrag Versorgung in entsprechender Anwendung der Vorschriften des Bundesversorgungsgesetzes. [2]Die in den Absätzen 5 bis 7 genannten Maßgaben sowie § 10 Satz 3 sind anzuwenden. [3]Soweit dies günstiger ist, ist bei der Bemessung der Abfindung nach Absatz 7 auf den Aufenthalt der Hinterbliebenen abzustellen.

(...)

§ 2 Versagungsgründe. (1) [1]Leistungen sind zu versagen, wenn der Geschädigte die Schädigung verursacht hat oder wenn es aus sonstigen, insbesondere in dem eigenen Verhalten des Anspruchstellers liegenden Gründen unbillig wäre, Entschädigung zu gewähren. [2]Leistungen sind auch zu versagen, wenn der Geschädigte oder Antragsteller

1. an politischen Auseinandersetzungen in seinem Heimatstaat aktiv beteiligt ist oder war und die Schädigung darauf beruht oder

2. an kriegerischen Auseinandersetzungen in seinem Heimatstaat aktiv beteiligt ist oder war und Anhaltspunkte dafür vorhanden sind, daß die Schädigung hiermit in Zusammenhang steht, es sei denn, er weist nach, daß dies nicht der Fall ist oder ...

11. Gesetz über Einreise und Aufenthalt von Staatsangehörigen der Mitgliedstaaten der Europäischen Wirtschaftsgemeinschaft (Aufenthaltsgesetz/EWG − AufenthG/EWG)

in der Fassung der Bekanntmachung vom 31. Januar 1980 (BGBl. I S. 116)

Zuletzt geändert durch Gesetz vom 27. 12. 2000 (BGBl. I S. 2042) und Gesetz vom 3. 12. 2001 (BGBl. I S. 3306)

BGBl. III 26-2

§ 1 Freizügigkeit. (1) Ausländern, die Staatsangehörige eines Mitgliedstaates der Europäischen Wirtschaftsgemeinschaft sind und im Geltungsbereich dieses Gesetzes

1. eine Beschäftigung als Arbeiter oder Angestellte oder zu ihrer Berufsausbildung ausüben oder ausüben wollen (Arbeitnehmer),

2. sich niedergelassen haben oder niederlassen wollen, um eine selbständige Erwerbstätigkeit auszuüben (niedergelassene selbständige Erwerbstätige),

3. ohne sich dort niederzulassen, als selbständige Erwerbstätige im Rahmen des Dienstleistungsverkehrs innerhalb der Europäischen Wirtschaftsgemeinschaft Leistungen im Sinne des Artikels 60 des Vertrages zur Gründung der Europäischen Wirtschaftsgemeinschaft vom 25. März 1957 (BGBl. II S. 766) erbringen oder erbringen wollen (Erbringer von Dienstleistungen),

4. ohne dort ihren gewöhnlichen Aufenthalt zu begründen, im Rahmen des Dienstleistungsverkehrs innerhalb der Europäischen Wirtschaftsgemeinschaft Leistungen im Sinne des Absatzes 1 Nr. 3 empfangen oder empfangen wollen (Empfänger von Dienstleistungen), oder

5. nach Beendigung einer der in den Nummern 1 bis 4 genannten Erwerbstätigkeiten unter den in § 6 a Abs. 2 bis 8 genannten Voraussetzungen verbleiben oder verbleiben wollen (Verbleibeberechtigte)

wird Freizügigkeit nach diesem Gesetz gewährt.

(2) [1] Freizügigkeit nach diesem Gesetz wird auch Familienangehörigen der in Absatz 1 Nr. 1 bis 4 genannten Personen ungeachtet ihrer Staatsangehörigkeit gewährt; Familienangehörige von verstorbenen Erwerbstätigen (Absatz 1 Nr. 1 bis 4), von Verbleibeberechtigten (Absatz 1 Nr. 5) und von verstorbenen Verbleibeberechtigten sind ungeachtet ihrer Staatsangehörigkeit unter den Voraussetzungen des § 7 Abs. 2 und 3 verbleibeberechtigt. [2] Familienangehörige im Sinne dieses Gesetzes sind

1. der Ehegatte und die Verwandten in absteigender Linie, die noch nicht 21 Jahre alt sind,

2. die Verwandten in aufsteigender und in absteigender Linie der in Absatz 1 genannten Personen oder ihrer Ehegatten, denen diese Personen oder ihre Ehegatten Unterhalt gewähren.

(3) Die zuständigen Behörden können von Personen, die Freizügigkeit nach diesem Gesetz beanspruchen, den Nachweis verlangen, daß die in diesem Gesetz bestimmten Voraussetzungen vorliegen.

123

(4) Die Ausländer, denen nach diesem Gesetz Freizügigkeit gewährt wird, erhalten nach Maßgabe der §§ 3 bis 7 a die Aufenthaltserlaubnis für Angehörige eines Mitgliedstaates der Europäischen Gemeinschaften (Aufenthaltserlaubnis-EG).

§ 2 Einreise. (1) Den in § 1 genannten Personen wird die Einreise in den Geltungsbereich dieses Gesetzes gestattet.

(2) [1] Absatz 1 gilt für Familienangehörige (§ 1 Abs. 2) nur, wenn der Person, deren Familienangehörige sie sind, die Einreise oder der Aufenthalt gestattet ist. [2] Absatz 1 gilt für Familienangehörige von verstorbenen Erwerbstätigen (§ 1 Abs. 1 Nr. 1 bis 4), von Verbleibeberechtigten (§ 1 Abs. 1 Nr. 5) und von verstorbenen Verbleibeberechtigten nur unter den Voraussetzungen des § 7 Abs. 2 und 3.

(3) Die in § 1 genannten Personen, die Staatsangehörige eines Mitgliedstaates der Europäischen Wirtschaftsgemeinschaft sind, bedürfen für die Einreise keines Visums.

§ 3 Arbeitnehmer. (1) Arbeitnehmern (§ 1 Abs. 1 Nr. 1) wird auf Antrag eine Aufenthaltserlaubnis-EG erteilt, wenn sie in einem Arbeitsverhältnis stehen.

(2) [1] Die Gültigkeitsdauer der Aufenthaltserlaubnis-EG beträgt, wenn sie nicht für eine kürzere Dauer beantragt ist, mindestens fünf Jahre. [2] Abweichend von Satz 1 kann bei Arbeitnehmern, deren Arbeitsverhältnis für eine Dauer von mindestens drei Monaten und weniger als einem Jahr abgeschlossen ist, die Gültigkeitsdauer auf die voraussichtliche Dauer des Arbeitsverhältnisses begrenzt werden. [3] Bei Arbeitnehmern, die beim Erbringen einer Dienstleistung (§ 1 Abs. 1 Nr. 3) für eine Dauer von mindestens drei Monaten und weniger als einem Jahr mitwirken, kann die Gültigkeitsdauer auf die voraussichtliche Dauer der Dienstleistung begrenzt werden.

(3) [1] Die Aufenthaltserlaubnis-EG wird auf Antrag um mindestens fünf Jahre verlängert, wenn die für ihre Erteilung erforderlichen Voraussetzungen weiter vorliegen. [2] Das gleiche gilt, wenn der Arbeitnehmer unfreiwillig arbeitslos ist. [3] Jedoch kann bei der ersten Verlängerung der Aufenthaltserlaubnis-EG deren Gültigkeitsdauer auf zwölf Monate begrenzt werden, wenn der Arbeitnehmer zu diesem Zeitpunkt seit mehr als zwölf aufeinanderfolgenden Monaten arbeitslos ist.

(4) [1] Die Aufenthaltserlaubnis-EG kann nachträglich zeitlich beschränkt werden, wenn die für ihre Erteilung erforderlichen Voraussetzungen nicht mehr vorliegen. [2] Abweichend von Satz 1 kann die Aufenthaltserlaubnis-EG nicht allein deshalb zeitlich beschränkt werden, weil der Arbeitnehmer wegen vorübergehender Arbeitsunfähigkeit infolge Krankheit oder Unfalls oder wegen unfreiwilliger Arbeitslosigkeit nicht mehr in einem Arbeitsverhältnis steht.

§ 4 Niedergelassene selbständige Erwerbstätige. (1) Selbständigen Erwerbstätigen, die sich im Geltungsbereich dieses Gesetzes niederlassen (§ 1 Abs. 1 Nr. 2) wird auf Antrag eine Aufenthaltserlaubnis-EG erteilt, wenn sie zur Ausübung der beabsichtigten selbständigen Erwerbstätigkeit berechtigt sind.

(2) ¹Die Gültigkeitsdauer der Aufenthaltserlaubnis-EG beträgt, wenn sie nicht für eine kürzere Dauer beantragt ist, mindestens fünf Jahre. ²Sie wird auf Antrag jeweils um mindestens fünf Jahre verlängert, wenn die für ihre Erteilung erforderlichen Voraussetzungen weiter vorliegen.

(3) ¹Die Aufenthaltserlaubnis-EG kann nachträglich zeitlich beschränkt werden, wenn die für ihre Erteilung erforderlichen Voraussetzungen nicht mehr vorliegen. ²Aufenthaltserlaubnis-EG kann nicht allein deshalb zeitlich beschränkt werden, weil der selbständige Erwerbstätige wegen vorübergehender Arbeitsunfähigkeit infolge Krankheit oder Unfalls nicht mehr erwerbstätig ist.

§ 5 Erbringer von Dienstleistungen. (1) Erbringern von Dienstleistungen (§ 1 Abs. 1 Nr. 3) wird auf Antrag eine Aufenthaltserlaubnis-EG erteilt, wenn sie zur Erbringung der Dienstleistung berechtigt sind.

(2) ¹Die Aufenthaltserlaubnis-EG wird für die voraussichtliche Dauer der Dienstleistung erteilt. ²Sie wird auf Antrag entsprechend Satz 1 verlängert, wenn die für ihre Erteilung erforderlichen Voraussetzungen weiter vorliegen.

(3) ¹Die Aufenthaltserlaubnis-EG kann nachträglich zeitlich beschränkt werden, wenn die für ihre Erteilung erforderlichen Voraussetzungen nicht mehr vorliegen. ²Die Aufenthaltserlaubnis-EG kann nicht allein deshalb zeitlich beschränkt werden, weil der Erbringer von Dienstleistungen wegen vorübergehender Arbeitsunfähigkeit infolge Krankheit oder Unfalls nicht mehr erwerbsfähig ist.

§ 6 Empfänger von Dienstleistungen. (1) Empfängern von Dienstleistungen (§ 1 Abs. 1 Nr. 4) wird auf Antrag eine Aufenthaltserlaubnis-EG erteilt.

(2) ¹Die Aufenthaltserlaubnis-EG wird für die voraussichtliche Dauer der Dienstleistung erteilt. ²Sie wird auf Antrag entsprechend Satz 1 verlängert, wenn die für ihre Erteilung erforderlichen Voraussetzungen weiter vorliegen.

(3) Die Aufenthaltserlaubnis-EG kann nachträglich zeitlich beschränkt werden, wenn die für ihre Erteilung erforderlichen Voraussetzungen nicht mehr vorliegen.

§ 6a Verbleibeberechtigte. (1) Verbleibeberechtigten (§ 1 Abs. 1 Nr. 5) wird auf Antrag eine Aufenthaltserlaubnis-EG erteilt.

(2) Verbleibeberechtigt sind die in § 1 Abs. 1 Nr. 1 bis 4 genannten Personen, wenn sie zu dem Zeitpunkt, in dem sie ihre Erwerbstätigkeit aufgeben,

1. das für die Geltendmachung einer Altersrente gesetzlich vorgesehene Alter erreicht oder das 65. Lebensjahr vollendet haben und

2. im Geltungsbereich dieses Gesetzes in den letzten zwölf Monaten ihre Erwerbstätigkeit ausgeübt und sich dort seit mindestens drei Jahren ständig aufgehalten haben.

(3) Verbleibeberechtigt sind ferner die in § 1 Abs. 1 Nr. 1 bis 4 genannten Personen, die die Erwerbstätigkeit im Geltungsbereich dieses Gesetzes infolge dauernder Arbeitsunfähigkeit aufgeben, wenn

1. sie sich seit mindestens zwei Jahren im Geltungsbereich dieses Gesetzes ständig aufgehalten haben, oder

2. die dauernde Arbeitsunfähigkeit durch Arbeitsunfall oder Berufskrankheit eingetreten ist, auf Grund deren ein Anspruch auf Rente entsteht, die ganz oder teilweise zu Lasten eines Trägers im Geltungsbereich dieses Gesetzes geht.

(4) Verbleibeberechtigt nach den Absätzen 2 und 3 ist ferner ein Erwerbstätiger, dessen Ehegatte Deutscher im Sinne des Artikels 116 des Grundgesetzes ist oder diese Rechtsstellung durch Eheschließung mit dem Erwerbstätigen bis zum 31. März 1953 verloren hat, auch wenn die Voraussetzungen der Dauer des ständigen Aufenthalts und der Tätigkeit in Absatz 2 Nr. 2 oder der Dauer des ständigen Aufenthalts in Absatz 3 Nr. 1 nicht vorliegen.

(5) Verbleibeberechtigt sind ferner die in § 1 Abs. 1 Nr. 1 bis 4 genannten Personen, wenn sie nach drei Jahren Erwerbstätigkeit und ständigem Aufenthalt im Geltungsbereich dieses Gesetzes eine Erwerbstätigkeit in einem anderen Mitgliedstaat ausüben, ihren Wohnsitz jedoch im Geltungsbereich dieses Gesetzes beibehalten und in der Regel jeden Tag oder mindestens einmal in der Woche dorthin zurückkehren; die Erwerbstätigkeit im anderen Mitgliedstaat gilt auch als Erwerbstätigkeit im Geltungsbereich dieses Gesetzes nach Absatz 2 Nr. 2 und Absatz 3.

(6) Der ständige Aufenthalt im Sinne der Absätze 2 bis 5 wird weder durch vorübergehende Abwesenheit bis zu insgesamt drei Monaten im Jahr noch durch längere Abwesenheit zur Ableistung des Wehrdienstes berührt.

(7) Als Erwerbstätigkeit im Sinne der Absätze 2 bis 5 gelten

1. Tätigkeitsunterbrechungen infolge Krankheit oder Unfalls,

2. die vom zuständigen Arbeitsamt bestätigten Zeiten unfreiwilliger Arbeitslosigkeit eines Arbeitnehmers,

3. die Zeiten der Einstellung einer selbständigen Tätigkeit infolge von Umständen, auf die der Selbständige keinen Einfluß hatte.

(8) [1] Das Verbleiberecht nach den Absätzen 2 bis 4 muß binnen zwei Jahren nach seinem Entstehen ausgeübt werden. [2] Es wird nicht beeinträchtigt, wenn der Verbleibeberechtigte während dieser Frist den Geltungsbereich dieses Gesetzes verläßt.

(9) [1] Die Aufenthaltserlaubnis-EG wird, wenn sie nicht für eine kürzere Dauer beantragt ist, für mindestens fünf Jahre erteilt. [2] Sie wird auf Antrag um mindestens fünf Jahre verlängert, wenn die für ihre Erteilung erforderlichen Voraussetzungen weiter vorliegen.

(10) Die Aufenthaltserlaubnis-EG kann nachträglich zeitlich beschränkt werden, wenn die für ihre Erteilung erforderlichen Voraussetzungen nicht mehr vorliegen.

§ 7 Familienangehörige. (1) Familienangehörigen (§ 1 Abs. 2) wird auf Antrag eine Aufenthaltserlaubnis-EG erteilt, wenn die Person, deren Familienangehörige sie sind, eine Aufenthaltserlaubnis-EG besitzt und ihr eine Wohnung für sich und ihre Familienangehörigen zur Verfügung steht, die den am Aufenthaltsort geltenden Maßstäben für die Angemessenheit einer Wohnung entspricht.

(2) [1] Familienangehörigen eines verstorbenen Erwerbstätigen (§ 1 Abs. 1 Nr. 1 bis 4), die im Zeitpunkt seines Todes bei ihm ihren ständigen Aufenthalt hatten, wird auf Antrag eine Aufenthaltserlaubnis-EG erteilt, wenn

1. der Erwerbstätige sich im Zeitpunkt seines Todes seit mindestens zwei Jahren ständig im Geltungsbereich dieses Gesetzes aufgehalten hat, oder

2. der Erwerbstätige infolge eines Arbeitsunfalls oder einer Berufskrankheit gestorben ist oder

3. der überlebende Ehegatte des Erwerbstätigen Deutscher im Sinne von Artikel 116 des Grundgesetzes ist oder diese Rechtsstellung durch Eheschließung mit dem Erwerbstätigen bis zum 31. März 1953 verloren hat.

[2]Der ständige Aufenthalt im Sinne von Nummer 1 wird weder durch vorübergehende Abwesenheit bis zu insgesamt drei Monaten im Jahr noch durch längere Abwesenheit zur Ableistung des Wehrdienstes berührt.

(3) Familienangehörigen eines Verbleibeberechtigten (§ 1 Abs. 1 Nr. 5) oder eines verstorbenen Verbleibeberechtigten, die bereits bei Entstehen seines Verbleiberechts ihren ständigen Aufenthalt bei ihm hatten, wird auf Antrag eine Aufenthaltserlaubnis-EG erteilt.

(4) [1]Das Verbleiberecht für Familienangehörige nach den Absätzen 2 und 3 muß binnen zwei Jahren nach seinem Entstehen ausgeübt werden. [2]Es wird nicht beeinträchtigt, wenn der Verbleibeberechtigte während dieser Frist den Geltungsbereich dieses Gesetzes verläßt.

(5) [1]Die Gültigkeitsdauer der Aufenthaltserlaubnis-EG für Familienangehörige von Arbeitnehmern (§ 1 Abs. 1 Nr. 1) beträgt, wenn sie nicht für eine kürzere Dauer beantragt ist, mindestens fünf Jahre. [2]Abweichend von Satz 1 kann bei Familienangehörigen eines Arbeitnehmers, dessen Aufenthaltserlaubnis-EG auf eine Gültigkeitsdauer bis zu zwölf Monaten begrenzt ist, die Gültigkeitsdauer der Aufenthaltserlaubnis-EG so bemessen werden, daß sie mit Ablauf der Aufenthaltserlaubnis-EG endet, die dem Arbeitnehmer erteilt ist. [3]Die Aufenthaltserlaubnis-EG für Familienangehörige von Arbeitnehmern wird auf Antrag um mindestens fünf Jahre verlängert, wenn die für ihre Erteilung erforderlichen Voraussetzungen weiter vorliegen. [4]Für die Verlängerung gilt Satz 2 entsprechend.

(6) [1]Die Aufenthaltserlaubnis-EG für Familienangehörige von niedergelassenen selbständigen Erwerbstätigen (§ 1 Abs. 1 Nr. 2) wird, wenn sie nicht für eine kürzere Dauer beantragt ist, für mindestens fünf Jahre erteilt. [2]Bei Familienangehörigen eines niedergelassenen selbständigen Erwerbstätigen, dessen Aufenthaltserlaubnis-EG für eine kürzere Dauer erteilt ist, kann sie so befristet werden, daß sie mit Ablauf der Aufenthaltserlaubnis-EG endet, die dem niedergelassenen selbständigen Erwerbstätigen erteilt ist. [3]Die Aufenthaltserlaubnis-EG wird auf Antrag mindestens um fünf Jahre verlängert, wenn die für ihre Erteilung erforderlichen Voraussetzungen weiter vorliegen.

(7) [1]Die Gültigkeitsdauer der Aufenthaltserlaubnis-EG für Familienangehörige von Erbringern von Dienstleistungen (§ 1 Abs. 1 Nr. 3) und Empfängern von Dienstleistungen (§ 1 Abs. 1 Nr. 4) ist so zu bemessen, daß sie nicht vor dem Ablauf der Aufenthaltserlaubnis-EG endet, die der Person erteilt ist, deren Familienangehörige sie sind. [2]Sie wird auf Antrag entsprechend Satz 1 verlängert, wenn die für ihre Erteilung erforderlichen Voraussetzungen weiter vorliegen.

(8) [1]Die Aufenthaltserlaubnis-EG für verbleibeberechtigte Familienangehörige wird, wenn sie nicht für eine kürzere Dauer beantragt ist, für mindestens fünf Jahre erteilt. [2]Sie wird auf Antrag mindestens um fünf Jahre ver-

längert, wenn die für ihre Erteilung erforderlichen Voraussetzungen weiter vorliegen.

(9) Die Aufenthaltserlaubnis-EG kann nachträglich zeitlich beschränkt werden, wenn die für ihre Erteilung erforderlichen Voraussetzungen nicht mehr vorliegen.

(10) ¹Die Aufenthaltserlaubnis-EG kann nicht nachträglich zeitlich beschränkt und ihre Verlängerung kann nicht versagt werden, weil die in Absatz 1 bezeichnete Voraussetzung einer angemessenen Wohnung entfallen ist. ²Das gilt nicht, wenn diese Voraussetzung innerhalb von sechs Monaten nach der Erteilung der Aufenthaltserlaubnis-EG entfallen und den Umständen nach anzunehmen ist, daß die Voraussetzung nur kurzfristig zur Erlangung der Aufenthaltserlaubnis-EG erfüllt werden sollte.

§ 7a Unbefristete Aufenthaltserlaubnis-EG. (1) Die Aufenthaltserlaubnis-EG der in § 1 Abs. 1 genannten Personen wird unbefristet verlängert, wenn die für ihre Erteilung erforderlichen Voraussetzungen weiter vorliegen und wenn der Ausländer

1. sich seit mindestens fünf Jahren ständig im Geltungsbereich dieses Gesetzes aufhält,

2. sich auf einfache Art in deutscher Sprache mündlich verständigen kann,

3. über ausreichenden Wohnraum (§ 17 Abs. 4 des Ausländergesetzes) verfügt und

4. in eigenständig und ohne Inanspruchnahme öffentlicher Mittel gesicherten wirtschaftlichen Verhältnissen lebt.

(2) Die Aufenthaltserlaubnis-EG des Ehegatten eines Ausländers, der eine unbefristete Aufenthaltserlaubnis-EG besitzt, wird nach Maßgabe des Absatzes 1 Nr. 1 bis 3 unbefristet verlängert, wenn die für ihre Erteilung erforderlichen Voraussetzungen weiter vorliegen und wenn

1. die häusliche Gemeinschaft der Ehegatten fortbesteht und

2. der Unterhalt ohne Inanspruchnahme öffentlicher Mittel eigenständig oder durch Mittel des anderen Ehegatten gesichert ist.

(3) Absatz 1 findet entsprechende Anwendung auf die Aufenthaltserlaubnis-EG der nach § 6 a Abs. 2 bis 5 verbleibeberechtigten Personen und der nach § 7 Abs. 2 und 3 verbleibeberechtigten Familienangehörigen.

(4) ¹Die unbefristete Aufenthaltserlaubnis-EG ist räumlich unbeschränkt. ²Sie ist nur nach Maßgabe des § 27 Abs. 1 des Ausländergesetzes beschränkbar.

§ 8 Befreiung vom Erfordernis der Aufenthaltsgenehmigung. (1) Arbeitnehmer (§ 1 Abs. 1 Nr. 1), die sich auf Arbeitsuche befinden, bedürfen für die Dauer der ersten drei Monate nach der Einreise keiner Aufenthaltsgenehmigung.

(2) ¹Arbeitnehmer (§ 1 Abs. 1 Nr. 1) sowie Erbringer und Empfänger von Dienstleistungen (§ 1 Abs. 1 Nr. 3 und 4) bedürfen keiner Aufenthaltsgenehmigung, wenn die voraussichtliche Dauer des beabsichtigten Aufenthalts drei Monate nicht übersteigt. ²Das gleiche gilt für Familienangehörige (§ 1 Abs. 2) der in Satz 1 genannten Personen, wenn sie Staatsangehörige eines Mitgliedstaates der Europäischen Wirtschaftsgemeinschaft sind.

(3) Arbeitnehmer, die im Geltungsbereich dieses Gesetzes beschäftigt sind, ihren Wohnort jedoch im Hoheitsgebiet eines anderen Mitgliedstaates haben und in der Regel jeden Tag oder mindestens einmal in der Woche dorthin zurückkehren (Grenzarbeitnehmer), bedürfen keiner Aufenthaltsgenehmigung.

§ 9 Aufenthaltsanzeige. Personen, die im Geltungsbereich dieses Gesetzes eine Erwerbstätigkeit ausüben wollen, jedoch nach § 8 Abs. 2 keiner Aufenthaltsgenehmigung bedürfen, haben der Ausländerbehörde unverzüglich nach der Einreise ihren Aufenthalt anzuzeigen, wenn die voraussichtliche Dauer des Aufenthaltes einen Monat übersteigt.

§ 10 Ausweise. [1]Das Recht auf Einreise und Aufenthalt nach den §§ 2 bis 8 setzt voraus, daß der Ausländer sich durch einen Paß oder amtlichen Personalausweis ausweist. [2]Familienangehörige können sich auch durch einen sonstigen zugelassenen Paßersatz ausweisen.

§ 11 Erlöschen der Aufenthaltserlaubnis-EG. [1]Die Aufenthaltserlaubnis-EG erlischt, wenn sich der Ausländer seit mehr als sechs Monaten nicht mehr im Geltungsbereich dieses Gesetzes aufgehalten hat. [2]Dies gilt nicht, wenn der Aufenthalt lediglich zur Ableistung des Wehrdienstes oder eines an seine Stelle tretenden Ersatzdienstes unterbrochen wurde.

§ 12 Einschränkungen der Freizügigkeit. (1) [1]Soweit dieses Gesetz Freizügigkeit gewährt und beschränkende Maßnahmen nicht schon in den vorstehenden Bestimmungen vorsieht, sind die Versagung der Einreise, der Aufenthaltserlaubnis-EG oder ihrer Verlängerung beschränkende Maßnahmen nach § 3 Abs. 5, § 12 Abs. 1 Satz 2 und § 14 des Ausländergesetzes sowie die Ausweisung oder Abschiebung gegenüber den in § 1 genannten Personen nur aus Gründen der öffentlichen Ordnung, Sicherheit oder Gesundheit (Artikel 48 Abs. 3, Artikel 56 Abs. 1 des Vertrages zur Gründung der Europäischen Wirtschaftsgemeinschaft) zulässig. [2]Ausländer, die eine unbefristete Aufenthaltserlaubnis-EG besitzen, dürfen nur aus schwerwiegenden Gründen der öffentlichen Sicherheit oder Ordnung ausgewiesen werden.

(2) Die in Absatz 1 genannten Entscheidungen oder Maßnahmen dürfen nicht zu wirtschaftlichen Zwecken getroffen werden.

(3) [1]Die in Absatz 1 genannten Entscheidungen oder Maßnahmen dürfen nur getroffen werden, wenn ein Ausländer durch sein persönliches Verhalten dazu Anlaß gibt. [2]Dies gilt nicht für Entscheidungen oder Maßnahmen, die zum Schutz der öffentlichen Gesundheit getroffen werden.

(4) Die Tatsache einer strafrechtlichen Verurteilung genügt für sich allein nicht, um die in Absatz 1 genannten Entscheidungen oder Maßnahmen zu begründen.

(5) Wird der Paß, Personalausweis oder sonstige Paßersatz des Ausländers ungültig, so kann dies seine Abschiebung nicht begründen.

(6) [1]Zum Schutz der öffentlichen Gesundheit dürfen die in Absatz 1 genannten Entscheidungen oder Maßnahmen nur getroffen werden, wenn der Ausländer

1. an einer Krankheit im Sinne von § 6 des Infektionsschutzgesetzes vom 20. Juli 2000 (BGBl. I S. 1045) leidet oder mit einem Krankheitserreger im Sinne von § 7 des Infektionsschutzgesetzes infiziert ist, oder

2. an Suchtkrankheiten, schweren geistigen oder seelischen Störungen, manifesten Psychosen mit Erregungszuständen, Wahnvorstellungen oder Sinnestäuschungen mit Verwirrungszuständen leidet.

[2] Tritt die Krankheit oder das Gebrechen erst nach der Erteilung der Aufenthaltserlaubnis-EG auf, so kann dies die Versagung der Verlängerung oder die nachträglich zeitliche Beschränkung der Aufenthaltserlaubnis-EG, die Ausweisung oder Abschiebung nicht begründen.

(7) [1] Wird die Erteilung oder Verlängerung der Aufenthaltserlaubnis-EG versagt, die Ausweisung verfügt oder die Abschiebung angedroht, so ist die Frist anzugeben, binnen welcher der Ausländer den Geltungsbereich dieses Gesetzes zu verlassen hat. [2] Außer in dringenden Fällen muß die Frist, falls noch keine Aufenthaltserlaubnis-EG erteilt ist, mindestens fünfzehn Tage, und wenn bereits eine Aufenthaltserlaubnis-EG erteilt ist, mindestens einen Monat betragen.

(8) [1] Die Gründe für eine Entscheidung oder Maßnahme nach Absatz 1 sind dem Betroffenen mitzuteilen. [2] § 66 Abs. 1 des Ausländergesetzes bleibt unberührt.

(9) § 72 Abs. 1 des Ausländergesetzes findet keine Anwendung.

§ 12a Ordnungswidrigkeiten. (1) Ordnungswidrig handelt, wer als Person, der nach diesem Gesetz oder nach der Freizügigkeitsverordnung/EG vom 17. Juli 1997 (BGBl. I S. 1810) Freizügigkeit gewährt wird,

1. bei der Einreise in das Bundesgebiet den erforderlichen Paß oder Paßersatz (§ 10 dieses Gesetzes oder § 6 der Freizügigkeitsverordnung/EG)
   a) nicht besitzt oder nicht mit sich führt oder
   b) einem zuständigen Beamten auf Verlangen nicht zur Prüfung aushändigt.

2. sich im Bundesgebiet aufhält, ohne den erforderlichen Paß oder Paßersatz (§ 10 dieses Gesetzes oder § 6 der Freizügigkeitsverordnung/EG) zu besitzen.

(2) Ordnungswidrig handelt auch, wer eine in Absatz 1 Nr. 1 Buchstabe a bezeichnete Handlung fahrlässig oder eine in Absatz 1 Nr. 2 bezeichnete Handlung leichtfertig begeht.

(3) Die Ordnungswidrigkeit kann in den Fällen des Absatzes 1 Nr. 1 mit einer Geldbuße bis zu zweitausendfünfhundert Euro, in den übrigen Fällen mit einer Geldbuße bis zu eintausend Euro geahndet werden.

(4) Bei Ordnungswidrigkeiten nach Absatz 1 Nr. 1, auch in Verbindung mit Absatz 2, sind zuständige Verwaltungsbehörden im Sinne des § 36 Abs. 1 Nr. 1 des Gesetzes über Ordnungswidrigkeiten die Grenzschutzämter.

(5) *(aufgehoben)*

§ 13 Gebührenfreiheit. Von Staatsangehörigen der Mitgliedstaaten der Europäischen Wirtschaftsgemeinschaft und ihren Familienangehörigen (§ 1 Abs. 2), denen Freizügigkeit nach diesem Gesetz gewährt wird, werden keine Gebühren für die Erteilung oder Verlängerung der Aufenthaltserlaubnis-EG oder eines Visums erhoben.

§ 14 Allgemeine Verwaltungsvorschriften. *(aufgehoben)*

§ 15 Geltung des Ausländergesetzes. Soweit dieses Gesetz keine abweichenden Vorschriften enthält, finden das Ausländergesetz und die auf Grund des Ausländergesetzes erlassenen Verordnungen in der jeweils geltenden Fassung Anwendung.

§ 15a Verordnungen und Richtlinien der EG. (1) Die Verordnung der Kommission der Europäischen Gemeinschaften über das Recht der Arbeitnehmer, nach Beendigung einer Beschäftigung im Hoheitsgebiet eines Mitgliedstaates zu verbleiben, vom 29. Juni 1970 – Verordnung (EWG) 1251/70 – (ABl. EG Nr. L 142 S. 24) bleibt unberührt; insoweit haben § 1 Abs. 1 Nr. 5, § 1 Abs. 2 Satz 1, § 2 Abs. 2, §§ 6 a und 7 Abs. 2, 3, 4 und 8 nur deklaratorische Bedeutung.

(2) Der Bundesminister des Innern wird ermächtigt, dieses Gesetz durch Rechtsverordnung mit Zustimmung des Bundesrates nachfolgenden Verordnungen der Europäischen Gemeinschaften zur Regelung von Einreise und Aufenthalt von Staatsangehörigen der Mitgliedstaaten anzupassen.

(3) Der Bundesminister des Innern kann durch Rechtsverordnung mit Zustimmung des Bundesrates die Einreise und den Aufenthalt anderer als der in § 1 Abs. 1 und 2 bezeichneten Personen regeln, soweit es zur Ausführung der Richtlinien des Rates der Europäischen Gemeinschaften über

1. das Aufenthaltsrecht gemäß Richtlinie 90/364/EWG des Rates vom 28. Juni 1990 (ABl. EG Nr. L 180 S. 26),
2. das Aufenthaltsrecht der aus dem Erwerbsleben ausgeschiedenen Arbeitnehmer und selbständig Erwerbstätigen gemäß Richtlinie 90/365/EWG des Rates vom 28. Juni 1990 (ABl. EG Nr. L 180 S. 28),
3. das Aufenthaltsrecht der Studenten gemäß Richtlinie 93/96/EWG des Rates vom 29. Oktober 1993 (ABl. EG Nr. L 317 S. 59)

erforderlich ist.

§ 15b Geltung für Staatsangehörige neuer Mitgliedstaaten. [1]Auf Ausländer, die Staatsangehörige eines Staates sind, der nach dem 31. Dezember 1980 Mitglied der Europäischen Wirtschaftsgemeinschaft wird, findet dieses Gesetz vom Zeitpunkt des Wirksamwerdens des Beitritts an Anwendung, soweit Freizügigkeit durch das von der Bundesrepublik Deutschland ratifizierte Vertragswerk über den Beitritt gewährt wird. [2]Soweit Freizügigkeit noch nicht gewährt wird, findet dieses Gesetz mit der Maßgabe Anwendung, daß über die Erteilung, die Verlängerung und die Geltungsdauer der Aufenthaltserlaubnis-EG nach Ermessen entschieden wird.

§ 15c Geltung für Staatsangehörige der EFTA-Staaten. Soweit das Abkommen vom 2. Mai 1992 über den Europäischen Wirtschaftsraum Ausländern, die nicht Staatsangehörige eines Mitgliedstaates der Europäischen Wirtschaftsgemeinschaft sind, Freizügigkeit gewährt, finden dieses Gesetz und die auf Grund dieses Gesetzes erlassenen Rechtsverordnungen mit den in dem Abkommen über den Europäischen Wirtschaftsraum enthaltenen Maßgaben entsprechende Anwendung.

§ 16 Berlin–Klausel. *(gegenstandslos)*

§ 17 Inkrafttreten.

12. Verordnung über die allgemeine Freizügigkeit von Staatsangehörigen der Mitgliedstaaten der Europäischen Union (Freizügigkeitsverordnung/EG – FreizügV/EG)[1]

Vom 17. Juli 1997 (BGBl. I S. 1810), geändert durch Gesetz vom 19. 3. 2001 (BGBl. I S. 390)

BGBl. III 26-2-1

Auf Grund des § 15 a Abs. 3 des Aufenthaltsgesetzes/EWG in der Fassung der Bekanntmachung vom 31. Januar 1980 (BGBl. I S. 116)[2] der zuletzt durch Artikel 1 des Gesetzes vom 24. Januar 1997 (BGBl. I S. 51) geändert worden ist, verordnet das Bundesministerium des Innern:

§ 1 Freizügigkeit für Nichterwerbstätige. (1) Ausländern, die Staatsangehörige eines Mitgliedstaates der Europäischen Union sind und denen ein Recht auf Einreise und Aufenthalt nicht auf Grund des § 1 Abs. 1 und 2 des Aufenthaltsgesetzes/EWG zukommt, wird Freizügigkeit nach den Bestimmungen dieser Verordnung gewährt.

(2) [1]Freizügigkeit nach dieser Verordnung wird auch den Familienangehörigen ungeachtet ihrer Staatsangehörigkeit gewährt, wenn sie bei einer nach Absatz 1 berechtigten Person ihre Wohnung nehmen. [2]Familienangehörige im Sinne dieser Verordnung sind:

1. der Ehegatte und die Kinder, denen Unterhalt geleistet wird,

2. die sonstigen Verwandten in absteigender und aufsteigender Linie sowie die sonstigen Verwandten des Ehegatten in aufsteigender Linie, denen Unterhalt geleistet wird.

(3) [1]Abweichend von Absatz 2 genießen Freizügigkeit nach dieser Verordnung als Familienangehörige eines Studenten nur der Ehegatte und die unterhaltsbrechtigten Kinder. [2]Student im Sinne dieser Verordnung ist eine Person, die eine schriftliche Zulassung zu einer staatlichen oder nach Landesrecht staatlich anerkannten Universität, Pädagogischen Hochschule, Kunsthochschule, Fachhochschule oder sonstigen Einrichtung des höheren Bildungswesens besitzt oder an einer solchen immatrikuliert ist.

(4) Die zuständigen Behörden können von Personen, die Freizügigkeit nach dieser Verordnung beanspruchen, den Nachweis verlangen, daß die in dieser Verordnung bestimmten Voraussetzungen vorliegen.

---

[1] Diese Verordnung dient der Umsetzung der
- Richtlinie 90/364/EWG des Rates vom 28. Juni 1990 über das Aufenthaltsrecht (ABl. EG Nr. L 180 S. 26).
- Richtlinie 90/365/EWG des Rates vom 28. Juni 1990 über das Aufenthaltsrecht der aus dem Erwerbsleben ausgeschiedenen Arbeitnehmer und selbständigen Erwerbstätigen (ABl. EG Nr. L 180 S. 28).
- Richtlinie 93/96/EWG des Rates vom 29. Oktober 1993 über das Aufenthaltsrecht der Studenten (ABl. EG Nr. L 317 S. 59).

[2] Nr. 4.

§ 2 Einreise. (1) ¹Den in § 1 bezeichneten Personen wird die Einreise in das Bundesgebiet gestattet. ²Für Familienangehörige gilt dies nur, wenn der Person, deren Familienangehörige sie sind, die Einreise oder der Aufenthalt gestattet ist.

(2) Die in § 1 bezeichneten Personen, die Staatsangehörige eines Mitgliedstaates der Europäischen Union sind, bedürfen für die Einreise keiner Aufenthaltsgenehmigung.

§ 3 Aufenthaltserlaubnis-EG. (1) ¹Den Personen, die nach dieser Verordnung Freizügigkeit genießen, wird auf Antrag die Aufenthaltserlaubnis für Angehörige eines Mitgliedstaates der Europäischen Union (Aufenthaltserlaubnis-EG) erteilt. ²Die Aufenthaltserlaubnis-EG ist innerhalb von drei Monaten nach der Einreise bei der zuständigen Behörde zu beantragen.

(2) Die Aufenthaltserlaubnis-EG gilt für das gesamte Bundesgebiet.

(3) ¹Die Gültigkeitsdauer der Aufenthaltserlaubnis-EG beträgt mindestens fünf Jahre, wenn sie nicht für einen kürzeren Zeitraum beantragt ist. ²Die Gültigkeitsdauer kann bei der erstmaligen Erteilung auf zwei Jahre beschränkt werden. ³Studenten wird eine auf die voraussichtliche Dauer der Ausbildung beschränkte Aufenthaltserlaubnis- EG erteilt; dauert die Ausbildung länger als zwei Jahre, kann die Aufenthaltserlaubnis-EG zunächst für zwei Jahre erteilt werden.

(4) Familienangehörigen wird ungeachtet ihrer Staatsangehörigkeit eine Aufenthaltserlaubnis-EG mit der gleichen Gültigkeitsdauer ausgestellt wie der Person, deren Familienangehörige sie sind.

(5) ¹Die Aufenthaltserlaubnis-EG wird auf Antrag um mindestens fünf Jahre verlängert, wenn die nach dieser Verordnung für ihre Erteilung erforderlichen Voraussetzungen weiter vorliegen. ²Bei einem Studenten wird die Gültigkeitsdauer abweichend von Satz 1 um jeweils zwei Jahre verlängert.

(6) Die Gültigkeitsdauer der Aufenthaltserlaubnis-EG kann nachträglich zeitlich beschränkt werden, wenn eine nach dieser Verordnung erforderliche Voraussetzung entfallen ist.

(7) Die §§ 11 und 13 des Aufenthaltsgesetzes/EWG¹⁾ finden entsprechend Anwendung.

§ 4 Einschränkungen der Freizügigkeit. (1) ¹Soweit diese Verordnung Freizügigkeit gewährt, sind die Versagung der Einreise, der Aufenthaltserlaubnis-EG oder ihrer Verlängerung, beschränkende Maßnahmen nach § 12 Abs. 1 Satz 2 und § 14 des Ausländergesetzes sowie die Ausweisung oder Abschiebung nur aus Gründen der öffentlichen Ordnung, der öffentlichen Sicherheit oder der Volksgesundheit zulässig. ²§ 3 Abs. 6 bleibt unberührt.

(2) § 12 Abs. 2 bis 9 des Aufenthaltsgesetzes/EWG findet entsprechende Anwendung.

§ 5 Erwerbstätigkeit. ¹Die in § 1 Abs. 2 Nr. 1 und Abs. 3 bezeichneten Familienangehörigen haben das Recht, im Bundesgebiet jedwede abhängige Beschäftigung oder selbständige Erwerbstätigkeit auszuüben. ²Dieses Recht darf nicht durch ausländerrechtliche Auflagen ausgeschlossen werden.

---

¹⁾ Nr. 4.

§ 6 Ausweispflicht. [1] Die Ausübung des Rechts auf Freizügigkeit nach dieser Verordnung setzt voraus, daß sich die in § 1 bezeichneten Personen durch einen Paß oder amtlichen Personalausweis ausweisen können. [2] Familienangehörige können sich auch durch einen sonstigen, als Paßersatz zugelassenen amtlichen Ausweis ausweisen.

§ 7 Krankenversicherungsschutz. (1) [1] Die in § 1 Abs. 1 bezeichneten Personen müssen für die Gewährung der Freizügigkeit nach dieser Verordnung einen ausreichenden Krankenversicherungsschutz fürsich und ihre Familienangehörigen genießen. [2] Der volle Leistungsumfang des Versicherungsschutzes muß ab dem Zeitpunkt der Einreise für die gesamte Dauer des voraussichtlichen Aufenthaltes bestehen.

(2) Der Krankenversicherungsschutz nach Absatz 1 ist als ausreichend anzusehen, wenn er im Umfang der gesetzlichen Krankenversicherung folgende Leistungen umfaßt:

1. ärztliche und zahnärztliche Behandlung,

2. Versorgung mit Arznei-, Verband-, Heil- und Hilfsmitteln,

3. Krankenhausbehandlung,

4. medizinische Leistungen zur Rehabilitation und

5. Leistungen bei Schwangerschaft und Geburt.

§ 8 Existenzmittel. (1) [1] Die in § 1 Abs. 1 bezeichneten Personen müssen für die Gewährung der Freizügigkeit nach dieser Verordnung über ausreichende Existenzmittel in solcher Höhe verfügen, daß sie für sich und ihre Familienangehörigen während ihres Aufenthalts keine Leistungen der Sozialhilfe oder vergleichbarer Landes- oder Bundesgesetze in Anspruch nehmen müssen. [2] Die Existenzmittel müssen ab dem Zeitpunkt der Einreise für die gesamte Dauer des voraussichtlichen Aufenthalts uneingeschränkt verfügbar sein.

(2) Existenzmittel im Sinne des Absatzes 1 sind alle gesetzlichen zulässigen Einkommen und Vermögen in Geld oder Geldeswert oder sonstige eigene Mittel, insbesondere Unterhaltsleistungen von Familienangehörigen oder Dritten, Stipendien, Ausbildungs- oder Umschulungsbeihilfen, Arbeitslosengeld, Invaliditäts-, Hinterbliebenen-, Vorruhestands- oder Altersrenten, Renten wegen Arbeitsunfall, Berufs- oder Erwerbsunfähigkeit oder sonstiger auf einer Beitragsleistung beruhender öffentlicher Mittel.

(3) [1] Die Existenzmittel sind als ausreichend anzusehen, wenn sie bei den in § 1 Abs.1 bezeichneten Personen einen monatlichen Betrag in Höhe von 1170 Deutsche Mark übersteigen. [2] Für jeden volljährigen Familienangehörigen müssen zusätzliche Existenzmittel in Höhe von 60 vom Hundert, für jedes minderjährige Kind in Höhe von 45 vom Hundert dieses Betrages nachgewiesen werden. [3] Bei Personen, die mit einem Kind unter sieben Jahren oder die mit zwei oder mehr Kindern unter sechszehn Jahren zusammenleben und allein für deren Pflege und Erziehung sorgen, sind zusätzliche Existenzmittel in Höhe von 20 vom Hundert, bei Personen, die das fünfundsechszigste Lebensjahr vollendet haben oder erwerbsunfähig im Sinne der gesetzlichen Rentenversicherung sind, zusätzliche Existenzmittel in Höhe von 10 vom Hundert des Betrages nach Satz 1 nachzuweisen.

(4) ¹Soweit für die in § 1 bezeichneten Personen insbesondere wegen Krankheit, Behinderung oder Pflegebedürftigkeit Ansprüche auf Leistungen nach Abschnitt 3 des Bundessozialhilfegesetzes in Betracht kommen, sind zusätzliche Existenzmittel nachzuweisen, die solche Ansprüche ausschließen. ²Soweit die in § 1 bezeichneten Personen nachweisen, daß nach ihren persönlichen Verhältnissen eine Inanspruchnahme von Leistungen der Sozialhilfe oder vergleichbarer Landes- oder Bundesgesetze ausgeschlossen ist, können auch geringere als die in Absatz 3 genannten Existenzmittel als ausreichend angesehen werden.

(5) Die nach den Absätzen 3 und 4 erforderlichen Existenzmittel sind in Form

1. einer telegrafischen Geldanweisung,

2. eines Guthabens auf einem Konto oder einem Sparbuch bei einem Geldinstitut mit Sitz im Bundesgebiet oder in einem anderen Mitgliedstaat der Europäischen Union,

3. einer Bankbürgschaft eines in Nummer 2 bezeichneten Geldinstituts,

4. einer selbstschuldnerischen Bürgschaft wirtschaftlich leistungsfähiger natürlicher Personen mit Wohnsitz oder juristischer Personen mit Sitz im Bundesgebiet oder in einem anderen Mitgliedstaat der Europäischen Union oder

5. einer sonstigen schriftlichen Erklärung einer in Nummer 4 bezeichneten natürlichen oder juristischen Person, aus der eine uneingeschränkte Leistungszusicherung hervorgeht,

nachzuweisen.

(6) ¹Anstelle des Monatsbetrages gemäß Absatz 3 Satz 1 gilt für Studenten in der Regel der jeweils geltende Höchstbetrag der Ausbildungsförderung für einen nicht bei den Eltern wohnenden Studierenden nach § 13 Abs. 1 Nr. 2, Abs. 2 Nr. 2 und Abs. 3 des Bundesausbildungsförderungsgesetzes. ²Die Möglichkeit eines geringfügigen Zuverdienstes kann berücksichtigt werden. ³Studenten, die Freizügigkeit nach dieser Verordnung beanspruchen, müssen für sich das Vorliegen der Existenzmittel nach Satz 1 und für ihre Familienangehörigen das Vorliegen zusätzlicher Existenzmittel nach Absatz 3 Satz 2 und 3 für die voraussichtliche Dauer der Ausbildung, höchstens jedoch für einen Zeitraum von zwei Jahren, glaubhaft machen. ⁴Dies gilt auch, soweit nach Absatz 4 zusätzliche Existenzmittel erforderlich sind oder geringere Existenzmittel als ausreichend angesehen werden können. ⁵Zur Glaubhaftmachung genügt in der Regel eine schriftliche Erklärung des Studenten.

§ 9 Geltung des Ausländergesetzes. ¹Soweit diese Verordnung keine abweichende Vorschrift enthält, finden das Ausländergesetz und die auf Grund des Ausländergesetzes erlassenen Verordnung in der jeweils geltenden Fassung Anwendung. ²Soweit die Rechtsstellung der in § 1 bezeichneten Personen in den in Satz 1 genannten Vorschriften günstiger geregelt ist, bleiben diese unberührt.

§ 10 Inkrafttreten. Diese Verordnung tritt am ersten Tage des zweiten auf die Verkündung¹⁾ folgenden Kalendermonats in Kraft.

---

¹⁾ Die Verordnung wurde am 22. 7. 1997 verkündet.

13. Beschluß Nr. 1/80 des Assoziationsrats EWG-Türkei über die Entwicklung der Assoziation

(ANBA 1981, 4)

– Auszug –

Der Assoziationsrat –
gestützt auf das Abkommen zur Gründung einer Assoziation zwischen der Europäischen Wirtschaftsgemeinschaft und der Türkei,
in Erwägung nachstehender Gründe:
Neubelebung und Entwicklung der Assoziation müssen sich, wie am 5. Februar 1980 vereinbart, auf sämtliche derzeitigen Probleme der Assoziation erstrecken. Bei der Suche nach einer Lösung für diese Probleme ist die Besonderheit der Assoziationsbindungen zwischen der Gemeinschaft und der Türkei zu berücksichtigen.
Im Agrarbereich kann durch die Abschaffung der Einfuhrzölle der Gemeinschaft für türkische Erzeugnisse das angestrebte Ergebnis erreicht und den Bedenken der Türkei wegen der Folgen der Erweiterung der Gemeinschaft Rechnung getragen werden. Im übrigen muß als Voraussetzung für die Einführung des freien Verkehrs von Agrarerzeugnissen Artikel 33 des Zusatzprotokolls durchgeführt werden. Das vorgesehene System muß unter Einhaltung der Grundsätze und der Regelungen der gemeinsamen Agrarpolitik angewandt werden.
Im sozialen Bereich führen die vorstehenden Erwägungen im Rahmen der internationalen Verpflichtungen jeder der beiden Parteien zu einer besseren Regelung zugunsten der Arbeitnehmer und ihrer Familienangehörigen gegenüber der mit Beschluß Nr. 2/76 des Assoziationsrats eingeführten Regelung. Im übrigen müssen die Bestimmungen über die soziale Sicherheit und über den Austausch junger Arbeitskräfte durchgeführt werden.

Kapitel II. Soziale Bestimmungen

Abschnitt 1. Fragen betreffend die Beschäftigung und die Freizügigkeit der Arbeitnehmer

Art. 6. (1) Vorbehaltlich der Bestimmungen in Artikel 7 über den freien Zugang der Familienangehörigen zur Beschäftigung hat der türkische Arbeitnehmer, der dem regulären Arbeitsmarkt eines Mitgliedstaats angehört, in diesem Mitgliedstaat
– nach einem Jahr ordnungsgemäßer Beschäftigung Anspruch auf Erneuerung seiner Arbeitserlaubnis bei dem gleichen Arbeitgeber, wenn er über einen Arbeitsplatz verfügt;
– nach drei Jahren ordnungsgemäßer Beschäftigung – vorbehaltlich des den Arbeitnehmern aus den Mitgliedstaaten der Gemeinschaft einzuräumenden

Vorrangs – das Recht, sich für den gleichen Beruf bei einem Arbeitgeber seiner Wahl auf ein unter normalen Bedingungen unterbreitetes und bei den Arbeitsämtern dieses Mitgliedstaats eingetragenes anderes Stellenangebot zu bewerben;
- nach vier Jahren ordnungsgemäßer Beschäftigung freien Zugang zu jeder von ihm gewählten Beschäftigung im Lohn- oder Gehaltsverhältnis.

(2) [1]Der Jahresurlaub und die Abwesenheit wegen Mutterschaft, Arbeitsunfall oder kurzer Krankheit werden den Zeiten ordnungsgemäßer Beschäftigung gleichgestellt. [2]Die Zeiten unverschuldeter Arbeitslosigkeit, die von den zuständigen Behörden ordnungsgemäß festgestellt worden sind, sowie die Abwesenheit wegen langer Krankheit werden zwar nicht den Zeiten ordnungsgemäßer Beschäftigung gleichgestellt, berühren jedoch nicht die aufgrund der vorherigen Beschäftigungszeit erworbenen Ansprüche.

(3) Die Einzelheiten der Durchführung der Absätze 1 und 2 werden durch einzelstaatliche Vorschriften festgelegt.

Art. 7. [1]Die Familienangehörigen eines dem regulären Arbeitsmarkt eines Mitgliedstaats angehörenden türkischen Arbeitnehmers, die die Genehmigung erhalten haben, zu ihm zu ziehen,
- haben vorbehaltlich des den Arbeitnehmern aus den Mitgliedstaaten der Gemeinschaft einzuräumenden Vorrangs das Recht, sich auf jedes Stellenangebot zu bewerben, wenn sie dort seit mindestens drei Jahre ihren ordnungsgemäßen Wohnsitz haben;
- haben freien Zugang zu jeder von ihnen gewählten Beschäftigung im Lohn- oder Gehaltsverhältnis, wenn sie dort seit mindestens fünf Jahren ihren ordnungsgemäßen Wohnsitz haben.

[2]Die Kinder türkischer Arbeitnehmer, die im Aufnahmeland eine Berufsausbildung abgeschlossen haben, können sich unabhängig von der Dauer ihres Aufenthalts in dem betreffenden Mitgliedstaat dort auf jedes Stellenangebot bewerben, sofern ein Elternteil in dem betreffenden Mitgliedstaat seit mindestens drei Jahren ordnungsgemäß beschäftigt war.

Art. 8. (1) Kann in der Gemeinschaft eine offene Stelle nicht durch die auf dem Arbeitsmarkt der Mitgliedstaaten verfügbaren Arbeitskräfte besetzt werden und beschließen die Mitgliedstaaten im Rahmen ihrer Rechts- und Verwaltungsvorschriften zu gestatten, daß zur Besetzung dieser Stelle Arbeitnehmer eingestellt werden, die nicht Staatsangehörige eines Mitgliedstaats der Gemeinschaft sind, so bemühen sich die Mitgliedstaaten, den türkischen Arbeitnehmern in diesem Falle einen Vorrang einzuräumen.

(2) Die Arbeitsämter der Mitgliedstaaten bemühen sich, die bei ihnen eingetragenen offenen Stellen, die nicht durch dem regulären Arbeitsmarkt dieses Mitgliedstaats angehörende Arbeitskräfte aus der Gemeinschaft besetzt werden konnten, mit regulär als Arbeitslose gemeldeten türkischen Arbeitnehmern zu besetzen, die im Hoheitsgebiet des genannten Mitgliedstaats ihren ordnungsgemäßen Wohnsitz haben.

Art. 9. [1]Türkische Kinder, die in einem Mitgliedstaat der Gemeinschaft ordnungsgemäß bei ihren Eltern wohnen, welche dort ordnungsgemäß beschäftigt sind oder waren, werden unter Zugrundelegung derselben Qualifikationen wie die Kinder von Staatsangehörigen dieses Mitgliedstaats zum allgemeinen Schulunterricht, zur Lehrlingsausbildung und zur beruflichen Bildung zugelassen. [2]Sie können in diesem Mitgliedstaat Anspruch auf die Vorteile haben, die nach den einzelstaatlichen Rechtsvorschriften in diesem Bereich vorgesehen sind.

Art. 10. (1) Die Mitgliedstaaten der Gemeinschaft räumen den türkischen Arbeitnehmern, die ihrem regulären Arbeitsmarkt angehören, eine Regelung ein, die gegenüber den Arbeitnehmern aus der Gemeinschaft hinsichtlich des Arbeitsentgeltes und der sonstigen Arbeitsbedingungen jede Diskriminierung aufgrund der Staatsangehörigkeit ausschließt.

(2) Vorbehaltlich der Artikel 6 und 7 haben die in Absatz 1 genannten türkischen Arbeitnehmer und ihre Familienangehörigen in gleicher Weise wie die Arbeitnehmer aus der Gemeinschaft Anspruch auf die Unterstützung der Arbeitsämter bei der Beschaffung eines Arbeitsplatzes.

Art. 11. Staatsangehörige der Mitgliedstaaten, die dem regulären Arbeitsmarkt der Türkei angehören, und ihre bei ihnen wohnenden Familienangehörigen genießen dort die in den Artikeln 6, 7, 9 und 10 gewährten Rechte und Vorteile, wenn sie die in diesen Artikeln vorgesehenen Voraussetzungen erfüllen.

Art. 12. [1]Wenn in einem Mitgliedstaat der Gemeinschaft oder in der Türkei der Arbeitsmarkt ernsten Störungen ausgesetzt oder von ernsten Störungen bedroht ist, die ernste Gefahren für den Lebensstandard und das Beschäftigungsniveau in einem Gebiet, einem Wirtschaftszweig oder einem Beruf mit sich bringen können, so kann der betreffende Staat davon absehen, automatisch die Artikel 6 und 7 anzuwenden. [2]Der betreffende Staat unterrichtet den Assoziationsrat von dieser zeitweiligen Einschränkung.

Art. 13. Die Mitgliedstaaten der Gemeinschaft und die Türkei dürfen für Arbeitnehmer und ihre Familienangehörigen, deren Aufenthalt und Beschäftigung in ihrem Hoheitsgebiet ordnungsgemäß sind, keine neuen Beschränkungen für den Zugang zum Arbeitsmarkt einführen.

Art. 14. (1) Dieser Abschnitt gilt vorbehaltlich der Beschränkungen, die aus Gründen der öffentlichen Ordnung, Sicherheit und Gesundheit gerechtfertigt sind.

(2) Er berührt nicht die Rechte und Pflichten, die sich aus den einzelstaatlichen Rechtsvorschriften oder zweiseitigen Abkommen zwischen der Türkei und den Mitgliedstaaten der Gemeinschaft ergeben, soweit sie für ihre Staatsangehörigen keine günstigere Regelung vorsehen.

Art. 15. (1) [1]Damit der Assoziationsrat in der Lage ist, die ausgewogene Anwendung dieses Abschnitts zu überwachen und sich zu vergewissern, daß sie unter Bedingungen erfolgt, die die Gefahr von Störungen auf den Arbeitsmärkten ausschließen, führt er in regelmäßigen Zeitabständen einen Meinungsaustausch durch, um für eine bessere gegenseitige Kenntnis der wirtschaftlichen und sozialen Lage einschließlich der Lage auf dem Arbeitsmarkt und seiner Entwicklungsaussichten in der Gemeinschaft und in der Türkei zu sorgen. [2] Er legt jährlich dem Assoziationsrat einen Tätigkeitsbericht vor.

(2) Der Assoziationsausschuß ist befugt, sich im Hinblick auf die Durchführung von Absatz 1 von einer Ad-hoc-Gruppe unterstützen zu lassen.

Art. 16. (1) Die Bestimmungen dieses Abschnitts sind ab 1. Dezember 1980 anwendbar.

(2) Ab 1. Juni 1983 prüft der Assoziationsrat insbesondere im Lichte der in Artikel 15 genannten Tätigkeitsberichte die Ergebnisse der Anwendung dieses Abschnitts, um die ab 1. Dezember 1983 möglichen Lösungen auszuarbeiten.

14. Übereinkommen zur Durchführung des Übereinkommens vom 14. Juni 1985 zwischen den Regierungen der Staaten der Benelux-Wirtschaftsunion, der Bundesrepublik Deutschland und der Französischen Republik betreffend den schrittweisen Abbau der Kontrollen an den gemeinsamen Grenzen (Schengener Durchführungsübereinkommen)

Vom 19. Juni 1990

(BGBl. 1993 II 1013, geändert durch Verordnung [EG] Nr. 1091/2001 L 150/4 des Rates vom 28. Mai 2001; Gesetz vom 15. Juli 1993, BGBl. II 1010; geändert durch Gesetz vom 1. Juli 1997, BGBl. I 1606 und Gesetz vom 3. 12. 2001, BGBl. I S. 3306)[1)]

– Auszug –

Art. 1. Im Sinne dieses Übereinkommen bedeutet:

Binnengrenzen:	die gemeinsamen Landgrenzen der Vertragsparteien sowie ihre Flughäfen für die Binnenflüge und ihre Seehäfen für die regelmäßigen Fährverbindungen ausschließlich von und nach dem Gebiet der Vertragsparteien ohne Fahrtunterbrechung in außerhalb des Gebiets gelegenen Häfen;
Außengrenzen:	die Land- und Seegrenzen sowie die Flug- und Seehäfen der Vertragsparteien, soweit sie nicht Binnengrenzen sind;
Binnenflug:	ein Flug ausschließlich von und nach dem Gebiet der Vertragsparteien, ohne Landung auf dem Gebiet eines Drittstaates;
Drittstaat:	ein Staat, der nicht Vertragspartei ist;
Drittausländer:	eine Person, die nicht Staatsangehöriger eines der Mitgliedstaaten der Europäischen Gemeinschaften ist;
Zur Einreiseverweigerung ausgeschriebener Drittausländer:	ein Drittausländer der gemäß Artikel 96 zur Einreiseverweigerung in dem Schengener Informationssystem ausgeschrieben ist,
Grenzübergangsstelle:	ein von den zuständigen Behörden für das Überschreiten der Außengrenzen zugelassener Übergang;
Grenzkontrolle:	an den Grenzen vorgenommene Kontrolle, die unabhängig von jedem anderen Anlaß ausschließlich aufgrund des beabsichtigten Grenzübertritts durchgeführt wird;
Beförderungsunternehmer:	natürliche oder juristische Person, die gewerblich die Beförderung von Personen auf dem Luft-, See- oder Landweg durchführt;

[1)] Durch die Gesetzesänderung vom 1. Juli 1997 wurde Art. 6 a in das Gesetz vom 15. Juli 1993 eingefügt; er ermöglicht die Erhebung von Gebühren für das Schengen-Visum nach Maßgabe einer Rechtsverordnung der Bundesregierung.

Aufenthaltstitel: jede von einer Vertragspartei ausgestellte Erlaubnis gleich welcher Art, die zum Aufenthalt in deren Hoheitsgebiet berechtigt. Hierzu zählen nicht die befristete Zulassung zum Aufenthalt im Hoheitsgebiet einer der Vertragsparteien im Hinblick auf die Behandlung eines Asylbegehrens oder eines Antrags auf eine Aufenthaltserlaubnis;

Art. 2. (1) Die Binnengrenzen dürfen an jeder Stelle ohne Personenkontrollen überschritten werden.

(2) Wenn die öffentliche Ordnung oder die nationale Sicherheit es indessen erfordern, kann eine Vertragspartei nach Konsultation der anderen Vertragsparteien beschließen, daß für einen begrenzten Zeitraum an den Binnengrenzen den Umständen entsprechende nationale Grenzkontrollen durchgeführt werden. Verlangen die öffentliche Ordnung oder die nationale Sicherheit ein sofortiges Handeln, so ergreift die betroffene Vertragspartei die erforderlichen Maßnahmen und unterrichtet darüber möglichst frühzeitig die anderen Vertragsparteien.

(3) Die Anwendung von Artikel 22 und die Ausübung der Polizeibefugnisse durch die nach Maßgabe des nationalen Rechts zuständigen Behörden einer Vertragspartei in dem gesamten Hoheitsgebiet dieser Vertragspartei sowie die im Recht dieser Vertragspartei vorgesehenen Verpflichtungen über den Besitz, das Mitführen und das Vorzeigen von Urkunden und Bescheinigungen bleiben von der Abschaffung der Personenkontrollen an den Binnengrenzen unberührt.

(4) Die Warenkontrollen werden nach Maßgabe der einschlägigen Bestimmungen dieses Übereinkommens durchgeführt.

Art. 3. (1) Die Außengrenzen dürfen grundsätzlich nur an den Grenzübergangsstellen und während der festgesetzten Verkehrsstunden überschritten werden. Das Nähere sowie die Ausnahmen und die Modalitäten des kleinen Grenzverkehrs und die Vorschriften für bestimmte Sonderkategorien des Seeverkehrs, wie die Vergnügungsschiffahrt und die Küstenfischerei, legt der Exekutivausschuß fest.

(2) Die Vertragsparteien verpflichten sich, das unbefugte Überschreiten der Außengrenzen außerhalb der zugelassenen Grenzübergangsstellen und der festgesetzten Verkehrsstunden mit Sanktionen zu belegen.

Art. 4. (1) Die Vertragsparteien gewährleisten, daß von 1993 an die Reisenden von Flügen aus Drittstaaten, die in Binnenflüge umsteigen, vorher einer Personenkontrolle sowie einer Kontrolle des von ihnen mitgeführten Handgepäcks bei der Einreise im Ankunftsflughafen des Drittlandfluges unterzogen werden. Die Reisenden eines Binnenfluges, die auf einen Flug in ein Drittland umsteigen, unterliegen zuvor den entsprechenden Kontrollen bei der Ausreise im Ausgangsflughafen des Drittlandfluges.

(2) Die Vertragsparteien treffen die erforderlichen Maßnahmen, damit die Kontrollen entsprechend den Vorschriften des Absatzes 1 erfolgen können.

(3) Die Kontrolle des aufgegebenen Reisegepäcks bleibt von den Bestimmungen der Absätze 1 und 2 unberührt; sie findet jeweils im endgültigen Zielflughafen oder im ursprünglichen Abgangsflughafen statt.

(4) Bis zu dem in Absatz 1 vorgesehenen Datum sind die Flughäfen für Binnenflüge in Abweichung von der Definition der Binnengrenzen als Außengrenzen anzusehen.

Art. 5. (1) Für einen Aufenthalt von bis zu drei Monaten kann einem Drittausländer die Einreise in das Hoheitsgebiet der Vertragsparteien gestattet werden, wenn er die nachstehenden Voraussetzungen erfüllt:
a) Er muß im Besitz eines oder mehrerer gültiger Grenzübertrittspapiere sein, die von dem Exekutivausschuß bestimmt werden.
b) Er muß, soweit erforderlich, im Besitz eines gültigen Sichtvermerks sein.
c) Er muß gegebenenfalls die Dokumente vorzeigen, die seinen Aufenthaltszweck und die Umstände seines Aufenthalts belegen, und über ausreichende Mittel zur Bestreitung des Lebensunterhalts sowohl für die Dauer des Aufenthalts als auch für die Rückreise in den Herkunftsstaat oder für die Durchreise in einen Drittstaat, in dem seine Zulassung gewährleistet ist, verfügen oder in der Lage sein, diese Mittel auf legale Weise zu erwerben.
d) Er darf nicht zur Einreiseverweigerung ausgeschrieben sein.
e) Er darf keine Gefahr für die öffentliche Ordnung, die nationale Sicherheit oder die internationalen Beziehungen einer der Vertragsparteien darstellen.

(2) Einem Drittausländer, der nicht alle diese Voraussetzungen erfüllt, muß die Einreise in das Hoheitsgebiet der Vertragsparteien verweigert werden, es sei denn, eine Vertragspartei hält es aus humanitären Gründen oder Gründen des nationalen Interesses oder aufgrund internationaler Verpflichtungen für erforderlich, von diesem Grundsatz abzuweichen. In diesen Fällen wird die Zulassung auf das Hoheitsgebiet der betreffenden Vertragspartei beschränkt, die die übrigen Vertragsparteien darüber unterrichten muß.
Die besonderen Bestimmungen des Asylrechts und des Artikels 18 bleiben unberührt.

(3) Einem Drittausländer, der über eine von einer der Vertragsparteien ausgestellte Aufenthaltserlaubnis, einen von einer der Vertragsparteien ausgestellten Rückreisesichtvermerk oder erforderlichenfalls beide Dokumente verfügt, ist die Durchreise zu gestatten, es sei denn, daß er auf der nationalen Ausschreibungsliste der Vertragspartei steht, an deren Außengrenzen er die Einreise begehrt.

Art. 6. (1) Der grenzüberschreitende Verkehr an den Außengrenzen unterliegt der Kontrolle durch die zuständigen Behörden. Diese wird nach einheitlichen Grundsätzen, in nationaler Zuständigkeit, nach Maßgabe des nationalen Rechts und unter Berücksichtigung der Interessen alle Vertragsparteien für das Hoheitsgebiet der Vertragsparteien durchgeführt.

(2) Die einheitlichen Grundsätze nach Absatz 1 sind:
a) Die Personenkontrolle umfaßt nicht nur die Überprüfung der Grenzübertrittspapiere und der anderen Voraussetzungen für die Einreise, den Aufenthalt, die Arbeitsaufnahme und die Ausreise, sondern auch die fahndungstechnische Überprüfung sowie die Abwehr von Gefahren für die nationale Sicherheit und die öffentliche Ordnung der Vertragsparteien. Die Kontrollen beziehen sich auch auf die Fahrzeuge der die Grenze überschreitenden Personen und die von ihnen mitgeführten Sachen. Sie werden von jeder Vertragspartei nach Maßgabe ihres nationalen Rechts, insbesondere in bezug auf die Durchsuchung, durchgeführt.

b) Alle Personen sind zumindest einer solchen Kontrolle zu unterziehen, die die Feststellung ihrer Identität anhand der vorgelegten oder vorgezeigten Reisepapiere ermöglicht.

c) Drittausländer unterliegen bei der Einreise einer eingehenden Kontrolle im Sinne des Buchstaben a.

d) Bei der Ausreise finden die Kontrollen statt, die im Interesse aller Vertragsparteien aufgrund des Ausländerrechts und für Zwecke der Fahndung und Abwehr von Gefahren für die nationale Sicherheit und die öffentliche Ordnung der Vertragsparteien geboten sind. Diese Kontrollen erfolgen in jedem Falle bei Drittausländern.

e) Können solche Kontrollen wegen besonderer Umstände nicht durchgeführt werden, sind Schwerpunkte zu setzen. Dabei hat die Kontrolle des Einreiseverkehrs grundsätzlich Vorrang vor der Kontrolle des Ausreiseverkehrs.

(3) Die zuständigen Behörden überwachen die Außengrenzen außerhalb der Grenzübergangsstellen, die Grenzübergangsstellen außerhalb der für sie festgesetzten Verkehrsstunden durch Streifen. Diese Überwachung ist in einer Weise durchzuführen, daß kein Anreiz für eine Umgehung der Kontrollen an den Grenzübergangsstellen entsteht. Die Überwachungsmodalitäten sind gegebenenfalls von dem Exekutivausschuß festzulegen.

(4) Die Vertragsparteien verpflichten sich, geeignete Kräfte in ausreichender Zahl für die Durchführung der Kontrollen und die Überwachung der Außengrenzen zur Verfügung zu stellen.

(5) Für die Kontrollen an den Außengrenzen gilt ein gleichmäßiger Überwachungsstandard.

Art. 6a. (1) Für die Erteilung eines Visums nach dem Schengener Übereinkommen vom 19. Juni 1990 werden Gebühren erhoben.

(2) [1]Die Bundesregierung bestimmt durch Rechtsverordnung mit Zustimmung des Bundesrates die gebührenpflichtigen Tatbestände und die Gebührensätze sowie die Gebührenbefreiungen und -ermäßigungen, wenn die Amtshandlung insbesondere der Wahrung kultureller, außenpolitischer, entwicklungspolitischer oder sonstiger erheblicher öffentlicher Interessen dient. [2]Das Verwaltungskostengesetz findet Anwendung, soweit dieses Gesetz keine abweichenden Vorschriften enthält.

(3) [1]Die in der Rechtsverordnung bestimmten Gebühren dürfen folgende Höchstsätze nicht übersteigen:

a) für die Erteilung eines Schengen-Visums mit einer Aufenthaltsdauer bis zu 30 Tagen:
25 Euro,

b) für die Erteilung eines Schengen-Visums mit einer Aufenthaltsdauer bis zu 90 Tagen:
50 Euro,

c) für die Erteilung eines Schengen-Visums mit einer Gültigkeitsdauer bis zu einem Jahr:
80 Euro,

d) für die Erteilung eines Schengen-Visums mit einer Gültigkeitsdauer von mehr als einem Jahr bis zu fünf Jahren:
210 Euro,

e) für die Erteilung eines Schengen-Sammelvisums:
50 Euro und 6 Euro pro Person.
[2]Für die Erteilung eines Schengen-Visums an der Grenze darf ein Zuschlag von höchstens 25 Euro erhoben werden.

(4) [1]Die Rechtsverordnung nach Absatz 2 Satz 1 kann vorsehen, daß für die Beantragung gebührenpflichtiger Amtshandlungen eine Bearbeitungsgebühr erhoben wird. [2]Die Bearbeitungsgebühr darf höchstens die Hälfte der für die Amtshandlung zu erhebenden Gebühr betragen. [3]Die Gebühr ist auf die Gebühr für die Amtshandlung anzurechnen. [4]Sie wird auch im Falle der Rücknahme des Antrages und der Versagung der beantragten Amtshandlung nicht zurückgezahlt.

Art. 7. Zur wirksamen Durchführung der Kontroll- und Überwachungsaufgaben unterstützen die Vertragsparteien einander und pflegen eine enge und ständige Zusammenarbeit. Sie tauschen insbesondere alle wichtigen einschlägigen Informationen mit Ausnahme der personenbezogenen Daten aus, es sei denn, dieses Übereinkommen enthält anderslautende Bestimmungen, stimmen möglichst die an die nachgeordneten Dienststellen ergehenden Weisungen ab und wirken auf eine einheitliche Aus- und Fortbildung des Kontrollpersonals hin. Diese Zusammenarbeit kann in Form eines Austausches von Verbindungsbeamten erfolgen.

Art. 8. Der Exekutivausschuß trifft die erforderlichen Entscheidungen über die praktischen Einzelheiten der Durchführung der Kontrollen und der Überwachung der Grenzen.

Art. 9. (1) Die Vertragsparteien verpflichten sich, eine gemeinsame Politik hinsichtlich des Personenverkehrs, insbesondere in bezug auf die Sichtvermerksregelung zu verfolgen. Hierzu unterstützen sie sich gegenseitig. Die Vertragsparteien verpflichten sich, ihre Sichtvermerkspolitik im Einvernehmen weiter zu harmonisieren.

(2) Gegenüber den Drittstaaten, für deren Staatsangehörige alle Vertragsparteien zum Zeitpunkt der Unterzeichnung dieses Übereinkommens eine gemeinsame Sichtvermerksregelung haben oder später im Einvernehmen einführen, kann diese Sichtvermerksregelung nur im Einvernehmen aller Vertragsparteien geändert werden. Wenn herausragende Gründe der nationalen Politik eine dringende Entscheidung erfordern, kann eine Vertragspartei ausnahmsweise von der gemeinsamen Sichtvermerksregelung gegenüber einem Drittstaat abweichen. Sie hat dabei die übrigen Vertragsparteien vorab zu konsultieren und ihre Interessen bei der Entscheidung und den sich hieraus ergebenden Folgen zu berücksichtigen.

Art. 10. (1) Es wird ein einheitlicher Sichtvermerk eingeführt, der für das Hoheitsgebiet aller Vertragsparteien gültig ist. Dieser Sichtvermerk, dessen Gültigkeitsdauer in Artikel 11 geregelt wird, kann für einen Aufenthalt von bis zu drei Monaten erteilt werden.

(2) Bis zur Schaffung eines solchen Sichtvermerks erkennen die Vertragsparteien die jeweiligen nationalen Sichtvermerke an, soweit diese auf der Grundlage der im Rahmen der einschlägigen Bestimmungen dieses Kapitals festgelegten gemeinsamen Voraussetzungen und Kriterien erteilt werden.

(3) In Abweichung von den Absätzen 1 und 2 behält sich jede Vertragspartei das Recht vor, die Gültigkeit des Sichtvermerks auf der Grundlage der im Rahmen der einschlägigen Bestimmungen dieses Kapitels festgelegten gemeinsamen Modalitäten räumlich zu beschränken.

Art. 11. (1) Der in Artikel 10 eingeführte Sichtvermerk kann sein:
a) Ein für eine oder mehrere Einreisen gültiger Sichtvermerk, wobei weder die Dauer eines ununterbrochenen Aufenthalts noch die Gesamtdauer der aufeinander folgenden Aufenthalts vom Datum der ersten Einreise an gerechnet mehr als drei Monate pro Halbjahr betragen dürfen;
b) ein Durchreisesichtvermerk, der seinen Inhaber berechtigt, ein, zwei oder ausnahmsweise mehrere Male durch das Hoheitsgebiet der Vertragsparteien zu reisen, um sich in das Hoheitsgebiet eines Drittstaates zu begeben, wobei die Dauer einer Durchreise fünf Tage nicht überschreiten darf.

(2) Absatz 1 hindert eine Vertragspartei nicht, im Bedarfsfall innerhalb des betreffenden Halbjahres einen weiteren Sichtvermerk zu erteilen, der räumlich auf ihr Hoheitsgebiet beschränkt ist.

Art. 12. (1) Der in Artikel 10 Absatz 1 eingeführte einheitliche Sichtvermerk wird von den diplomatischen und konsularischen Vertretungen und gegebenenfalls von den gemäß Artikel 17 festgelegten Behörden der Vertragsparteien erteilt.

(2) Für die Erteilung dieses Sichtvermerks ist grundsätzlich die Vertragspartei, zuständig, in deren Hoheitsgebiet das Hauptreiseziel liegt. Kann dieses Ziel nicht bestimmt werden, so obliegt die Ausstellung des Sichtvermerks grundsätzlich der diplomatischen oder konsularischen Vertretung der Vertragspartei der ersten Einreise.

(3) Der Exekutivausschuß legt die Anwendungsmodalitäten und insbesondere die Kriterien zur Bestimmung des Hauptreiseziels fest.

Art. 13. (1) Es darf kein Sichtvermerk in einem abgelaufenen Reisedokument erteilt werden.

(2) Die Gültigkeitsdauer des Reisedokuments muß die des Sichtvermerks überschreiten, wobei die Frist für die Benutzung des Sichtvermerks zu berücksichtigen ist. Sie muß die Rückreise des Drittausländers in seinen Herkunftsstaat oder seine Einreise in einen Drittstaat zulassen.

Art. 14. (1) Es darf kein Sichtvermerk in einem Reisedokument erteilt werden, wenn dieses für keine der Vertragsparteien gültig ist. Ist das Reisedokument lediglich für eine oder mehrere Vertragsparteien gültig, so ist der erteilte Sichtvermerk auf diese Vertragspartei oder diese Vertragsparteien zu beschränken.

(2) Wird das Reisedokument von einer oder mehreren Vertragsparteien nicht als gültig anerkannt, so kann ein Sichtvermerk in Form einer Genehmigung, die als Sichtvermerk gilt, erteilt werden.

Art. 15. Grundsätzlich dürfen Sichtvermerke nach Artikel 10 nur einem Drittausländer erteilt werden, der die in Artikel 5 Absatz 1 Buchstaben a, c, d und e aufgeführten Einreisevoraussetzungen erfüllt.

Art. 16. Hält eine Vertragspartei es für notwendig, aus einem der in Artikel 5 Absatz 2 genannten Gründe von dem in Artikel 15 festgeschriebenen Grundsatz abzuweichen und einem Drittausländer, der nicht sämtliche in Artikel 5 Absatz 1 vorgesehenen Einreisevoraussetzungen erfüllt, einen Sichtvermerk zu erteilen, wird die räumliche Gültigkeit dieses Sichtvermerks auf das Hoheitsgebiet dieser Vertragspartei, die die anderen Vertragsparteien davon benachrichtigen muß, beschränkt.

Art. 17. (1) Der Exekutivausschuß legt gemeinsame Regelungen für die Prüfung der Sichtvermerksanträge fest, achtet auf deren richtige Anwendung und paßt sie an neue Situationen und Umstände an.

(2) Der Exekutivausschuß legt darüber hinaus die Fälle fest, in denen die Erteilung eines Sichtvermerks von der Konsultation der zentralen Behörde der betroffenen Vertragspartei und gegebenenfalls von der Konsultation der zentralen Behörden der anderen Vertragsparteien abhängig ist.

(3) Der Exekutivausschuß trifft ferner die erforderlichen Entscheidungen in bezug auf die nachstehenden Punkte:
a) Sichtvermerksfähige Reisedokumente;
b) für die Sichtvermerkserteilung zuständige Instanzen;
c) Voraussetzungen für die Sichtvermerkserteilung an der Grenze;
d) Form, Inhalt, Gültigkeitsdauer der Sichtvermerke und für ihre Ausstellung einzuziehende Gebühren;
e) Voraussetzungen für die Verlängerung und Verweigerung der nach Buchstabe c und d erteilten Sichtvermerke unter Berücksichtigung der Interessen aller Vertragsparteien;
f) Modalitäten der räumlichen Beschränkung des Sichtvermerks;
g) Grundsätze für die Erstellung einer gemeinsamen Liste von zur Einreiseverweigerung ausgeschriebenen Drittausländern, unbeschadet des Artikels 96.

Art. 18. Visa für einen Aufenthalt von mehr als drei Monaten Dauer sind nationale Visa, die von einem der Mitgliedstaaten gemäß seinen Rechtsvorschriften erteilt werden. Ein solches Visum kann ab dem ersten Tag seiner Gültigkeit für höchstens drei Monate gleichzeitig als einheitliches Visum für einen kurzfristigen Aufenthalt gelten, sofern es unter Einhaltung der gemeinsamen Voraussetzungen und Kriterien erteilt wurde, die gemäß den oder aufgrund der einschlägigen Bestimmungen des Kapitels 3 Abschnitt 1 angenommen wurden, und der Inhaber die in Artikel 5 Absatz 1 Buchstaben a), c), d) und e) aufgeführten Einreisevoraussetzungen erfüllt. Andernfalls berechtigt das Visum seinen Inhaber nur dazu, durch das Hoheitsgebiet der anderen Mitgliedstaaten zu reisen, um sich in das Hoheitsgebiet des Mitgliedstaats zu begeben, der das Visum erteilt hat, es sei denn, er erfüllt die in Artikel 5 Absatz 1 Buchstaben a), d) und e) aufgeführten Einreisevoraussetzungen nicht oder er steht auf der nationalen Ausschreibungsliste des Mitgliedstaats, durch dessen Hoheitsgebiet die Durchreise begehrt wird.

Art. 19. (1) Drittausländer, die Inhaber eines einheitlichen Sichtvermerks sind und rechtmäßig in das Hoheitsgebiet einer der Vertragsparteien eingereist sind, können sich während der Gültigkeitsdauer des Sichtvermerks und soweit sie die in Artikel 5 Absatz 1 Buchstaben a, c, d und e aufgeführten Einreisevoraussetzungen erfüllen, frei in dem Hoheitsgebiet aller Vertragsparteien bewegen.

(2) Bis zur Schaffung des einheitlichen Sichtvermerks können sich Drittausländer, die Inhaber eines von einer dieser Vertragsparteien ausgestellten Sichtvermerks sind und rechtmäßig in das Hoheitsgebiet einer dieser Vertragsparteien eingereist sind, während der Gültigkeitsdauer des Sichtvermerks, jedoch höchstens bis zu drei Monaten vom Datum der ersten Einreise an und soweit sie die in Artikel 5 Absatz 1 Buchstaben a, c, d und e aufgeführten Einreisevoraussetzungen erfüllen, frei in dem Hoheitsgebiet aller Vertragsparteien bewegen.

(3) Absätze 1 und 2 finden keine Anwendung auf Sichtvermerke, deren Gültigkeit nach Maßgabe der Bestimmungen des Kapitels 3 dieses Titels räumlich beschränkt ist.

(4) Die Bestimmungen dieses Artikels gelten unbeschadet des Artikels 22.

Art. 20. (1) Sichtvermerksfreie Drittausländer können sich in dem Hoheitsgebiet der Vertragsparteien frei bewegen, höchstens jedoch drei Monate innerhalb einer Frist von sechs Monaten von dem Datum der ersten Einreise an und soweit sie die in Artikel 5 Absatz 1 Buchstaben a, c, d und e aufgeführten Einreisevoraussetzungen erfüllen.

(2) Absatz 1 berührt nicht das Recht jeder Vertragspartei, den Aufenthalt eines Drittausländers in ihrem Hoheitsgebiet in Ausnahmefällen oder in Anwendung der Bestimmungen eines bilateralen Abkommens, das bereits vor dem Inkrafttreten dieses Übereinkommens zustandegekommen ist, über drei Monate hinaus zu verlängern.

(3) Die Bestimmungen dieses Artikels gelten unbeschadet des Artikels 22.

Art. 21. (1) Drittausländer, die Inhaber eines gültigen, von einer der Vertragsparteien ausgestellten Aufenthaltstitels sind, können sich aufgrund dieses Dokuments und eines gültigen Reisedokuments höchstens bis zu drei Monaten frei im Hoheitsgebiet der anderen Vertragsparteien bewegen, soweit sie die in Artikel 5 Absatz 1 Buchstaben a, c und e aufgeführten Einreisevoraussetzungen erfüllen und nicht auf der nationalen Ausschreibungsliste der betroffenen Vertragspartei stehen.

(2) Das gleiche gilt für Drittausländer, die Inhaber eines von einer der Vertragsparteien ausgestellten vorläufigen Aufenthaltstitels und eines von dieser Vertragspartei ausgestellten Reisedokuments sind.

(3) Die Vertragsparteien übermitteln dem Exekutivausschuß die Liste der Dokumente, die sie als Aufenthaltserlaubnis oder vorläufigen Aufenthaltstitel und als Reisedokument im Sinne dieses Artikels ausstellen.

(4) Die Bestimmungen dieses Artikels gelten unbeschadet des Artikels 22.

Art. 22. (1) Drittausländer, die rechtmäßig in das Hoheitsgebiet einer der Vertragsparteien eingereist sind, sind verpflichtet, unter den Voraussetzungen, die von jeder Vertragspartei festgelegt werden, sich bei den zuständigen Behörden der Vertragspartei zu melden, in deren Hoheitsgebiet sie einreisen. Die Anzeige kann nach Wahl jeder Vertragspartei entweder bei der Einreise oder, innerhalb einer Frist von drei Arbeitstagen von dem Einreisedatum an, im Landesinnern erfolgen.

(2) Drittausländer, die im Hoheitsgebiet einer Vertragspartei ansässig sind und sich in das Hoheitsgebiet einer anderen Vertragspartei begeben, unterliegen der Meldepflicht nach Absatz 1.

(3) Die Ausnahmen von Absatz 1 und 2 werden von jeder Vertragspartei festgelegt und dem Exekutivausschuß mitgeteilt.

Art. 23. (1) Der Drittausländer, der die im Hoheitsgebiet einer der Vertragsparteien geltenden Voraussetzungen für einen kurzen Aufenthalt nicht oder nicht mehr erfüllt, hat grundsätzlich unverzüglich das Hoheitsgebiet der Vertragsparteien zu verlassen.

(2) Verfügt der Drittausländer über eine von einer anderen Vertragspartei ausgestellte gültige Aufenthaltserlaubnis oder über einen von einer anderen Vertragspartei ausgestellten vorläufigen Aufenthaltstitel, so hat er sich unverzüglich in das Hoheitsgebiet dieser Vertragspartei zu begeben.

(3) Soweit die freiwillige Ausreise eines solchen Drittausländers nicht erfolgt oder angenommen werden kann, daß diese Ausreise nicht erfolgen wird, oder soweit die sofortige Ausreise des Drittausländers aus Gründen der nationalen Sicherheit oder der öffentlichen Ordnung geboten ist, muß der Drittausländer nach Maßgabe des nationalen Rechts aus dem Hoheitsgebiet der Vertragspartei abgeschoben werden, in dem er aufgegriffen wurde. Ist die Abschiebung nach nationalem Recht nicht zulässig, so kann die betroffene Vertragspartei dem Drittausländer den Aufenthalt in ihrem Hoheitsgebiet gestatten.

(4) Der betroffene Drittausländer kann in seinen Herkunftsstaat oder in einen anderen Staat, in dem seine Zulassung insbesondere nach Maßgabe der einschlägigen Bestimmungen der zwischen den Vertragsparteien geschlossenen Rückübernahmeabkommen möglich ist, abgeschoben werden.

(5) Die nationalen asylrechtlichen Bestimmungen, die Bestimmungen der Genfer Konvention vom 28. Juli 1951 über den Flüchtlingsstatus in der Fassung des Protokolls von New York vom 31. Januar 1967, sowie Absatz 2 dieses Artikels und Artikel 33 Absatz 1 dieses Übereinkommens bleiben von den Bestimmungen des Absatzes 4 unberührt.

Art. 24. Vorbehaltlich der durch den Exekutivausschuß zu bestimmenden geeigneten praktischen Kriterien und Modalitäten gleichen die Vertragsparteien die finanziellen Ungleichgewichte, die infolge der in Artikel 23 vorgesehenen Abschiebungsverpflichtung entstehen, untereinander aus, wenn diese Abschiebung nicht auf Kosten des Drittausländers vorgenommen werden kann.

Art. 25. (1) Beabsichtigt eine Vertragspartei, einem zur Einreiseverweigerung ausgeschriebenen Drittausländer eine Aufenthaltstitel zu erteilen, so konsultiert sie vorab die ausschreibende Vertragspartei und berücksichtigt deren Interessen; der Aufenthaltstitel wird nur bei Vorliegen von gewichtigen Gründen erteilt, insbesondere wegen humanitärer Erwägungen oder infolge internationaler Verpflichtungen.

Wird der Aufenthaltstitel erteilt, so zieht die ausschreibende Vertragspartei die Ausschreibung zurück, wobei es ihr unbenommen bleibt, den betroffenen Drittausländer in die nationale Ausschreibungsliste aufzunehmen.

(2) Stellt sich heraus, daß der Drittausländer, der über einen von einer der Vertragsparteien erteilten gültigen Aufenthaltstitel verfügt, zum Zwecke der Einreiseverweigerung ausgeschrieben ist, konsultiert die ausschreibende Vertragspartei die Vertragspartei, die den Aufenthaltstitel erteilt hat, um zu prüfen, ob ausreichende Gründe für die Einziehung des Aufenthaltstitels vorliegen.

Wird der Aufenthaltstitel nicht eingezogen, so zieht die ausschreibende Vertragspartei die Ausschreibung zurück, wobei es ihr unbenommen bleibt, den betroffenen Drittausländer in die nationale Ausschreibungsliste aufzunehmen.

Art. 26. (1) Vorbehaltlich der Verpflichtungen, die sich aus der Genfer Konvention vom 28. Juli 1951 über den Flüchtlingsstatus in der Fassung des Protokolls von New York vom 31. Januar 1967 ergeben, verpflichten sich die Vertragsparteien, die nachstehenden Regelungen in ihre nationalen Rechtsvorschriften aufzunehmen:

a) Wird einem Drittausländer die Einreise in das Hoheitsgebiet einer der Vertragsparteien verweigert, so ist der Beförderungsunternehmer, der ihn auf dem Luft-, See- oder Landweg bis an die Außengrenze gebracht hat, verpflichtet, ihn unverzüglich zurückzunehmen. Auf Verlangen der Grenzüberwachungsbehörden hat der Beförderungsunternehmer den Drittausländer in den Drittstaat, aus dem er befördert wurde, in den Drittstaat, der das Reisedokument ausgestellt hat, mit dem er gereist ist, oder in jeden anderen Drittstaat, in dem seine Zulassung gewährleistet ist, zu verbringen.

b) Der Beförderungsunternehmer ist verpflichtet, alle erforderlichen Maßnahmen zu treffen, um sich zu vergewissern, daß der auf dem Luft- oder Seeweg beförderte Drittausländer über die für die Einreise in das Hoheitsgebiet der Vertragsparteien erforderlichen Reisedokumente verfügt.

(2) Vorbehaltlich der Verpflichtungen, die sich aus der Genfer Konvention vom 28. Juli 1951 über den Flüchtlingsstatus in der Fassung des Protokolls von New York vom 31. Januar 1967 ergeben, verpflichten sich die Vertragsparteien, unter Berücksichtigung ihres Verfassungsrechts Sanktionen gegen Beförderungsunternehmer einzuführen, die Drittausländer, welche nicht über die erforderlichen Reisedokumente verfügen, auf dem Luft- oder Seeweg aus einem Drittstaat in ihr Hoheitsgebiet verbringen.

(3) Die Absätze 1 Buchstabe b und 2 finden auf Beförderungsunternehmer Anwendung, die im internationalen Linienverkehr Gruppen von Personen in Autobussen befördern, mit Ausnahme des Grenzverkehrs.

Art. 27. (1) Die Vertragsparteien verpflichten sich, angemessene Sanktionen gegen jede Person vorzusehen, die zu Erwerbszwecken einem Drittausländer hilft oder zu helfen versucht, in das Hoheitsgebiet einer der Vertragsparteien unter Verletzung ihrer Rechtsvorschriften in bezug auf die Einreise und den Aufenthalt von Drittausländern einzureisen oder sich dort aufzuhalten.

(2) Erlangt eine Vertragspartei Kenntnis von Handlungen nach Absatz 1, die das Recht einer anderen Vertragspartei verletzen, unterrichtet sie diese davon.

(3) Die Vertragspartei, die wegen Verletzung ihres eigenen Rechts eine andere Vertragspartei ersucht, Handlungen nach Absatz 1 zu verfolgen, muß durch eine amtliche Anzeige oder durch eine Bescheinigung der zuständigen Behörden begründen, welche ihrer Rechtsbestimmungen verletzt worden sind.

Art. 28. Die Vertragsparteien bekräftigen ihre Verpflichtungen aus der Genfer Konvention vom 28. Juli 1951 über den Flüchtlingsstatus in der Fassung des Protokolls von New York vom 31. Januar 1967, wobei die Anwendung dieser Instrumente keiner geographischen Beschränkung unterliegt, sowie ihre Zusage, mit den Dienststellen des Hohen Flüchtlingskommissars der Vereinten Nationen bei der Anwendung dieser Instrumente zusammenzuarbeiten.

Art. 29. (1) Die Vertragsparteien verpflichten sich, jedes Asylbegehren, das von einem Drittausländer in dem Hoheitsgebiet einer der Vertragsparteien gestellt wird, zu behandeln.

(2) Diese Verpflichtung führt nicht dazu, daß in allen Fällen dem Asylbegehrenden die Einreise in das Hoheitsgebiet der betreffenden Vertragspartei gewährt werden muß oder er sich dort aufhalten kann. Jede Vertragspartei behält sich das Recht vor, einen Asylbegehrenden nach Maßgabe ihres nationalen Rechts und unter Berücksichtigung ihrer internationalen Verpflichtungen in einen Drittstaat zurück- oder auszuweisen.

(3) Unabhängig davon, an welche Vertragspartei der Drittausländer sein Asylbegehren richtet, ist nur eine einzige Vertragspartei für die Behandlung des Asylbegehrens zuständig. Diese Vertragspartei wird nach den in Artikel 30 festgelegten Kriterien bestimmt.

(4) Unbeschadet des Absatzes 3 behält jede Vertragspartei das Recht, bei Vorliegen besonderer Gründe, insbesondere des nationalen Rechts, ein Asylbegehren auch dann zu behandeln, wenn die Zuständigkeit aufgrund dieses Übereinkommens bei einer anderen Vertragspartei liegt.

Art. 30. Die für die Behandlung eines Asylbegehrens zuständige Vertragspartei wird folgendermaßen bestimmt:
a) Hat eine Vertragspartei dem Asylbegehrenden einen Sichtvermerk gleich welcher Art oder eine Aufenthaltserlaubnis erteilt, so ist diese Vertragspartei für die Behandlung des Asylbegehrens zuständig. Ist der Sichtvermerk aufgrund einer Genehmigung einer anderen Vertragspartei ausgestellt worden, so ist die Vertragspartei zuständig, die die Genehmigung erteilt hat.
b) Haben mehrere Vertragsparteien dem Asylbegehrenden einen Sichtvermerk gleich welcher Art oder eine Aufenthaltserlaubnis erteilt, so ist die Vertragspartei zuständig, deren Sichtvermerk oder Aufenthaltserlaubnis zuletzt erlischt.
c) Solange ein Asylbegehrender das Hoheitsgebiet der Vertragsparteien nicht verlassen hat, bleibt die nach den Buchstaben a und b begründete Zuständigkeit auch dann bestehen, wenn die Gültigkeit des Sichtvermerks gleich welcher Art oder der Aufenthaltserlaubnis abgelaufen ist. Hat der Asylbegehrende nach Erteilung des Sichtvermerks oder der Aufenthaltserlaubnis das Hoheitsgebiet der Vertragsparteien verlassen, so begründen diese Dokumente eine Zuständigkeit nach den Buchstaben a und b, es sei denn, es zeigt sich, daß sie inzwischen aufgrund des nationalen Rechts ungültig geworden sind.
d) Ist der Asylbegehrende durch die Vertragsparteien von der Sichtvermerkspflicht befreit, so ist die Vertragspartei zuständig, über deren Außengrenze der Asylbegehrende in das Hoheitsgebiet der Vertragsparteien eingereist ist.

Solange die Sichtvermerkspflicht noch nicht völlig harmonisiert ist und der Asylbegehrende nur durch bestimmte Vertragsparteien von der Sichtvermerkspflicht befreit ist, ist die Vertragspartei, über deren Außengrenze der Asylbegehrende sichtvermerksfrei in das Hoheitsgebiet der Vertragsparteien eingereist ist, unbeschadet der Buchstaben a bis c zuständig.

Wird das Asylbegehren an eine Vertragspartei gerichtet, die dem Asylbegehrenden einen Durchreisesichtvermerk erteilt hat – unabhängig davon, ob dieser die Paßkontrolle passiert hat oder nicht –, und wurde dieser Durchreisesichtvermerk erteilt, nachdem sich der Durchreisestaat bei den konsularischen oder diplomatischen Vertretungen der Bestimmungsvertragspartei vergewissert hat, daß der Asylbegehrende die Voraussetzungen für die Einreise in den Bestimmungsstaat erfüllt, ist die Bestimmungsvertragspartei für die Behandlung des Asylbegehrens zuständig.

e) Ist der Asylbegehrende in das Hoheitsgebiet der Vertragsparteien eingereist, ohne im Besitz eines oder mehrerer Grenzübertrittspapiere zu sein, die von dem Exekutivausschuß bestimmt werden, so ist die Vertragspartei zuständig, über deren Außengrenze der Asylbegehrende eingereist ist.

f) Stellt ein Drittausländer, dessen Asylbegehren bereits von einer Vertragspartei behandelt wird, ein weiteres Asylbegehren, so ist die Vertragspartei zuständig, bei der das Asylverfahren anhängig ist.

g) Stellt ein Drittausländer, dessen früheres Asylbegehren von einer der Vertragsparteien bereits abschließend behandelt worden ist, ein neues Asylbegehren, so ist die Vertragspartei, bei der das frühere Asylbegehren behandelt worden ist, zuständig, wenn der Asylbegehrende das Hoheitsgebiet der Vertragsparteien nicht verlassen hat.

(2) Hat eine Vertragspartei die Behandlung eines Asylbegehrens nach Artikel 29 Absatz 4 übernommen, so ist die aufgrund des Absatzes 1 dieses Artikels zuständige Vertragspartei von ihrer Verpflichtung befreit.

(3) Kann die zuständige Vertragspartei nicht aufgrund der in den Absätzen 1 und 2 aufgeführten Kriterien bestimmt werden, ist die Vertragspartei zuständig, in deren Hoheitsgebiet das Asylbegehren gestellt worden ist.

Art. 31. (1) Die Vertragsparteien sind bestrebt, möglichst schnell zu klären, welche von ihnen für die Behandlung eines Asylbegehrens zuständig ist.

(2) Wird ein Asylbegehren an eine Vertragspartei gerichtet, die aufgrund des Artikels 30 nicht zuständig ist, und hält der Drittausländer sich in deren Hoheitsgebiet auf, so kann diese Vertragspartei die zuständige Vertragspartei ersuchen, den Asylbegehrenden zur Behandlung des Asylbegehrens zu übernehmen.

(3) Die zuständige Vertragspartei ist verpflichtet, den Asylbegehrenden nach Absatz 2 zu übernehmen, wenn das Ersuchen innerhalb von sechs Monaten nach Stellung des Asylbegehrens erfolgt. Erfolgt das Ersuchen nicht innerhalb dieser Frist, ist die Vertragspartei, an die das Asylbegehren gerichtet worden ist, für die Behandlung des Asylbegehrens zuständig.

Art. 32. Die Behandlung des Asylbegehrens erfolgt nach Maßgabe des nationalen Rechts der zuständigen Vertragspartei.

Art. 33. (1) Hält der Asylbegehrende sich während der Dauer des Asylverfahrens unrechtmäßig im Hoheitsgebiet einer anderen Vertragspartei auf, so ist die zuständige Vertragspartei zur Rückübernahme verpflichtet.

(2) Absatz 1 findet keine Anwendung, wenn die andere Vertragspartei dem Asylbegehrenden eine Aufenthaltserlaubnis mit einer Gültigkeitsdauer von einem Jahr oder länger erteilt hat. In diesem Fall geht die Zuständigkeit für die Prüfung des Asylbegehrens auf die andere Vertragspartei über.

Art. 34. (1) Die zuständige Vertragspartei ist verpflichtet, einen Drittausländer, dessen Asylbegehren endgültig negativ abgeschlossen ist und der sich in das Hoheitsgebiet einer anderen Vertragspartei begeben hat, ohne dort zum Aufenthalt berechtigt zu sein, zurückzunehmen.

(2) Absatz 1 findet keine Anwendung, wenn die zuständige Vertragspartei die Ausweisung des Drittausländers aus dem Hoheitsgebiet der Vertragsparteien durchgesetzt hatte.

Art. 35. (1) Die Vertragspartei, die einem Drittausländer den Flüchtlingsstatus zuerkannt und den Aufenthalt gewährt hat, ist verpflichtet, sofern die Betroffenen dem zustimmen, die Zuständigkeit für die Behandlung des Asylbegehrens eines Familienangehörigen zu übernehmen.

(2) Als Familienangehörige nach Absatz 1 gelten der Ehegatte oder das ledige Kind unter achtzehn Jahren des Flüchtlings, oder, wenn der Flüchtling ein lediges Kind unter achtzehn Jahren ist, dessen Vater oder Mutter.

Art. 36. Jede für die Behandlung des Asylbegehrens zuständige Vertragspartei kann bei Vorliegen humanitärer, insbesondere familiärer oder kultureller Gründe eine andere Vertragspartei um die Übernahme der Zuständigkeit bitten, sofern der Asylbegehrende dies wünscht. Es liegt im Ermessen der ersuchten Vertragspartei, ob sie diesem Ersuchen stattgibt.

Art. 37. (1) Die zuständigen Behörden der Vertragsparteien unterrichten sich gegenseitig möglichst frühzeitig über
a) neue Regelungen oder Maßnahmen auf dem Gebiet des Asylrechts oder der Behandlung von Asylbegehrenden, spätestens mit deren Inkrafttreten;
b) statistische Daten über den monatlichen Zugang von Asylbegehrenden unter Angabe der Hauptherkunftsstaaten und die in bezug auf Asylbegehren ergangenen Entscheidungen, soweit sie vorhanden sind;
c) Auftreten oder eine erhebliche Zunahme bestimmter Gruppen von Asylbegehrenden und die hierzu vorliegenden Erkenntnisse;
d) grundlegende Entscheidungen auf dem Gebiet des Asylrechts.

(2) Die Vertragsparteien gewährleisten darüber hinaus eine enge Zusammenarbeit bei der Informationsgewinnung über die Lage in den Herkunftsstaaten der Asylbegehrenden mit dem Ziel einer gemeinsamen Beurteilung.

(3) Hinweise einer Vertragspartei zur vertraulichen Behandlung der von ihr erteilten Informationen sind von den anderen Vertragsparteien zu beachten.

Art. 38. (1) Jede Vertragspartei übermittelt jeder anderen Vertragspartei auf deren Ersuchen vorliegende Daten zu einzelnen Asylbegehrenden, die erforderlich sind, um:

– die für die Behandlung des Asylbegehrens zuständige Vertragspartei zu bestimmen;
– die Behandlung des Asylbegehrens vorzunehmen;
– den Verpflichtungen aus diesem Kapitel nachkommen zu können.

(2) Diese Daten beziehen sich ausschließlich auf:
a) Identität (Name, Vorname, gegebenenfalls früherer Name, Beinamen oder Decknamen, Geburtsdatum, Geburtsort, derzeitige und frühere Staatsangehörigkeit des Asylbegehrenden und, gegebenenfalls, seiner Familienangehörigen);
b) Ausweispapiere und Reisepapiere (Nummer, Gültigkeitsdauer, Ort und Datum der Ausstellung, ausstellende Behörde, usw.);
c) sonstige zur Identifizierung erforderlichen Angaben;
d) die Aufenthaltsorte und Reisewege;
e) die von einer Vertragspartei erteilten Aufenthaltstitel oder Sichtvermerke;
f) Ort der Einreichung des Asylbegehrens;
g) gegebenenfalls das Datum der Einreichung eines früheren Asylbegehrens, das Datum der Einreichung eines gegenwärtigen Asylbegehrens, den Verfahrensstand und gegebenenfalls den Entscheidungstenor.

(3) Außerdem kann eine Vertragspartei eine andere Vertragspartei ersuchen, ihr die Gründe, die der Asylbegehrende zur Unterstützung seines Begehrens angeführt hat, und gegebenenfalls die ihn betreffenden Entscheidungsgründe mitzuteilen. Die ersuchte Vertragspartei beurteilt, ob sie diesem Ersuchen Folge leisten kann. Die Übermittlung dieser Daten ist in jedem Fall von der Einverständniserklärung des Asylbegehrenden abhängig.

(4) Der Datenaustausch erfolgt auf Antrag einer Vertragspartei und kann nur zwischen den Behörden stattfinden, die von jeder Vertragspartei dem Exekutivausschuß mitgeteilt werden.

(5) Die übermittelten Daten dürfen nur für die in Absatz 1 vorgesehenen Zwecke genutzt werden. Diese Daten dürfen nur den Behörden und Gerichten übermittelt werden, die beauftragt sind:
– die für die Behandlung des Asylbegehrens zuständige Vertragspartei zu bestimmen;
– die Behandlung des Asylbegehrens vorzunehmen;
– die Verpflichtungen aus diesem Kapitel durchzuführen.

(6) Die übermittelnde Vertragspartei achtet auf die Richtigkeit und die Aktualität der Daten.

Stellt sich heraus, daß diese Vertragspartei unrichtige Daten oder Daten, die nicht hätten übermittelt werden dürfen, übermittelt hat, so werden die Bestimmungsvertragsparteien unverzüglich davon unterrichtet. Diese sind verpflichtet, die Daten zu berichtigen oder zu vernichten.

(7) Der Asylbegehrende hat das Recht, daß ihm auf seinen Antrag die seine Person betreffenden Daten mitgeteilt werden, so lange diese verfügbar sind.

Stellt er fest, daß diese Daten unrichtig sind oder sie nicht hätten übermittelt werden dürfen, so hat er das Recht, deren Berichtigung oder Vernichtung zu verlangen. Die Ausübung dieses Rechts erfolgt nach Maßgabe des Absatzes 6.

(8) Jede Vertragspartei ist verpflichtet, die Übermittlung und den Empfang von personenbezogenen Daten aktenkundig zu machen.

(9) Diese Daten werden nur so lange aufbewahrt, wie dies zur Erreichung des Übermittlungszweckes erforderlich ist. Die Erforderlichkeit der Aufbewahrung ist von der betroffenen Vertragspartei zum geeigneten Zeitpunkt zu prüfen.

(10) Die übermittelten Daten genießen auf jeden Fall zumindest den Schutz, der aufgrund des Rechts der empfangenden Vertragspartei für Daten gleicher Art gilt.

(11) Werden die Daten nicht automatisch, sondern auf eine sonstige Weise verarbeitet, so treffen die Vertragsparteien die geeigneten Maßnahmen, um die Einhaltung der Vorschriften dieses Artikels durch eine wirksame Kontrolle zu gewährleisten. Hat eine Vertragspartei eine Kontrollstelle der in Absatz 12 erwähnten Art, kann sie ihr die Kontrolle übertragen.

(12) Wünschen eine oder mehrere Vertragsparteien die in den Absätzen 2 und 3 aufgeführten Daten ganz oder teilweise zu speichern, so ist dies nur zulässig, soweit die betreffenden Vertragsparteien Rechtsvorschriften für diese Datenverarbeitung erlassen haben, die die Verwirklichung der Grundsätze des Übereinkommens des Europarates über den Schutz des Menschen bei der automatischen Verarbeitung personenbezogener Daten vom 28. Januar 1981 gewährleisten und sie ein geeignetes Gremium mit der unabhängigen Kontrolle der Verarbeitung und Verwendung der nach diesen Übereinkommen übermittelten Daten beauftragt haben.

Art. 92. (1) Die Vertragsparteien errichten und unterhalten ein gemeinsames Informationssystem, nachstehend das Schengener Informationssystem genannt, das aus einem nationalen Teil bei jeder Vertragspartei und einer technischen Unterstützungseinheit besteht. Durch das Schengener Informationssystem werden Ausschreibungen, die der Suche nach Personen und Sachen dienen, den durch die Vertragsparteien bezeichneten Behörden bei nach Maßgabe des nationalen Rechts durchgeführten Grenzkontrollen, sonstigen polizeilichen und zollrechtlichen Überprüfungen im Inland sowie, beschränkt auf die Ausschreibungskategorie nach Artikel 96 für Zwecke des Sichtvermerksverfahrens sowie der Erteilung der Aufenthaltstitel und der Handhabung des Ausländerrechts im Rahmen der Anwendung dieses Übereinkommens im Bereich des Personenverkehrs zum Abruf im automatisierten Verfahren bereit gehalten.

(2) Jede Vertragspartei errichtet und unterhält in eigener Verantwortung und auf eigene Kosten ihren nationalen Teil des Schengener Informationssystems, dessen Bestand durch Nutzung der technischen Unterstützungseinheit inhaltlich identisch ist mit dem Bestand des nationalen Teiles jeder anderen Vertragspartei. Im Hinblick auf die schnelle und zweckmäßige Übermittlung der Informationen nach Absatz 3 berücksichtigt jede Vertragspartei bei der Errichtung ihres nationalen Teils die durch die Vertragsparteien gemeinsam festgelegten Protokolle und Verfahren in bezug auf die technische Unterstützungseinheit. Der Bestand jedes nationalen Teils dient innerhalb des Hoheitsgebietes der jeweiligen Vertragsparteien zum Abruf im automatisierten Verfahren. Ein Abruf aus dem Bestand des nationalen Teiles einer anderen Vertragspartei erfolgt nicht.

(3) Die Vertragsparteien errichten und unterhalten in gemeinsamer Verantwortung und auf gemeinsame Kosten die technische Unterstützungseinheit des Schengener Informationssystems. Die Französische Republik ist zuständig

für diese Unterstützungseinheit; sie wird eingerichtet in Straßburg. Die technische Unterstützungseinheit umfaßt einen Bestand, der der On-Line-Übermittlung der Informationen an die nationalen Bestände dient, wodurch gewährleistet wird, daß die nationalen Bestände identisch bleiben. In den Bestand der technischen Unterstützungseinheit werden Ausschreibungen von Personen und Sachen aufgenommen, soweit sie sich auf alle Vertragsparteien beziehen. Der Bestand der technischen Unterstützungseinheit umfaßt, abgesehen von den Daten nach diesem Absatz und nach Artikel 113 Absatz 2, keine weiteren Daten.

Art. 96. (1) Die Daten bezüglich Drittausländern, die zur Einreiseverweigerung ausgeschrieben sind, werden aufgrund einer nationalen Ausschreibung gespeichert, die auf Entscheidungen der zuständigen Verwaltungsbehörden und Gerichte beruht, wobei die Verfahrensregeln des nationalen Rechts zu beachten sind.

(2) Die Entscheidungen können auf die Gefahr für die öffentliche Sicherheit und Ordnung oder die nationale Sicherheit, die die Anwesenheit eines Drittausländers auf dem Hoheitsgebiet der Vertragspartei bedeutet, gestützt werden.

Dies kann insbesondere der Fall sein

a) bei einem Drittausländer, der wegen einer Straftat verurteilt worden ist, die mit Freiheitsstrafe von mindestens einem Jahr bedroht ist;

b) bei einem Drittausländer, gegen den ein begründeter Verdacht besteht, daß er schwere Straftaten, einschließlich solcher im Sinne von Artikel 71 begangen hat, oder gegen den konkrete Hinweise bestehen, daß er solche Taten in dem Hoheitsgebiet einer Vertragspartei plant.

(3) Die Entscheidungen können ebenso darauf beruhen, daß der Drittausländer ausgewiesen, zurückgewiesen oder abgeschoben worden ist, wobei die Maßnahme nicht aufgeschoben oder aufgehoben worden sein darf, ein Verbot der Einreise oder des Aufenthalts enthalten oder davon begleitet sein muß und auf der Nichtbeachtung des nationalen Rechts über die Einreise oder den Aufenthalt von Ausländern beruhen muß.

Art. 102. (1) Die Vertragsparteien dürfen die in den Artikeln 95 bis 100 genannten Daten nur für die der jeweiligen Ausschreibung entsprechenden Zwecke nutzen.

(2) Die Daten dürfen nur zu technischen Zwecken vervielfältigt werden, soweit dies zum unmittelbaren Abruf durch die in Artikel 101 genannten Stellen erforderlich ist. Ausschreibungen von anderen Vertragsparteien dürfen nicht aus dem Bestand des nationalen Teils des Schengener Informationssystems in andere nationale Datenbestände übernommen werden.

(3) Hinsichtlich der Ausschreibungen nach Artikel 95 bis 100 dieses Übereinkommens ist eine Abweichung von Absatz 1, durch die eine Ausschreibungskategorie durch eine andere ersetzt wird, nur zulässig, soweit dies zur Abwehr einer schwerwiegenden und unmittelbar bevorstehenden Gefahr für die öffentliche Sicherheit und Ordnung oder aus schwerwiegenden Gründen der Sicherheit des Staates oder zur Verhütung einer Straftat mit erheblicher Bedeutung erforderlich ist. Hierüber ist die vorherige Zustimmung der ausschreibenden Vertragspartei einzuholen.

(4) Die Daten dürfen nicht zu Verwaltungszwecken genutzt werden. Hiervon abweichend dürfen die nach Artikel 96 gespeicherten Daten nach Maßgabe des nationalen Rechts jeder Vertragspartei nur für die sich aus Artikel 101 Absatz 2 ergebenden Zwecke genutzt werden.

(5) Jede Nutzung der Daten, die den Absätzen 1 bis 4 nicht entspricht, wird nach dem nationalen Recht der Vertragspartei als Zweckentfremdung bewertet.

Art. 103. Jede Vertragspartei gewährleistet, daß durchschnittlich jede zehnte Übermittlung von personenbezogenen Daten durch die dateiführende Stelle im nationalen Teil des Schengener Informationssystems protokolliert wird zur Kontrolle der Zulässigkeit der Abrufe. Die Aufzeichnung darf nur hierfür verwendet werden und wird nach sechs Monaten gelöscht.

Art. 104. (1) Das nationale Recht der ausschreibenden Vertragspartei findet auf die Ausschreibung Anwendung, es sei denn, dieses Übereinkommen enthält engere Voraussetzungen für die Ausschreibung.

(2) Soweit dieses Übereinkommen keine besondere Regelung enthält, findet das nationale Recht der jeweiligen Vertragspartei auf die in ihrem nationalen Teil des Schengener Informationssystems gespeicherten Daten Anwendung.

(3) Soweit dieses Übereinkommen keine besondere Regelung über die Durchführung der mit der Ausschreibung erbetenen Maßnahme enthält, findet das nationale Recht der ersuchten Vertragspartei, die die Maßnahme durchführt, Anwendung. Soweit dieses Übereinkommen besondere Regelungen über die Durchführung der mit der Ausschreibung erbetenen Maßnahme enthält, werden die Befugnisse durch das nationale Recht der ersuchten Vertragspartei begrenzt. Soweit die erbetene Maßnahme nicht durchgeführt werden kann, unterrichtet die ersuchte Vertragspartei die ausschreibende Vertragspartei unverzüglich.

Art. 105. Die ausschreibende Vertragspartei ist für die Richtigkeit und Aktualität der Daten sowie die Rechtmäßigkeit der Speicherung im Schengener Informationssystem verantwortlich.

Art. 106. (1) Die Änderung, Ergänzung, Berichtigung oder Löschung der Daten darf nur durch die ausschreibende Vertragspartei vorgenommen werden.

(2) Hat eine Vertragspartei, die selber die Ausschreibung nicht veranlaßt hat, Anhaltspunkte dafür, daß Daten unrichtig sind oder unrechtmäßig gespeichert worden sind, so teilt sie dies umgehend der ausschreibenden Vertragspartei mit, die verpflichtet ist, diese Mitteilung unverzüglich zu prüfen und erforderlichenfalls die Daten unverzüglich zu berichtigen oder zu löschen.

(3) Falls die Vertragsparteien sich nicht einigen können, unterbreitet die Vertragspartei, die die Ausschreibung nicht veranlaßt hat, der in Artikel 115 Absatz 1 vorgesehenen gemeinsamen Kontrollinstanz den Fall zur Stellungnahme.

Art. 107. Wurde in bezug auf eine Person bereits eine Ausschreibung in das Schengener Informationssystem aufgenommen, so stimmt sich die Vertragspartei, die eine weitere Ausschreibung vornimmt, mit der Vertragspartei, die die erste Ausschreibung vorgenommen hat, über die Speicherung der Ausschreibungen ab. Hierzu können die Vertragsparteien auch generelle Regelungen treffen.

Art. 108. (1) Jede Vertragspartei bestimmt eine Stelle, die als Zentrale für den nationalen Teil des Schengener Informationssystems zuständig ist.

(2) Jede Vertragspartei nimmt ihre Ausschreibungen über diese Stelle vor.

(3) Diese Stelle ist für das reibungslose Funktionieren des nationalen Teiles des Schengener Informationssystems verantwortlich und trifft die erforderlichen Maßnahmen für die Einhaltung der Bestimmungen dieses Übereinkommens.

(4) Die Vertragsparteien teilen einander über den Verwahrer die nach Absatz 1 bestimmte Stelle mit.

Art. 109. (1) Das Recht jeder Person, über die zu ihrer Person im Schengener Informationssystem gespeicherten Daten Auskunft zu erhalten, richtet sich nach dem nationalen Recht der Vertragspartei, in deren Hoheitsgebiet das Auskunftsrecht beansprucht wird. Soweit das nationale Recht dies vorsieht, entscheidet die in Artikel 114 Absatz 1 vorgesehene nationale Kontrollinstanz, ob und in welcher Weise Auskunft erteilt wird. Eine Vertragspartei, die selber die Ausschreibung nicht vorgenommen hat, darf Auskunft zu diesen Daten nur erteilen, wenn sie vorher der ausschreibenden Vertragspartei Gelegenheit zur Stellungnahme gegeben hat.

(2) Die Auskunftserteilung an den Betroffenen unterbleibt, wenn dies zur Durchführung einer rechtmäßigen Aufgabe im Zusammenhang mit der Ausschreibung oder zum Schutz der Rechte und Freiheiten Dritter unerläßlich ist. Sie unterbleibt immer während der Ausschreibung zur verdeckten Registrierung.

Art. 110. Jeder hat das Recht, auf seine Person bezogene unrichtige Daten berichtigen oder unrechtmäßig gespeicherte Daten löschen zu lassen.

Art. 111. (1) Jeder hat das Recht, im Hoheitsgebiet jeder Vertragspartei eine Klage wegen einer seine Person betreffenden Ausschreibung insbesondere auf Berichtigung, Löschung, Auskunftserteilung oder Schadensersatz vor dem nach nationalem Recht zuständigen Gericht oder der zuständigen Behörde zu erheben.

(2) Unbeschadet des Artikels 116 verpflichten sich die Vertragsparteien, unanfechtbare Entscheidungen der Gerichte oder Behörden nach Absatz 1 zu vollziehen.

Art. 112. (1) Die zur Personenfahndung in dem Schengener Informationssystem aufgenommenen personenbezogenen Daten werden nicht länger als für den verfolgten Zweck erforderlich gespeichert. Spätestens drei Jahre nach ihrer Einspeicherung ist die Erforderlichkeit der weiteren Speicherung von der ausschreibenden Vertragspartei zu prüfen. Für die Ausschreibung gemäß Artikel 99 beträgt diese Frist ein Jahr.

(2) Jede ausschreibende Vertragspartei bestimmt gegebenenfalls kürzere Prüffristen nach Maßgabe ihres nationalen Rechts.

(3) Die technische Unterstützungseinheit des Schengener Informationssystems weist die ausschreibende Vertragspartei mit einem Vorlauf von einem Monat automatisch auf die im System programmierte Löschung hin.

(4) Die ausschreibende Vertragspartei kann innerhalb der Prüffrist beschließen, die Ausschreibung noch beizubehalten, wenn dies für den der Ausschreibung zugrunde liegenden Zweck erforderlich ist. Eine Verlängerung der Ausschreibung ist in die technische Unterstützungseinheit einzugeben. Absatz 1 gilt entsprechend.

Art. 113. (1) Andere Daten als in Artikel 112 werden nicht länger als zehn Jahre, Daten in bezug auf ausgestellte Identitätspapiere und Registriergeld nicht länger als fünf Jahre und Daten in bezug auf Kraftfahrzeuge, Anhänger und Wohnwagen nicht länger als drei Jahre nach der Aufnahme gespeichert.

(2) Gelöschte Daten werden noch ein Jahr in der technischen Unterstützungseinheit gespeichert. Sie dürfen in dieser Zeit jedoch lediglich genutzt werden, um nachträglich ihre Richtigkeit oder die Rechtmäßigkeit der Speicherung zu prüfen. Danach sind sie zu vernichten.

Art. 114. (1) Jede Vertragspartei bezeichnet eine Kontrollinstanz, deren Aufgabe darin besteht, nach Maßgabe des jeweiligen nationalen Rechts den Bestand des nationalen Teils des Schengener Informationssystems unabhängig zu überwachen und zu prüfen, ob durch Verarbeitung und Nutzung der im Schengener Informationssystem gespeicherten Daten die Rechte des Betroffenen nicht verletzt werden. Diese Kontrollinstanz hat hierfür Zugriff auf den Bestand des nationalen Teils des Schengener Informationssystems.

(2) Jeder hat das Recht, die Kontrollinstanzen zu ersuchen, die zu seiner Person im Schengener Informationssystem gespeicherten Daten sowie deren Nutzung zu überprüfen. Dieses Recht wird nach Maßgabe des nationalen Rechts der Vertragspartei, an die das Ersuchen gerichtet wird, ausgeübt. Wurden die Daten durch eine andere Vertragspartei eingegeben, so erfolgt die Kontrolle in enger Abstimmung mit der Kontrollinstanz dieser Vertragspartei.

Art. 115. (1) Zur Überwachung der technischen Unterstützungseinheit des Schengener Informationssystems wird eine gemeinsame Kontrollinstanz eingerichtet, die sich aus je zwei Vertretern der jeweiligen nationalen Kontrollinstanzen zusammensetzt. Jede Vertragspartei hat bei Abstimmungen eine Stimme. Die Kontrolle richtet sich nach den Bestimmungen dieses Übereinkommens, des Übereinkommens des Europarates vom 28. Januar 1981 zum Schutz des Menschen bei der automatischen Verarbeitung personenbezogener Daten, der Empfehlung R (87) 15 des Ministerausschusses des Europarates über die Nutzung personenbezogener Daten im Polizeibereich vom 17. September 1987 und nach dem nationalen Recht der für die technische Unterstützungseinheit zuständigen Vertragspartei.

(2) In bezug auf die technische Unterstützungseinheit hat die gemeinsame Kontrollinstanz die Aufgabe, die richtige Anwendung der Bestimmungen dieses Übereinkommens zu überprüfen. Sie hat hierfür Zugriff auf den zentralen Bestand.

(3) Die gemeinsame Kontrollinstanz ist auch zuständig für die Prüfung der Anwendungs- oder Auslegungsfragen im Zusammenhang mit dem Funktionieren des Schengener Informationssystems, für die Prüfung von Fragen im Zusammenhang mit den von den nationalen Kontrollinstanzen unabhängig vorgenommenen Kontrollen oder mit der Ausübung des Auskunftsrechtes sowie für die Erarbeitung harmonisierter Vorschläge im Hinblick auf gemeinsame Lösungen für die bestehenden Fragen.

(4) Die von der gemeinsamen Kontrollinstanz erstellten Berichte werden an die Stellen übermittelt, an die die nationalen Kontrollinstanzen ihre Berichte übermitteln.

Art. 116. (1) Wird jemand bei dem Betrieb eines nationalen Bestandes des Schengener Informationssystems geschädigt, haftet ihm hierfür jede Vertragspartei nach Maßgabe ihres nationalen Rechts. Dies gilt auch, wenn der Schaden durch die ausschreibende Vertragspartei verursacht worden ist, weil diese die Daten unrichtig eingegeben hat oder die Speicherung unrechtmäßig war.

(2) Ist die in Anspruch genommene Vertragspartei nicht die ausschreibende Vertragspartei, hat letztere den geleisteten Ersatz auf Anforderung zu erstatten, es sei denn, von der ersuchten Vertragspartei wurden die Daten vertragswidrig genutzt.

Art. 117. (1) Jede Vertragspartei trifft spätestens bis zum Inkrafttreten dieses Übereinkommens in ihrem nationalen Recht in bezug auf die automatische Verarbeitung personenbezogener Daten im Rahmen der Anwendung dieses Titels die erforderlichen Maßnahmen zur Gewährleistung eines Datenschutzstandards, der zumindest dem entspricht, der sich aus der Verwirklichung der Grundsätze des Übereinkommens des Europarates über den Schutz des Menschen bei der automatischen Verarbeitung personenbezogener Daten vom 28. Januar 1981 ergibt, und beachtet dabei die Empfehlung R (87) 15 des Ministerausschusses des Europarates über die Nutzung personenbezogener Daten im Polizeibereich vom 17. September 1987.

(2) Die in diesem Titel vorgesehenen Übermittlungen personenbezogener Daten dürfen erst beginnen, wenn in dem Hoheitsgebiet der an der Übermittlung beteiligten Vertragsparteien die nach Absatz 1 gebotenen datenschutzrechtlichen Regelungen in Kraft getreten sind.

Art. 118. (1) Jede Vertragspartei verpflichtet sich, für ihren nationalen Teil des Schengener Informationssystems Maßnahmen zu treffen, die geeignet sind:
a) Unbefugten den Zugang zu Datenverarbeitungsanlagen, mit denen personenbezogene Daten verarbeitet werden, zu verwehren (Zugangskontrolle);
b) zu verhindern, daß Datenträger unbefugt gelesen, kopiert, verändert oder entfernt werden können (Datenträgerkontrolle);
c) die unbefugte Eingabe in den Speicher sowie die unbefugte Kenntnisnahme, Veränderung oder Löschung gespeicherter personenbezogener Daten zu verhindern (Speicherkontrolle);
d) zu verhindern, daß automatisierte Datenverarbeitungssysteme mit Hilfe von Einrichtungen zur Datenübertragung von Unbefugten genutzt werden können (Benutzerkontrolle);

e) zu gewährleisten, daß die zur Benutzung eines automatisierten Datenverarbeitungssystems Berechtigten ausschließlich auf die ihrer Zugriffsberechtigung unterliegenden Daten zugreifen können (Zugriffskontrolle);
f) zu gewährleisten, daß überprüft und festgestellt werden kann, an welche Stellen personenbezogene Daten durch Einrichtungen zur Datenübertragung übermittelt werden können (Übermittlungskontrolle);
g) zu gewährleisten, daß nachträglich überprüft und festgestellt werden kann, welche personenbezogenen Daten zu welcher Zeit und von wem in automatisierte Datenverarbeitungssysteme eingegeben worden sind (Eingabekontrolle);
h) zu verhindern, daß bei der Übertragung personenbezogener Daten sowie beim Transport von Datenträgern die Daten unbefugt gelesen, kopiert, verändert oder gelöscht werden können (Transportkontrolle).

(2) Jede Vertragspartei hat für die Übermittlung von Daten an Stellen außerhalb des Hoheitsgebietes der Vertragsparteien besondere Vorkehrungen zur Datensicherung zu treffen. Diese sind der gemeinsamen Kontrollinstanz mitzuteilen.

(3) Jede Vertragspartei darf mit der Datenverarbeitung in ihrem nationalen Teil des Schengener Informationssystems nur Personen beauftragen, die besonders geschult und einer Sicherheitsüberprüfung unterzogen worden sind.

(4) Für die technische Unterstützungseinheit des Schengener Informationssystems trifft die hierfür zuständige Vertragspartei die in den Absätzen 1 bis 3 genannten Maßnahmen.

15. Asylverfahrensgesetz
(AsylVfG)

in der Fassung der Bekanntmachung vom 27. Juli 1993
(BGBl. I S. 1361)

Zuletzt geändert durch Gesetz vom 27. 4. 2001 (BGBl. I S. 751), durch Gesetz vom 3. 12. 2001
(BGBl. I S. 3306), durch Gesetz vom 20. 12. 2001 (BGBl. I S. 3987) und Gesetz vom 9. 1. 2002
(BGBl. I S. 361)

BGBl. III 26-7

Inhaltsübersicht

Erster Abschnitt. Allgemeine Bestimmungen

§ 1 Geltungsbereich. (1) Dieses Gesetz gilt für Ausländer, die Schutz als politisch Verfolgte nach Artikel 16 a Abs. 1 des Grundgesetzes oder Schutz vor Abschiebung oder einer sonstigen Rückführung in einen Staat beantragen, in dem ihnen die in § 51 Abs. 1 des Ausländergesetzes bezeichneten Gefahren drohen.

(2) Dieses Gesetz gilt nicht

1. für heimatlose Ausländer im Sinne des Gesetzes über die Rechtsstellung heimatloser Ausländer im Bundesgebiet in der im Bundesgesetzblatt Teil III, Gliederungsnummer 243–1, veröffentlichten bereinigten Fassung, zuletzt geändert durch Artikel 4 des Gesetzes vom 9. Juli 1990 (BGBl. I S. 1354),

2. für Ausländer im Sinne des Gesetzes über Maßnahmen für im Rahmen humanitärer Hilfsaktionen aufgenommene Flüchtlinge vom 22. Juli 1980 (BGBl. I S. 1057), zuletzt geändert durch Artikel 5 des Gesetzes vom 9. Juli 1990 (BGBl. I S. 1354).

§ 2 Rechtsstellung Asylberechtigter. (1) Asylberechtigte genießen im Bundesgebiet die Rechtsstellung nach dem Abkommen über die Rechtsstellung der Flüchtlinge vom 28. Juli 1951 (BGBl. 1953 II S. 559).

(2) Unberührt bleiben die Vorschriften, die den Asylberechtigten eine günstigere Rechtsstellung einräumen.

(3) Ausländer, denen bis zum Wirksamwerden des Beitritts in dem in Artikel 3 des Einigungsvertrages genannten Gebiet Asyl gewährt worden ist, gelten als Asylberechtigte.

§ 3 Rechtsstellung sonstiger politisch Verfolgter. Ein Ausländer ist Flüchtling im Sinne des Abkommens über die Rechtsstellung der Flüchtlinge, wenn das Bundesamt oder ein Gericht unanfechtbar festgestellt hat, daß ihm in dem Staat, dessen Staatsangehörigkeit er besitzt oder in dem er als Staatenloser seinen gewöhnlichen Aufenthalt hatte, die in § 51 Abs. 1 des Ausländergesetzes bezeichneten Gefahren drohen.

§ 4 Verbindlichkeit asylrechtlicher Entscheidungen. [1]Die Entscheidung über den Asylantrag ist in allen Angelegenheiten verbindlich, in denen die Anerkennung oder das Vorliegen der Voraussetzungen des § 51 Abs. 1 des Ausländergesetzes rechtserheblich ist. [2]Dies gilt nicht für das Auslieferungsverfahren.

§ 5 Bundesamt. (1) [1]Über Asylanträge entscheidet das Bundesamt für die Anerkennung ausländischer Flüchtlinge. [2]Es ist nach Maßgabe dieses Gesetzes auch für ausländerrechtliche Maßnahmen und Entscheidungen zuständig.

(2) [1]Über den einzelnen Asylantrag einschließlich der Feststellung, ob die Voraussetzungen des § 51 Abs. 1 des Ausländergesetzes vorliegen, entscheidet ein insoweit weisungsungebundener Bediensteter des Bundesamtes. [2]Der Bedienstete muß mindestens Beamter des gehobenen Dienstes oder vergleichbarer Angestellter sein. [3]Das Bundesministerium des Innern kann durch

Rechtsverordnung mit Zustimmung des Bundesrates auch lebensältere Beamte des mittleren Dienstes zulassen, die sich durch Eignung, Befähigung und fachliche Leistung auszeichnen und besondere Berufserfahrung besitzen.

(3) ¹Das Bundesministerium des Innern bestellt den Leiter des Bundesamtes. ²Dieser sorgt für die ordnungsgemäße Organisation der Asylverfahren.

(4) ¹Der Leiter des Bundesamtes soll bei jeder Zentralen Aufnahmeeinrichtung für Asylbewerber (Aufnahmeeinrichtung) mit mindestens 500 Unterbringungsplätzen eine Außenstelle einrichten. ²Er kann in Abstimmung mit den Ländern weitere Außenstellen einrichten.

(5) ¹Der Leiter des Bundesamtes kann mit den Ländern vereinbaren, ihm sachliche und personelle Mittel zur notwendigen Erfüllung seiner Aufgaben in den Außenstellen zur Verfügung zu stellen. ²Die ihm zur Verfügung gestellten Bediensteten unterliegen im gleichen Umfang seinen fachlichen Weisungen wie die Bediensteten des Bundesamtes. ³Die näheren Einzelheiten sind in einer Verwaltungsvereinbarung zwischen dem Bund und dem Land zu regeln.

§ 6 Bundesbeauftragter. (1) Beim Bundesamt wird ein Bundesbeauftragter für Asylangelegenheiten bestellt.

(2) ¹Der Bundesbeauftragte kann sich an den Asylverfahren vor dem Bundesamt und an Klageverfahren vor den Gerichten der Verwaltungsgerichtsbarkeit beteiligen. ²Ihm ist Gelegenheit zur Äußerung zu geben. ³Gegen Entscheidungen des Bundesamtes kann er klagen.

(3) ¹Der Bundesbeauftragte wird vom Bundesministerium des Innern berufen und abberufen. ²Er muß die Befähigung zum Richteramt oder zum höheren Verwaltungsdienst haben.

(4) Der Bundesbeauftragte ist an Weisungen des Bundesministeriums des Innern gebunden.

§ 7 Erhebung personenbezogener Daten. (1) Die mit der Ausführung dieses Gesetzes betrauten Behörden dürfen zum Zwecke der Ausführung dieses Gesetzes personenbezogene Daten erheben, soweit dies zur Erfüllung ihrer Aufgaben erforderlich ist.

(2) ¹Die Daten sind beim Betroffenen zu erheben. Sie dürfen auch ohne Mitwirkung des Betroffenen bei anderen öffentlichen Stellen, ausländischen Behörden und nichtöffentlichen Stellen erhoben werden, wenn

1. dieses Gesetz oder eine andere Rechtsvorschrift es vorsieht oder zwingend voraussetzt,

2. es offensichtlich ist, daß es im Interesse des Betroffenen liegt und kein Grund zu der Annahme besteht, daß er in Kenntnis der Erhebung seine Einwilligung verweigern würde,

3. die Mitwirkung des Betroffenen nicht ausreicht oder einen unverhältnismäßigen Aufwand erfordern würde,

4. die zu erfüllende Aufgabe ihrer Art nach eine Erhebung bei anderen Personen oder Stellen erforderlich macht oder

5. es zur Überprüfung der Angaben des Betroffenen erforderlich ist.

²Nach Satz 2 Nr. 3 und 4 sowie bei ausländischen Behörden und nichtöffentlichen Stellen dürfen Daten nur erhoben werden, wenn keine Anhaltspunkte

dafür bestehen, daß überwiegende schutzwürdige Interessen des Betroffenen beeinträchtigt werden.

§ 8 Übermittlung personenbezogener Daten. (1) Öffentliche Stellen haben auf Ersuchen (§ 7 Abs. 1) den mit der Ausführung dieses Gesetzes betrauten Behörden ihnen bekannt gewordene Umstände mitzuteilen, soweit besondere gesetzliche Verwendungsregelungen oder überwiegende schutzwürdige Interessen des Betroffenen nicht entgegenstehen.

(2) Die zuständigen Behörden unterrichten das Bundesamt unverzüglich über ein förmliches Auslieferungsersuchen und ein mit der Ankündigung eines Auslieferungsersuchens verbundenes Festnahmeersuchen eines anderen Staates sowie über den Abschluß des Auslieferungsverfahrens, wenn der Ausländer einen Asylantrag gestellt hat.

(2a) Die mit der Ausführung dieses Gesetzes betrauten Behörden teilen Umstände und Maßnahmen nach diesem Gesetz, deren Kenntnis für die Leistung an Leistungsberechtigte des Asylbewerberleistungsgesetzes erforderlich ist, sowie die ihnen mitgeteilten Erteilungen von Arbeitserlaubnissen an diese Personen und Angaben über das Erlöschen, den Widerruf oder die Rücknahme der Arbeitserlaubnisse den nach § 10 des Asylbewerberleistungsgesetzes zuständigen Behörden mit.

(3) [1] Die nach diesem Gesetz erhobenen Daten dürfen auch zum Zwecke der Ausführung des Ausländergesetzes und der gesundheitlichen Betreuung und Versorgung von Asylbewerbern sowie für Maßnahmen der Strafverfolgung und auf Ersuchen zur Verfolgung von Ordnungswidrigkeiten den damit betrauten öffentlichen Stellen, soweit es zur Erfüllung der in ihrer Zuständigkeit liegenden Aufgaben erforderlich ist, übermittelt und von diesen dafür verarbeitet und genutzt werden. [2] Sie dürfen an eine in § 35 Abs. 1 des Ersten Buches Sozialgesetzbuch genannte Stelle übermittelt und von dieser verarbeitet und genutzt werden, soweit dies für die Aufdeckung und Verfolgung von unberechtigtem Bezug von Leistungen nach dem Bundessozialhilfegesetz, von Leistungen der Kranken- und Unfallversicherungsträger oder von Arbeitslosengeld oder Arbeitslosenhilfe erforderlich ist und wenn tatsächliche Anhaltspunkte für einen unberechtigten Bezug vorliegen. [3] § 77 Abs. 1 bis 3 des Ausländergesetzes findet entsprechende Anwendung.

(4) Eine Datenübermittlung auf Grund anderer gesetzlicher Vorschriften bleibt unberührt.

§ 9 Hoher Flüchtlingskommissar der Vereinten Nationen. (1) Der Ausländer kann sich an den Hohen Flüchtlingskommissar der Vereinten Nationen wenden.

(2) Das Bundesamt übermittelt dem Hohen Flüchtlingskommissar der Vereinten Nationen auf dessen Ersuchen zur Erfüllung seiner Aufgaben nach Artikel 35 des Abkommens über die Rechtsstellung der Flüchtlinge[1] seine Entscheidungen und deren Begründungen.

(3) [1] Sonstige Angaben, insbesondere die vorgetragenen Verfolgungsgründe dürfen, außer in anonymisierter Form, nur übermittelt werden, wenn sich der

---

[1] Siehe Nr. **14**.

Ausländer selbst an den Hohen Flüchtlingskommissar der Vereinten Nationen gewandt hat oder die Einwilligung des Ausländers anderweitig nachgewiesen ist. [2]Der Einwilligung des Ausländers bedarf es nicht, wenn dieser sich nicht mehr im Bundesgebiet aufhält und kein Grund zu der Annahme besteht, daß schützwürdige Interessen des Ausländers entgegenstehen.

(4) Die Daten dürfen nur zu dem Zweck verwendet werden, zu dem sie übermittelt wurden.

§ 10 Zustellungsvorschriften. (1) Der Ausländer hat während der Dauer des Asylverfahrens vorzusorgen, daß ihn Mitteilungen des Bundesamtes, der zuständigen Ausländerbehörde und der angerufenen Gerichte stets erreichen können; insbesondere hat er jeden Wechsel seiner Anschrift den genannten Stellen unverzüglich anzuzeigen.

(2) [1]Der Ausländer muß Zustellungen und formlose Mitteilungen unter der letzten Anschrift, die der jeweiligen Stelle auf Grund seines Asylantrages oder seiner Mitteilung bekannt ist, gegen sich gelten lassen, wenn er für das Verfahren weder einen Bevollmächtigten bestellt noch einen Empfangsberechtigten benannt hat oder diesen nicht zugestellt werden kann. [2]Das gleiche gilt, wenn die letzte bekannte Anschrift, unter der der Ausländer wohnt oder zu wohnen verpflichtet ist, durch eine öffentliche Stelle mitgeteilt worden ist. [3]Der Ausländer muß Zustellungen und formlose Mitteilungen anderer als der in Absatz 1 bezeichneten öffentlichen Stellen unter der Anschrift gegen sich gelten lassen, unter der er nach den Sätzen 1 und 2 Zustellungen und formlose Mitteilungen des Bundesamtes gegen sich gelten lassen muß. [4]Kann die Sendung dem Ausländer nicht zugestellt werden, so gilt die Zustellung mit der Aufgabe zur Post als bewirkt, selbst wenn die Sendung als unzustellbar zurückkommt.

(3) [1]Betreiben Eltern oder Elternteile mit ihren minderjährigen ledigen Kindern oder Ehegatten jeweils ein gemeinsames Asylverfahren und ist nach Absatz 2 für alle Familienangehörigen dieselbe Anschrift maßgebend, können für sie bestimmte Entscheidungen und Mitteilungen in einem Bescheid oder einer Mitteilung zusammengefaßt und einem Ehegatten oder Elternteil zugestellt werden. [2]In der Anschrift sind alle Familienangehörigen zu nennen, die das 16. Lebensjahr vollendet haben und für die die Entscheidung oder Mitteilung bestimmt ist. [3]In der Entscheidung oder Mitteilung ist ausdrücklich darauf hinzuweisen, gegenüber welchen Familienangehörigen sie gilt.

(4) [1]In einer Aufnahmeeinrichtung hat diese Zustellungen und formlose Mitteilungen an die Ausländer, die nach Maßgabe des Absatzes 2 Zustellungen und formlose Mitteilungen unter der Anschrift der Aufnahmeeinrichtung gegen sich gelten lassen müssen, vorzunehmen. [2]Postausgabe- und Postverteilungszeiten sind für jeden Werktag durch Aushang bekanntzumachen. [3]Der Ausländer hat sicherzustellen, daß ihm Posteingänge während der Postausgabe- und Postverteilungszeiten in der Aufnahmeeinrichtung ausgehändigt werden können. [4]Zustellungen und formlose Mitteilungen sind mit der Aushändigung an den Ausländer bewirkt; im übrigen gelten sie am dritten Tag nach Übergabe an die Aufnahmeeinrichtung als bewirkt.

(5) Die Vorschriften über die Ersatzzustellung bleiben unberührt.

(6) [1]Müßte eine Zustellung außerhalb des Bundesgebiets erfolgen, so ist durch öffentliche Bekanntmachung zuzustellen. [2]Die Vorschriften des § 15

Abs. 2 und 3, Abs. 5 Satz 2 und 3 und Abs. 6 des Verwaltungszustellungsgesetzes finden Anwendung.

(7) Der Ausländer ist bei der Antragstellung schriftlich und gegen Empfangsbestätigung auf diese Zustellungsvorschriften hinzuweisen.

§ 11 Ausschluß des Widerspruchs. Gegen Maßnahmen und Entscheidungen nach diesem Gesetz findet kein Widerspruch statt.

Zweiter Abschnitt. Asylverfahren

Erster Unterabschnitt. Allgemeine Verfahrensvorschriften

§ 12 Handlungsfähigkeit Minderjähriger. (1) Fähig zur Vornahme von Verfahrenshandlungen nach diesem Gesetz ist auch ein Ausländer, der das 16. Lebensjahr vollendet hat, sofern er nicht nach Maßgabe des Bürgerlichen Gesetzbuches geschäftsunfähig oder im Falle seiner Volljährigkeit in dieser Angelegenheit zu betreuen und einem Einwilligungsvorbehalt zu unterstellen wäre.

(2) ¹Bei der Anwendung dieses Gesetzes sind die Vorschriften des Bürgerlichen Gesetzbuches dafür maßgebend, ob ein Ausländer als minderjährig oder volljährig anzusehen ist. ²Die Geschäftsfähigkeit und die sonstige rechtliche Handlungsfähigkeit eines nach dem Recht seines Heimatstaates volljährigen Ausländers bleiben davon unberührt.

(3) Im Asylverfahren ist vorbehaltlich einer abweichenden Entscheidung des Vormundschaftsgerichts jeder Elternteil zur Vertretung eines Kindes unter 16 Jahren befugt, wenn sich der andere Elternteil nicht im Bundesgebiet aufhält oder sein Aufenthaltsort im Bundesgebiet unbekannt ist.

§ 13 Asylantrag. (1) Ein Asylantrag liegt vor, wenn sich dem schriftlich, mündlich oder auf andere Weise geäußerten Willen des Ausländers entnehmen läßt, daß er im Bundesgebiet Schutz vor politischer Verfolgung sucht oder daß er Schutz vor Abschiebung oder einer sonstigen Rückführung in einen Staat begehrt, in dem ihm die in § 51 Abs. 1 des Ausländergesetzes bezeichneten Gefahren drohen.

(2) Mit jedem Asylantrag wird sowohl die Feststellung, daß die Voraussetzungen des § 51 Abs. 1 des Ausländergesetzes vorliegen, als auch, wenn der Ausländer dies nicht ausdrücklich ablehnt, die Anerkennung als Asylberechtigter beantragt.

(3) ¹Ein Ausländer, der nicht im Besitz der erforderlichen Einreisepapiere ist, hat an der Grenze um Asyl nachzusuchen (§ 18). ²Im Falle der unerlaubten Einreise hat er sich unverzüglich bei einer Aufnahmeeinrichtung zu melden (§ 22) oder bei der Ausländerbehörde oder der Polizei um Asyl nachzusuchen (§ 19).

§ 14 Antragstellung. (1) Der Asylantrag ist bei der Außenstelle des Bundesamtes zu stellen, die der für die Aufnahme des Ausländers zuständigen Aufnahmeeinrichtung zugeordnet ist.

(2) ¹Der Asylantrag ist beim Bundesamt zu stellen, wenn der Ausländer

1. eine Aufenthaltsgenehmigung mit einer Gesamtgeltungsdauer von mehr als sechs Monaten besitzt,

2. sich in Haft oder sonstigem öffentlichem Gewahrsam, in einem Krankenhaus, einer Heil- oder Pflegeanstalt oder in einer Jugendhilfeeinrichtung befindet, oder

3. noch nicht das 16. Lebensjahr vollendet hat und sein gesetzlicher Vertreter nicht verpflichtet ist, in einer Aufnahmeeinrichtung zu wohnen.

[2]Die Ausländerbehörde leitet einen bei ihr eingereichten schriftlichen Antrag unverzüglich dem Bundesamt zu.

(3) Ausländer, die als Kriegs- oder Bürgerkriegsflüchtlinge eine Aufenthaltsbefugnis nach § 32a des Ausländergesetzes besitzen, können keinen Asylantrag stellen.

(4) [1]Befindet sich der Ausländer in den Fällen des Absatzes 2 Satz 1 Nr. 2 in

1. Untersuchungshaft,

2. Strafhaft,

3. Vorbereitungshaft nach § 57 Abs. 1 des Ausländergesetzes,

4. Sicherungshaft nach § 57 Abs. 2 Satz 1 Nr. 1 des Ausländergesetzes, weil er sich nach der unerlaubten Einreise länger als einen Monat ohne Aufenthaltsgenehmigung im Bundesgebiet aufgehalten hat,

5. Sicherungshaft nach § 57 Abs. 2 Satz 1 Nr. 2 bis 5 des Ausländergesetzes,

steht die Asylantragstellung der Anordnung oder Aufrechterhaltung von Abschiebungshaft nicht entgegen. [2]Dem Ausländer ist unverzüglich Gelegenheit zu geben, mit einem Rechtsbeistand seiner Wahl Verbindung aufzunehmen, es sei denn, er hat sich selbst vorher anwaltlichen Beistands versichert. [3]Die Abschiebungshaft endet mit der Zustellung der Entscheidung des Bundesamtes, spätestens jedoch vier Wochen nach Eingang des Asylantrags beim Bundesamt, es sei denn, der Asylantrag wurde als unbeachtlich oder offensichtlich unbegründet abgelehnt.

§ 15 Allgemeine Mitwirkungspflichten. (1) [1]Der Ausländer ist persönlich verpflichtet, bei der Aufklärung des Sachverhalts mitzuwirken. [2]Dies gilt auch, wenn er sich durch einen Bevollmächtigten vertreten läßt.

(2) Er ist insbesondere verpflichtet,

1. den mit der Ausführung dieses Gesetzes betrauten Behörden die erforderlichen Angaben mündlich und nach Aufforderung auch schriftlich zu machen;

2. das Bundesamt unverzüglich zu unterrichten, wenn ihm eine Aufenthaltsgenehmigung erteilt worden ist;

3. den gesetzlichen und behördlichen Anordnungen, sich bei bestimmten Behörden oder Einrichtungen zu melden oder dort persönlich zu erscheinen, Folge zu leisten;

4. seinen Paß oder Paßersatz den mit der Ausführung dieses Gesetzes betrauten Behörden vorzulegen, auszuhändigen und zu überlassen;

5. alle erforderlichen Urkunden und sonstigen Unterlagen, die in seinem Besitz sind, den mit der Ausführung dieses Gesetzes betrauten Behörden vorzulegen, auszuhändigen und zu überlassen;

6. im Falle des Nichtbesitzes eines gültigen Passes oder Paßersatzes an der Beschaffung eines Identitätspapiers mitzuwirken;

7. die vorgeschriebenen erkennungsdienstlichen Maßnahmen zu dulden.

(3) Erforderliche Urkunden und sonstige Unterlagen nach Absatz 2 Nr. 5 sind insbesondere

1. alle Urkunden und Unterlagen, die neben dem Paß oder Paßersatz für die Feststellung der Identität und Staatsangehörigkeit von Bedeutung sein können,

2. von anderen Staaten erteilte Visa, Aufenthaltsgenehmigungen und sonstige Grenzübertrittspapiere,

3. Flugscheine und sonstige Fahrausweise,

4. Unterlagen über den Reiseweg vom Herkunftsland in das Bundesgebiet, die benutzten Beförderungsmittel und über den Aufenthalt in anderen Staaten nach der Ausreise aus dem Herkunftsland und vor der Einreise in das Bundesgebiet sowie

5. alle sonstigen Urkunden und Unterlagen, auf die der Ausländer sich beruft oder die für die zu treffenden asyl- und ausländerrechtlichen Entscheidungen und Maßnahmen einschließlich der Feststellung und Geltendmachung einer Rückführungsmöglichkeit in einen anderen Staat von Bedeutung sind.

(4) [1] Die mit der Ausführung dieses Gesetzes betrauten Behörden können den Ausländer und Sachen, die von ihm mitgeführt werden, durchsuchen, wenn der Ausländer seinen Verpflichtungen nach Absatz 2 Nr. 4 und 5 nicht nachkommt und Anhaltspunkte bestehen, daß er im Besitz solcher Unterlagen ist. [2] Der Ausländer darf nur von einer Person gleichen Geschlechts durchsucht werden.

(5) Durch die Rücknahme des Asylantrags werden die Mitwirkungspflichten des Ausländers nicht beendet.

§ 16 Sicherung der Identität. (1) [1] Die Identität eines Ausländers, der um Asyl nachsucht, ist durch erkennungsdienstliche Maßnahmen zu sichern, es sei denn, daß er noch nicht das 14. Lebensjahr vollendet hat. [2] Nach Satz 1 dürfen nur Lichtbilder und Abdrucke aller zehn Finger aufgenommen werden. [3] Zur Bestimmung des Herkunftsstaates oder der Herkunftsregion des Ausländers kann das gesprochene Wort außerhalb der förmlichen Anhörung des Ausländers auf Ton- oder Datenträger aufgezeichnet werden. [4] Diese Erhebung darf nur erfolgen, wenn der Ausländer vorher darüber in Kenntnis gesetzt wurde. [5] Die Sprachaufzeichnungen werden beim Bundesamt aufbewahrt.

(2) Zuständig für die Maßnahmen nach Absatz 1 sind das Bundesamt und, sofern der Ausländer dort um Asyl nachsucht, auch die in den §§ 18 und 19 bezeichneten Behörden sowie die Aufnahmeeinrichtung, bei der sich der Ausländer meldet.

(3) [1] Das Bundeskriminalamt leistet Amtshilfe bei der Auswertung der nach Absatz 1 gewonnenen Fingerabdruckblätter zum Zwecke der Identitätssicherung. [2] Es darf hierfür auch von ihm zur Erfüllung seiner Aufgaben aufbewahrte erkennungsdienstliche Unterlagen verwenden. [3] Das Bundeskriminalamt darf den in Absatz 2 bezeichneten Behörden den Grund der Aufbewahrung dieser Unterlagen nicht mitteilen, soweit dies nicht nach anderen Rechtsvorschriften zulässig ist.

(4) [1] Die nach Absatz 1 Satz 1 und 2 gewonnenen Unterlagen werden vom Bundeskriminalamt getrennt von anderen erkennungsdienstlichen Unterlagen aufbewahrt und gesondert gekennzeichnet. [2] Entsprechendes gilt für die Verarbeitung in Dateien.

(5) [1] Die Verarbeitung und Nutzung der nach Absatz 1 gewonnenen Unterlagen ist auch zulässig zur Feststellung der Identität oder Zuordnung von Beweismitteln für Zwecke des Strafverfahrens oder zur Gefahrenabwehr. [2] Die Unterlagen dürfen ferner für die Identifizierung unbekannter oder vermißter Personen verwendet werden.

(6) [1] Die nach Absatz 1 gewonnenen Unterlagen sind zehn Jahre nach unanfechtbarem Abschluss des Asylverfahrens zu vernichten. [2] Die entsprechenden Daten sind zu löschen.

§ 17 Sprachmittler. (1) Ist der Ausländer der deutschen Sprache nicht hinreichend kundig, so ist von Amts wegen bei der Anhörung ein Dolmetscher, Übersetzer oder sonstiger Sprachmittler hinzuzuziehen, der in die Muttersprache des Ausländers oder in eine andere Sprache zu übersetzen hat, in der der Ausländer sich mündlich verständigen kann.

(2) Der Ausländer ist berechtigt, auf seine Kosten auch einen geeigneten Sprachmittler seiner Wahl hinzuzuziehen.

Zweiter Unterabschnitt. Einleitung des Asylverfahrens

§ 18 Aufgaben der Grenzbehörde. (1) Ein Ausländer, der bei einer mit der polizeilichen Kontrolle des grenzüberschreitenden Verkehrs beauftragten Behörde (Grenzbehörde) um Asyl nachsucht, ist unverzüglich an die zuständige oder, sofern diese nicht bekannt ist, an die nächstgelegene Aufnahmeeinrichtung zur Meldung weiterzuleiten.

(2) Dem Ausländer ist die Einreise zu verweigern, wenn

1. er aus einem sicheren Drittstaat (§ 26a) einreist,
2. die Voraussetzungen des § 27 Abs. 1 oder 2 offensichtlich vorliegen oder
3. er eine Gefahr für die Allgemeinheit bedeutet, weil er in der Bundesrepublik Deutschland wegen einer besonders schweren Straftat zu einer Freiheitsstrafe von mindestens drei Jahren rechtskräftig verurteilt worden ist, und seine Ausreise nicht länger als drei Jahre zurückliegt.

(3) Der Ausländer ist zurückzuschieben, wenn er von der Grenzbehörde im grenznahen Raum in unmittelbarem zeitlichem Zusammenhang mit einer unerlaubten Einreise angetroffen wird und die Voraussetzungen des Absatzes 2 vorliegen.

(4) Von der Einreiseverweigerung oder Zurückschiebung ist im Falle der Einreise aus einem sicheren Drittstaat (§ 26a) abzusehen, soweit

1. die Bundesrepublik Deutschland auf Grund eines völkerrechtlichen Vertrages mit dem sicheren Drittstaat für die Durchführung eines Asylverfahrens zuständig ist oder
2. das Bundesministerium des Innern es aus völkerrechtlichen oder humanitären Gründen oder zur Wahrung politischer Interessen der Bundesrepublik Deutschland angeordnet hat.

(5) Die Grenzbehörde hat den Ausländer erkennungsdienstlich zu behandeln.

§ 18a Verfahren bei Einreise auf dem Luftwege. (1) [1]Bei Ausländern aus einem sicheren Herkunftsstaat (§ 29a), die über einen Flughafen einreisen wollen und bei der Grenzbehörde um Asyl nachsuchen, ist das Asylverfahren vor der Entscheidung über die Einreise durchzuführen, soweit die Unterbringung auf dem Flughafengelände während des Verfahrens möglich oder lediglich wegen einer erforderlichen stationären Krankenhausbehandlung nicht möglich ist. [2]Das gleiche gilt für Ausländer, die bei der Grenzbehörde auf einem Flughafen um Asyl nachsuchen und sich dabei nicht mit einem gültigen Paß oder Paßersatz ausweisen. [3]Dem Ausländer ist unverzüglich Gelegenheit zur Stellung des Asylantrages bei der Außenstelle des Bundesamtes zu geben, die der Grenzkontrollstelle zugeordnet ist. [4]Die persönliche Anhörung des Ausländers durch das Bundesamt soll unverzüglich stattfinden. [5]Dem Ausländer ist danach unverzüglich Gelegenheit zu geben, mit einem Rechtsbeistand seiner Wahl Verbindung aufzunehmen, es sei denn, er hat sich selbst vorher anwaltlichen Beistands versichert. [6]§ 18 Abs. 2 bleibt unberührt.

(2) Lehnt das Bundesamt den Asylantrag als offensichtlich unbegründet ab, droht es dem Ausländer nach Maßgabe der §§ 34 und 36 Abs. 1 vorsorglich für den Fall der Einreise die Abschiebung an.

(3) [1]Wird der Asylantrag als offensichtlich unbegründet abgelehnt, ist dem Ausländer die Einreise zu verweigern. [2]Die Entscheidungen des Bundesamtes sind zusammen mit der Einreiseverweigerung von der Grenzbehörde zuzustellen. [3]Diese übermittelt unverzüglich dem zuständigen Verwaltungsgericht eine Kopie ihrer Entscheidung und den Verwaltungsvorgang des Bundesamtes.

(4) [1]Ein Antrag auf Gewährung vorläufigen Rechtsschutzes nach der Verwaltungsgerichtsordnung ist innerhalb von drei Tagen nach Zustellung der Entscheidungen des Bundesamtes und der Grenzbehörde zu stellen. [2]Der Antrag kann bei der Grenzbehörde gestellt werden. [3]Der Ausländer ist hierauf hinzuweisen. [4]§ 58 der Verwaltungsgerichtsordnung ist entsprechend anzuwenden. [5]Die Entscheidung soll im schriftlichen Verfahren ergehen. [6]§ 36 Abs. 4 ist anzuwenden. [7]Im Falle der rechtzeitigen Antragstellung darf die Einreiseverweigerung nicht vor der gerichtlichen Entscheidung (§ 36 Abs. 3 Satz 9) vollzogen werden.

(5) [1]Jeder Antrag nach Absatz 4 richtet sich auf Gewährung der Einreise und für den Fall der Einreise gegen die Abschiebungsandrohung. [2]Die Anordnung des Gerichts, dem Ausländer die Einreise zu gestatten, gilt zugleich als Aussetzung der Abschiebung.

(6) Dem Ausländer ist die Einreise zu gestatten, wenn

1. das Bundesamt der Grenzbehörde mitteilt, daß es nicht kurzfristig entscheiden kann,

2. das Bundesamt nicht innerhalb von zwei Tagen nach Stellung des Asylantrags über diesen entschieden hat oder

3. das Gericht nicht innerhalb von vierzehn Tagen über einen Antrag nach Absatz 4 entschieden hat.

§ 19 Aufgaben der Ausländerbehörde und der Polizei. (1) Ein Ausländer, der bei einer Ausländerbehörde oder bei der Polizei eines Landes um

Asyl nachsucht, ist in den Fällen des § 14 Abs. 1 unverzüglich an die zuständige oder, soweit diese nicht bekannt ist, an die nächstgelegene Aufnahmeeinrichtung zur Meldung weiterzuleiten.

(2) Die Ausländerbehörde und die Polizei haben den Ausländer erkennungsdienstlich zu behandeln (§ 16 Abs. 1).

(3) [1] Ein Ausländer, der aus einem sicheren Drittstaat (§ 26 a) unerlaubt eingereist ist, kann ohne vorherige Weiterleitung an eine Aufnahmeeinrichtung nach Maßgabe des § 61 Abs. 1 des Ausländergesetzes dorthin zurückgeschoben werden. [2] In diesem Falle ordnet die Ausländerbehörde die Zurückschiebung an, sobald feststeht, daß sie durchgeführt werden kann.

(4) Vorschriften über die Festnahme oder Inhaftnahme bleiben unberührt.

§ 20 Weiterleitung an eine Aufnahmeeinrichtung. (1) Die Behörde, die den Ausländer an eine Aufnahmeeinrichtung weiterleitet, teilt dieser die Weiterleitung unverzüglich mit.

(2) Der Ausländer ist verpflichtet, der Weiterleitung unverzüglich zu folgen.

§ 21 Verwahrung und Weitergabe von Unterlagen. (1) [1] Die Behörden, die den Ausländer an eine Aufnahmeeinrichtung weiterleiten, nehmen die in § 15 Abs. 2 Nr. 4 und 5 bezeichneten Unterlagen in Verwahrung und leiten sie unverzüglich der Aufnahmeeinrichtung zu. [2] Erkennungsdienstliche Unterlagen sind beizufügen.

(2) Meldet sich der Ausländer unmittelbar bei der für seine Aufnahme zuständigen Aufnahmeeinrichtung, nimmt diese die Unterlagen in Verwahrung.

(3) Die für die Aufnahme des Ausländers zuständige Aufnahmeeinrichtung leitet die Unterlagen unverzüglich der ihr zugeordneten Außenstelle des Bundesamtes zu.

(4) Dem Ausländer sind auf Verlangen Abschriften der in Verwahrung genommenen Unterlagen auszuhändigen.

(5) Die Unterlagen sind dem Ausländer wieder auszuhändigen, wenn sie für die weitere Durchführung des Asylverfahrens oder für aufenthaltsbeendende Maßnahme nicht mehr benötigt werden.

§ 22 Meldepflicht. (1) [1] Ein Ausländer, der den Asylantrag bei einer Außenstelle des Bundesamtes zu stellen hat (§ 14 Abs. 1), hat sich in einer Aufnahmeeinrichtung persönlich zu melden. [2] Diese nimmt ihn auf oder leitet ihn an die für seine Aufnahme zuständige Aufnahmeeinrichtung weiter; im Falle der Weiterleitung ist der Ausländer, soweit möglich, erkennungsdienstlich zu behandeln.

(2) [1] Die Landesregierung oder die von ihr bestimmte Stelle kann bestimmen, daß

1. die Meldung nach Absatz 1 bei einer bestimmten Aufnahmeeinrichtung erfolgen muß,

2. ein von einer Aufnahmeeinrichtung eines anderen Landes weitergeleiteter Ausländer zunächst eine bestimmte Aufnahmeeinrichtung aufsuchen muß.

[2] Der Ausländer ist während seines Aufenthaltes in der nach Satz 1 bestimmten Aufnahmeeinrichtung erkennungsdienstlich zu behandeln. [3] In den Fällen des

§ 18 Abs. 1 und des § 19 Abs. 1 ist der Ausländer an diese Aufnahmeeinrichtung weiterzuleiten.

§ 22 a Übernahme zur Durchführung eines Asylverfahrens. [1] Ein Ausländer, der auf Grund eines völkerrechtlichen Vertrages zur Durchführung eines Asylverfahrens übernommen ist, steht einem Ausländer gleich, der um Asyl nachsucht. [2] Der Ausländer ist verpflichtet, sich bei oder unverzüglich nach der Einreise zu der Stelle zu begeben, die vom Bundesministerium des Innern oder der von ihm bestimmten Stelle bezeichnet ist.

Dritter Unterabschnitt. Verfahren beim Bundesamt

§ 23 Antragstellung bei der Außenstelle. Der Ausländer, der in der Aufnahmeeinrichtung aufgenommen ist, ist verpflichtet, unverzüglich oder zu dem von der Aufnahmeeinrichtung genannten Termin bei der Außenstelle des Bundesamtes zur Stellung des Asylantrages persönlich zu erscheinen.

§ 24 Pflichten des Bundesamtes. (1) [1] Das Bundesamt klärt den Sachverhalt und erhebt die erforderlichen Beweise. [2] Es hat den Ausländer persönlich anzuhören. [3] Von einer Anhörung kann abgesehen werden, wenn das Bundesamt den Ausländer als asylberechtigt anerkennen will oder wenn der Ausländer nach seinen Angaben aus einem sicheren Drittstaat (§ 26 a) eingereist ist. [4] Von der Anhörung ist abzusehen, wenn der Asylantrag für ein im Bundesgebiet geborenes Kind unter sechs Jahren gestellt und der Sachverhalt auf Grund des Inhalts der Verfahrensakten der Eltern oder eines Elternteils ausreichend geklärt ist.

(2) Nach Stellung eines Asylantrags obliegt dem Bundesamt auch die Entscheidung, ob Abschiebungshindernisse nach § 53 des Ausländergesetzes vorliegen.

(3) Das Bundesamt unterrichtet die Ausländerbehörde unverzüglich über die getroffene Entscheidung und die von dem Ausländer vorgetragenen oder sonst erkennbaren Gründe für eine Aussetzung der Abschiebung, insbesondere über die Notwendigkeit, die für eine Rückführung erforderlichen Dokumente zu beschaffen.

§ 25 Anhörung. (1) [1] Der Ausländer muß selbst die Tatsachen vortragen, die seine Furcht vor politischer Verfolgung begründen, und die erforderlichen Angaben machen. [2] Zu den erforderlichen Angaben gehören auch solche über Wohnsitze, Reisewege, Aufenthalte in anderen Staaten und darüber, ob bereits in anderen Staaten oder im Bundesgebiet ein Verfahren mit dem Ziel der Anerkennung als ausländischer Flüchtling oder ein Asylverfahren eingeleitet oder durchgeführt ist.

(2) Der Ausländer hat alle sonstigen Tatsachen und Umstände anzugeben, die einer Abschiebung oder einer Abschiebung in einen bestimmten Staat entgegenstehen.

(3) [1] Ein späteres Vorbringen des Ausländers kann unberücksichtigt bleiben, wenn andernfalls die Entscheidung des Bundesamtes verzögert würde. [2] Der Ausländer ist hierauf und auf § 36 Abs. 4 Satz 3 hinzuweisen.

(4) [1]Bei einem Ausländer, der verpflichtet ist, in einer Aufnahmeeinrichtung zu wohnen, soll die Anhörung in zeitlichem Zusammenhang mit der Asylantragstellung erfolgen. [2]Einer besonderen Ladung des Ausländers und seines Bevollmächtigten bedarf es nicht. Entsprechendes gilt, wenn dem Ausländer bei oder innerhalb einer Woche nach der Antragstellung der Termin für die Anhörung mitgeteilt wird. [3]Kann die Anhörung nicht an demselben Tag stattfinden, sind der Ausländer und sein Bevollmächtigter von dem Anhörungstermin unverzüglich zu verständigen. [4]Erscheint der Ausländer ohne genügende Entschuldigung nicht zur Anhörung, entscheidet das Bundesamt nach Aktenlage, wobei auch die Nichtmitwirkung des Ausländers zu berücksichtigen ist.

(5) [1]Bei einem Ausländer, der nicht verpflichtet ist, in einer Aufnahmeeinrichtung zu wohnen, kann von der persönlichen Anhörung abgesehen werden, wenn der Ausländer einer Ladung zur Anhörung ohne genügende Entschuldigung nicht folgt. [2]In diesem Falle ist dem Ausländer Gelegenheit zur schriftlichen Stellungnahme innerhalb eines Monats zu geben. [3]Äußert sich der Ausländer innerhalb dieser Frist nicht, entscheidet das Bundesamt nach Aktenlage, wobei auch die Nichtmitwirkung des Ausländers zu würdigen ist. [4]§ 33 bleibt unberührt.

(6) [1]Die Anhörung ist nicht öffentlich. An ihr können Personen, die sich als Vertreter des Bundes, eines Landes, des Hohen Flüchtlingskommissars der Vereinten Nationen oder des Sonderbevollmächtigten für Flüchtlingsfragen beim Europarat ausweisen, teilnehmen. [2]Anderen Personen kann der Leiter des Bundesamtes oder die von ihm beauftragte Person die Anwesenheit gestatten.

(7) Über die Anhörung ist eine Niederschrift aufzunehmen, die die wesentlichen Angaben des Ausländers enthält.

§ 26 Familienasyl. (1) Der Ehegatte eines Asylberechtigten wird als Asylberechtigter anerkannt, wenn

1. die Anerkennung des Ausländers als Asylberechtigter unanfechtbar ist,
2. die Ehe schon in dem Staat bestanden hat, in dem der Asylberechtigte politisch verfolgt wird,
3. der Ehegatte einen Asylantrag vor oder gleichzeitig mit dem Asylberechtigten oder unverzüglich nach der Einreise gestellt hat und
4. die Anerkennung des Asylberechtigten nicht zu widerrufen oder zurückzunehmen ist.

(2) [1]Absatz 1 Nr. 3 und 4 gilt entsprechend für die im Zeitpunkt ihrer Asylantragstellung minderjährigen ledigen Kinder eines Asylberechtigten. [2]Für im Bundesgebiet nach der Anerkennung des Asylberechtigten geborene Kinder ist der Asylantrag innerhalb eines Jahres nach der Geburt zu stellen.

(3) Absatz 2 gilt nicht für Kinder eines Ausländers, der nach Absatz 2 als Asylberechtigter anerkannt worden ist.

§ 26a Sichere Drittstaaten. (1) [1]Ein Ausländer, der aus einem Drittstaat im Sinne des Artikels 16a Abs. 2 Satz 1 des Grundgesetzes (sicherer Drittstaat) eingereist ist, kann sich nicht auf Artikel 16a Abs. 1 des Grundgesetzes berufen. [2]Er wird nicht als Asylberechtigter anerkannt. [3]Satz 1 gilt nicht, wenn

1. der Ausländer im Zeitpunkt seiner Einreise in den sicheren Drittstaat im Besitz einer Aufenthaltsgenehmigung für die Bundesrepublik Deutschland war,

2. die Bundesrepublik Deutschland auf Grund eines völkerrechtlichen Vertrages mit dem sicheren Drittstaat für die Durchführung eines Asylverfahrens zuständig ist oder

3. der Ausländer auf Grund einer Anordnung nach § 18 Abs. 4 Nr. 2 nicht zurückgewiesen oder zurückgeschoben worden ist.

(2) Sichere Drittstaaten sind außer den Mitgliedstaaten der Europäischen Gemeinschaften die in Anlage I bezeichneten Staaten.

(3) [1] Die Bundesregierung bestimmt durch Rechtsverordnung ohne Zustimmung des Bundesrates, daß ein in Anlage I bezeichneter Staat nicht mehr als sicherer Drittstaat gilt, wenn Veränderungen in den rechtlichen oder politischen Verhältnissen dieses Staates die Annahme begründen, daß die in Artikel 16 a Abs. 2 Satz 1 des Grundgesetzes bezeichneten Voraussetzungen entfallen sind. [2] Die Verordnung tritt spätestens sechs Monate nach ihrem Inkrafttreten außer Kraft.

§ 27 Anderweitige Sicherheit vor Verfolgung. (1) Ein Ausländer, der bereits in einem sonstigen Drittstaat vor politischer Verfolgung sicher war, wird nicht als Asylberechtigter anerkannt.

(2) Ist der Ausländer im Besitz eines von einem sicheren Drittstaat (§ 26 a) oder einem sonstigen Drittstaat ausgestellten Reiseausweises nach dem Abkommen über die Rechtsstellung der Flüchtlinge, so wird vermutet, daß er bereits in diesem Staat vor politischer Verfolgung sicher war.

(3) [1] Hat sich ein Ausländer in einem sonstigen Drittstaat, in dem ihm keine politische Verfolgung droht, vor der Einreise in das Bundesgebiet länger als drei Monate aufgehalten, so wird vermutet, daß er dort vor politischer Verfolgung sicher war. [2] Das gilt nicht, wenn der Ausländer glaubhaft macht, daß eine Abschiebung in einen anderen Staat, in dem ihm politische Verfolgung droht, nicht mit hinreichender Sicherheit auszuschließen war.

§ 28 Nachfluchttatbestände. [1] Ein Ausländer wird in der Regel nicht als Asylberechtigter anerkannt, wenn die Gefahr politischer Verfolgung auf Umständen beruht, die er nach Verlassen seines Herkunftslandes aus eigenem Entschluß geschaffen hat, es sei denn, dieser Entschluß entspricht einer festen, bereits im Herkunftsland erkennbar betätigten Überzeugung. [2] Satz 1 findet insbesondere keine Anwendung, wenn der Ausländer sich auf Grund seines Alters und Entwicklungsstandes im Herkunftsland noch keine feste Überzeugung bilden konnte.

§ 29 Unbeachtliche Asylanträge. (1) Ein Asylantrag ist unbeachtlich, wenn offensichtlich ist, daß der Ausländer bereits in einem sonstigen Drittstaat vor politischer Verfolgung sicher war und die Rückführung in diesen Staat oder in einen anderen Staat, in dem er vor politischer Verfolgung sicher ist, möglich ist.

(2) [1] Ist die Rückführung innerhalb von drei Monaten nicht möglich, ist das Asylverfahren fortzuführen. [2] Die Ausländerbehörde hat das Bundesamt unverzüglich zu unterrichten.

(3) [1] Ein Asylantrag ist ferner unbeachtlich, wenn auf Grund eines völkerrechtlichen Vertrages ein anderer Vertragsstaat, der ein sicherer Drittstaat (§ 26 a) ist, für die Durchführung eines Asylverfahrens zuständig ist oder die Zuständigkeit übernimmt. [2] § 26 a Abs. 1 bleibt unberührt.

§ 29 a Sicherer Herkunftsstaat. (1) Der Asylantrag eines Ausländers aus einem Staat im Sinne des Artikels 16 a Abs. 3 Satz 1 des Grundgesetzes (sicherer Herkunftsstaat) ist als offensichtlich unbegründet abzulehnen, es sei denn, die von dem Ausländer angegebenen Tatsachen oder Beweismittel begründen die Annahme, daß ihm abweichend von der allgemeinen Lage im Herkunftsstaat politische Verfolgung droht.

(2) Sichere Herkunftsstaaten sind die in Anlage II bezeichneten Staaten.

(3) [1] Die Bundesregierung bestimmt durch Rechtsverordnung ohne Zustimmung des Bundesrates, daß ein in Anlage II bezeichneter Staat nicht mehr als sicherer Herkunftsstaat gilt, wenn Veränderungen in den rechtlichen oder politischen Verhältnissen dieses Staates die Annahme begründen, daß die in Artikel 16 a Abs. 3 Satz 1 des Grundgesetzes bezeichneten Voraussetzungen entfallen sind. [2] Die Verordnung tritt spätestens sechs Monate nach ihrem Inkrafttreten außer Kraft.

§ 30 Offensichtlich unbegründete Asylanträge. (1) Ein Asylantrag ist offensichtlich unbegründet, wenn die Voraussetzungen für eine Anerkennung als Asylberechtigter und die Voraussetzungen des § 51 Abs. 1 des Ausländergesetzes offensichtlich nicht vorliegen.

(2) Ein Asylantrag ist insbesondere offensichtlich unbegründet, wenn nach den Umständen des Einzelfalles offensichtlich ist, daß sich der Ausländer nur aus wirtschaftlichen Gründen oder um einer allgemeinen Notsituation oder einer kriegerischen Auseinandersetzung zu entgehen, im Bundesgebiet aufhält.

(3) Ein unbegründeter Asylantrag ist als offensichtlich unbegründet abzulehnen, wenn

1. in wesentlichen Punkten das Vorbringen des Ausländers nicht substantiiert oder in sich widersprüchlich ist, offenkundig den Tatsachen nicht entspricht oder auf gefälschte oder verfälschte Beweismittel gestützt wird,
2. der Ausländer im Asylverfahren über seine Identität oder Staatsangehörigkeit täuscht oder diese Angaben verweigert,
3. er unter Angabe anderer Personalien einen weiteren Asylantrag oder ein weiteres Asylbegehren anhängig gemacht hat,
4. er den Asylantrag gestellt hat, um eine drohende Aufenthaltsbeendigung abzuwenden, obwohl er zuvor ausreichend Gelegenheit hatte, einen Asylantrag zu stellen,
5. er seine Mitwirkungspflichten nach § 13 Abs. 3 Satz 2, § 15 Abs. 2 Nr. 3 bis 5 oder § 25 Abs. 1 gröblich verletzt hat, es sei denn, er hat die Verletzung der Mitwirkungspflichten nicht zu vertreten oder ihm war die Einhaltung der Mitwirkungspflichten aus wichtigen Gründen nicht möglich, oder
6. er nach § 47 des Ausländergesetzes vollziehbar ausgewiesen ist.

(4) Ein Asylantrag ist ferner als offensichtlich unbegründet abzulehnen, wenn die Voraussetzungen des § 51 Abs. 3 des Ausländergesetzes vorliegen.

(5) Ein beim Bundesamt gestellter Antrag ist auch dann als offensichtlich unbegründet abzulehnen, wenn es sich nach seinem Inhalt nicht um einen Asylantrag im Sinne des § 13 Abs. 1 handelt.

§ 31 Entscheidung des Bundesamtes über Asylanträge. (1) [1]Die Entscheidung des Bundesamtes ergeht schriftlich. [2]Sie ist schriftlich zu begründen und den Beteiligten mit Rechtsbehelfsbelehrung zuzustellen. [3]Wird der Asylantrag nur nach § 26a abgelehnt, ist die Entscheidung zusammen mit der Abschiebungsanordnung nach § 34a dem Ausländer selbst zuzustellen. [4]Sie kann ihm auch von der für die Abschiebung oder für die Durchführung der Abschiebung zuständigen Behörde zugestellt werden. [5]Wird der Ausländer durch einen Bevollmächtigten vertreten oder hat er einen Empfangsberechtigten benannt, soll diesem ein Abdruck der Entscheidung zugeleitet werden.

(2) [1]In Entscheidungen über beachtliche Asylanträge und nach § 30 Abs. 5 ist ausdrücklich festzustellen, ob die Voraussetzungen des § 51 Abs. 1 des Ausländergesetzes vorliegen und ob der Ausländer als Asylberechtigter anerkannt wird. [2]Von letzterer Feststellung ist abzusehen, wenn der Antrag auf die Feststellung der Voraussetzungen des § 51 Abs. 1 des Ausländergesetzes beschränkt war.

(3) [1]In den Fällen des Absatzes 2 und in Entscheidungen über unbeachtliche Asylanträge ist festzustellen, ob Abschiebungshindernisse nach § 53 des Ausländergesetzes vorliegen. [2]Davon kann abgesehen werden, wenn

1. der Ausländer als Asylberechtigter anerkannt wird,

2. das Vorliegen der Voraussetzungen des § 51 Abs. 1 des Ausländergesetzes festgestellt wird oder

3. der Asylantrag nach § 29 Abs. 3 unbeachtlich ist.

(4) Wird der Asylantrag nur nach § 26a abgelehnt, ist nur festzustellen, daß dem Ausländer auf Grund seiner Einreise aus einem sicheren Drittstaat kein Asylrecht zusteht.

(5) Wird ein Ausländer nach § 26 als Asylberechtigter anerkannt, soll von den Feststellungen zu § 51 Abs. 1 und § 53 des Ausländergesetzes abgesehen werden.

§ 32 Entscheidung bei Antragsrücknahme. Im Falle der Rücknahme des Asylantrages stellt das Bundesamt in seiner Entscheidung fest, daß das Asylverfahren eingestellt ist und ob Abschiebungshindernisse nach § 53 des Ausländergesetzes vorliegen; in den Fällen des § 33 ist nach Aktenlage zu entscheiden.

§ 32a Ruhen des Verfahrens. (1) [1]Das Asylverfahren eines Ausländers, dem nach der Stellung des Asylantrages eine Aufenthaltsbefugnis nach § 32a des Ausländergesetzes erteilt wird, ruht, solange er im Besitz der Aufenthaltsbefugnis ist. [2]Solange das Verfahren ruht, bestimmt sich die Rechtsstellung des Ausländers nicht nach diesem Gesetz.

(2) Der Asylantrag gilt als zurückgenommen, wenn der Ausländer nicht innerhalb eines Monats nach Ablauf der Geltungsdauer seiner Aufenthaltsbefugnis dem Bundesamt anzeigt, daß er das Asylverfahren fortführen will.

§ 33 Nichtbetreiben des Verfahrens. (1) [1] Der Asylantrag gilt als zurückgenommen, wenn der Ausländer das Verfahren trotz Aufforderung des Bundesamtes länger als einen Monat nicht betreibt. [2] In der Aufforderung ist der Ausländer auf die nach Satz 1 eintretende Folge hinzuweisen.

(2) Der Asylantrag gilt ferner als zurückgenommen, wenn der Ausländer während des Asylverfahrens in seinen Herkunftsstaat gereist ist.

(3) [1] Der Ausländer wird an der Grenze zurückgewiesen, wenn bei der Einreise festgestellt wird, daß er während des Asylverfahrens in seinen Herkunftsstaat gereist ist und deshalb der Asylantrag nach Absatz 2 als zurückgenommen gilt. [2] Einer Entscheidung des Bundesamtes nach § 32 bedarf es nicht. [3] § 51 Abs. 1, § 53 Abs. 1, 2 und 4 sowie die §§ 57 und 60 Abs. 4 des Ausländergesetzes finden entsprechende Anwendung.

Vierter Unterabschnitt. Aufenthaltsbeendigung

§ 34 Abschiebungsandrohung. (1) [1] Das Bundesamt erläßt nach den §§ 50 und 51 Abs. 4 des Ausländergesetzes die Abschiebungsandrohung, wenn der Ausländer nicht als Asylberechtigter anerkannt wird und keine Aufenthaltsgenehmigung besitzt. [2] Eine Anhörung des Ausländers vor Erlaß der Abschiebungsandrohung ist nicht erforderlich.

(2) Die Abschiebungsandrohung soll mit der Entscheidung über den Asylantrag verbunden werden.

§ 34 a Abschiebungsanordnung. (1) [1] Soll der Ausländer in einen sicheren Drittstaat (§ 26 a) abgeschoben werden, ordnet das Bundesamt die Abschiebung in diesen Staat an, sobald feststeht, daß sie durchgeführt werden kann. [2] Dies gilt auch, wenn der Ausländer den Asylantrag auf die Feststellung der Voraussetzungen des § 51 Abs. 1 des Ausländergesetzes beschränkt oder vor der Entscheidung des Bundesamtes zurückgenommen hat. [3] Einer vorherigen Androhung und Fristsetzung bedarf es nicht.

(2) Die Abschiebung in den sicheren Drittstaat darf nicht nach § 80 oder § 123 der Verwaltungsgerichtsordnung ausgesetzt werden.

§ 35 Abschiebungsandrohung bei Unbeachtlichkeit des Asylantrages. [1] In den Fällen des § 29 Abs. 1 droht das Bundesamt dem Ausländer die Abschiebung in den Staat an, in dem er vor Verfolgung sicher war. [2] In den Fällen des § 29 Abs. 3 Satz 1 droht es die Abschiebung in den anderen Vertragsstaat an.

§ 36 Verfahren bei Unbeachtlichkeit und offensichtlicher Unbegründetheit. (1) In den Fällen der Unbeachtlichkeit und der offensichtlichen Unbegründetheit des Asylantrages beträgt die dem Ausländer zu setzende Ausreisefrist eine Woche.

(2) [1] Das Bundesamt übermittelt mit der Zustellung der Entscheidung den Beteiligten eine Kopie des Inhalts der Asylakte. [2] Der Verwaltungsvorgang ist mit dem Nachweis der Zustellung unverzüglich dem zuständigen Verwaltungsgericht zu übermitteln.

(3) [1] Anträge nach § 80 Abs. 5 der Verwaltungsgerichtsordnung gegen die Abschiebungsandrohung sind innerhalb einer Woche nach Bekanntgabe zu

stellen; dem Antrag soll der Bescheid des Bundesamtes beigefügt werden. [2]Der Ausländer ist hierauf hinzuweisen. [3]§ 58 der Verwaltungsgerichtsordnung ist entsprechend anzuwenden. [4]Die Entscheidung soll im schriftlichen Verfahren ergehen; eine mündliche Verhandlung, in der zugleich über die Klage verhandelt wird, ist unzulässig. [5]Die Entscheidung soll innerhalb von einer Woche nach Ablauf der Frist des Absatzes 1 ergehen. [6]Die Kammer des Verwaltungsgerichtes kann die Frist nach Satz 5 um jeweils eine weitere Woche verlängern. [7]Die zweite Verlängerung und weitere Verlängerungen sind nur bei Vorliegen schwerwiegender Gründe zulässig, insbesondere wenn eine außergewöhnliche Belastung des Gerichts eine frühere Entscheidung nicht möglich macht. [8]Die Abschiebung ist bei rechtzeitiger Antragstellung vor der gerichtlichen Entscheidung nicht zulässig. [9]Die Entscheidung ist ergangen, wenn die vollständig unterschriebene Entscheidungsformel der Geschäftsstelle der Kammer vorliegt.

(4) [1]Die Aussetzung der Abschiebung darf nur angeordnet werden, wenn ernstliche Zweifel an der Rechtmäßigkeit des angegriffenen Verwaltungsaktes bestehen. [2]Tatsachen und Beweismittel, die von den Beteiligten nicht angegeben worden sind, bleiben unberücksichtigt, es sei denn, sie sind gerichtsbekannt oder offenkundig. [3]Ein Vorbringen, das nach § 25 Abs. 3 im Verwaltungsverfahren unberücksichtigt geblieben ist, sowie Tatsachen und Umstände im Sinne des § 25 Abs. 2, die der Ausländer im Verwaltungsverfahren nicht angegeben hat, kann das Gericht unberücksichtigt lassen, wenn andernfalls die Entscheidung verzögert würde.

§ 37 Weiteres Verfahren bei stattgebender gerichtlicher Entscheidung. (1) [1]Die Entscheidung des Bundesamtes über die Unbeachtlichkeit des Antrages und die Abschiebungsandrohung werden unwirksam, wenn das Verwaltungsgericht dem Antrag nach § 80 Abs. 5 der Verwaltungsgerichtsordnung entspricht. [2]Das Bundesamt hat das Asylverfahren fortzuführen.

(2) Entspricht das Verwaltungsgericht im Falle eines als offensichtlich unbegründet abgelehnten Asylantrages dem Antrag nach § 80 Abs. 5 der Verwaltungsgerichtsordnung, endet die Ausreisefrist einen Monat nach dem unanfechtbaren Abschluß des Asylverfahrens.

(3) Die Absätze 1 und 2 gelten nicht, wenn auf Grund der Entscheidung des Verwaltungsgerichts die Abschiebung in einen der in der Abschiebungsandrohung bezeichneten Staaten vollziehbar wird.

§ 38 Ausreisefrist bei sonstiger Ablehnung und bei Rücknahme des Asylantrags. (1) [1]In den sonstigen Fällen, in denen das Bundesamt den Ausländer nicht als Asylberechtigten anerkennt, beträgt die dem Ausländer zu setzende Ausreisefrist einen Monat. [2]Im Falle der Klageerhebung endet die Ausreisefrist einen Monat nach dem unanfechtbaren Abschluß des Asylverfahrens.

(2) Im Falle der Rücknahme des Asylantrags vor der Entscheidung des Bundesamtes beträgt die dem Ausländer zu setzende Ausreisefrist eine Woche.

(3) Im Falle der Rücknahme des Asylantrags oder der Klage kann dem Ausländer eine Ausreisefrist bis zu drei Monaten eingeräumt werden, wenn er sich zur freiwilligen Ausreise bereit erklärt.

§ 39 Abschiebungsandrohung nach Aufhebung der Anerkennung. (1) [1]Hat das Verwaltungsgericht die Anerkennung aufgehoben, erläßt das Bundesamt nach dem Eintritt der Unanfechtbarkeit der Entscheidung unverzüglich die Abschiebungsandrohung. [2]Die dem Ausländer zu setzende Ausreisefrist beträgt einen Monat.

(2) Hat das Bundesamt in der aufgehobenen Entscheidung von der Feststellung, ob Abschiebungshindernisse nach § 53 des Ausländergesetzes vorliegen, abgesehen, ist diese Feststellung nachzuholen.

§ 40 Unterrichtung der Ausländerbehörde. (1) [1]Das Bundesamt unterrichtet unverzüglich die Ausländerbehörde, in deren Bezirk sich der Ausländer aufzuhalten hat, über eine vollziehbare Abschiebungsandrohung und leitet ihr unverzüglich alle für die Abschiebung erforderlichen Unterlagen zu. [2]Das gleiche gilt, wenn das Verwaltungsgericht die aufschiebende Wirkung der Klage wegen eines Abschiebungshindernisses nach § 53 des Ausländergesetzes nur hinsichtlich der Abschiebung in den betreffenden Staat angeordnet hat und das Bundesamt das Asylverfahren nicht fortführt.

(2) Das Bundesamt unterrichtet unverzüglich die Ausländerbehörde, wenn das Verwaltungsgericht in den Fällen des § 38 Abs. 2 und § 39 die aufschiebende Wirkung der Klage gegen die Abschiebungsandrohung anordnet.

(3) Stellt das Bundesamt dem Ausländer die Abschiebungsanordnung (§ 34a) zu, unterrichtet es unverzüglich die für die Abschiebung zuständige Behörde über die Zustellung.

§ 41 Gesetzliche Duldung. (1) [1]Hat das Bundesamt oder das Verwaltungsgericht das Vorliegen eines Abschiebungshindernisses nach § 53 Abs. 6 des Ausländergesetzes festgestellt, ist die Abschiebung in den betreffenden Staat für die Dauer von drei Monaten ausgesetzt. [2]Die Frist beginnt im Falle eines Antrages nach § 80 Abs. 5 der Verwaltungsgerichtsordnung oder der Klageerhebung mit Eintritt der Unanfechtbarkeit der gerichtlichen Entscheidung, im übrigen mit dem Eintritt der Unanfechtbarkeit der Entscheidung des Bundesamtes.

(2) [1]Die Ausländerbehörde kann die Aussetzung der Abschiebung widerrufen. [2]Sie entscheidet über die Erteilung einer Duldung nach Ablauf der drei Monate.

§ 42 Bindungswirkung ausländerrechtlicher Entscheidungen. [1]Die Ausländerbehörde ist an die Entscheidung des Bundesamtes oder des Verwaltungsgerichts über das Vorliegen von Abschiebungshindernissen nach § 53 des Ausländergesetzes gebunden. [2]Über den späteren Eintritt und Wegfall des Abschiebungshindernisses nach § 53 Abs. 3 des Ausländergesetzes entscheidet die Ausländerbehörde, ohne daß es einer Aufhebung der Entscheidung des Bundesamtes bedarf.

§ 43 Vollziehbarkeit und Aussetzung der Abschiebung. (1) War der Ausländer im Besitz einer Aufenthaltsgenehmigung, darf eine nach den Vorschriften dieses Gesetzes vollziehbare Abschiebungsandrohung erst vollzogen werden, wenn der Ausländer auch nach § 42 Abs. 2 Satz 2 des Ausländergesetzes vollziehbar ausreisepflichtig ist.

(2) [1] Hat der Ausländer die Verlängerung einer Aufenthaltsgenehmigung mit einer Gesamtgeltungsdauer von mehr als sechs Monaten beantragt, wird die Abschiebungsandrohung erst mit der Ablehnung dieses Antrags vollziehbar. [2] Im übrigen steht § 69 des Ausländergesetzes der Abschiebung nicht entgegen.

(3) Haben Ehegatten oder Eltern und ihre minderjährigen ledigen Kinder gleichzeitig oder jeweils unverzüglich nach ihrer Einreise einen Asylantrag gestellt, darf die Ausländerbehörde die Abschiebung auch abweichend von § 55 Abs. 4 des Ausländergesetzes vorübergehend aussetzen, um die gemeinsame Ausreise der Familie zu ermöglichen.

§ 43a Aussetzung der Abschiebung durch das Bundesamt. (1) [1] Solange ein Ausländer verpflichtet ist, in einer Aufnahmeeinrichtung zu wohnen, darf ihm keine Aufenthaltsgenehmigung erteilt werden. [2] Ein Antrag auf Erteilung oder Verlängerung einer Aufenthaltsgenehmigung ist unzulässig.

(2) Solange ein Ausländer verpflichtet ist, in einer Aufnahmeeinrichtung zu wohnen, finden auf ihn die §§ 54 und 55 Abs. 3 des Ausländergesetzes keine Anwendung.

(3) [1] Das Bundesministerium des Innern kann aus völkerrechtlichen oder humanitären Gründen oder zur Wahrung politischer Interessen der Bundesrepublik Deutschland anordnen, daß die Abschiebung von Ausländern, auf die nach Absatz 2 der § 54 des Ausländergesetzes keine Anwendung findet, für die Dauer von längstens sechs Monaten ausgesetzt wird. [2] Das Bundesamt setzt die Abschiebung entsprechend der Anordnung aus.

(4) Solange der Ausländer verpflichtet ist, in einer Aufnahmeeinrichtung zu wohnen, setzt das Bundesamt die Abschiebung vorübergehend aus, wenn diese sich als tatsächlich unmöglich erweist oder ein Aussetzungsgrund nach § 43 Abs. 3 vorliegt.

(5) Für den Widerruf der Aussetzung und die Entscheidung über die Erteilung einer weiteren Duldung ist die Ausländerbehörde zuständig, sobald der Ausländer nicht mehr verpflichtet ist, in einer Aufnahmeeinrichtung zu wohnen.

§ 43b Paßbeschaffung. [1] Für Ausländer, die in einer Aufnahmeeinrichtung zu wohnen verpflichtet sind, hat das Bundesministerium des Innern oder die von ihm bestimmte Stelle für die Beschaffung der Heimreisedokumente im Wege der Amtshilfe Sorge zu tragen. [2] Die erforderlichen Maßnahmen sind zum frühestmöglichen Zeitpunkt zu treffen.

Dritter Abschnitt. Unterbringung und Verteilung

§ 44 Schaffung und Unterhaltung von Aufnahmeeinrichtungen.
(1) Die Länder sind verpflichtet, für die Unterbringung Asylbegehrender die dazu erforderlichen Aufnahmeeinrichtungen zu schaffen und zu unterhalten sowie entsprechend ihrer Aufnahmequote die im Hinblick auf den monatlichen Zugang Asylbegehrender in den Aufnahmeeinrichtungen notwendige Zahl von Unterbringungsplätzen bereitzustellen.

(2) Das Bundesministerium des Innern oder die von ihm bestimmte Stelle teilt den Ländern monatlich die Zahl der Zugänge von Asylbegehrenden, die voraussichtliche Entwicklung und den voraussichtlichen Bedarf an Unterbringungsplätzen mit.

(3) § 45 des Achten Buches Sozialgesetzbuch (Artikel 1 des Gesetzes vom 26. Juni 1990, BGBl. I S. 1163) gilt nicht für Aufnahmeeinrichtungen.

§ 45 Aufnahmequoten. [1]Die Länder können durch Vereinbarung einen Schlüssel für die Aufnahme von Asylbegehrenden durch die einzelnen Länder (Aufnahmequote) festlegen. [2]Bis zum Zustandekommen dieser Vereinbarung oder bei deren Wegfall richtet sich die Aufnahmquote nach folgendem Schlüssel:

	Sollanteil v. H.
Baden-Württemberg	12,2
Bayern	14,0
Berlin	2,2
Brandenburg	3,5
Bremen	1,0
Hamburg	2,6
Hessen	7,4
Mecklenburg-Vorpommern	2,7
Niedersachsen	9,3
Nordrhein-Westfalen	22,4
Rheinland-Pfalz	4,7
Saarland	1,4
Sachsen	6,5
Sachsen-Anhalt	4,0
Schleswig-Holstein	2,8
Thüringen	3,3

§ 46 Bestimmung der zuständigen Aufnahmeeinrichtung. (1) [1]Zuständig für die Aufnahme des Ausländers ist die Aufnahmeeinrichtung, in der er sich gemeldet hat, wenn sie über einen freien Unterbringungsplatz im Rahmen der Quote nach § 45 verfügt und die ihr zugeordnete Außenstelle des Bundesamtes Asylanträge aus dem Herkunftsland des Ausländers bearbeitet. [2]Liegen diese Voraussetzungen nicht vor, ist die nach Absatz 2 bestimmte Aufnahmeeinrichtung für die Aufnahme des Ausländers zuständig.

(2) [1]Eine vom Bundesministerium des Innern bestimmte zentrale Verteilungsstelle benennt auf Veranlassung einer Aufnahmeeinrichtung dieser die für die Aufnahme des Ausländers zuständige Aufnahmeeinrichtung. [2]Maßgebend dafür sind die Aufnahmequoten nach § 45, in diesem Rahmen die vorhandenen freien Unterbringungsplätze und sodann die Bearbeitungsmöglichkeiten der jeweiligen Außenstelle des Bundesamtes in bezug auf die Herkunftsländer der Ausländer. [3]Von mehreren danach in Betracht kommenden Aufnahmeeinrichtungen wird die nächstgelegene als zuständig benannt.

(3) [1]Die veranlassende Aufnahmeeinrichtung teilt der zentralen Verteilungsstelle nur die Zahl der Ausländer unter Angabe der Herkunftsländer mit. [2]Ehegatten sowie Eltern und ihre minderjährigen ledigen Kinder sind als Gruppe zu melden.

(4) Die Länder stellen sicher, daß die zentrale Verteilungsstelle jederzeit über die für die Bestimmung der zuständigen Aufnahmeeinrichtung erforderlichen Angaben, insbesondere über Zu- und Abgänge, Belegungsstand und alle freien Unterbringungsplätze jeder Aufnahmeeinrichtung unterrichtet ist.

(5) Die Landesregierung oder die von ihr bestimmte Stelle benennt der zentralen Verteilungsstelle die zuständige Aufnahmeeinrichtung für den Fall, daß das Land nach der Quotenregelung zur Aufnahme verpflichtet ist und über keinen freien Unterbringungsplatz in den Aufnahmeeinrichtungen verfügt.

§ 47 Aufenthalt in Aufnahmeeinrichtungen. (1) [1]Ausländer, die den Asylantrag bei einer Außenstelle des Bundesamtes zu stellen haben (§ 14 Abs. 1), sind verpflichtet, bis zu sechs Wochen, längstens jedoch bis zu drei Monaten, in der für ihre Aufnahme zuständigen Aufnahmeeinrichtung zu wohnen. [2]Das gleiche gilt in den Fällen des § 14 Abs. 2 Nr. 2, wenn die Voraussetzungen dieser Vorschrift vor der Entscheidung des Bundesamtes entfallen.

(2) Sind Eltern eines minderjährigen ledigen Kindes verpflichtet, in einer Aufnahmeeinrichtung zu wohnen, so kann auch das Kind in der Aufnahmeeinrichtung wohnen, auch wenn es keinen Asylantrag gestellt hat.

(3) Für die Dauer der Pflicht, in einer Aufnahmeeinrichtung zu wohnen, ist der Ausländer verpflichtet, für die zuständigen Behörden und Gerichte erreichbar zu sein.

§ 48 Beendigung der Verpflichtung, in einer Aufnahmeeinrichtung zu wohnen. Die Verpflichtung, in einer Aufnahmeeinrichtung zu wohnen, endet vor Ablauf von drei Monaten, wenn der Ausländer

1. verpflichtet ist, an einem anderen Ort oder in einer anderen Unterkunft Wohnung zu nehmen,

2. unanfechtbar als Asylberechtigter anerkannt ist oder

3. nach der Antragstellung durch Eheschließung im Bundesgebiet die Voraussetzungen für einen Rechtsanspruch auf Erteilung einer Aufenthaltsgenehmigung nach dem Ausländergesetz erfüllt.

§ 49 Entlassung aus der Aufnahmeeinrichtung. (1) Die Verpflichtung, in der Aufnahmeeinrichtung zu wohnen, ist zu beenden, wenn eine Abschiebungsandrohung vollziehbar und die Abschiebung kurzfristig nicht möglich ist, oder wenn dem Ausländer nach § 32a Abs. 1 und 2 des Ausländergesetzes eine Aufenthaltsbefugnis erteilt werden soll.

(2) Die Verpflichtung kann aus Gründen der öffentlichen Gesundheitsvorsorge sowie aus sonstigen Gründen der öffentlichen Sicherheit oder Ordnung oder aus anderen zwingenden Gründen beendet werden.

§ 50 Landesinterne Verteilung. (1) [1]Ausländer sind unverzüglich aus der Aufnahmeeinrichtung zu entlassen und innerhalb des Landes zu verteilen, wenn das Bundesamt der zuständigen Landesbehörde mitteilt, daß

1. nicht oder nicht kurzfristig entschieden werden kann, daß der Asylantrag unbeachtlich oder offensichtlich unbegründet ist und ob Abschiebungshin-

dernisse nach § 53 des Ausländergesetzes in der Person des Ausländers, seines Ehegatten oder seines minderjährigen ledigen Kindes vorliegen, oder

2. das Verwaltungsgericht die aufschiebende Wirkung der Klage gegen die Entscheidung des Bundesamtes angeordnet oder

3. der Bundesbeauftragte gegen die Anerkennung des Ausländers Klage erhoben hat.

[2]Eine Verteilung kann auch erfolgen, wenn der Ausländer aus anderen Gründen nicht mehr verpflichtet ist, in der Aufnahmeeinrichtung zu wohnen.

(2) Die Landesregierung oder die von ihr bestimmte Stelle wird ermächtigt, durch Rechtsverordnung die Verteilung zu regeln, soweit dies nicht durch Landesgesetz geregelt ist.

(3) Die zuständige Landesbehörde teilt innerhalb eines Zeitraumes von drei Arbeitstagen dem Bundesamt den Bezirk der Ausländerbehörde mit, in dem der Ausländer nach einer Verteilung Wohnung zu nehmen hat.

(4) [1]Die zuständige Landesbehörde erläßt die Zuweisungsentscheidung. [2]Die Zuweisungsentscheidung ist schriftlich zu erlassen und mit einer Rechtsbehelfsbelehrung zu versehen. [3]Sie bedarf keiner Begründung. [4]Einer Anhörung des Ausländers bedarf es nicht. [5]Bei der Zuweisung ist die Haushaltsgemeinschaft von Ehegatten und ihren Kindern unter 18 Jahren zu berücksichtigen.

(5) [1]Die Zuweisungsentscheidung ist dem Ausländer selbst zuzustellen. [2]Wird der Ausländer durch einen Bevollmächtigten vertreten oder hat er einen Empfangsbevollmächtigten benannt, soll ein Abdruck der Zuweisungsentscheidung auch diesem zugeleitet werden.

(6) Der Ausländer hat sich unverzüglich zu der in der Zuweisungsverfügung angegebenen Stelle zu begeben.

§ 51 Länderübergreifende Verteilung. (1) Ist ein Ausländer nicht oder nicht mehr verpflichtet, in einer Aufnahmeeinrichtung zu wohnen, ist der Haushaltsgemeinschaft von Ehegatten sowie Eltern und ihren minderjährigen ledigen Kindern oder sonstigen humanitären Gründen von vergleichbarem Gewicht auch durch länderübergreifende Verteilung Rechnung zu tragen.

(2) [1]Die Verteilung nach Absatz 1 erfolgt auf Antrag des Ausländers. [2]Über den Antrag entscheidet die zuständige Behörde des Landes, für das der weitere Aufenthalt beantragt ist.

§ 52 Quotenanrechnung. Auf die Quoten nach § 45 wird die Aufnahme von Asylbegehrenden in den Fällen des § 14 Abs. 2 Nr. 3 sowie des § 51 angerechnet.

§ 53 Unterbringung in Gemeinschaftsunterkünften. (1) [1]Ausländer, die einen Asylantrag gestellt haben und nicht oder nicht mehr verpflichtet sind, in einer Aufnahmeeinrichtung zu wohnen, sollen in der Regel in Gemeinschaftsunterkünften untergebracht werden. [2]Hierbei sind sowohl das öffentliche Interesse als auch Belange des Ausländers zu berücksichtigen.

(2) [1]Eine Verpflichtung, in einer Gemeinschaftsunterkunft zu wohnen, endet, wenn das Bundesamt einen Ausländer als Asylberechtigten anerkannt

oder ein Gericht das Bundesamt zur Anerkennung verpflichtet hat, auch wenn ein Rechtsmittel eingelegt worden ist, sofern durch den Ausländer eine anderweitige Unterkunft nachgewiesen wird und der öffentlichen Hand dadurch Mehrkosten nicht entstehen. ²Das gleiche gilt, wenn das Bundesamt oder ein Gericht festgestellt hat, daß die Voraussetzungen des § 51 Abs. 1 des Ausländergesetzes vorliegen. ³In den Fällen der Sätze 1 und 2 endet die Verpflichtung auch für den Ehegatten und die minderjährigen Kinder des Ausländers.

(3) § 44 Abs. 3 gilt entsprechend.

§ 54 Unterrichtung des Bundesamtes. Die Ausländerbehörde, in deren Bezirk sich der Ausländer aufzuhalten hat, teilt dem Bundesamt unverzüglich

1. die ladungsfähige Anschrift des Ausländers,

2. eine Ausschreibung zur Aufenthaltsermittlung

mit.

Vierter Abschnitt. Recht des Aufenthalts

Erster Unterabschnitt.
Aufenthalt während des Asylverfahrens

§ 55 Aufenthaltsgestattung. (1) ¹Einem Ausländer, der um Asyl nachsucht, ist zur Durchführung des Asylverfahrens der Aufenthalt im Bundesgebiet gestattet (Aufenthaltsgestattung). ²Er hat keinen Anspruch darauf, sich in einem bestimmten Land oder an einem bestimmten Ort aufzuhalten. ³Im Falle der unerlaubten Einreise aus einem sicheren Drittstaat (§ 26 a) erwirbt der Ausländer die Aufenthaltsgestattung mit der Stellung eines Asylantrages.

(2) ¹Mit der Stellung eines Asylantrages erlöschen eine Befreiung vom Erfordernis der Aufenthaltsgenehmigung und eine Aufenthaltsgenehmigung mit einer Gesamtgeltungsdauer bis zu sechs Monaten sowie die in § 69 Abs. 2 und 3 des Ausländergesetzes bezeichneten Wirkungen eines Aufenthaltsgenehmigungsantrages. ²§ 69 Abs. 3 des Ausländergesetzes bleibt unberührt, wenn der Ausländer eine Aufenthaltsgenehmigung mit einer Gesamtgeltungsdauer von mehr als sechs Monaten besessen und deren Verlängerung beantragt hat.

(3) Soweit der Erwerb oder die Ausübung eines Rechts oder eine Vergünstigung von der Dauer des Aufenthalts im Bundesgebiet abhängig ist, wird die Zeit eines Aufenthalts nach Absatz 1 nur angerechnet, wenn der Ausländer unanfechtbar anerkannt worden ist.

§ 56 Räumliche Beschränkung. (1) ¹Die Aufenthaltsgestattung ist räumlich auf den Bezirk der Ausländerbehörde beschränkt, in dem die für die Aufnahme des Ausländers zuständige Aufnahmeeinrichtung liegt. ²In den Fällen des § 14 Abs. 2 Satz 1 ist die Aufenthaltsgestattung räumlich auf den Bezirk der Ausländerbehörde beschränkt, in dem der Ausländer sich aufhält.

(2) Wenn der Ausländer verpflichtet ist, in dem Bezirk einer anderen Ausländerbehörde Aufenthalt zu nehmen, ist die Aufenthaltsgestattung räumlich auf deren Bezirk beschränkt.

§ 57 Verlassen des Aufenthaltsbereichs einer Aufnahmeeinrichtung.
(1) Das Bundesamt kann einem Ausländer, der verpflichtet ist, in einer Aufnahmeeinrichtung zu wohnen, erlauben, den Geltungsbereich der Aufenthaltsgestattung vorübergehend zu verlassen, wenn zwingende Gründe es erfordern.

(2) Zur Wahrnehmung von Terminen bei Bevollmächtigten, beim Hohen Flüchtlingskommissar der Vereinten Nationen und bei Organisationen, die sich mit der Betreuung von Flüchtlingen befassen, soll die Erlaubnis unverzüglich erteilt werden.

(3) [1]Der Ausländer kann Termine bei Behörden und Gerichten, bei denen sein persönliches Erscheinen erforderlich ist, ohne Erlaubnis wahrnehmen. [2]Er hat diese Termine der Aufnahmeeinrichtung und dem Bundesamt anzuzeigen.

§ 58 Verlassen eines zugewiesenen Aufenthaltsbereichs. (1) [1]Die Ausländerbehörde kann einem Ausländer, der nicht oder nicht mehr verpflichtet ist, in einer Aufnahmeeinrichtung zu wohnen, erlauben, den Geltungsbereich der Aufenthaltsgestattung vorübergehend zu verlassen oder sich allgemein in dem angrenzenden Bezirk einer Ausländerbehörde aufzuhalten, wenn hieran ein dringendes öffentliches Interesse besteht, zwingende Gründe es erfordern oder die Versagung der Erlaubnis eine unbillige Härte bedeuten würde. [2]Die Erlaubnis bedarf der Zustimmung der Ausländerbehörde, für deren Bezirk der allgemeine Aufenthalt zugelassen wird.

(2) Zur Wahrnehmung von Terminen bei Bevollmächtigten, beim Hohen Flüchtlingskommissar der Vereinten Nationen und bei Organisationen, die sich mit der Betreuung von Flüchtlingen befassen, soll die Erlaubnis erteilt werden.

(3) Der Ausländer kann Termine bei Behörden und Gerichten, bei denen sein persönliches Erscheinen erforderlich ist, ohne Erlaubnis wahrnehmen.

(4) [1]Der Ausländer kann den Geltungsbereich der Aufenthaltsgestattung ohne Erlaubnis vorübergehend verlassen, sofern ihm das Bundesamt als Asylberechtigten anerkannt oder ein Gericht das Bundesamt zur Anerkennung verpflichtet hat, auch wenn die Entscheidung noch nicht unanfechtbar ist; das gleiche gilt, wenn das Bundesamt oder ein Gericht das Vorliegen der Voraussetzungen des § 51 Abs. 1 des Ausländergesetzes festgestellt hat, oder wenn die Abschiebung des Ausländers aus sonstigen rechtlichen oder tatsächlichen Gründen auf Dauer ausgeschlossen ist. [2]Satz 1 gilt entsprechend für den Ehegatten und die minderjährigen ledigen Kinder des Ausländers.

(5) Die Ausländerbehörde eines Kreises oder einer kreisangehörigen Gemeinde kann einem Ausländer die allgemeine Erlaubnis erteilen, sich vorübergehend im gesamten Gebiet des Kreises aufzuhalten.

(6) Um örtlichen Verhältnissen Rechnung zu tragen, können die Landesregierungen durch Rechtsverordnungen bestimmen, daß sich Ausländer ohne Erlaubnis vorübergehend in einem die Bezirke mehrerer Ausländerbehörden umfassenden Gebiet aufhalten können.

§ 59 Durchsetzung der räumlichen Beschränkung. (1) [1]Die Verlassenspflicht nach § 36 des Ausländergesetzes kann, soweit erforderlich, auch ohne Androhung durch Anwendung unmittelbaren Zwangs durchgesetzt werden. [2] Reiseweg und Beförderungsmittel sollen vorgeschrieben werden.

(2) Der Ausländer ist festzunehmen und zur Durchsetzung der Verlassenspflicht auf richterliche Anordnung in Haft zu nehmen, wenn die freiwillige Erfüllung der Verlassenspflicht nicht gesichert ist und andernfalls deren Durchsetzung wesentlich erschwert oder gefährdet würde.

(3) Zuständig für Maßnahmen nach den Absätzen 1 und 2 sind

1. die Polizeien der Länder,

2. die Grenzbehörde, bei der der Ausländer um Asyl nachsucht,

3. die Ausländerbehörde, in deren Bezirk sich der Ausländer aufhält,

4. die Aufnahmeeinrichtung, in der der Ausländer sich meldet, sowie

5. die Aufnahmeeinrichtung, die den Ausländer aufgenommen hat.

§ 60 Auflagen. (1) Die Aufenthaltsgestattung kann mit Auflagen versehen werden.

(2) [1] Der Ausländer, der nicht oder nicht mehr verpflichtet ist, in einer Aufnahmeeinrichtung zu wohnen, kann verpflichtet werden,

1. in einer bestimmten Gemeinde oder in einer bestimmten Unterkunft zu wohnen,

2. in eine bestimmte Gemeinde oder eine bestimmte Unterkunft umzuziehen und dort Wohnung zu nehmen,

3. in dem Bezirk einer anderen Ausländerbehörde desselben Landes Aufenthalt und Wohnung zu nehmen.

[2] Eine Anhörung des Ausländers ist erforderlich in den Fällen des Satzes 1 Nr. 2, wenn er sich länger als sechs Monate in der Gemeinde oder Unterkunft aufgehalten hat. [3] Die Anhörung gilt als erfolgt, wenn der Ausländer oder sein anwaltlicher Vertreter Gelegenheit hatte, sich innerhalb von zwei Wochen zu der vorgesehenen Unterbringung zu äußern. [4] Eine Anhörung unterbleibt, wenn ihr ein zwingendes öffentliches Interesse entgegensteht.

(3) Zuständig für Maßnahmen nach den Absätzen 1 und 2 ist die Ausländerbehörde, auf deren Bezirk der Aufenthalt beschränkt ist.

§ 61 Erwerbstätigkeit. (1) Für die Dauer der Pflicht, in einer Aufnahmeeinrichtung zu wohnen, darf der Ausländer keine Erwerbstätigkeit ausüben.

(2) Die Ausübung einer unselbständigen Erwerbstätigkeit darf nicht durch eine Auflage ausgeschlossen werden, sofern das Bundesamt den Ausländer als Asylberechtigten anerkannt oder ein Gericht das Bundesamt zur Anerkennung verpflichtet hat, auch wenn die Entscheidung noch nicht unanfechtbar ist.

§ 62 Gesundheitsuntersuchung. (1) [1] Ausländer, die in einer Aufnahmeeinrichtung oder Gemeinschaftsunterkunft zu wohnen haben sind verpflichtet, eine ärztliche Untersuchung auf übertragbare Krankheiten einschließlich einer Röntgenaufnahme der Atmungsorgane zu dulden. [2] Die oberste Landesgesundheitsbehörde oder die von ihr bestimmte Stelle bestimmt den Umfang der Untersuchung und den Arzt, der die Untersuchung durchführt.

(2) Das Ergebnis der Untersuchung ist der für die Unterbringung zuständigen Behörde mitzuteilen.

§ 63 Bescheinigung über die Aufenthaltsgestattung. (1) Dem Ausländer wird nach der Asylantragstellung eine mit den Angaben zur Person und einem Lichtbild versehene Bescheinigung über die Aufenthaltsgestattung ausgestellt, sofern er nicht im Besitz einer Aufenthaltsgenehmigung ist.

(2) Die Bescheinigung ist zu befristen. Solange der Ausländer verpflichtet ist, in einer Aufnahmeeinrichtung zu wohnen, beträgt die Frist längstens drei und im übrigen längstens sechs Monate.

(3) [1] Zuständig für die Ausstellung der Bescheinigung ist das Bundesamt, solange der Ausländer verpflichtet ist, in einer Aufnahmeeinrichtung zu wohnen. [2] Im übrigen ist die Ausländerbehörde zuständig, auf deren Bezirk die Aufenthaltsgestattung beschränkt ist. [3] Auflagen und Änderungen der räumlichen Beschränkung können auch von der Behörde vermerkt werden, die sie verfügt hat.

(4) Die Bescheinigung soll eingezogen werden, wenn die Aufenthaltsgestattung erloschen ist.

(5) Im Übrigen gilt § 56a des Ausländergesetzes entsprechend.

§ 64 Ausweispflicht. (1) Der Ausländer genügt für die Dauer des Asylverfahrens seiner Ausweispflicht mit der Bescheinigung über die Aufenthaltsgestattung.

(2) Die Bescheinigung berechtigt nicht zum Grenzübertritt.

§ 65 Herausgabe des Passes. (1) Dem Ausländer ist nach der Stellung des Asylantrages der Paß oder Paßersatz auszuhändigen, wenn dieser für die weitere Durchführung des Asylverfahrens nicht benötigt wird und der Ausländer eine Aufenthaltsgenehmigung besitzt oder die Ausländerbehörde ihm nach den Vorschriften in anderen Gesetzen eine Aufenthaltsgenehmigung erteilt.

(2) Dem Ausländer kann der Paß oder Paßersatz vorübergehend ausgehändigt werden, wenn dies in den Fällen des § 58 Abs. 1 für eine Reise oder wenn es für die Verlängerung der Gültigkeitsdauer oder die Vorbereitung der Ausreise des Ausländers erforderlich ist.

§ 66 Ausschreibung zur Aufenthaltsermittlung. (1) Der Ausländer kann zur Aufenthaltsermittlung im Ausländerzentralregister und in den Fahndungshilfsmitteln der Polizei ausgeschrieben werden, wenn sein Aufenthaltsort unbekannt ist und er

1. innerhalb einer Woche nicht in der Aufnahmeeinrichtung eintrifft, an die er weitergeleitet worden ist,

2. die Aufnahmeeinrichtung verlassen hat und innerhalb einer Woche nicht zurückgekehrt ist;

3. einer Zuweisungsverfügung oder einer Verfügung nach § 60 Abs. 2 Satz 1 innerhalb einer Woche nicht Folge geleistet hat oder

4. unter der von ihm angegebenen Anschrift oder der Anschrift der Unterkunft, in der er Wohnung zu nehmen hat, nicht erreichbar ist;

die in Nummer 4 bezeichneten Voraussetzungen liegen vor, wenn der Ausländer eine an die Anschrift bewirkte Zustellung nicht innerhalb von zwei Wochen in Empfang genommen hat.

(2) ¹Zuständig, die Ausschreibung zu veranlassen, sind die Aufnahmeein-richtung, die Ausländerbehörde, in deren Bezirk sich der Ausländer aufzuhal-ten hat, und das Bundesamt. ²Die Ausschreibung darf nur von hierzu beson-ders ermächtigten Personen veranlaßt werden.

§ 67 Erlöschen der Aufenthaltsgestattung. (1) Die Aufenthaltsgestat-tung erlischt,

1. wenn der Ausländer nach § 18 Abs. 2 und 3 zurückgewiesen oder zurück-geschoben wird,

1 a. wenn der Ausländer nach § 33 Abs. 3 zurückgewiesen wird,

2. wenn der Ausländer innerhalb von zwei Wochen, nachdem er um Asyl nachgesucht hat, noch keinen Asylantrag gestellt hat,

3. im Falle der Rücknahme des Asylantrags mit der Zustellung der Entschei-dung des Bundesamtes,

4. wenn eine nach diesem Gesetz oder nach § 52 des Ausländergesetzes erlas-sene Abschiebungsandrohung vollziehbar geworden ist,

5. mit der Bekanntgabe einer Abschiebungsanordnung nach § 34a,

6. im übrigen, wenn die Entscheidung des Bundesamtes unanfechtbar gewor-den ist.

(2) Stellt der Ausländer den Asylantrag nach Ablauf der in Absatz 1 Nr. 2 genannten Frist, tritt die Aufenthaltsgestattung wieder in Kraft.

Zweiter Unterabschnitt.
Aufenthalt nach Abschluß des Asylverfahrens

§ 68 Aufenthaltserlaubnis. (1) ¹Dem Ausländer ist eine unbefristete Auf-enthaltserlaubnis zu erteilen, wenn er unanfechtbar als Asylberechtigter aner-kannt ist. ²Bis zur Erteilung der Aufenthaltserlaubnis gilt sein Aufenthalt im Bundesgebiet als erlaubt.

(2) Absatz 1 gilt nicht, wenn der Ausländer aus schwerwiegenden Gründen der öffentlichen Sicherheit und Ordnung ausgewiesen worden ist.

§ 69 Wiederkehr eines Asylberechtigten. (1) Im Falle einer Ausreise des Asylberechtigten erlischt die unbefristete Aufenthaltserlaubnis nicht, solange er im Besitz eines gültigen von einer deutschen Behörde ausgestellten Reiseaus-weises für Flüchtlinge ist.

(2) Der Ausländer hat auf Grund seiner Anerkennung als Asylberechtigter keinen Anspruch auf erneute Erteilung einer Aufenthaltserlaubnis, wenn er das Bundesgebiet verlassen hat und die Zuständigkeit für die Ausstellung eines Reiseausweises für Flüchtlinge auf einen anderen Staat übergegangen ist.

§ 70 Aufenthaltsbefugnis. (1) Dem Ausländer ist eine Aufenthaltsbefugnis zu erteilen, wenn das Bundesamt oder ein Gericht unanfechtbar das Vorliegen der Voraussetzungen des § 51 Abs. 1 des Ausländergesetzes festgestellt hat und die Abschiebung des Ausländers aus rechtlichen oder tatsächlichen Gründen nicht nur vorübergehend unmöglich ist.

(2) Absatz 1 gilt nicht, wenn der Ausländer aus schwerwiegenden Gründen der öffentlichen Sicherheit und Ordnung ausgewiesen worden ist.

Fünfter Abschnitt. Folgeantrag, Zweitantrag

§ 71 **Folgeantrag.** (1) [1]Stellt der Ausländer nach Rücknahme oder unanfechtbarer Ablehnung eines früheren Asylantrages erneut einen Asylantrag (Folgeantrag), so ist ein weiteres Asylverfahren nur durchzuführen, wenn die Voraussetzungen des § 51 Abs. 1 bis 3 des Verwaltungsverfahrensgesetzes vorliegen; die Prüfung obliegt dem Bundesamt. [2]Das gleiche gilt, wenn der Ausländer eine Erklärung nach § 32a Abs. 1 Satz 4 des Ausländergesetzes abgegeben hatte.

(2) [1]Der Ausländer hat den Folgeantrag persönlich bei der Außenstelle des Bundesamtes zu stellen, die der Aufnahmeeinrichtung zugeordnet ist, in der er während des früheren Asylverfahrens zu wohnen verpflichtet war. [2]In den Fällen des § 14 Abs. 2 Satz 1 Nr. 2 oder wenn der Ausländer nachweislich am persönlichen Erscheinen gehindert ist, ist der Folgeantrag schriftlich zu stellen. [3]Der Folgeantrag ist schriftlich bei der Zentrale des Bundesamtes zu stellen, wenn

1. die Außenstelle, die nach Satz 1 zuständig wäre, nicht mehr besteht,

2. der Ausländer während des früheren Asylverfahrens nicht verpflichtet war, in einer Aufnahmeeinrichtung zu wohnen, oder

3. der Ausländer eine Erklärung nach § 32a Abs. 1 Satz 4 des Ausländergesetzes abgegeben hatte.

[4]§ 14 Abs. 3 gilt entsprechend. [5]§ 19 Abs. 1 findet keine Anwendung.

(3) [1]In dem Folgeantrag hat der Ausländer seine Anschrift sowie die Tatsachen und Beweismittel anzugeben, aus denen sich das Vorliegen der Voraussetzungen des § 51 Abs. 1 bis 3 des Verwaltungsverfahrensgesetzes ergibt. [2]Auf Verlangen hat der Ausländer diese Angaben schriftlich zu machen. [3]Von einer Anhörung kann abgesehen werden. [4]§ 10 gilt entsprechend.

(4) Liegen die Voraussetzungen des § 51 Abs. 1 bis 3 des Verwaltungsverfahrensgesetzes nicht vor, sind die §§ 34, 35 und 36 entsprechend anzuwenden; im Falle der Abschiebung in einen sicheren Drittstaat (§ 26a) ist § 34a entsprechend anzuwenden.

(5) [1]Stellt der Ausländer innerhalb von zwei Jahren, nachdem eine nach Stellung des früheren Asylantrages ergangene Abschiebungsandrohung oder -anordnung vollziehbar geworden ist, einen Folgeantrag, der nicht zur Durchführung eines weiteren Verfahrens führt, so bedarf es zum Vollzug der Abschiebung keiner erneuten Fristsetzung und Abschiebungsandrohung oder -anordnung. [2]Die Abschiebung darf erst nach einer Mitteilung des Bundesamtes, daß die Voraussetzungen des § 51 Abs. 1 bis 3 des Verwaltungsverfahrensgesetzes nicht vorliegen, vollzogen werden, es sei denn, der Folgeantrag ist offensichtlich unschlüssig oder der Ausländer soll in den sicheren Drittstaat abgeschoben werden.

(6) [1]Absatz 5 gilt auch, wenn der Ausländer zwischenzeitlich das Bundesgebiet verlassen hatte. [2]Im Falle einer unerlaubten Einreise aus einem sicheren Drittstaat (§ 26a) kann der Ausländer nach § 61 Abs. 1 des Ausländergesetzes dorthin zurückgeschoben werden, ohne daß es der vorherigen Mitteilung des Bundesamtes bedarf.

(7) [1]War der Aufenthalt des Ausländers während des früheren Asylverfahrens räumlich beschränkt, gilt die letzte räumliche Beschränkung fort, solange

keine andere Entscheidung ergeht. [2]In den Fällen der Absätze 5 und 6 ist für ausländerrechtliche Maßnahmen auch die Ausländerbehörde zuständig, in deren Bezirk sich der Ausländer aufhält.

(8) Ein Folgeantrag steht der Anordnung von Abschiebungshaft nicht entgegen, es sei denn, es wird ein weiteres Asylverfahren durchgeführt.

§ 71 a Zweitantrag. (1) Stellt der Ausländer nach erfolglosem Abschluß eines Asylverfahrens in einem sicheren Drittstaat (§ 26 a), mit dem die Bundesrepublik Deutschland einen völkerrechtlichen Vertrag über die Zuständigkeit für die Durchführung von Asylverfahren geschlossen hat, im Bundesgebiet einen Asylantrag (Zweitantrag), so ist ein weiteres Asylverfahren nur durchzuführen, wenn die Bundesrepublik Deutschland für die Durchführung des Asylverfahrens zuständig ist und die Voraussetzungen des § 51 Abs. 1 bis 3 des Verwaltungsverfahrensgesetzes vorliegen; die Prüfung obliegt dem Bundesamt.

(2) [1]Für das Verfahren zur Feststellung, ob ein weiteres Asylverfahren durchzuführen ist, gelten die §§ 12 bis 25, 33, 44 bis 54 entsprechend. [2]Von der Anhörung kann abgesehen werden, soweit sie für die Feststellung, daß kein weiteres Asylverfahren durchzuführen ist, nicht erforderlich ist. [3] § 71 Abs. 8 gilt entsprechend.

(3) [1]Der Aufenthalt des Ausländers gilt als geduldet. [2]Die §§ 56 bis 67 gelten entsprechend.

(4) Wird ein weiteres Asylverfahren nicht durchgeführt, sind die §§ 34 bis 36, 41 bis 43 a entsprechend anzuwenden.

(5) Stellt der Ausländer nach Rücknahme oder unanfechtbarer Ablehnung eines Zweitantrages einen weiteren Asylantrag, gilt § 71.

Sechster Abschnitt. Erlöschen der Rechtsstellung

§ 72 Erlöschen. (1) Die Anerkennung als Asylberechtigter und die Feststellung, daß die Voraussetzungen des § 51 Abs. 1 des Ausländergesetzes vorliegen, erlöschen, wenn der Ausländer

1. sich freiwillig durch Annahme oder Erneuerung eines Nationalpasses oder durch sonstige Handlungen erneut dem Schutz des Staates, dessen Staatsangehörigkeit er besitzt, unterstellt,

2. nach Verlust seiner Staatsangehörigkeit diese freiwillig wiedererlangt hat,

3. auf Antrag eine neue Staatsangehörigkeit erworben hat und den Schutz des Staates, dessen Staatsangehörigkeit er erworben hat, genießt oder

4. auf sie verzichtet oder vor Eintritt der Unanfechtbarkeit der Entscheidung des Bundesamtes den Antrag zurücknimmt.

(2) Der Ausländer hat einen Anerkennungsbescheid und einen Reiseausweis unverzüglich bei der Ausländerbehörde abzugeben.

§ 73 Widerruf und Rücknahme. (1) [1]Die Anerkennung als Asylberechtigter und die Feststellung, daß die Voraussetzungen des § 51 Abs. 1 des Ausländergesetzes vorliegen, sind unverzüglich zu widerrufen, wenn die Voraussetzungen für sie nicht mehr vorliegen. [2]In den Fällen des § 26 ist die Anerkennung als Asylberechtigter ferner zu widerrufen, wenn die Anerkennung des Asylberechtigten, von dem die Anerkennung abgeleitet worden ist, erlischt, widerrufen oder zurückgenommen wird und der Ausländer aus anderen Gründen nicht als Asylberechtigter anerkannt werden könnte. ³Von einem Widerruf ist abzusehen, wenn sich der Ausländer auf zwingende, auf früheren Verfolgungen beruhende Gründe berufen kann, um die Rückkehr in den Staat abzulehnen, dessen Staatsangehörigkeit er besitzt, oder in dem er als Staatenloser seinen gewöhnlichen Aufenthalt hatte.

(2) ¹Die Anerkennung als Asylberechtigter ist zurückzunehmen, wenn sie auf Grund unrichtiger Angaben oder infolge Verschweigens wesentlicher Tatsachen erteilt worden ist und der Ausländer auch aus anderen Gründen nicht anerkannt werden könnte. ²Satz 1 findet auf die Feststellung, daß die Voraussetzungen des § 51 Abs. 1 des Ausländergesetzes vorliegen, entsprechende Anwendung.

(3) Die Entscheidung, daß ein Abschiebungshindernis nach § 53 Abs. 1, 2, 4 oder 6 des Ausländergesetzes vorliegt, ist zurückzunehmen, wenn sie fehlerhaft ist, und zu widerrufen, wenn die Voraussetzungen nicht mehr vorliegen.

(4) ¹Über Widerruf und Rücknahme entscheidet der Leiter des Bundesamtes oder ein von ihm beauftragter Bediensteter. ²Dem Ausländer ist die beabsichtigte Entscheidung schriftlich mitzuteilen und Gelegenheit zur Äußerung zu geben. ³Ihm kann aufgegeben werden, sich innerhalb eines Monats schriftlich zu äußern. ⁴Hat sich der Ausländer innerhalb dieser Frist nicht geäußert, ist nach Aktenlage zu entscheiden; der Ausländer ist auf diese Rechtsfolge hinzuweisen.

(5) Mitteilungen oder Entscheidungen des Bundesamtes, die eine Frist in Lauf setzen, sind dem Ausländer zuzustellen.

(6) Im Falle der Unanfechtbarkeit des Widerrufs oder der Rücknahme der Anerkennung als Asylberechtigter und der Feststellung, daß die Voraussetzungen des § 51 Abs. 1 des Ausländergesetzes vorliegen, gilt § 72 Abs. 2 entsprechend.

§ 73 a Ausländische Anerkennung als Flüchtling. (1) ¹Ist bei einem Ausländer, der von einem ausländischen Staat als Flüchtling im Sinne des Abkommens über die Rechtsstellung der Flüchtlinge anerkannt worden ist, die Verantwortung für die Ausstellung des Reiseausweises auf die Bundesrepublik Deutschland übergegangen, so erlischt seine Rechtsstellung als Flüchtling in der Bundesrepublik Deutschland, wenn einer der in § 72 Abs. 1 genannten Umstände eintritt. ²Der Ausländer hat den Reiseausweis unverzüglich bei der Ausländerbehörde abzugeben.

(2) ¹Dem Ausländer ist die Rechtsstellung als Flüchtling in der Bundesrepublik Deutschland zu entziehen, wenn die Voraussetzungen des § 51 Abs. 1 des Ausländergesetzes nicht mehr vorliegen. ²§ 73 Abs. 1 Satz 3 und Abs. 4 bis 6 ist entsprechend anzuwenden.

Siebenter Abschnitt. Gerichtsverfahren

§ 74 Klagefrist; Zurückweisung verspäteten Vorbringens. (1) Die Klage gegen Entscheidungen nach diesem Gesetz muß innerhalb von zwei Wochen nach Zustellung der Entscheidung erhoben werden; ist der Antrag nach § 80 Abs. 5 der Verwaltungsgerichtsordnung innerhalb einer Woche zu stellen (§ 36 Abs. 3 Satz 1), ist auch die Klage innerhalb einer Woche zu erheben.

(2) [1] Der Kläger hat die zur Begründung dienenden Tatsachen und Beweismittel binnen einer Frist von einem Monat nach Zustellung der Entscheidung anzugeben. [2] § 87 b Abs. 3 der Verwaltungsgerichtsordnung gilt entsprechend. [3] Der Kläger ist über die Verpflichtung nach Satz 1 und die Folgen der Fristversäumnis zu belehren. [4] Das Vorbringen neuer Tatsachen und Beweismittel bleibt unberührt.

§ 75 Aufschiebende Wirkung der Klage. Die Klage gegen Entscheidungen nach diesem Gesetz hat nur in den Fällen der § 38 Abs. 1 und § 73 aufschiebende Wirkung.

§ 76 Einzelrichter. (1) Die Kammer soll in der Regel in Streitigkeiten nach diesem Gesetz den Rechtsstreit einem ihrer Mitglieder als Einzelrichter zur Entscheidung übertragen, wenn nicht die Sache besondere Schwierigkeiten tatsächlicher oder rechtlicher Art aufweist oder die Rechtssache grundsätzliche Bedeutung hat.

(2) Der Rechtsstreit darf dem Einzelrichter nicht übertragen werden, wenn bereits vor der Kammer mündlich verhandelt worden ist, es sei denn, daß inzwischen ein Vorbehalts-, Teil- oder Zwischenurteil ergangen ist.

(3) [1] Der Einzelrichter kann nach Anhörung der Beteiligten den Rechtsstreit auf die Kammer zurückübertragen, wenn sich aus einer wesentlichen Änderung der Prozeßlage ergibt, daß die Rechtssache grundsätzliche Bedeutung hat. [2] Eine erneute Übertragung auf den Einzelrichter ist ausgeschlossen.

(4) [1] In Verfahren des vorläufigen Rechtsschutzes entscheidet ein Mitglied der Kammer als Einzelrichter. [2] Der Einzelrichter überträgt den Rechtsstreit auf die Kammer, wenn die Rechtssache grundsätzliche Bedeutung hat oder wenn er von der Rechtsprechung der Kammer abweichen will.

(5) Ein Richter auf Probe darf in den ersten sechs Monaten nach seiner Ernennung nicht Einzelrichter sein.

§ 77 Entscheidung des Gerichts. (1) [1] In Streitigkeiten nach diesem Gesetz stellt das Gericht auf die Sach- und Rechtslage im Zeitpunkt der letzten mündlichen Verhandlung ab; ergeht die Entscheidung ohne mündliche Verhandlung, ist der Zeitpunkt maßgebend, in dem die Entscheidung gefällt wird. [2] § 74 Abs. 2 Satz 2 bleibt unberührt.

(2) Das Gericht sieht von einer weiteren Darstellung des Tatbestandes und der Entscheidungsgründe ab, soweit es den Feststellungen und der Begründung des angefochtenen Verwaltungsaktes folgt und dies in seiner Entscheidung feststellt oder soweit die Beteiligten übereinstimmend darauf verzichten.

§ 78 Rechtsmittel. (1) [1] Das Urteil des Verwaltungsgerichts, durch das die Klage in Rechtsstreitigkeiten nach diesem Gesetz als offensichtlich unzulässig oder offensichtlich unbegründet abgewiesen wird, ist unanfechtbar. [2] Das gilt auch, wenn nur das Klagebegehren gegen die Entscheidung über den Asylantrag als offensichtlich unzulässig oder offensichtlich unbegründet, das Klagebegehren im übrigen hingegen als unzulässig oder unbegründet abgewiesen worden ist.

(2) [1] In den übrigen Fällen steht den Beteiligten die Berufung gegen das Urteil des Verwaltungsgerichts zu, wenn sie von dem Oberverwaltungsgericht zugelassen wird. [2] Die Revision gegen das Urteil des Verwaltungsgerichts findet nicht statt.

(3) Die Berufung ist nur zuzulassen, wenn
1. die Rechtssache grundsätzliche Bedeutung hat oder
2. das Urteil von einer Entscheidung des Oberverwaltungsgerichts, des Bundesverwaltungsgerichts, des Gemeinsamen Senats der obersten Gerichtshöfe des Bundes oder des Bundesverfassungsgerichts abweicht und auf dieser Abweichung beruht oder
3. ein in § 138 der Verwaltungsgerichtsordnung bezeichneter Verfahrensmangel geltend gemacht wird und vorliegt.

(4) [1] Die Zulassung der Berufung ist innerhalb von zwei Wochen nach Zustellung des Urteils zu beantragen. [2] Der Antrag ist bei dem Verwaltungsgericht zu stellen. [3] Er muß das angefochtene Urteil bezeichnen. [4] In dem Antrag sind die Gründe, aus denen die Berufung zuzulassen ist, darzulegen. [5] Die Stellung des Antrags hemmt die Rechtskraft des Urteils.

(5) [1] Über den Antrag entscheidet das Oberverwaltungsgericht durch Beschluß, der keiner Begründung bedarf. [2] Mit der Ablehnung des Antrags wird das Urteil rechtskräftig. [3] Läßt das Oberverwaltungsgericht die Berufung zu, wird das Antragsverfahren als Berufungsverfahren fortgesetzt; der Einlegung einer Berufung bedarf es nicht.

(6) *(aufgehoben)*

(7) Ein Rechtsbehelf nach § 84 Abs. 2 der Verwaltungsgerichtsordnung ist innerhalb von zwei Wochen nach Zustellung des Gerichtsbescheids zu erheben.

§ 79 Besondere Vorschriften für das Berufungsverfahren.

(1) In dem Verfahren vor dem Oberverwaltungsgericht gilt in bezug auf Erklärungen und Beweismittel, die der Kläger nicht innerhalb der Frist des § 74 Abs. 2 Satz 1 vorgebracht hat, § 128 a der Verwaltungsgerichtsordnung entsprechend.

(2) § 130 Abs. 2 und 3 der Verwaltungsgerichtsordnung findet keine Anwendung.

(3) *(aufgehoben)*

§ 80 Ausschluß der Beschwerde.
Entscheidungen in Rechtsstreitigkeiten nach diesem Gesetz können vorbehaltlich des § 133 Abs. 1 der Verwaltungsgerichtsordnung nicht mit der Beschwerde angefochten werden.

§ 80 a Ruhen des Verfahrens.
(1) [1] Für das Klageverfahren gilt § 32 a Abs. 1 entsprechend. [2] Das Ruhen hat auf den Lauf von Fristen für die Einlegung oder Begründung von Rechtsbehelfen keinen Einfluß.

(2) Die Klage gilt als zurückgenommen, wenn der Kläger nicht innerhalb eines Monats nach Ablauf der Geltungsdauer der Aufenthaltsbefugnis nach § 32 a des Ausländergesetzes dem Gericht anzeigt, daß er das Klageverfahren fortführen will.

(3) Das Bundesamt unterrichtet das Gericht unverzüglich über die Erteilung und den Ablauf der Geltungsdauer der Aufenthaltsbefugnis nach § 32a des Ausländergesetzes.

§ 81 Nichtbetreiben des Verfahrens. [1] Die Klage gilt in einem gerichtlichen Verfahren nach diesem Gesetz als zurückgenommen, wenn der Kläger das Verfahren trotz Aufforderung des Gerichts länger als einen Monat nicht betreibt. [2] Der Kläger trägt die Kosten des Verfahrens. [3] In der Aufforderung ist der Kläger auf die nach Satz 1 und 2 eintretenden Folgen hinzuweisen.

§ 82 Akteneinsicht in Verfahren des vorläufigen Rechtsschutzes. [1] In Verfahren des vorläufigen Rechtsschutzes wird Akteneinsicht auf der Geschäftsstelle des Gerichts gewährt. [2] Die Akten können dem bevollmächtigten Rechtsanwalt zur Mitnahme in seine Wohnung oder Geschäftsräume übergeben werden, wenn ausgeschlossen werden kann, daß sich das Verfahren dadurch verzögert. [3] Für die Versendung von Akten gilt Satz 2 entsprechend.

§ 83 Besondere Spruchkörper. (1) Streitigkeiten nach diesem Gesetz sollen in besonderen Spruchkörpern zusammengefaßt werden.

(2) [1] Die Landesregierungen können bei den Verwaltungsgerichten für Streitigkeiten nach diesem Gesetz durch Rechtsverordnung besondere Spruchkörper bilden und deren Sitz bestimmen. [2] Die Landesregierungen können die Ermächtigung auf andere Stellen übertragen. [3] Die nach Satz 1 gebildeten Spruchkörper sollen ihren Sitz in räumlicher Nähe zu den Aufnahmeeinrichtungen haben.

§ 83a Unterrichtung der Ausländerbehörde. Das Gericht darf der Ausländerbehörde das Ergebnis eines Verfahrens formlos mitteilen.

§ 83b Gerichtskosten, Gegenstandswert. (1) Gerichtskosten (Gebühren und Auslagen) werden in Streitigkeiten nach diesem Gesetz nicht erhoben.

(2) [1] In Streitigkeiten nach diesem Gesetz beträgt der Gegenstandswert in Klageverfahren, die die Asylanerkennung einschließlich der Feststellung der Voraussetzungen nach § 51 Abs. 1 des Ausländergesetzes und die Feststellung von Abschiebungshindernissen betreffen, 3000 Euro, in sonstigen Klageverfahren 1500 Euro. [2] In Verfahren des vorläufigen Rechtsschutzes wegen aufenthaltsbeendender Maßnahmen nach diesem Gesetz beträgt der Gegenstandswert 1500 Euro, im übrigen die Hälfte des Wertes der Hauptsache. [3] Sind mehrere natürliche Personen an demselben Verfahren beteiligt, erhöht sich der Wert für jede weitere Person in Klageverfahren um 900 Euro und in Verfahren des vorläufigen Rechtsschutzes um 600 Euro.

Achter Abschnitt. Straf- und Bußgeldvorschriften

§ 84 Verleitung zur mißbräuchlichen Asylantragstellung. (1) Mit Freiheitsstrafe bis zu drei Jahren oder mit Geldstrafe wird bestraft, wer einen Ausländer verleitet oder dabei unterstützt, im Asylverfahren vor dem Bundesamt oder im gerichtlichen Verfahren unrichtige oder unvollständige Angaben zu machen, um seine Anerkennung als Asylberechtigter oder die Feststellung, daß die Voraussetzungen des § 51 Abs. 1 des Ausländergesetzes vorliegen, zu ermöglichen.

(2) [1] In besonders schweren Fällen ist die Strafe Freiheitsstrafe bis zu fünf Jahren oder Geldstrafe. [2] Ein besonders schwerer Fall liegt in der Regel vor, wenn der Täter

1. für eine in Absatz 1 bezeichnete Handlung einen Vermögensvorteil erhält oder sich versprechen läßt oder

2. wiederholt oder zugunsten von mehr als fünf Ausländern handelt.

(3) Mit Freiheitsstrafe von sechs Monaten bis zu zehn Jahren wird bestraft, wer in den Fällen des Absatzes 1

1. gewerbsmäßig oder

2. als Mitglied einer Bande, die sich zur fortgesetzten Begehung solcher Taten verbunden hat,

handelt.

(4) Der Versuch ist strafbar.

(5) [1] In den Fällen des Absatzes 3 Nr. 1 ist § 73 d des Strafgesetzbuches anzuwenden. [2] In den Fällen des Absatzes 3 Nr. 2 sind die §§ 43 a, 73 d des Strafgesetzbuches anzuwenden.

(6) Wer die Tat nach Absatz 1 zugunsten eines Angehörigen im Sinne des § 11 Abs. 1 Nr. 1 des Strafgesetzbuches begeht, ist straffrei.

§ 84 a Gewerbs- und bandenmäßige Verleitung zur mißbräuchlichen Asylantragstellung. (1) Mit Freiheitsstrafe von einem Jahr bis zu zehn Jahren wird bestraft, wer in den Fällen des § 84 Abs. 1 als Mitglied einer Bande, die sich zur fortgesetzten Begehung solcher Taten verbunden hat, gewerbsmäßig handelt.

(2) In minder schweren Fällen ist die Strafe Freiheitsstrafe von sechs Monaten bis zu fünf Jahren.

(3) Die §§ 43 a, 73 d des Strafgesetzbuches sind anzuwenden.

§ 85 Sonstige Straftaten. Mit Freiheitsstrafe bis zu einem Jahr oder mit Geldstrafe wird bestraft, wer

1. entgegen § 50 Abs. 6, auch in Verbindung mit § 71 a Abs. 2 Satz 1, sich nicht unverzüglich zu der angegebenen Stelle begibt,

2. wiederholt einer Aufenthaltsbeschränkung nach § 56 Abs. 1 oder 2, jeweils auch in Verbindung mit § 71 a Abs. 3, zuwiderhandelt,

3. einer vollziehbaren Auflage nach § 60 Abs. 1, auch in Verbindung mit § 71 a Abs. 3, mit der die Ausübung einer Erwerbstätigkeit verboten oder beschränkt wird, zuwiderhandelt,

4. einer vollziehbaren Anordnung nach § 60 Abs. 2 Satz 1, auch in Verbindung mit § 71 a Abs. 3, nicht rechtzeitig nachkommt oder

5. entgegen § 61 Abs. 1, auch in Verbindung mit § 71 a Abs. 3, eine Erwerbstätigkeit ausübt.

§ 86 Bußgeldvorschriften. (1) Ordnungswidrig handelt ein Ausländer, der einer Aufenthaltsbeschränkung nach § 56 Abs. 1 oder 2, jeweils auch in Verbindung mit § 71 a Abs. 3, zuwiderhandelt.

(2) Die Ordnungswidrigkeit kann mit einer Geldbuße bis zu zweitausendfünfhundert Euro geahndet werden.

Neunter Abschnitt. Übergangs- und Schlußvorschriften

§ 87 Übergangsvorschriften. (1) Für das Verwaltungsverfahren gelten folgende Übergangsvorschriften:

1. Bereits begonnene Asylverfahren sind nach bisher geltendem Recht zu Ende zu führen, wenn vor dem Inkrafttreten dieses Gesetzes das Bundesamt seine Entscheidung an die Ausländerbehörde zur Zustellung abgesandt hat. Ist das Asylverfahren vor dem Inkrafttreten dieses Gesetzes bestandskräftig abgeschlossen, ist das Bundesamt für die Entscheidung, ob Abschiebungshindernisse nach § 53 des Ausländergesetzes vorliegen, und für den Erlaß einer Abschiebungsandrohung nur zuständig, wenn ein erneutes Asylverfahren durchgeführt wird.

2. Über Folgeanträge, die vor Inkrafttreten dieses Gesetzes gestellt worden sind, entscheidet die Ausländerbehörde nach bisher geltendem Recht.

3. Bei Ausländern, die vor Inkrafttreten dieses Gesetzes einen Asylantrag gestellt haben, richtet sich die Verteilung auf die Länder nach bisher geltendem Recht.

(2) Für die Rechtsbehelfe und das gerichtliche Verfahren gelten folgende Übergangsvorschriften:

1. In den Fällen des Absatzes 1 Nr. 1 und 2 richtet sich die Klagefrist nach bisher geltendem Recht; die örtliche Zuständigkeit des Verwaltungsgerichts bestimmt sich nach § 52 Nr. 2 Satz 3 der Verwaltungsgerichtsordnung in der bis zum Inkrafttreten dieses Gesetzes geltenden Fassung.

2. Die Zulässigkeit eines Rechtsbehelfs gegen einen Verwaltungsakt richtet sich nach bisher geltendem Recht, wenn der Verwaltungsakt vor Inkrafttreten dieses Gesetzes bekanntgegeben worden ist.

3. Die Zulässigkeit eines Rechtsmittels gegen eine gerichtliche Entscheidung richtet sich nach bisher geltendem Recht, wenn die Entscheidung vor Inkrafttreten dieses Gesetzes verkündet oder von Amts wegen anstelle einer Verkündung zugestellt worden ist.

4. Hat ein vor Inkrafttreten dieses Gesetzes eingelegter Rechtsbehelf nach bisher geltendem Recht aufschiebende Wirkung, finden die Vorschriften dieses Gesetzes über den Ausschluß der aufschiebenden Wirkung keine Anwendung.

5. Ist in einem gerichtlichen Verfahren vor Inkrafttreten dieses Gesetzes eine Aufforderung nach § 33 des Asylverfahrensgesetzes in der Fassung der Bekanntmachung vom 9. April 1991 (BGBl. I S. 869), geändert durch Artikel 7 § 13 in Verbindung mit Artikel 11 des Gesetzes vom 12. September 1990 (BGBl. I S. 2002), erlassen worden, gilt insoweit diese Vorschrift fort.

§ 87a Übergangsvorschriften aus Anlaß der am 1. Juli 1993 in Kraft getretenen Änderungen. (1) ¹Soweit in den folgenden Vorschriften nicht etwas anderes bestimmt ist, gelten die Vorschriften dieses Gesetzes mit Ausnahme der §§ 26a und 34a auch für Ausländer, die vor dem 1. Juli 1993 einen Asylantrag gestellt haben. [2] Auf Ausländer, die aus einem Mitgliedstaat der Europäischen Gemeinschaften oder aus einem in der Anlage I bezeichneten Staat eingereist sind, finden die §§ 27, 29 Abs. 1 und 2 entsprechende Anwendung.

(2) Für das Verwaltungsverfahren gelten folgende Übergangsvorschriften:

1. § 10 Abs. 2 Satz 2 und 3, Abs. 3 und 4 findet Anwendung, wenn der Ausländer insoweit ergänzend schriftlich belehrt worden ist.

2. § 33 Abs. 2 gilt nur für Ausländer, die nach dem 1. Juli 1993 in ihren Herkunftsstaat ausreisen.

3. Folgeanträge, die vor dem 1. Juli 1993 gestellt worden sind, gelten die Vorschriften der §§ 71 und 87 Abs. 1 Nr. 2 in der bis zu diesem Zeitpunkt geltenden Fassung.

(3) Für die Rechtsbehelfe und das gerichtliche Verfahren gelten folgende Übergangsvorschriften:

1. Die Zulässigkeit eines Rechtsbehelfs gegen einen Verwaltungsakt richtet sich nach dem bis zum 1. Juli 1993 geltenden Recht, wenn der Verwaltungsakt vor diesem Zeitpunkt bekanntgegeben worden ist.

2. Die Zulässigkeit eines Rechtsbehelfs gegen eine gerichtliche Entscheidung richtet sich nach dem bis zum 1. Juli 1993 geltenden Recht, wenn die Entscheidung vor diesem Zeitpunkt verkündet oder von Amts wegen anstelle einer Verkündung zugestellt worden ist.

3. § 76 Abs. 4 findet auf Verfahren, die vor dem 1. Juli 1993 anhängig geworden sind, keine Anwendung.

4. Die Wirksamkeit einer vor dem 1. Juli 1993 bereits erfolgten Übertragung auf den Einzelrichter bleibt von § 76 Abs. 5 unberührt.

5. § 83 Abs. 1 ist bis zum 31. Dezember 1993 nicht anzuwenden.

§ 88 Verordnungsermächtigungen. (1) Das Bundesministerium des Innern bestimmt durch Rechtsverordnung mit Zustimmung des Bundesrates die zuständigen Behörden für die Ausführung völkerrechtlicher Verträge und die von den Europäischen Gemeinschaften erlassenen Rechtsvorschriften über die Zuständigkeit für die Durchführung von Asylverfahren hinsichtlich

1. der Übermittlung eines Ersuchens an einen anderen Vertragsstaat, einen Ausländer zur Behandlung des Asylbegehrens zu übernehmen,

2. der Entscheidung über das Ersuchen eines anderen Vertragsstaates, einen Ausländer zur Behandlung des Asylbegehrens zu übernehmen,

3. der Übermittlung eines Rückübernahmeantrages an einen anderen Vertragsstaat,

4. der Entscheidung über einen Rückübernahmeantrag eines anderen Vertragsstaates und

5. des Informationsaustausches und der Erfassung, Übermittlung und dem Vergleich von Fingerabdruckdaten.

(2) Die Landesregierung kann durch Rechtsverordnung Aufgaben der Aufnahmeeinrichtung auf andere Stellen des Landes übertragen.

§ 89 Einschränkung von Grundrechten. (1) Die Grundrechte der körperlichen Unversehrtheit (Artikel 2 Abs. 2 Satz 1 des Grundgesetzes) und der

Freiheit der Person (Artikel 2 Abs. 2 Satz 2 des Grundgesetzes) werden nach Maßgabe dieses Gesetzes eingeschränkt.

(2) Das Verfahren bei Freiheitsentziehungen richtet sich nach dem Gesetz über das gerichtliche Verfahren bei Freiheitsentziehungen in der im Bundesgesetzblatt Teil III, Gliederungsnummer 316–1, veröffentlichten bereinigten Fassung, zuletzt geändert durch Artikel 7 § 21 des Gesetzes vom 12. September 1990 (BGBl. I S. 2002).

§ 90 Allgemeine Verwaltungsvorschriften. Das Bundesministerium des Innern erläßt mit Zustimmung des Bundesrates allgemeine Verwaltungsvorschriften zu diesem Gesetz.

Anlage I (zu § 26 a)

Finnland
Norwegen
Österreich
Polen
Schweden
Schweiz
Tschechische Republik

Anlage II (zu § 29 a)

Bulgarien
Ghana
Polen
Rumänien
Senegal
Slowakische Republik
Tschechische Republik
Ungarn

16. Gesetz über Maßnahmen für im Rahmen humanitärer Hilfsaktionen aufgenommene Flüchtlinge

Vom 22. Juli 1980 (BGBl. I S. 1057)

Zuletzt geändert durch Gesetz vom 29. 10. 1997 (BGBl. I S. 2584)

BGBl. III 26-3

Der Bundestag hat mit Zustimmung des Bundesrates das folgende Gesetz beschlossen:

§ 1 Rechtsstellung. (1) Wer als Ausländer im Rahmen humanitärer Hilfsaktionen der Bundesrepublik Deutschland auf Grund der Erteilung einer Aufenthaltserlaubnis vor der Einreise in der Form des Sichtvermerks oder auf Grund einer Übernahmeerklärung nach § 33 Abs. 1 des Ausländergesetzes im Geltungsbereich dieses Gesetzes aufgenommen worden ist, genießt im Geltungsbereich dieses Gesetzes die Rechtsstellung nach den Artikeln 2 bis 34 des Abkommens über die Rechtsstellung der Flüchtlinge vom 28. Juli 1951 (BGBl. 1953 II S. 559).[1]

(2) Auch ohne Aufenthaltserlaubnis oder Übernahmeerklärung genießt die Rechtsstellung nach Absatz 1, wer als Ausländer vor Vollendung des 16. Lebensjahres und vor dem Inkrafttreten des Gesetzes zur Neuregelung des Ausländerrechts[2] im Rahmen humanitärer Hilfsaktionen der Bundesrepublik Deutschland im Geltungsbereich dieses Gesetzes aufgenommen worden ist.

(3) Dem Ausländer wird eine unbefristete Aufenthaltserlaubnis erteilt.

§ 2 Nachweis. (1) Der Flüchtling im Sinne des § 1 erhält zum Nachweis seiner Rechtsstellung eine amtliche Bescheinigung.

(2) *(aufgehoben)*

§ 2a Erlöschen der Rechtsstellung. (1) Die Rechtsstellung nach § 1 erlischt, wenn der Ausländer

1. sich freiwillig oder durch Annahme oder Erneuerung eines Nationalpasses erneut dem Schutz des Staates, dessen Staatsangehörigkeit er besitzt, unterstellt oder

2. nach Verlust seiner Staatsangehörigkeit diese freiwillig wiedererlangt hat oder

3. auf Antrag eine neue Staatsangehörigkeit erworben hat und den Schutz des Staates, dessen Staatsangehörigkeit er erworben hat, genießt.

(2) In den Fällen des Absatzes 1 hat der Ausländer unverzüglich die amtliche Bescheinigung seiner Rechtsstellung und den Reiseausweis bei der Ausländerbehörde abzugeben.

§ 2b Widerruf der Rechtsstellung. (1) [1]Die Rechtsstellung nach § 1 kann widerrufen werden, wenn festgestellt wird, daß die Voraussetzungen des

---

[1] Nr. 14.
[2] Das Gesetz zur Neuregelung des Ausländerrechts ist am 1. 1. 1991 in Kraft getreten.

§ 51 Abs. 1 des Ausländergesetzes in bezug auf den Staat, dessen Staatsangehörigkeit der Ausländer besitzt, nicht mehr vorliegen. [2] Besitzt der Ausländer keine Staatsangehörigkeit, müssen sich die Feststellungen auf den Staat beziehen, in dem er seinen gewöhnlichen Aufenthalt hatte.

(2) [1] Für das Widerrufsverfahren gilt § 73 Abs. 4 bis 6 des Asylverfahrensgesetzes entsprechend. [2] Der Widerruf kann nur nach Maßgabe der Vorschriften des Asylverfahrensgesetzes angefochten werden.

§ 3 Änderung des Bundesausbildungsförderungsgesetzes.
(Vom Abdruck wurde abgesehen)

§ 4 Änderung des Arbeitsförderungsgesetzes.
(Die Änderungen wurden berücksichtigt, siehe **Nr. 5**)

§ 5 Berlin-Klausel. *(gegenstandslos)*

§ 6 Inkrafttreten.
Dieses Gesetz tritt am ersten Tage des auf die Verkündung[1] folgenden Kalendermonats in Kraft.

---

[1] Das Gesetz wurde am 22. 7. 1980 verkündet.

17. Abkommen über die Rechtsstellung der Flüchtlinge (Genfer Flüchtlingskonvention)

Vom 28. Juli 1951 (BGBl. II 1953 S. 559,
Bekanntmachung vom 28. 4. 1954, BGBl. II S. 619)

Präambel

Die hohen vertragsschließenden Teile

in der Erwägung, daß die Satzung der Vereinten Nationen und die am 10. Dezember 1948 von der Generalversammlung angenommene Allgemeine Erklärung der Menschenrechte den Grundsatz bestätigt haben, daß die Menschen ohne Unterschied die Menschenrechte und Grundfreiheiten genießen sollen,

in der Erwägung, daß die Organisation der Vereinten Nationen wiederholt die tiefe Verantwortung zum Ausdruck gebracht hat, die sie für die Flüchtlinge empfindet, und sich bemüht hat, diesen in möglichst großem Umfange die Ausübung der Menschenrechte und der Grundfreiheiten zu sichern,

in der Erwägung, daß es wünschenswert ist, frühere internationale Vereinbarungen über die Rechtsstellung der Flüchtlinge zu revidieren und zusammenzufassen und den Anwendungsbereich dieser Regelungen sowie den dadurch gewährleisteten Schutz durch eine neue Vereinbarung zu erweitern,

in der Erwägung, daß sich aus der Gewährung des Asylrechts nicht zumutbare schwere Belastungen für einzelne Länder ergeben können und daß eine befriedigende Lösung des Problems, dessen internationalen Umfang und Charakter die Organisation der Vereinten Nationen anerkannt hat, ohne internationale Zusammenarbeit unter diesen Umständen nicht erreicht werden kann,

in dem Wunsche, daß alle Staaten in Anerkennung des sozialen und humanitären Charakters des Flüchtlingsproblems alles in ihrer Macht Stehende tun, um zu vermeiden, daß dieses Problem zwischenstaatliche Spannungen verursacht,

in Anerkenntnis dessen, daß dem Hohen Kommissar der Vereinten Nationen für Flüchtlinge die Aufgabe obliegt, die Durchführung der internationalen Abkommen zum Schutz der Flüchtlinge zu überwachen, und daß eine wirksame Koordinierung der zur Lösung dieses Problems getroffenen Maßnahmen von der Zusammenarbeit der Staaten mit dem Hohen Kommissar abhängen wird, –

haben folgendes vereinbart:

Kapitel I. Allgemeine Bestimmungen

Art. 1 Definition des Begriffs „Flüchtling". A. Im Sinne dieses Abkommens findet der Ausdruck „Flüchtling" auf jede Person Anwendung:

1. Die in Anwendung der Vereinbarungen vom 12. Mai 1926 und 30. Juni 1928 oder in Anwendung der Abkommen vom 28. Oktober 1933 und 10. Februar 1938 und des Protokolls vom 14. September 1939 oder in Anwendung der Verfassung der Internationalen Flüchtlingsorganisation als Flüchtling gilt.

Die von der internationalen Flüchtlingsorganisation während der Dauer ihrer Tätigkeit getroffenen Entscheidungen darüber, daß jemand nicht als Flüchtling im Sinne ihres Statuts anzusehen ist, stehen dem Umstand nicht entgegen, daß die Flüchtlingseigenschaft Personen zuerkannt wird, die die Voraussetzungen der Ziffer 2 dieses Artikels erfüllen;

2. Die infolge von Ereignissen, die vor dem 1. Januar 1951[1] eingetreten sind, und aus der begründeten Furcht vor Verfolgung wegen ihrer Rasse, Religion, Nationalität, Zugehörigkeit zu einer bestimmten sozialen Gruppe oder wegen ihrer politischen Überzeugung sich außerhalb des Landes befindet, dessen Staatsangehörigkeit sie besitzt, und den Schutz dieses Landes nicht in Anspruch nehmen kann oder wegen dieser Befürchtungen nicht in Anspruch nehmen will; oder die sich als Staatenlose infolge solcher Ereignisse außerhalb des Landes befindet, in welchem sie ihren gewöhnlichen Aufenthalt hatte, und nicht dorthin zurückkehren kann oder wegen der erwähnten Befürchtungen nicht dorthin zurückkehren will.

Für den Fall, daß eine Person mehr als eine Staatsangehörigkeit hat, bezieht sich der Ausdruck „das Land, dessen Staatsangehörigkeit sie besitzt" auf jedes der Länder, dessen Staatsangehörigkeit diese Person hat. Als des Schutzes des Landes, dessen Staatsangehörigkeit sie hat, beraubt gilt nicht eine Person, die ohne einen stichhaltigen, auf eine begründete Befürchtung gestützten Grund den Schutz eines der Länder nicht in Anspruch genommen hat, deren Staatsangehörigkeit sie besitzt.

B. 1. Im Sinne dieses Abkommens könnten die im Artikel 1 Abschnitt A enthaltenen Worte „Ereignisse, die vor dem 1. Januar 1951 eingetreten sind" in dem Sinne verstanden werden, daß es sich entweder um

a) „Ereignisse, die vor dem 1. Januar 1951 in Europa eingetreten sind" oder

b) „Ereignisse, die vor dem 1. Januar 1951 in Europa oder anderswo eingetreten sind"

handelt. Jeder vertragschließende Staat wird zugleich mit der Unterzeichnung, der Ratifikation oder dem Beitritt eine Erklärung abgeben, welche Bedeutung er diesem Ausdruck vom Standpunkt der von ihm auf Grund dieses Abkommens übernommenen Verpflichtungen zu geben beabsichtigt.

2. Jeder vertragschließende Staat, der die Formulierung zu a) angenommen hat, kann jederzeit durch eine an den Generalsekretär der Vereinten Nationen gerichtete Notifikation seine Verpflichtungen durch Annahme der Formulierung b) erweitern.

C. Eine Person, auf die die Bestimmungen des Absatzes A zutreffen, fällt nicht mehr unter dieses Abkommen,

1. wenn sie sich freiwillig erneut dem Schutz des Landes, dessen Staatsangehörigkeit sie besitzt, unterstellt; oder

---

[1] Mit Zusatzprotokoll v. 31. 1. 1967, in der BRD am 5. 11. 1969 (BGBl. II S. 1293) in Kraft getreten, wurde die Stichtagseinschränkung aufgehoben.

2. wenn sie nach dem Verlust ihrer Staatsangehörigkeit diese freiwillig wiedererlangt hat; oder

3. wenn sie eine neue Staatsangehörigkeit erworben hat und den Schutz des Landes, dessen Staatsangehörigkeit sie erworben hat, genießt; oder

4. wenn sie freiwillig in das Land, das sie aus Furcht vor Verfolgung verlassen hat oder außerhalb dessen sie sich befindet, zurückgekehrt ist und sich dort niedergelassen hat; oder

5. wenn sie nach Wegfall der Umstände, auf Grund deren sie als Flüchtling anerkannt worden ist, es nicht mehr ablehnen kann, den Schutz des Landes in Anspruch zu nehmen, dessen Staatsangehörigkeit sie besitzt.

Hierbei wird jedoch unterstellt, daß die Bestimmung dieser Ziffer auf keinen Flüchtling im Sinne der Ziffer 1 des Abschnittes A dieses Artikels Anwendung findet, der sich auf zwingende, auf früheren Verfolgungen beruhende Gründe berufen kann, um die Inanspruchnahme des Schutzes des Landes abzulehnen, dessen Staatsangehörigkeit er besitzt;

6. wenn es sich um eine Person handelt, die keine Staatsangehörigkeit besitzt, falls sie nach Wegfall der Umstände, auf Grund deren sie als Flüchtling anerkannt worden ist, in der Lage ist, in das Land zurückzukehren, in dem sie ihren gewöhnlichen Wohnsitz hat.

Dabei wird jedoch unterstellt, daß die Bestimmung dieser Ziffer auf keinen Flüchtling im Sinne der Ziffer 1 des Abschnittes A dieses Artikels Anwendung findet, der sich auf zwingende, auf früheren Verfolgungen beruhende Gründe berufen kann, um die Rückkehr in das Land abzulehnen, in dem er seinen gewöhnlichen Aufenthalt hatte.

D. Dieses Abkommen findet keine Anwendung auf Personen, die zur Zeit den Schutz oder Beistand einer Organisation oder einer Institution der Vereinten Nationen mit Ausnahme des Hohen Kommissars der Vereinten Nationen für Flüchtlinge genießen.

Ist dieser Schutz oder diese Unterstützung aus irgendeinem Grunde weggefallen, ohne daß das Schicksal dieser Person endgültig gemäß den hierauf bezüglichen Entschließungen der Generalversammlung der Vereinten Nationen geregelt worden ist, so fallen diese Personen ipso facto unter die Bestimmungen dieses Abkommens.

E. Dieses Abkommen findet keine Anwendung auf eine Person, die von den zuständigen Behörden des Landes, in dem sie ihren Aufenthalt genommen hat, als eine Person anerkannt wird, welche die Rechte und Pflichten hat, die mit dem Besitz der Staatsangehörigkeit dieses Landes verknüpft sind.

F. Die Bestimmungen dieses Abkommens finden keine Anwendung auf Personen, in bezug auf die aus schwerwiegenden Gründen die Annahme gerechtfertigt ist,

a) daß sie ein Verbrechen gegen den Frieden, ein Kriegsverbrechen oder ein Verbrechen gegen die Menschlichkeit im Sinne der internationalen Vertragswerke begangen haben, die ausgearbeitet worden sind, um Bestimmungen bezüglich dieser Verbrechen zu treffen;

b) daß sie ein schweres nichtpolitisches Verbrechen außerhalb des Aufnahmelandes begangen haben, bevor sie dort als Flüchtling aufgenommen wurden;

c) daß sie sich Handlungen zuschulden kommen ließen, die den Zielen und Grundsätzen der Vereinten Nationen zuwiderlaufen.

Art. 2 Allgemeine Verpflichtungen. Jeder Flüchtling hat gegenüber dem Land, in dem er sich befindet, Pflichten, zu denen insbesondere die Verpflichtung gehört, die Gesetze und sonstigen Rechtsvorschriften sowie die zur Aufrechterhaltung der öffentlichen Ordnung getroffenen Maßnahmen zu beachten.

Art. 3 Verbot unterschiedlicher Behandlung. Die vertragschließenden Staaten werden die Bestimmungen dieses Abkommens auf Flüchtlinge ohne unterschiedliche Behandlung aus Gründen der Rasse, der Religion oder des Herkunftslandes anwenden.

Art. 4 Religion. Die vertragschließenden Staaten werden den in ihrem Gebiet befindlichen Flüchtlingen in bezug auf die Freiheit der Religionsausübung und die Freiheit des Religionsunterrichts ihrer Kinder, eine mindestens ebenso günstige Behandlung wie ihren eigenen Staatsangehörigen gewähren.

Art. 5 Unabhängig von diesem Abkommen gewährte Rechte. Rechte und Vergünstigungen, die unabhängig von diesem Abkommen den Flüchtlingen gewährt werden, bleiben von den Bestimmungen dieses Abkommens unberührt.

Art. 6 Der Ausdruck „unter den gleichen Umständen". Im Sinne dieses Abkommens ist der Ausdruck „unter den gleichen Umständen" dahingehend zu verstehen, daß die betreffende Person alle Bedingungen erfüllen muß (einschließlich derjenigen, die sich auf die Dauer und die Bedingungen des vorübergehenden oder des dauernden Aufenthalts beziehen), die sie erfüllen müßte, wenn sie nicht Flüchtling wäre, um das in Betracht kommende Recht in Anspruch zu nehmen, mit Ausnahme der Bedingungen, die ihrer Natur nach ein Flüchtling nicht erfüllen kann.

Art. 7 Befreiung von der Gegenseitigkeit. 1. Vorbehaltlich der in diesem Abkommen vorgesehenen günstigeren Bestimmungen wird jeder vertragschließende Staat den Flüchtlingen die Behandlung gewähren, die er Ausländern im allgemeinen gewährt.

2. Nach dreijährigem Aufenthalt werden alle Flüchtlinge in dem Gebiet der vertragschließenden Staaten Befreiung von dem Erfordernis der gesetzlichen Gegenseitigkeit genießen.

3. Jeder vertragschließende Staat wird den Flüchtlingen weiterhin die Rechte und Vergünstigungen gewähren, auf die sie auch bei fehlender Gegenseitigkeit beim Inkrafttreten dieses Abkommens für diesen Staat bereits Anspruch hatten.

4. Die vertragschließenden Staaten werden die Möglichkeit wohlwollend in Erwägung ziehen, bei fehlender Gegenseitigkeit den Flüchtlingen Rechte und Vergünstigungen außer denen, auf die sie nach Ziffer 2 und 3 Anspruch haben, sowie Befreiung von dem Erfordernis der Gegenseitigkeit den Flüchtlingen zu gewähren, welche die Bedingungen von Ziffer 2 und 3 nicht erfüllen.

5. Die Bestimmungen der Ziffern 2 und 3 finden nicht nur auf die in den Artikeln 13, 18, 19, 21 und 22 dieses Abkommens genannten Rechte und Vergünstigungen Anwendung, sondern auch auf die in diesem Abkommen nicht vorgesehenen Rechte und Vergünstigungen.

Art. 8 Befreiung von außergewöhnlichen Maßnahmen. Außergewöhnliche Maßnahmen, die gegen die Person, das Eigentum oder die Interessen der Staatsangehörigen eines bestimmten Staates ergriffen werden können, werden von den vertragschließenden Staaten auf einen Flüchtling, der formell ein Staatsangehöriger dieses Staates ist, allein wegen seiner Staatsangehörigkeit nicht angewendet. Die vertragschließenden Staaten, die nach dem bei ihnen geltenden Recht den in diesem Artikel aufgestellten allgemeinen Grundsatz nicht anwenden können, werden in geeigneten Fällen Befreiungen zugunsten solcher Flüchtlinge gewähren.

Art. 9 Vorläufige Maßnahmen. Keine der Bestimmungen dieses Abkommens hindert einen vertragschließenden Staat in Kriegszeiten oder bei Vorliegen sonstiger schwerwiegender und außergewöhnlicher Umstände daran, gegen eine bestimmte Person vorläufig die Maßnahmen zu ergreifen, die dieser Staat für seine Sicherheit für erforderlich hält, bis dieser vertragschließende Staat eine Entscheidung darüber getroffen hat, ob diese Person tatsächlich ein Flüchtling ist und die Aufrechterhaltung dieser Maßnahmen im vorliegenden Falle im Interesse der Sicherheit des Staates notwendig ist.

Art. 10 Fortdauer des Aufenthalts. 1. Ist ein Flüchtling während des Zweiten Weltkrieges zwangsverschickt und in das Gebiet eines der Vertragsstaaten verbracht worden und hält er sich dort auf, so wird die Dauer dieses Zwangsaufenthaltes als rechtmäßiger Aufenthalt in diesem Gebiet gelten.

2. Ist ein Flüchtling während des Zweiten Weltkrieges aus dem Gebiet eines Vertragsstaates zwangsverschickt worden und vor Inkrafttreten dieses Abkommens dorthin zurückgekehrt, um dort seinen dauernden Aufenthalt zu nehmen, so wird die Zeit vor und nach dieser Zwangsverschickung für alle Zwecke, für die ein ununterbrochener Aufenthalt erforderlich ist, als ein ununterbrochener Aufenthalt gelten.

Art. 11 Geflüchtete Seeleute. Bei Flüchtlingen, die ordnungsgemäß als Besatzungsangehörige eines Schiffes angeheuert sind, das die Flagge eines Vertragsstaates führt, wird dieser Staat die Möglichkeit wohlwollend in Erwägung ziehen, diesen Flüchtlingen die Genehmigung zur Niederlassung in seinem Gebiet zu erteilen und ihnen Reiseausweise auszustellen oder ihnen vorläufig den Aufenthalt in seinem Gebiet zu gestatten, insbesondere um ihre Niederlassung in einem anderen Lande zu erleichtern.

Kapitel II. Rechtsstellung

Art. 12 Personalstatut. 1. Das Personalstatut jedes Flüchtlings bestimmt sich nach dem Recht des Landes seines Wohnsitzes oder, in Ermangelung eines Wohnsitzes, nach dem Recht seines Aufenthaltslandes.

2. Die von einem Flüchtling vorher erworbenen und sich aus seinem Personalstatut ergebenden Rechte, insbesondere die aus der Eheschließung, wer-

den von jedem vertragschließenden Staat geachtet, gegebenenfalls vorbehaltlich der Formalitäten, die nach dem in diesem Staat geltenden Recht vorgesehen sind. Hierbei wird jedoch unterstellt, daß das betreffende Recht zu demjenigen gehört, das nach den Gesetzen dieses Staates anerkannt worden wäre, wenn die in Betracht kommende Person kein Flüchtling geworden wäre.

Art. 13 Bewegliches und unbewegliches Eigentum. Die vertragschließenden Staaten werden jedem Flüchtling hinsichtlich des Erwerbs von beweglichem und unbeweglichem Eigentum und sonstiger diesbezüglicher Rechte sowie hinsichtlich von Miet-, Pacht- und sonstigen Verträgen über bewegliches und unbewegliches Eigentum eine möglichst günstige und jedenfalls nicht weniger günstige Behandlung gewähren, als sie Ausländern im allgemeinen unter den gleichen Umständen gewährt wird.

Art. 14 Urheberrecht und gewerbliche Schutzrechte. Hinsichtlich des Schutzes von gewerblichen Rechten, insbesondere an Erfindungen, Mustern und Modellen, Warenzeichen und Handelsnamen, sowie des Schutzes von Rechten an Werken der Literatur, Kunst und Wissenschaft genießt jeder Flüchtling in dem Land, in dem er seinen gewöhnlichen Aufenthalt hat, den Schutz, der den Staatsangehörigen dieses Landes gewährt wird. Im Gebiete jedes anderen vertragschließenden Staates genießt er den Schutz, der in diesem Gebiet den Staatsangehörigen des Landes gewährt wird, in dem er seinen gewöhnlichen Aufenthalt hat.

Art. 15 Vereinigungsrecht. Die vertragschließenden Staaten werden den Flüchtlingen, die sich rechtmäßig in ihrem Gebiet aufhalten, hinsichtlich der Vereinigungen, die nicht politischen und nicht Erwerbszwecken dienen, und den Berufsverbänden die günstigste Behandlung wie den Staatsangehörigen eines fremden Landes unter den gleichen Umständen gewähren.

Art. 16 Zugang zu den Gerichten. 1. Jeder Flüchtling hat in dem Gebiet der vertragschließenden Staaten freien und ungehinderten Zugang zu den Gerichten.

2. In dem vertragschließenden Staat, in dem ein Flüchtling seinen gewöhnlichen Aufenthalt hat, genießt er hinsichtlich des Zugangs zu den Gerichten einschließlich des Armenrechts und der Befreiung von der Sicherheitsleistung für Prozeßkosten dieselbe Behandlung wie ein eigener Staatsangehöriger.

3. In den vertragschließenden Staaten, in denen ein Flüchtling nicht seinen gewöhnlichen Aufenthalt hat, genießt er hinsichtlich der in Ziffer 2 erwähnten Angelegenheit dieselbe Behandlung wie ein Staatsangehöriger des Landes, in dem er seinen gewöhnlichen Aufenthalt hat.

Kapitel III. Erwerbstätigkeit

Art. 17 Nichtselbständige Arbeit. 1. Die vertragschließenden Staaten werden hinsichtlich der Ausübung nichtselbständiger Arbeit jedem Flüchtling, der sich rechtmäßig in ihrem Gebiet aufhält, die günstigste Behandlung gewähren, die den Staatsangehörigen eines fremden Landes unter den gleichen Umständen gewährt wird.

2. In keinem Falle werden die einschränkenden Maßnahmen, die für Ausländer oder für die Beschäftigung von Ausländern zum Schutze des eigenen Arbeitsmarktes bestehen, Anwendung auf Flüchtlinge finden, die beim Inkrafttreten dieses Abkommens durch den betreffenden Vertragsstaat bereits davon befreit waren oder eine der folgenden Bedingungen erfüllen:
a) wenn sie sich drei Jahre im Lande aufgehalten haben;
b) wenn sie mit einer Person, die die Staatsangehörigkeit des Aufenthaltslandes besitzt, die Ehe geschlossen haben. Ein Flüchtling kann sich nicht auf die Vergünstigung dieser Bestimmung berufen, wenn er seinen Ehegatten verlassen hat;
c) wenn sie ein oder mehrere Kinder haben, die die Staatsangehörigkeit des Aufenthaltslandes besitzen.
3. Die vertragschließenden Staaten werden hinsichtlich der Ausübung nichtselbständiger Arbeit Maßnahmen wohlwollend in Erwägung ziehen, um alle Flüchtlinge, insbesondere diejenigen, die im Rahmen eines Programmes zur Anwerbung von Arbeitskräften oder eines Einwanderungsplanes in ihr Gebiet gekommen sind, den eigenen Staatsangehörigen rechtlich gleichzustellen.

Art. 18 Selbständige Tätigkeit. Die vertragschließenden Staaten werden den Flüchtlingen, die sich rechtmäßig in ihrem Gebiet befinden, hinsichtlich der Ausübung einer selbständigen Tätigkeit in Landwirtschaft, Industrie, Handwerk und Handel sowie der Errichtung von Handels- und industriellen Unternehmen eine möglichst günstige und jedenfalls nicht weniger günstige Behandlung gewähren, als sie Ausländern im allgemeinen unter den gleichen Umständen gewährt wird.

Art. 19 Freie Berufe. 1. Jeder vertragschließende Staat wird den Flüchtlingen, die sich rechtmäßig in seinem Gebiet aufhalten, Inhaber von durch die zuständigen Behörden dieses Staates anerkannten Diplomen sind und einen freien Beruf auszuüben wünschen, eine möglichst günstige und jedenfalls nicht weniger günstige Behandlung gewähren, als sie Ausländern im allgemeinen unter den gleichen Umständen gewährt wird.
2. Die vertragschließenden Staaten werden alles in ihrer Macht Stehende tun, um im Einklang mit ihren Gesetzen und Verfassungen die Niederlassung solcher Flüchtlinge in den außerhalb des Mutterlandes gelegenen Gebieten sicherzustellen, für deren internationale Beziehungen sie verantwortlich sind.

Kapitel IV. Wohlfahrt

Art. 20 Rationierung. Falls ein Rationierungssystem besteht, dem die Bevölkerung insgesamt unterworfen ist und das die allgemeine Verteilung von Erzeugnissen regelt, an denen Mangel herrscht, werden Flüchtlinge wie Staatsangehörige behandelt.

Art. 21 Wohnungswesen. Hinsichtlich des Wohnungswesens werden die vertragschließenden Staaten insoweit, als diese Angelegenheit durch Gesetze oder sonstige Rechtsvorschriften geregelt ist oder der Überwachung öffentlicher Behörden unterliegt, den sich rechtmäßig in ihrem Gebiet aufhaltenden

Flüchtlingen eine möglichst günstige und jedenfalls nicht weniger günstige Behandlung gewähren, als sie Ausländern im allgemeinen unter den gleichen Umständen gewährt wird.

Art. 22 Öffentliche Erziehung. 1. Die vertragschließenden Staaten werden den Flüchtlingen dieselbe Behandlung wie ihren Staatsangehörigen hinsichtlich des Unterrichts in Volksschulen gewähren.

2. Für über die Volksschule hinausgehenden Unterricht, insbesondere die Zulassung zum Studium, die Anerkennung von ausländischen Studienzeugnissen, Diplomen und akademischen Titeln, den Erlaß von Gebühren und Abgaben und die Zuerkennung von Stipendien, werden die vertragschließenden Staaten eine möglichst günstige und in keinem Falle weniger günstige Behandlung gewähren als sie Ausländern im allgemeinen unter den gleichen Bedingungen gewährt wird.

Art. 23 Öffentliche Fürsorge. Die vertragschließenden Staaten werden den Flüchtlingen, die sich rechtmäßig in ihrem Staatsgebiet aufhalten, auf dem Gebiet der öffentlichen Fürsorge und sonstigen Hilfeleistungen die gleiche Behandlung wie ihren eigenen Staatsangehörigen gewähren.

Art. 24 Arbeitsrecht und soziale Sicherheit. 1. Die vertragschließenden Staaten werden den Flüchtlingen, die sich rechtmäßig in ihrem Gebiet aufhalten, dieselbe Behandlung gewähren wie ihren Staatsangehörigen, wenn es sich um folgende Angelegenheiten handelt:
a) Lohn einschließlich Familienbeihilfen, wenn diese einen Teil des Arbeitsentgelts bilden, Arbeitszeit, Überstunden, bezahlten Urlaub, Einschränkungen der Heimarbeit, Mindestalter für die Beschäftigung, Lehrzeit und Berufsausbildung, Arbeit von Frauen und Jugendlichen und Genuß der durch Tarifverträge gebotenen Vergünstigungen, soweit alle diese Fragen durch das geltende Recht geregelt sind oder in die Zuständigkeit der Verwaltungsbehörden fallen;
b) Soziale Sicherheit (gesetzliche Bestimmungen bezüglich der Arbeitsunfälle, der Berufskrankheiten, der Mutterschaft, der Krankheit, der Arbeitsunfähigkeit, des Alters und des Todes, der Arbeitslosigkeit, des Familienunterhalts sowie jedes anderen Wagnisses, das nach dem im betreffenden Land geltenden Recht durch ein System der sozialen Sicherheit gedeckt wird) vorbehaltlich
  (i) geeigneter Abmachungen über die Aufrechterhaltung der erworbenen Rechte und Anwartschaften,
  (ii) besonderer Bestimmungen, die nach dem im Aufenthaltsland geltenden Recht vorgeschrieben sind und die Leistungen oder Teilleistungen betreffen, die ausschließlich aus öffentlichen Mitteln bestritten werden, sowie Zuwendungen an Personen, die nicht die für die Gewährung einer normalen Rente geforderten Bedingungen der Beitragsleistung erfüllen.

2. Das Recht auf Leistung, das durch den Tod eines Flüchtlings infolge eines Arbeitsunfalles oder einer Berufskrankheit entsteht, wird nicht dadurch berührt, daß sich der Berechtigte außerhalb des Gebietes des vertragschließenden Staates aufhält.

3. Die vertragschließenden Staaten werden auf die Flüchtlinge die Vorteile der Abkommen erstrecken, die sie hinsichtlich der Aufrechterhaltung der er-

worbenen Rechte und Anwartschaften auf dem Gebiet der sozialen Sicherheit untereinander abgeschlossen haben oder abschließen werden, soweit die Flüchtlinge die Bedingungen erfüllen, die für Staatsangehörige der Unterzeichnerstaaten der in Betracht kommenden Abkommen vorgesehen sind.

4. Die vertragschließenden Staaten werden wohlwollend die Möglichkeit prüfen, die Vorteile ähnlicher Abkommen, die zwischen diesen vertragschließenden Staaten und Nichtvertragsstaaten in Kraft sind oder sein werden, soweit wie möglich auf Flüchtlinge auszudehnen.

Kapitel V. Verwaltungsmaßnahmen

Art. 25 Verwaltungshilfe. 1. Würde die Ausübung eines Rechts durch einen Flüchtling normalerweise die Mitwirkung ausländischer Behörden erfordern, die er nicht in Anspruch nehmen kann, so werden die vertragschließenden Staaten, in deren Gebiet er sich aufhält, dafür sorgen, daß ihm diese Mitwirkung entweder durch ihre eigenen Behörden oder durch eine internationale Behörde zuteil wird.

2. Die in Ziffer 1 bezeichneten Behörden werden Flüchtlingen diejenigen Urkunden und Bescheinigungen ausstellen oder unter ihrer Aufsicht ausstellen lassen, die Ausländern normalerweise von den Behörden ihres Landes oder durch deren Vermittlung ausgestellt werden.

3. Die so ausgestellten Urkunden oder Bescheinigungen werden die amtlichen Schriftstücke ersetzen, die Ausländern von den Behörden ihres Landes oder durch deren Vermittlung ausgestellt werden; sie werden bis zum Beweis des Gegenteils als gültig angesehen.

4. Vorbehaltlich der Ausnahmen, die zugunsten Bedürftiger zuzulassen wären, können für die in diesem Artikel erwähnten Amtshandlungen Gebühren verlangt werden; diese Gebühren sollen jedoch niedrig sein und müssen denen entsprechen, die von eigenen Staatsangehörigen für ähnliche Amtshandlungen erhoben werden.

5. Die Bestimmungen dieses Artikels berühren nicht die Artikel 27 und 28.

Art. 26 Freizügigkeit. Jeder vertragschließende Staat wird den Flüchtlingen, die sich rechtmäßig in seinem Gebiet befinden, das Recht gewähren, dort ihren Aufenthalt zu wählen und sich frei zu bewegen, vorbehaltlich der Bestimmungen, die allgemein auf Ausländer unter den gleichen Umständen Anwendung finden.

Art. 27 Personalausweise. Die vertragschließenden Staaten werden jedem Flüchtling, der sich in ihrem Gebiet befindet und keinen gültigen Reiseausweis besitzt, einen Personalausweis ausstellen.

Art. 28 Reiseausweise. 1. Die vertragschließenden Staaten werden den Flüchtlingen, die sich rechtmäßig in ihrem Gebiet aufhalten, Reiseausweise ausstellen, die ihnen Reisen außerhalb dieses Gebietes gestatten, es sei denn, daß zwingende Gründe der öffentlichen Sicherheit oder Ordnung entgegenstehen; die Bestimmungen des Anhanges zu diesem Abkommen werden auf diese Ausweise Anwendung finden. Die vertragschließenden Staaten können einen solchen Reiseausweis jedem anderen Flüchtling ausstellen, der sich in ihrem Gebiet befindet; sie werden ihre Aufmerksamkeit besonders jenen Flüchtlingen zuwenden, die sich in ihrem Gebiet befinden und nicht in der Lage sind, einen Reiseausweis von dem Staat zu erhalten, in dem sie ihren rechtmäßigen Aufenthalt haben.

2. Reiseausweise, die auf Grund früherer internationaler Abkommen von den Unterzeichnerstaaten ausgestellt worden sind, werden von den vertragschließenden Staaten anerkannt und so behandelt werden, als ob sie den Flüchtlingen auf Grund dieses Artikels ausgestellt worden wären.

Art. 29 Steuerliche Lasten. 1. Die vertragschließenden Staaten werden von den Flüchtlingen keine anderen oder höheren Gebühren, Abgaben oder Steuern, gleichviel unter welcher Bezeichnung, erheben, als unter ähnlichen Verhältnissen von ihren eigenen Staatsangehörigen jetzt oder künftig erhoben werden.

2. Die Bestimmungen der vorstehenden Ziffer schließen nicht aus, die Gesetze und sonstigen Rechtsvorschriften über Gebühren für die Ausstellung von Verwaltungsurkunden einschließlich Personalausweisen an Ausländer auf Flüchtlinge anzuwenden.

Art. 30 Überführung von Vermögenswerten. 1. Jeder vertragschließende Staat wird in Übereinstimmung mit den Gesetzen und sonstigen Rechtsvorschriften des Landes den Flüchtlingen gestatten, die Vermögenswerte, die sie in sein Gebiet gebracht haben, in das Gebiet eines anderen Landes zu überführen, in dem sie zwecks Wiederansiedlung aufgenommen worden sind.

2. Jeder vertragschließende Staat wird die Anträge von Flüchtlingen wohlwollend in Erwägung ziehen, die auf die Erlaubnis gerichtet sind, alle anderen Vermögenswerte, die zu ihrer Wiederansiedlung erforderlich sind, in ein anderes Land zu überführen, in dem sie zur Wiederansiedlung aufgenommen worden sind.

Art. 31 Flüchtlinge, die sich nicht rechtmäßig im Aufnahmeland aufhalten. 1. Die vertragschließenden Staaten werden wegen unrechtmäßiger Einreise oder Aufenthalts keine Strafen gegen Flüchtlinge verhängen, die unmittelbar aus einem Gebiet kommen, in dem ihr Leben oder ihre Freiheit im Sinne von Artikel 1 bedroht waren und die ohne Erlaubnis in das Gebiet der vertragschließenden Staaten einreisen oder sich dort aufhalten, vorausgesetzt, daß sie sich unverzüglich bei den Behörden melden und Gründe darlegen, die ihre unrechtmäßige Einreise oder ihren unrechtmäßigen Aufenthalt rechtfertigen.

2. Die vertragschließenden Staaten werden den Flüchtlingen beim Wechsel des Aufenthaltsorts keine Beschränkungen auferlegen, außer denen, die notwendig sind; diese Beschränkungen werden jedoch nur solange Anwendung finden, bis die Rechtsstellung dieser Flüchtlinge im Aufnahmeland geregelt oder es ihnen gelungen ist, in einem anderen Land Aufnahme zu erhalten. Die vertragschließenden Staaten werden diesen Flüchtlingen eine angemessene Frist sowie alle notwendigen Erleichterungen zur Aufnahme in einem anderen Land gewähren.

Art. 32 Ausweisung. 1. Die vertragschließenden Staaten werden einen Flüchtling, der sich rechtmäßig in ihrem Gebiet befindet, nur aus Gründen der öffentlichen Sicherheit oder Ordnung ausweisen.

2. Die Ausweisung eines Flüchtlings darf nur in Ausführung einer Entscheidung erfolgen, die in einem durch gesetzliche Bestimmungen geregelten Verfahren ergangen ist. Soweit nicht zwingende Gründe für die öffentliche Sicherheit entgegenstehen, soll dem Flüchtling gestattet werden, Beweise zu seiner Entlastung beizubringen, ein Rechtsmittel einzulegen und sich zu diesem Zweck vor einer zuständigen Behörde oder vor einer oder mehreren Personen, die von der zuständigen Behörde besonders bestimmt sind, vertreten zu lassen.

3. Die vertragschließenden Staaten werden einem solchen Flüchtling eine angemessene Frist gewähren, um ihm die Möglichkeit zu geben, in einem anderen Lande um rechtmäßige Aufnahme nachzusuchen. Die vertragschließenden Staaten behalten sich vor, während dieser Frist diejenigen Maßnahmen anzuwenden, die sie zur Aufrechterhaltung der inneren Ordnung für zweckdienlich erachten.

Art. 33 Verbot der Ausweisung und Zurückweisung. 1. Keiner der vertragschließenden Staaten wird einen Flüchtling auf irgendeine Weise über die Grenzen von Gebieten ausweisen oder zurückweisen, in denen sein Leben oder seine Freiheit wegen seiner Rasse, Religion, Staatsangehörigkeit, seiner Zugehörigkeit zu einer bestimmten sozialen Gruppe oder wegen seiner politischen Überzeugung bedroht sein würde.

2. Auf die Vergünstigung dieser Vorschrift kann sich jedoch ein Flüchtling nicht berufen, der aus schwerwiegenden Gründen als eine Gefahr für die Sicherheit des Landes anzusehen ist, in dem er sich befindet, oder der eine Gefahr für die Allgemeinheit dieses Staates bedeutet, weil er wegen eines Verbrechens oder eines besonders schweren Vergehens rechtskräftig verurteilt wurde.

Art. 34 Einbürgerung. Die vertragschließenden Staaten werden soweit wie möglich die Eingliederung und Einbürgerung der Flüchtlinge erleichtern. Sie werden insbesondere bestrebt sein, Einbürgerungsverfahren zu beschleunigen und die Kosten dieses Verfahrens soweit wie möglich herabsetzen.

Kapitel VI.
Durchführungs- und Übergangsbestimmungen

Art. 35 Zusammenarbeit der staatlichen Behörden mit den Vereinten Nationen. 1. Die vertragschließenden Staaten verpflichten sich zur Zusammenarbeit mit dem Amt des Hohen Kommissars der Vereinten Nationen für Flüchtlinge oder jeder ihm etwa nachfolgenden anderen Stelle der Vereinten Nationen bei der Ausübung seiner Befugnisse, insbesondere zur Erleichterung seiner Aufgabe, die Durchführung der Bestimmungen dieses Abkommens zu überwachen.

2. Um es dem Amt des Hohen Kommissars oder jeder ihm etwa nachfolgenden anderen Stelle der Vereinten Nationen zu ermöglichen, den zuständigen Organen der Vereinten Nationen Berichte vorzulegen, verpflichten

sich die vertragschließenden Staaten, ihm in geeigneter Form die erbetenen
Auskünfte und statistischen Angaben zu liefern über
a) die Lage der Flüchtlinge,
b) die Durchführung dieses Abkommens und
c) die Gesetze, Verordnungen und Verwaltungsvorschriften, die in bezug auf
Flüchtlinge jetzt oder künftig in Kraft sind.

Art. 36 Auskünfte über innerstaatliche Rechtsvorschriften. Die vertragschließenden Staaten werden dem Generalsekretär der Vereinten Nationen den Wortlaut der Gesetze und sonstiger Rechtsvorschriften mitteilen, die
sie etwa erlassen werden, um die Durchführung dieses Abkommens sicherzustellen.

Art. 37 Beziehung zu früher geschlossenen Abkommen. Unbeschadet
der Bestimmungen seines Artikels 28 Ziffer 2 tritt dieses Abkommen im Verhältnis zwischen den vertragschließenden Staaten an die Stelle der Vereinbarungen vom 5. Juli 1922, 31. Mai 1924, 12. Mai 1926, 30. Juni 1928 und
30. Juli 1935 sowie der Abkommen vom 28. Oktober 1933, 10. Februar
1938, des Protokolls vom 14. September 1939 und der Vereinbarung vom
15. Oktober 1946.

Kapitel VII. Schlußbestimmungen

Art. 38 Regelung von Streitfällen. Jeder Streitfall zwischen den Parteien
dieses Abkommens über dessen Auslegung oder Anwendung, der auf andere
Weise nicht beigelegt werden kann, wird auf Antrag einer der an dem Streitfall beteiligten Parteien dem Internationalen Gerichtshof vorgelegt.

Art. 39 Unterzeichnung, Ratifikation und Beitritt. 1. Dieses Abkommen liegt in Genf am 28. Juli 1951 zur Unterzeichnung auf und wird nach
diesem Zeitpunkt beim Generalsekretär der Vereinten Nationen hinterlegt. Es
liegt vom 28. Juli bis 31. August 1951 im Europäischen Büro der Vereinten
Nationen zur Unterzeichnung auf, sodann erneut vom 17. September 1951
bis 31. Dezember 1952 am Sitz der Organisation der Vereinten Nationen.

2. Dieses Abkommen liegt zur Unterzeichnung durch alle Mitgliedstaaten
der Organisation der Vereinten Nationen, durch jeden Nicht-Mitgliedstaat,
der zur Konferenz der Bevollmächtigten über die Rechtsstellung der Flüchtlinge und Staatenlosen eingeladen war, sowie durch jeden anderen Staat auf,
den die Vollversammlung zur Unterzeichnung einlädt. Das Abkommen ist zu
ratifizieren; die Ratifikations-Urkunden sind beim Generalsekretär der Vereinten Nationen zu hinterlegen.

3. Die in Ziffer 2 dieses Artikels bezeichneten Staaten können diesem
Abkommen vom 28. Juli 1951 an beitreten. Der Beitritt erfolgt durch Hinterlegung einer Beitrittsurkunde beim Generalsekretär der Vereinten Nationen.

Art. 40 Klausel zur Anwendung auf andere Gebiete. 1. Jeder Staat
kann im Zeitpunkt der Unterzeichnung, der Ratifikation oder des Beitritts
erklären, daß sich die Geltung dieses Abkommens auf alle oder mehrere oder

eins der Gebiete erstreckt, die er in den internationalen Beziehungen vertritt. Eine solche Erklärung wird zu dem Zeitpunkt wirksam, an dem dieses Abkommen für den betreffenden Staat in Kraft tritt.

2. Eine Ausdehnung des Geltungsbereichs zu einem späteren Zeitpunkt erfolgt durch einen an den Generalsekretär der Vereinten Nationen zu richtende Mitteilung und wird am neunzigsten Tage nach dem Zeitpunkt wirksam, zu dem der Generalsekretär der Vereinten Nationen die Mitteilung erhalten hat, oder zu dem Zeitpunkt, an dem dieses Abkommen für den betreffenden Staat in Kraft tritt, wenn dieser letztgenannte Zeitpunkt später liegt.

3. Bei Gebieten, für die dieses Abkommen im Zeitpunkt der Unterzeichnung, Ratifikation oder des Beitritts nicht gilt, wird jeder beteiligte Staat die Möglichkeit prüfen, sobald wie möglich alle erforderlichen Maßnahmen zu ergreifen, um den Geltungsbereich dieses Abkommens auf diese Gebiete auszudehnen, gegebenenfalls unter dem Vorbehalt der Zustimmung der Regierungen dieser Gebiete, wenn eine solche aus verfassungsmäßigen Gründen erforderlich ist.

Art. 41 Klausel für Bundesstaaten. Im Falle eines Bundes- oder Nichteinheitsstaates werden nachstehende Bestimmungen Anwendung finden:

a) Soweit es sich um die Artikel dieses Abkommens handelt, für die der Bund die Gesetzgebung hat, werden die Verpflichtungen der Bundesregierung dieselben sein wie diejenigen der Unterzeichnerstaaten, die keine Bundesstaaten sind.

b) Soweit es sich um die Artikel dieses Abkommens handelt, für die die einzelnen Länder, Provinzen oder Kantone, die auf Grund der Bundesverfassung zur Ergreifung gesetzgeberischer Maßnahmen nicht verpflichtet sind, die Gesetzgebung haben, wird die Bundesregierung so bald wie möglich diese Artikel den zuständigen Stellen der Länder, Provinzen oder Kantone befürwortend zur Kenntnis bringen.

c) Ein Bundesstaat als Unterzeichner dieses Abkommens wird auf das ihm durch den Generalsekretär der Vereinten Nationen übermittelte Ersuchen eines anderen vertragschließenden Staates hinsichtlich einzelner Bestimmungen des Abkommens eine Darstellung der geltenden Gesetzgebung und ihrer Anwendung innerhalb des Bundes und seiner Glieder übermitteln, aus der hervorgeht, inwieweit diese Bestimmungen durch Gesetzgebung oder sonstige Maßnahmen wirksam geworden sind.

Art. 42 Vorbehalte. 1. Im Zeitpunkt der Unterzeichnung, der Ratifikation oder des Beitritts kann jeder Staat zu den Artikeln des Abkommens, mit Ausnahme der Artikel 1, 3, 4, 16 (1), 33, 36 bis 46 einschließlich, Vorbehalte machen.

2. Jeder vertragschließende Staat, der gemäß Ziffer 1 dieses Artikels einen Vorbehalt gemacht hat, kann ihn jederzeit durch eine diesbezügliche, an den Generalsekretär der Vereinten Nationen zu richtende Mitteilung zurücknehmen.

Art. 43 Inkrafttreten. 1. Dieses Abkommen tritt am neunzigsten Tage nach dem Zeitpunkt der Hinterlegung der sechsten Ratifikations- oder Beitrittsurkunde in Kraft.

2. Für jeden der Staaten, die das Abkommen nach Hinterlegung der sechsten Ratifikations- oder Beitrittsurkunde ratifizieren oder ihm beitreten, tritt es am neunzigsten Tage nach dem Zeitpunkt der Hinterlegung der Ratifikations- oder Beitrittsurkunde dieses Staates in Kraft.

Art. 44 Kündigung. 1. Jeder vertragschließende Staat kann das Abkommen jederzeit durch eine an den Generalsekretär der Vereinten Nationen zu richtende Mitteilung kündigen.

2. Die Kündigung wird für den betreffenden Staat ein Jahr nach dem Zeitpunkt wirksam, an dem sie beim Generalsekretär der Vereinten Nationen eingegangen ist.

3. Jeder Staat, der eine Erklärung oder Mitteilung gemäß Art. 40 gegeben hat, kann jederzeit später dem Generalsekretär der Vereinten Nationen mitteilen, daß das Abkommen auf in der Mitteilung bezeichnetes Gebiet nicht mehr Anwendung findet. Das Abkommen findet sodann ein Jahr nach dem Zeitpunkt, an dem diese Mitteilung beim Generalsekretär eingegangen ist, auf das in Betracht kommende Gebiet keine Anwendung mehr.

Art. 45 Revision. 1. Jeder vertragschließende Staat kann jederzeit mittels einer an den Generalsekretär der Vereinten Nationen zu richtende Mitteilung die Revision dieses Abkommens beantragen.

2. Die Vollversammlung der Vereinten Nationen empfiehlt die Maßnahmen, die gegebenenfalls in bezug auf diesen Antrag zu ergreifen sind.

Art. 46 Mitteilungen des Generalsekretärs der Vereinten Nationen. Der Generalsekretär der Vereinten Nationen macht allen Mitgliedstaaten der Vereinten Nationen und den im Artikel 39 bezeichneten Nicht-Mitgliedstaaten Mitteilung über:

a) Erklärungen und Mitteilungen gemäß Artikel 1, Abschnitt B;
b) Unterzeichnungen, Ratifikationen und Beitrittserklärungen gemäß Artikel 39;
c) Erklärungen und Anzeigen gemäß Artikel 40;
d) gemäß Artikel 42 erklärte oder zurückgenommene Vorbehalte;
e) den Zeitpunkt, an dem dieses Abkommen gemäß Artikel 43 in Kraft tritt;
f) Kündigungen und Mitteilungen gemäß Artikel 44;
g) Revisionsanträge gemäß Artikel 45.

Liste der Vertragsstaaten

des Abkommens vom 28. Juli 1951 und/oder des Protokolls vom 31. Januar 1967 über die Rechtsstellung der Flüchtlinge.
Die folgenden Staaten sind Vertragsstaaten der Konvention von 1951 und/oder des Protokolls von 1967. Staaten, die nur Vertragspartei der Konvention von 1951 sind, wurden mit (K) gekennzeichnet, jene, die nur dem Protokoll von 1967 beigetreten sind, mit (P).

I. Afrika
Ägypten
Äquatorialguinea
Äthiopien
Algerien
Angola
Benin
Botsuana
Burkina Faso
Burundi
Dschibuti
Elfenbeinküste
Gabun
Gambia
Ghana
Guinea
Guinea-Bissau
Kamerun
Kap Verde (P)
Kenia
Kongo
Lesotho
Liberia
Madagaskar (K)
Malawi
Mali
Marokko
Mauretanien
Mosambik (K)
Namibia
Niger
Nigeria
Ruanda
Sambia
Sao Tomé und
   Principe
Senegal
Seychellen
Sierra Leone
Simbabwe
Somalia

Südafrika
Sudan
Swasiland (P)
Tansania
Togo
Tschad
Tunesien
Uganda
Zaïre
Zentralafrikanische
   Republik

II. Amerika
Antigua und Barbuda
Argentinien
Bahamas
Belize
Bolivien
Brasilien
Chile
Costa Rica
Dominikanische
   Republik
Ecuador
El Salvador
Guatemala
Haiti
Honduras
Jamaika
Kanada
Kolumbien
Nicaragua
Panama
Paraguay
Peru
St. Vincent und die
   Grenadins
Surinam
Uruguay
USA (P)
Venezuela (P)

III. Asien
China (VR)
Iran
Israel
Japan
Jemen
Kambodscha
Korea
Philippinen
Tadschikistan

IV. Europa
Albanien
Armenien
Aserbeidschan
Belgien
Bosnien-Herzegowina
Bulgarien
Bundesrepublik
   Deutschland
Dänemark
Finnland
Frankreich
Griechenland
Irland
Island
Italien
Jugoslawien
Kroatien
Liechtenstein
Luxemburg
Malta*
Mazedonien
Monaco (K)*

Niederlande
Norwegen
Österreich
Polen
Portugal

Rumänien	Tschechische	**V. Australien/**
Rußland	Republik	**Ozeanien**
Schweden	Türkei*	Australien
Schweiz	Ungarn*	Fidschi
Slowakische	Vatikanstadt	Neuseeland
Republik	Vereinigtes	Papua-Neuguinea
Slowenien	Königreich	Salomonen
Spanien	Zypern	Samoa (K)
		Tuvalu

---

* Diese Staaten haben gemäß Artikel 1 B 1 der Konvention erklärt, daß sie unter „Ereignissen, die vor dem 1. Januar 1951" eingetreten sind, nur Ereignisse verstehen, „die vor dem 1. Januar in *Europa* eingetreten sind", d. h., daß sie *keine nichteuropäischen* Flüchtlinge als Konventionsflüchtlinge anerkennen/aufnehmen.

18. Asylbewerberleistungsgesetz
(AsylbLG)

in der Fassung der Bekanntmachung vom 5. August 1997
(BGBl. I S. 2022), geändert durch Gesetz vom 25. August 1998 (BGBl. I
S. 2505) und durch Verordnung vom 29. Oktober 2001 (BGBl. I S. 2785)

BGBl. III 2178-3

§ 1 Leistungsberechtigte. (1) Leistungsberechtigt nach diesem Gesetz sind
Ausländer, die sich tatsächlich im Bundesgebiet aufhalten und die

1. eine Aufenthaltsgestattung nach dem Asylverfahrensgesetz besitzen,

2. über einen Flughafen einreisen wollen und denen die Einreise nicht oder
   noch nicht gestattet ist,

3. wegen des Krieges in ihrem Heimatland eine Aufenthaltsbefugnis nach § 32
   oder 32 a des Ausländergesetzes besitzen,

4. eine Duldung nach § 55 des Ausländergesetzes besitzen,

5. vollziehbar ausreisepflichtig sind, auch wenn eine Abschiebungsandrohung
   noch nicht oder nicht mehr vollziehbar ist, oder

6. Ehegatten oder minderjährige Kinder der in den Nummern 1 bis 5 genannten Personen sind, ohne daß sie selbst die dort genannten Voraussetzungen erfüllen.

(2) Die in Absatz 1 bezeichneten Ausländer sind für die Zeit, für die ihnen
eine andere Aufenthaltsgenehmigung als die in Absatz 1 Nr. 3 bezeichneten
Aufenthaltsgenehmigungen mit einer Gesamtgeltungsdauer von mehr als sechs
Monaten erteilt worden ist, nicht nach diesem Gesetz leistungsberechtigt.

(3) Die Leistungsberechtigung endet mit der Ausreise oder mit Ablauf des
Monats, in dem

1. die Leistungsvoraussetzung entfällt oder

2. das Bundesamt für die Anerkennung ausländischer Flüchtlinge den Ausländer als Asylberechtigten anerkannt oder ein Gericht das Bundesamt zur
   Anerkennung verpflichtet hat, auch wenn die Entscheidung noch nicht unanfechtbar ist.

§ 1 a Anspruchseinschränkung. Leistungsberechtigte nach § 1 Abs. 1
Nr. 4 und 5 und ihre Familienangehörigen nach § 1 Abs. 1 Nr. 6,

1. die sich in den Geltungsbereich dieses Gesetzes begeben haben, um Leistungen nach diesem Gesetz zu erlangen, oder

2. bei denen aus von ihnen zu vertretenden Gründen aufenthaltsbeendende
   Maßnahmen nicht vollzogen werden können,

erhalten Leistungen nach diesem Gesetz nur, soweit dies im Einzelfall nach
den Umständen unabweisbar geboten ist.

§ 2 Leistungen in besonderen Fällen. (1) Abweichend von den §§ 3 bis 7
ist das Bundessozialhilfegesetz auf Leistungsberechtigte entsprechend anzu-

wenden, die über eine Dauer von insgesamt 36 Monaten, frühestens beginnend am 1. Juni 1997, Leistungen nach § 3 erhalten haben, wenn die Ausreise nicht erfolgen kann und aufenthaltsbeendende Maßnahmen nicht vollzogen werden können, weil humanitäre, rechtliche oder persönliche Gründe oder das öffentliche Interesse entgegenstehen.

(2) Bei der Unterbringung von Leistungsberechtigten nach Absatz 1 in einer Gemeinschaftsunterkunft bestimmt die zuständige Behörde die Form der Leistung auf Grund der örtlichen Umstände.

(3) Minderjährige Kinder, die mit ihren Eltern oder einem Elternteil in einer Haushaltsgemeinschaft leben, erhalten Leistungen nach Absatz 1 nur, wenn mindestens ein Elternteil in der Haushaltsgemeinschaft Leistungen nach Absatz 1 erhält.

§ 3 Grundleistungen. (1) [1]Der notwendige Bedarf an Ernährung, Unterkunft, Heizung, Kleidung, Gesundheits- und Körperpflege und Gebrauchs- und Verbrauchsgütern des Haushalts wird durch Sachleistungen gedeckt. [2]Kann Kleidung nicht geleistet werden, so kann sie in Form von Wertgutscheinen oder anderen vergleichbaren unbaren Abrechnungen gewährt werden. [3]Gebrauchsgüter des Haushalts können leihweise zur Verfügung gestellt werden. [4]Zusätzlich erhalten Leistungsberechtigte

1. bis zur Vollendung des 14. Lebensjahres 40 Deutsche Mark,

2. von Beginn des 15. Lebensjahres an 80 Deutsche Mark

monatlich als Geldbetrag zur Deckung persönlicher Bedürfnisse des täglichen Lebens. [5]Der Geldbetrag für in Abschiebungs- oder Untersuchungshaft genommene Leistungsberechtigte beträgt 70 vom Hundert des Geldbetrages nach Satz 4.

(2) [1]Bei einer Unterbringung außerhalb von Aufnahmeeinrichtungen im Sinne des § 44 des Asylverfahrensgesetzes können, soweit es nach den Umständen erforderlich ist, anstelle von vorrangig zu gewährenden Sachleistungen nach Absatz 1 Satz 1 Leistungen in Form von Wertgutscheinen, von anderen vergleichbaren unbaren Abrechnungen oder von Geldleistungen im gleichen Wert gewährt werden. [2]Der Wert beträgt

1. für den Haushaltsvorstand 360 Deutsche Mark.,

2. für Haushaltsangehörige bis zur Vollendung des 7. Lebensjahres 220 Deutsche Mark,

3. für Haushaltsangehörige von Beginn des 8. Lebensjahres an 310 Deutsche Mark

monatlich zuzüglich der notwendigen Kosten für Unterkunft, Heizung und Hausrat. [3]Absatz 1 Satz 3 und 4 findet Anwendung.

(3) [1]Das Bundesministerium für Arbeit und Sozialordnung setzt im Einvernehmen mit dem Bundesministerium des Innern und dem Bundesministerium der Finanzen durch Rechtsverordnung mit Zustimmung des Bundesrates die Beträge nach Absatz 1 Satz 4 und Absatz 2 Satz 2 jeweils zum 1. Januar eines Jahres neu fest, wenn und soweit dies unter Berücksichtigung der tatsächlichen Lebenshaltungskosten zur Deckung des in Absatz 1 genannten Bedarfs erforderlich ist. [2]Für die Jahre 1994 bis 1996 darf die Erhöhung der Beträge nicht den Vom-Hundert-Satz übersteigen, um den in diesem Zeitraum die Regelsätze gemäß § 22 Abs. 4 des Bundessozialhilfegesetzes erhöht werden.

(4) Leistungen in Geld oder Geldeswert sollen dem Leistungsberechtigten oder einem volljährigen berechtigten Mitglied des Haushalts persönlich ausgehändigt werden.

§ 4 Leistungen bei Krankheit, Schwangerschaft und Geburt.

(1) [1]Zur Behandlung akuter Erkrankungen und Schmerzzustände sind die erforderliche ärztliche und zahnärztliche Behandlung einschließlich der Versorgung mit Arznei- und Verbandmitteln sowie sonstiger zur Genesung, zur Besserung oder zur Linderung von Krankheiten oder Krankheitsfolgen erforderlichen Leistungen zu gewähren. [2]Eine Versorgung mit Zahnersatz erfolgt nur, soweit dies im Einzelfall aus medizinischen Gründen unaufschiebbar ist.

(2) Werdenden Müttern und Wöchnerinnen sind ärztliche und pflegerische Hilfe und Betreuung, Hebammenhilfe, Arznei-, Verband- und Heilmittel zu gewähren.

(3) [1]Die zuständige Behörde stellt die ärztliche und zahnärztliche Versorgung einschließlich der amtlich empfohlenen Schutzimpfungen und medizinisch gebotenen Vorsorgeuntersuchungen sicher. [2]Soweit die Leistungen durch niedergelassene Ärzte oder Zahnärzte erfolgen, richtet sich die Vergütung nach den am Ort der Niederlassung des Arztes oder Zahnarztes geltenden Verträgen nach § 72 Abs. 2 des Fünften Buches Sozialgesetzbuch. [3]Die zuständige Behörde bestimmt, welcher Vertrag Anwendung findet.

§ 5 Arbeitsgelegenheiten.

(1) [1]In Aufnahmeeinrichtungen im Sinne des § 44 des Asylverfahrensgesetzes und in vergleichbaren Einrichtungen sollen Arbeitsgelegenheiten insbesondere zur Aufrechterhaltung und Betreibung der Einrichtung zur Verfügung gestellt werden; von der Bereitstellung dieser Arbeitsgelegenheiten unberührt bleibt die Verpflichtung der Leistungsberechtigten, Tätigkeiten der Selbstversorgung zu erledigen. [2]Im übrigen sollen soweit wie möglich Arbeitsgelegenheiten bei staatlichen, bei kommunalen und bei gemeinnützigen Trägern zur Verfügung gestellt werden, sofern die zu leistende Arbeit sonst nicht, nicht in diesem Umfang oder nicht zu diesem Zeitpunkt verrichtet werden würde.

(2) Für die zu leistende Arbeit nach Absatz 1 Satz 1 erster Halbsatz und Absatz 1 Satz 2 wird eine Aufwandsentschädigung von 2 Deutsche Mark je Stunde ausgezahlt.

(3) Die Arbeitsgelegenheit ist zeitlich und räumlich so auszugestalten, daß sie auf zumutbare Weise und zumindest stundenweise ausgeübt werden kann.

(4) [1]Arbeitsfähige, nicht erwerbstätige Leistungsberechtigte, die nicht mehr im schulpflichtigen Alter sind, sind zur Wahrnehmung einer zur Verfügung gestellten Arbeitsgelegenheit verpflichtet. [2]Bei unbegründeter Ablehnung einer solchen Tätigkeit besteht kein Anspruch auf Leistungen nach diesem Gesetz. [3]Der Leistungsberechtigte ist vorher entsprechend zu belehren.

(5) [1]Ein Arbeitsverhältnis im Sinne des Arbeitsrechts und ein Beschäftigungsverhältnis im Sinne der gesetzlichen Kranken- und Rentenversicherung werden nicht begründet. [2]§ 61 Abs. 1 des Asylverfahrensgesetzes sowie asyl- und ausländerrechtliche Auflagen über das Verbot und die Beschränkung einer Erwerbstätigkeit stehen einer Tätigkeit nach den Absätzen 1 bis 4 nicht entgegen. [3]Die Vorschriften über den Arbeitsschutz sowie die Grundsätze der Beschränkung der Arbeitnehmerhaftung finden entsprechende Anwendung.

§ 6 Sonstige Leistungen. [1] Sonstige Leistungen können insbesondere gewährt werden, wenn sie im Einzelfall zur Sicherung des Lebensunterhalts oder der Gesundheit unerläßlich, zur Deckung besonderer Bedürfnisse von Kindern geboten oder zur Erfüllung einer verwaltungsrechtlichen Mitwirkungspflicht erforderlich sind. [2] Die Leistungen sind als Sachleistungen, bei Vorliegen besonderer Umstände als Geldleistung zu gewähren.

§ 7 Einkommen und Vermögen. (1) [1] Einkommen und Vermögen, über das verfügt werden kann, sind von dem Leistungsberechtigten und seinen Familienangehörigen, die im selben Haushalt leben, vor Eintritt von Leistungen nach diesem Gesetz aufzubrauchen. [2] § 122 des Bundessozialhilfegesetzes findet entsprechende Anwendung. [3] Bei der Unterbringung in einer Einrichtung, in der Sachleistungen gewährt werden, haben Leistungsberechtigte, soweit Einkommen und Vermögen im Sinne des Satzes 1 vorhanden sind, für erhaltene Leistungen dem Kostenträger für sich und ihre Familienangehörigen die Kosten in entsprechender Höhe der in § 3 Abs. 2 Satz 2 genannten Leistungen sowie die Kosten der Unterkunft und Heizung zu erstatten; für die Kosten der Unterkunft und Heizung können die Länder Pauschalbeträge festsetzen oder die zuständige Behörde dazu ermächtigen.

(2) [1] Einkommen aus Erwerbstätigkeit bleiben bei Anwendung des Absatzes 1 in Höhe von 25 vom Hundert außer Betracht, höchstens jedoch in Höhe von 60 vom Hundert des maßgeblichen Betrages aus § 3 Abs. 1 und 2. [2] Eine Aufwandsentschädigung nach § 5 Abs. 2 gilt nicht als Einkommen.

(3) Hat ein Leistungsberechtigter einen Anspruch gegen einen anderen, so kann die zuständige Behörde den Anspruch in entsprechender Anwendung des § 90 des Bundessozialhilfegesetzes auf sich überleiten.

(4) Die §§ 60 bis 67 des Ersten Buches Sozialgesetzbuch über die Mitwirkung des Leistungsberechtigten sowie § 99 des Zehnten Buches Sozialgesetzbuch über die Auskunftspflicht von Angehörigen, Unterhaltspflichtigen oder sonstigen Personen sind entsprechend anzuwenden.

§ 7a Sicherheitsleistung. [1] Von Leistungsberechtigten kann wegen der ihnen und ihren Familienangehörigen zu gewährenden Leistungen nach diesem Gesetz Sicherheit verlangt werden, soweit Vermögen im Sinne von § 7 Abs. 1 Satz 1 vorhanden ist. [2] Die Anordnung der Sicherheitsleistung kann ohne vorherige Vollstreckungsandrohung im Wege des unmittelbaren Zwangs erfolgen.

§ 8 Leistungen bei Verpflichtung Dritter. (1) [1] Leistungen nach diesem Gesetz werden nicht gewährt, soweit der erforderliche Lebensunterhalt anderweitig, insbesondere auf Grund einer Verpflichtung nach § 84 Abs. 1 Satz 1 des Ausländergesetzes gedeckt wird. [2] Besteht eine Verpflichtung nach § 84 Abs. 1 Satz 1 des Ausländergesetzes, übernimmt die zuständige Behörde die Kosten für Leistungen im Krankheitsfall, bei Behinderung und bei Pflegebedürftigkeit, soweit dies durch Landesrecht vorgesehen ist.

(2) Personen, die sechs Monate oder länger eine Verpflichtung nach § 84 Abs. 1 Satz 1 des Ausländergesetzes gegenüber einer in § 1 Abs. 1 genannten Person erfüllt haben, kann ein monatlicher Zuschuß bis zum Doppelten des Betrages nach § 3 Abs. 1 Satz 4 gewährt werden, wenn außergewöhnliche

Umstände in der Person des Verpflichteten den Einsatz öffentlicher Mittel rechtfertigen.

§ 8a Meldepflicht. Leistungsberechtigte, die eine unselbständige oder selbständige Erwerbstätigkeit aufnehmen, haben dies spätestens am dritten Tag nach Aufnahme der Erwerbstätigkeit der zuständigen Behörde zu melden.

§ 9 Verhältnis zu anderen Vorschriften. (1) Leistungsberechtigte erhalten keine Leistungen nach dem Bundessozialhilfegesetz oder vergleichbaren Landesgesetzen.

(2) Leistungen anderer, besonders Unterhaltspflichtiger, der Träger von Sozialleistungen oder der Länder im Rahmen ihrer Pflicht nach § 44 Abs. 1 des Asylverfahrensgesetzes werden durch dieses Gesetz nicht berührt.

(3) Die §§ 44 bis 50 sowie §§ 102 bis 114 des Zehnten Buches Sozialgesetzbuch über Erstattungsansprüche der Leistungsträger untereinander sind entsprechend anzuwenden.

(4) § 117 des Bundessozialhilfegesetzes und die auf Grund dieser Vorschrift erlassenen Rechtsverordnungen sind entsprechend anzuwenden.

§ 10 Bestimmungen durch Landesregierungen. [1] Die Landesregierungen oder die von ihnen beauftragten obersten Landesbehörden bestimmen die für die Durchführung dieses Gesetzes zuständigen Behörden und Kostenträger und können Näheres zum Verfahren festlegen, soweit dies nicht durch Landesgesetz geregelt ist. [2] Die bestimmten zuständigen Behörden und Kostenträger können auf Grund näherer Bestimmung gemäß Satz 1 Aufgaben und Kostenträgerschaft auf andere Behörden übertragen.

§ 10a Örtliche Zuständigkeit. (1) [1] Für die Leistungen nach diesem Gesetz örtlich zuständig ist die nach § 10 bestimmte Behörde, in deren Bereich der Leistungsberechtigte auf Grund der Entscheidung der vom Bundesministerium des Innern bestimmten zentralen Verteilungsstelle verteilt oder von der im Land zuständigen Behörde zugewiesen worden ist. [2] Im übrigen ist die Behörde zuständig, in deren Bereich sich der Leistungsberechtigte tatsächlich aufhält. [3] Diese Zuständigkeit bleibt bis zur Beendigung der Leistung auch dann bestehen, wenn die Leistung von der zuständigen Behörde außerhalb ihres Bereichs sichergestellt wird.

(2) [1] Für die Leistungen in Einrichtungen, die der Krankenbehandlung oder anderen Maßnahmen nach diesem Gesetz dienen, ist die Behörde örtlich zuständig, in deren Bereich der Leistungsberechtigte seinen gewöhnlichen Aufenthalt im Zeitpunkt der Aufnahme hat oder in den zwei Monaten vor der Aufnahme zuletzt gehabt hat. [2] War bei Einsetzen der Leistung der Leistungsberechtigte aus einer Einrichtung im Sinne des Satzes 1 in eine andere Einrichtung oder von dort in weitere Einrichtungen übergetreten oder tritt nach Leistungsbeginn ein solcher Fall ein, ist der gewöhnliche Aufenthalt, der für die erste Einrichtung maßgebend war, entscheidend. [3] Steht nicht spätestens innerhalb von vier Wochen fest, ob und wo der gewöhnliche Aufenthalt nach den Sätzen 1 und 2 begründet worden ist, oder liegt ein Eilfall vor, hat die nach Absatz 1 zuständige Behörde über die Leistung unverzüglich zu entscheiden und vorläufig einzutreten. [4] Die Sätze 1 bis 3 gelten auch für Lei-

stungen an Personen, die sich in Einrichtungen zum Vollzug richterlich angeordneter Freiheitsentziehung aufhalten oder aufgehalten haben.

(3) [1]Als gewöhnlicher Aufenthalt im Sinne dieses Gesetzes gilt der Ort, an dem sich jemand unter Umständen aufhält, die erkennen lassen, daß er an diesem Ort oder in diesem Gebiet nicht nur vorübergehend verweilt. [2]Als gewöhnlicher Aufenthalt ist auch von Beginn an ein zeitlich zusammenhängender Aufenthalt von mindestens sechs Monaten Dauer anzusehen; kurzfristige Unterbrechungen bleiben unberücksichtigt. [3]Satz 2 gilt nicht, wenn der Aufenthalt ausschließlich zum Zweck des Besuchs, der Erholung, der Kur oder ähnlichen privaten Zwecken erfolgt und nicht länger als ein Jahr dauert. [4]Ist jemand nach Absatz 1 Satz 1 verteilt oder zugewiesen worden, so gilt dieser Bereich als sein gewöhnlicher Aufenthalt. [5]Für ein neugeborenes Kind ist der gewöhnliche Aufenthalt der Mutter maßgeblich.

§ 10b Kostenerstattung zwischen den Leistungsträgern. (1) Die nach § 10a Abs. 2 Satz 1 zuständige Behörde hat der Behörde, die nach § 10a Abs. 2 Satz 3 die Leistung zu erbringen hat, die aufgewendeten Kosten zu erstatten.

(2) Verläßt in den Fällen des § 10a Abs. 2 der Leistungsberechtigte die Einrichtung und bedarf er im Bereich der Behörde, in dem die Einrichtung liegt, innerhalb von einem Monat danach einer Leistung nach diesem Gesetz, sind dieser Behörde die aufgewendeten Kosten von der Behörde zu erstatten, in deren Bereich der Leistungsberechtigte seinen gewöhnlichen Aufenthalt im Sinne des § 10a Abs. 2 Satz 1 hatte.

(3) [1]Verzieht ein Leistungsberechtigter ohne Verstoß gegen eine asyl- oder ausländerrechtliche räumliche Beschränkung vom Ort seines bisherigen gewöhnlichen Aufenthalts, ist die Behörde des bisherigen Aufenthaltsortes verpflichtet, der nunmehr zuständigen Behörde die dort erforderlichen Leistungen außerhalb von Einrichtungen im Sinne des § 10a Abs. 2 Satz 1 zu erstatten, wenn der Leistungsberechtigte innerhalb eines Monats nach dem Aufenthaltswechsel dieser Leistungen bedarf. [2]Die Erstattungspflicht endet spätestens nach Ablauf eines Jahres seit dem Aufenthaltswechsel.

§ 11 Ergänzende Bestimmungen. (1) Im Rahmen von Leistungen nach diesem Gesetz ist auf die Leistungen bestehender Rückführungs- und Weiterwanderungsprogramme, die Leistungsberechtigten gewährt werden können, hinzuweisen; in geeigneten Fällen ist auf eine Inanspruchnahme solcher Programme hinzuwirken.

(2) Leistungsberechtigten darf in den Teilen der Bundesrepublik Deutschland, in denen sie sich einer asyl- oder ausländerrechtlichen räumlichen Beschränkung zuwider aufhalten, die für den tatsächlichen Aufenthaltsort zuständige Behörde nur die nach den Umständen unabweisbar gebotene Hilfe leisten.

(3) [1]Die zuständige Behörde überprüft die Personen, die Leistungen nach diesem Gesetz beziehen, auf Übereinstimmung der ihr vorliegenden Daten mit den der Ausländerbehörde über diese Personen vorliegenden Daten. [2]Sie darf für die Überprüfung nach Satz 1 Name, Vorname (Rufname), Geburtsdatum, Geburtsort, Staatsangehörigkeiten, Geschlecht, Familienstand, Anschrift, Aufenthaltsstatus und Aufenthaltszeiten dieser Personen sowie die für

diese Personen eingegangenen Verpflichtungen nach § 84 des Ausländergesetzes der zuständigen Ausländerbehörde übermitteln. [3] Die Ausländerbehörde führt den Abgleich mit den nach Satz 2 übermittelten Daten durch und übermittelt der zuständigen Behörde die Ergebnisse des Abgleichs. [4] Die Ausländerbehörde übermittelt der zuständigen Behörde ferner Änderungen der in Satz 2 genannten Daten. [5] Die Überprüfungen können auch regelmäßig im Wege des automatisierten Datenabgleichs durchgeführt werden.

§ 12 Asylbewerberleistungsstatistik. (1) Zur Beurteilung der Auswirkungen dieses Gesetzes und zu seiner Fortentwicklung werden Erhebungen über

1. die Empfänger

a) von Leistungen in besonderen Fällen (§ 2),
b) von Grundleistungen (§ 3),
c) von ausschließlich anderen Leistungen (§§ 4 bis 6) und
d) von Zuschüssen (§ 8 Abs. 2),

2. die Ausgaben und Einnahmen nach diesem Gesetz

als Bundesstatistik durchgeführt.

(2) Erhebungsmerkmale sind

1. bei den Erhebungen nach Absatz 1 Nr. 1 Buchstabe a und b

a) für jeden Leistungsempfänger:
Geschlecht; Geburtsmonat und -jahr; Staatsangehörigkeit; aufenthaltsrechtlicher Status; Stellung zum Haushaltsvorstand;
b) für Leistungsempfänger nach § 2 zusätzlich:
Art und Form der Leistungen;
c) für Leistungsempfänger nach § 3 zusätzlich:
Form der Grundleistung;
d) für Haushalte und für einzelne Leistungsempfänger:
Wohngemeinde und Gemeindeteil; Art des Trägers; Art der Unterbringung; Beginn der Leistungsgewährung nach Monat und Jahr; Art und Höhe des eingesetzten Einkommens und Vermögens;
e) bei Beginn der Leistungsgewährung zusätzlich zu den unter den Buchstaben a bis d genannten Merkmalen:
vorangegangene Leistung durch eine andere für die Durchführung dieses Gesetzes zuständige Stelle;
f) bei Beendigung der Leistungsgewährung zusätzlich zu den unter den Buchstaben a bis d genannten Merkmalen:
Monat und Jahr der Beendigung der Leistungsgewährung; Grund der Einstellung der Leistungen; Beteiligung am Erwerbsleben;
g) bei Erhebungen zum Jahresende zusätzlich zu den unter den Buchstaben a bis d genannten Merkmalen:
Art und Form anderer Leistungen nach diesem Gesetz im Laufe und am Ende des Berichtsjahres; Beteiligung am Erwerbsleben;

2. bei den Erhebungen nach Absatz 1 Nr. 1 Buchstabe c für jeden Leistungsempfänger:
Geschlecht; Geburtsmonat und -jahr; Staatsangehörigkeit; aufenthaltsrechtlicher Status; Art und Form der Leistung im Laufe und am Ende des Berichtsjahres; Stellung zum Haushaltsvorstand; Wohngemeinde und Gemeindeteil; Art des Trägers; Art der Unterbringung;

2a. bei den Erhebungen nach Absatz 1 Nr. 1 Buchstabe d für jeden Leistungsempfänger:
Höhe des Zuschusses am Jahresende;

3. bei der Erhebung nach Absatz 1 Nr. 2:
Art des Trägers; Ausgaben nach Art und Form der Leistungen sowie Unterbringungsform; Einnahmen nach Einnahmearten und Unterbringungsform.

(3) [1] Hilfsmerkmale sind

1. Name und Anschrift des Auskunftspflichtigen,

2. für die Erhebungen nach Absatz 2 Nr. 1 die Kenn-Nummern der Leistungsempfänger,

3. Name und Telefonnummer der für eventuelle Rückfragen zur Verfügung stehenden Person.

[2] Die Kenn-Nummern nach Satz 1 Nr. 2 dienen der Prüfung der Richtigkeit der Statistik und der Fortschreibung der jeweils letzten Bestandserhebung. [3] Sie enthalten keine Angaben über persönliche und sachliche Verhältnisse der Leistungsempfänger und sind zum frühestmöglichen Zeitpunkt, spätestens nach Abschluß der wiederkehrenden Bestandserhebung zu löschen.

(4) [1] Die Erhebungen nach Absatz 2 sind jährlich, erstmalig für das Jahr 1994, durchzuführen. [2] Die Angaben für die Erhebung

a) nach Absatz 2 Nr. 1 Buchstabe a bis d und g (Bestandserhebung) sind zum 31. Dezember, im Jahr 1994 zusätzlich zum 1. Januar,

b) nach Absatz 2 Nr. 1 Buchstabe a bis e sind bei Beginn der Leistungsgewährung,

c) nach Absatz 2 Nr. 1 Buchstabe a bis d und f sind bei Beendigung der Leistungsgewährung,

d) nach Absatz 2 Nr. 2 und 3 sind für das abgelaufene Kalenderjahr

zu erteilen. [3] Mit den Erhebungsmerkmalen nach Absatz 2 Nr. 1 erfolgt vierteljährlich eine Fortschreibung der Bestandszahlen.

(5) [1] Für die Erhebungen besteht Auskunftspflicht. Die Angaben nach Absatz 3 Satz 1 Nr. 3 sowie zum Gemeindeteil nach Absatz 2 Nr. 1 Buchstabe d und Absatz 2 Nr. 2 sind freiwillig. [2] Auskunftspflichtig sind die für die Durchführung dieses Gesetzes zuständigen Stellen.

(6) Die Ergebnisse der Asylbewerberleistungsstatistik dürfen auf die einzelne Gemeinde bezogen veröffentlicht werden.

§ 13 Bußgeldvorschrift. (1) Ordnungswidrig handelt, wer vorsätzlich oder fahrlässig entgegen § 8a eine Meldung nicht, nicht richtig, nicht vollständig oder nicht rechtzeitig erstattet.

(2) Die Ordnungswidrigkeit kann mit einer Geldbuße bis zu zehntausend Deutsche Mark geahndet werden.

19. Grundgesetz für die Bundesrepublik Deutschland

Vom 23. Mai 1949 (BGBl. S. 1)

Zuletzt geändert durch Gesetz vom 26. 11. 2001 (BGBl. I S. 3219)

BGBl. III 100-1

– Auszug –

Art. 1 [Schutz der Menschenwürde] (1) [1]Die Würde des Menschen ist unantastbar. [2]Sie zu achten und zu schützen ist Verpflichtung aller staatlichen Gewalt.

(2) Das deutsche Volk bekennt sich darum zu unverletzlichen und unveräußerlichen Menschenrechten als Grundlage jeder menschlichen Gemeinschaft, des Friedens und der Gerechtigkeit in der Welt.

(3) Die nachfolgenden Grundrechte binden Gesetzgebung, vollziehende Gewalt und Rechtsprechung als unmittelbar geltendes Recht.

Art. 2 [Freiheitsrechte] (1) Jeder hat das Recht auf die freie Entfaltung seiner Persönlichkeit, soweit er nicht die Rechte anderer verletzt und nicht gegen die verfassungsmäßige Ordnung oder das Sittengesetz verstößt.

(2)[1] [1]Jeder hat das Recht auf Leben und körperliche Unversehrtheit. [2]Die Freiheit der Person ist unverletzlich. [3]In diese Rechte darf nur auf Grund eines Gesetzes eingegriffen werden.

Art. 3 [Gleichheit vor dem Gesetz] (1) Alle Menschen sind vor dem Gesetz gleich.

(2) [1]Männer und Frauen sind gleichberechtigt. [2]Der Staat fördert die tatsächliche Durchsetzung der Gleichberechtigung von Frauen und Männern und wirkt auf die Beseitigung bestehender Nachteile hin.

(3) [1]Niemand darf wegen seines Geschlechtes, seiner Abstammung, seiner Rasse, seiner Sprache, seiner Heimat und Herkunft, seines Glaubens, seiner religiösen oder politischen Anschauungen benachteiligt oder bevorzugt werden. [2]Niemand darf wegen seiner Behinderung benachteiligt werden.

Art. 6 [Ehe, Familie, nichteheliche Kinder] (1) Ehe und Familie stehen unter dem besonderen Schutze der staatlichen Ordnung.

(2) [1]Pflege und Erziehung der Kinder sind das natürliche Recht der Eltern und die zuvörderst ihnen obliegende Pflicht. [2]Über ihre Betätigung wacht die staatliche Gemeinschaft.

(3) Gegen den Willen der Erziehungsberechtigten dürfen Kinder nur auf Grund eines Gesetzes von der Familie getrennt werden, wenn die Erzie-

---

[1] Beachte § 103 Abs. 1 des Ausländergesetzes (Nr. 1): Die Grundrechte der körperlichen Unversehrtheit (Art. 2 Abs. 2 Satz 1 Grundgesetz) und der Freiheit der Person (Art. 2 Abs. 2 Satz 2 Grundgesetz) werden nach Maßgabe dieses Gesetzes eingeschränkt.

hungsberechtigten versagen oder wenn die Kinder aus anderen Gründen zu verwahrlosen drohen.

(4) Jede Mutter hat Anspruch auf den Schutz und die Fürsorge der Gemeinschaft.

(5) Den unehelichen Kindern sind durch die Gesetzgebung die gleichen Bedingungen für ihre leibliche und seelische Entwicklung und ihre Stellung in der Gesellschaft zu schaffen wie den ehelichen Kindern.

Art. 8 [Versammlungsfreiheit] (1) Alle Deutschen haben das Recht, sich ohne Anmeldung oder Erlaubnis friedlich und ohne Waffen zu versammeln.

(2) Für Versammlungen unter freiem Himmel kann dieses Recht durch Gesetz oder auf Grund eines Gesetzes beschränkt werden.

Art. 9 [Vereinigungsfreiheit] (1) Alle Deutschen haben das Recht, Vereine und Gesellschaften zu bilden.

(2) Vereinigungen, deren Zwecke oder deren Tätigkeit den Strafgesetzen zuwiderlaufen oder die sich gegen die verfassungsmäßige Ordnung oder gegen den Gedanken der Völkerverständigung richten, sind verboten.

(3) [1]Das Recht, zur Wahrung und Förderung der Arbeits- und Wirtschaftsbedingungen Vereinigungen zu bilden, ist für jedermann und für alle Berufe gewährleistet. [2]Abreden, die dieses Recht einschränken oder zu behindern suchen, sind nichtig, hierauf gerichtete Maßnahmen sind rechtswidrig. [3]Maßnahmen nach den Artikeln 12a, 35 Abs. 2 und 3, Artikel 87a Abs. 4 und Artikel 91 dürfen sich nicht gegen Arbeitskämpfe richten, die zur Wahrung und Förderung der Arbeits- und Wirtschaftsbedingungen von Vereinigungen im Sinne des Satzes 1 geführt werden.

Art. 11 [Freizügigkeit] (1) Alle Deutschen genießen Freizügigkeit im ganzen Bundesgebiet.

(2) Dieses Recht darf nur durch Gesetz oder auf Grund eines Gesetzes und nur für die Fälle eingeschränkt werden, in denen eine ausreichende Lebensgrundlage nicht vorhanden ist und der Allgemeinheit daraus besondere Lasten entstehen würden oder in denen es zur Abwehr einer drohenden Gefahr für den Bestand oder die freiheitliche demokratische Grundordnung des Bundes oder eines Landes, zur Bekämpfung von Seuchengefahr, Naturkatastrophen oder besonders schweren Unglücksfällen, zum Schutze der Jugend vor Verwahrlosung oder um strafbaren Handlungen vorzubeugen, erforderlich ist.

Art. 12 [Berufsfreiheit] (1) [1]Alle Deutschen haben das Recht, Beruf, Arbeitsplatz und Ausbildungsstätte frei zu wählen. [2]Die Berufsausübung kann durch Gesetz oder auf Grund eines Gesetzes geregelt werden.

(2) Niemand darf zu einer bestimmten Arbeit gezwungen werden, außer im Rahmen einer herkömmlichen allgemeinen, für alle gleichen öffentlichen Dienstleistungspflicht.

(3) Zwangsarbeit ist nur bei einer gerichtlich angeordneten Freiheitsentziehung zulässig.

Art. 16 [Ausbürgerung, Auslieferung, Asylrecht] (1) [1]Die deutsche Staatsangehörigkeit darf nicht entzogen werden. [2]Der Verlust der Staatsangehörigkeit darf nur auf Grund eines Gesetzes und gegen den Willen des Betroffenen nur dann eintreten, wenn der Betroffene dadurch nicht staatenlos wird.

(2) [1]Kein Deutscher darf an das Ausland ausgeliefert werden. [2]Durch Gesetz kann eine abweichende Regelung für Auslieferungen an einen Mitgliedstaat der Europäischen Union oder an einen internationalen Gerichtshof getroffen werden, soweit rechtsstaatliche Grundsätze gewahrt sind.

Art. 16a [Asylrecht] (1) Politisch Verfolgte genießen Asylrecht.

(2) [1]Auf Absatz 1 kann sich nicht berufen, wer aus einem Mitgliedstaat der Europäischen Gemeinschaften oder aus einem anderen Drittstaat einreist, in dem die Anwendung des Abkommens über die Rechtsstellung der Flüchtlinge und der Konvention zum Schutze der Menschenrechte und Grundfreiheiten sichergestellt ist. [2]Die Staaten außerhalb der Europäischen Gemeinschaften, auf die die Voraussetzungen des Satzes 1 zutreffen, werden durch Gesetz, das der Zustimmung des Bundesrates bedarf, bestimmt. [3]In den Fällen des Satzes 1 können aufenthaltsbeendende Maßnahmen unabhängig von einem hiergegen eingelegten Rechtsbehelf vollzogen werden.

(3) [1]Durch Gesetz, das der Zustimmung des Bundesrates bedarf, können Staaten bestimmt werden, bei denen auf Grund der Rechtslage, der Rechtsanwendung und der allgemeinen politischen Verhältnisse gewährleistet erscheint, daß dort weder politische Verfolgung noch unmenschliche oder erniedrigende Bestrafung oder Behandlung stattfindet. [2]Es wird vermutet, daß ein Ausländer aus einem solchen Staat nicht verfolgt wird, solange er nicht Tatsachen vorträgt, die die Annahme begründen, daß er entgegen dieser Vermutung politisch verfolgt wird.

(4) [1]Die Vollziehung aufenthaltsbeendender Maßnahmen wird in den Fällen des Absatzes 3 und in anderen Fällen, die offensichtlich unbegründet sind oder als offensichtlich unbegründet gelten, durch das Gericht nur ausgesetzt, wenn ernstliche Zweifel an der Rechtmäßigkeit der Maßnahme bestehen; der Prüfungsumfang kann eingeschränkt werden und verspätetes Vorbringen unberücksichtigt bleiben. [2]Das Nähere ist durch Gesetz zu bestimmen.

(5) Die Absätze 1 bis 4 stehen völkerrechtlichen Verträgen von Mitgliedstaaten der Europäischen Gemeinschaften untereinander und mit dritten Staaten nicht entgegen, die unter Beachtung der Verpflichtungen aus dem Abkommen über die Rechtsstellung der Flüchtlinge und der Konvention zum Schutze der Menschenrechte und Grundfreiheiten, deren Anwendung in den Vertragsstaaten sichergestellt sein muß, Zuständigkeitsregelungen für die Prüfung von Asylbegehren einschließlich der gegenseitigen Anerkennung von Asylentscheidungen treffen.

Art. 116 [Begriff „Deutscher"; Wiedereinbürgerung] (1) Deutscher im Sinne dieses Grundgesetzes ist vorbehaltlich anderweitiger gesetzlicher Regelung, wer die deutsche Staatsangehörigkeit besitzt oder als Flüchtling oder Vertriebener deutscher Volkszugehörigkeit oder als dessen Ehegatte oder Abkömmling in dem Gebiete des Deutschen Reiches nach dem Stande vom 31. Dezember 1937 Aufnahme gefunden hat.

(2) [1]Frühere deutsche Staatsangehörige, denen zwischen dem 30. Januar 1933 und dem 8. Mai 1945 die Staatsangehörigkeit aus politischen, rassischen oder religiösen Gründen entzogen worden ist, und ihre Abkömmlinge sind

auf Antrag wieder einzubürgern. [2] Sie gelten als nicht ausgebürgert, sofern sie nach dem 8. Mai 1945 ihren Wohnsitz in Deutschland genommen haben und nicht einen entgegengesetzten Willen zum Ausdruck gebracht haben.

20. Staatsangehörigkeitsgesetz (StAG)

Vom 22. Juli 1913

(RGBl. S. 583), in der im BGBl. III, Gliederungsnummer 102-1, veröffentlichten bereinigten Fassung, geänd. durch G v. 8. 9. 1969 (BGBl. I S. 1581), Art. 1 KostenermächtigungsÄndG v. 23. 6. 1970 (BGBl. I S. 805), Beschl. des BVerfG v. 21. 5. 1974 (BGBl. I S. 1933), RustAÄndG 1974 v. 20. 12. 1974 (BGBl. I S. 3714), Art. 1 ZuständigkeitslockerungsG v. 10. 3. 1975 (BGBl. I S. 685), Art. 9 AdoptionsG v. 2. 7. 1976 (BGBl. I S. 1749), Art. 4 G zur Verminderung der Staatenlosigkeit v. 29. 6. 1977 (BGBl. I S. 1101), Art. 9 § 2 G zur Neuregelung des Rechts der elterlichen Sorge v. 18. 7. 1979 (BGBl. I S. 1061), Art. 6 G zur Neuregelung des Internat. Privatrechts v. 25. 7. 1986 (BGBl. I S. 1142), Art. 4 G zur Änd. asylverfahrensrechtl., ausländer- und staatsangehörigkeitsrechtl. Vorschriften v. 30. 6. 1993 (BGBl. I S. 1062) und Art. 2 JustizmitteilungsG und G zur Änd. kostenrechtl. Vorschriften u. a. Gesetze (JuMiG) v. 18. 6. 1997 (BGBl. I S. 1430), Art. 5 § 1 G zur Abschaffung der gesetzl. Amtspflegschaft und Neuordnung des Rechts der Beistandschaft (BeistandschaftsG) v. 4. 12. 1997 (BGBl. I S. 2846), Art. 2 KindschaftsrechtsreformG (KindRG) v. 16. 12. 1997 (BGBl. I S. 2942), Art. 1 G zur Reform des Staatsangehörigkeitsrechts v. 15. 7. 1999 (BGBl. I S. 1618)[*], Art. 3 § 1 G zur Beendigung der Diskriminierung gleichgeschlechtlicher Gemeinschaften: Lebenspartnerschaften vom 16. 2. 2001 (BGBl. I S. 266) und Art. 18 G zur Umstellung von Vorschriften des Dienst-, allgemeinen Verwaltungs-, Sicherheits-, Ausländer- und Staatsangehörigkeitsrechts auf Euro vom 3. 12. 2001 (BGBl. I S. 3306)

BGBl. III/FNA 102-1

– Auszug –

Erster Abschnitt. Allgemeine Vorschriften

§ 1 [„Deutscher"] Deutscher ist, wer die ... unmittelbare *Reichs*angehörigkeit ... besitzt.

§ 2. *(gegenstandslos)*

Zweiter Abschnitt.

§ 3 [Erwerb der Staatsangehörigkeit] Die Staatsangehörigkeit ... wird erworben

1. durch Geburt (§ 4),

2. durch Erklärung nach § 5,

3. durch Annahme als Kind (§ 6),

4. durch Ausstellung der Bescheinigung gemäß § 15 Abs. 1 oder 2 des Bundesvertriebenengesetzes (§ 7),

4 a. durch Überleitung als Deutscher ohne deutsche Staatsangehörigkeit im Sinne des Artikels 116 Abs. 1 des Grundgesetzes (§ 40 a),

5. für einen Ausländer durch Einbürgerung (§§ 8 bis 16 und 40 b).

---

[*] Das Gesetz vom 15. 7. 1999 tritt **mWv 1. 1. 2000** in Kraft.

§ 4 [Geburt] (1) [1]Durch die Geburt erwirbt ein Kind die deutsche Staatsangehörigkeit, wenn ein Elternteil die deutsche Staatsangehörigkeit besitzt. [2]Ist bei der Geburt des Kindes nur der Vater deutscher Staatsangehöriger und ist zur Begründung der Abstammung nach den deutschen Gesetzen die Anerkennung oder Feststellung der Vaterschaft erforderlich, so bedarf es zur Geltendmachung des Erwerbs einer nach den deutschen Gesetzen wirksamen Anerkennung oder Feststellung der Vaterschaft; die Anerkennungserklärung muß abgegeben oder das Feststellungsverfahren muß eingeleitet sein, bevor das Kind das 23. Lebensjahr vollendet hat.

(2) Ein Kind, das in dem Gebiet eines *Bundesstaats* aufgefunden wird (Findelkind), gilt bis zum Beweise des Gegenteils als Kind eines *Angehörigen dieses Bundesstaates.*

(3) [1]Durch die Geburt im Inland erwirbt ein Kind ausländischer Eltern die deutsche Staatsangehörigkeit, wenn ein Elternteil

1. seit acht Jahren rechtmäßig seinen gewöhnlichen Aufenthalt im Inland hat und

2. eine Aufenthaltsberechtigung oder seit drei Jahren eine unbefristete Aufenthaltserlaubnis besitzt.

[2]Der Erwerb der deutschen Staatsangehörigkeit wird durch den für die Beurkundung der Geburt des Kindes zuständigen Standesbeamten eingetragen. [3]Das Bundesministerium des Innern wird ermächtigt, mit Zustimmung des Bundesrates durch Rechtsverordnung Vorschriften über das Verfahren zur Eintragung des Erwerbs der Staatsangehörigkeit nach Satz 1 zu erlassen.

(4) [1]Die deutsche Staatsangehörigkeit wird nicht nach Absatz 1 erworben bei Geburt im Ausland, wenn der deutsche Elternteil nach dem 31. Dezember 1999 im Ausland geboren wurde und dort seinen gewöhnlichen Aufenthalt hat, es sei denn, das Kind würde sonst staatenlos. [2]Die Rechtsfolge nach Satz 1 tritt nicht ein, wenn der deutsche Elternteil die Geburt innerhalb eines Jahres der zuständigen Auslandsvertretung anzeigt. [3]Sind beide Elternteile deutsche Staatsangehörige, so tritt die Rechtsfolge des Satzes 1 nur ein, wenn beide die dort genannten Voraussetzungen erfüllen.

§ 5 Erklärungsrecht für vor dem 1. Juli 1993 geborene Kinder. Durch die Erklärung, deutscher Staatsangehöriger werden zu wollen, erwirbt das vor dem 1. Juli 1993 geborene Kind eines deutschen Vaters und einer ausländischen Mutter die deutsche Staatsangehörigkeit, wenn

1. eine nach den deutschen Gesetzen wirksame Anerkennung oder Feststellung der Vaterschaft erfolgt ist,

2. das Kind seit drei Jahren rechtmäßig seinen gewöhnlichen Aufenthalt im Bundesgebiet hat und

3. die Erklärung vor der Vollendung des 23. Lebensjahres abgegeben wird.

§ 6 [Annahme als Kind] [1]Mit der nach den deutschen Gesetzen wirksamen Annahme als Kind durch einen Deutschen erwirbt das Kind, das im Zeitpunkt des Annahmeantrags das achtzehnte Lebensjahr noch nicht vollendet hat, die Staatsangehörigkeit. [2]Der Erwerb der Staatsangehörigkeit erstreckt sich auf die Abkömmlinge des Kindes.

§ 7 [Erwerb durch Flüchtlinge oder Vertriebene] ¹Ein Deutscher im Sinne des Artikels 116 Abs. 1 des Grundgesetzes, der nicht die deutsche Staatsangehörigkeit besitzt, erwirbt mit der Ausstellung der Bescheinigung gemäß § 15 Abs. 1 oder 2 des Bundesvertriebenengesetzes die deutsche Staatsangehörigkeit. ²Der Erwerb der deutschen Staatsangehörigkeit erstreckt sich auf diejenigen Kinder, die ihre Deutscheneigenschaft von dem nach Satz 1 Begünstigten ableiten.

§ 8 [Einbürgerung eines Ausländers] (1) Ein Ausländer, der sich im Inland niedergelassen hat, kann *von dem Bundesstaat, in dessen Gebiete die Niederlassung erfolgt ist,* auf seinen Antrag eingebürgert werden, wenn er

1. handlungsfähig nach Maßgabe von § 68 Abs. 1 des Ausländergesetzes oder gesetzlich vertreten ist,

2. keinen Ausweisungsgrund nach § 46 Nr. 1 bis 4, § 47 Abs. 1 oder 2 des Ausländergesetzes erfüllt,

3. an dem Orte seiner Niederlassung eine eigene Wohnung oder ein Unterkommen gefunden hat und

4. an diesem Orte sich und seine Angehörigen zu ernähren imstande ist.

(2) Vor der Einbürgerung ist über die Erfordernisse unter Nummer 2 bis 4 die Gemeinde des Niederlassungsorts und, sofern diese keinen selbständigen *Armenverband* bildet, auch der *Armenverband* zu hören.

§ 9 [Einbürgerung von Ehegatten] (1) Ehegatten oder Lebenspartner Deutscher sollen unter den Voraussetzungen des § 8 eingebürgert werden, wenn

1. sie ihre bisherige Staatsangehörigkeit verlieren oder aufgeben oder ein Grund für die Aufnahme von Mehrstaatigkeit nach Maßgabe von § 8 des Ausländergesetzes vorliegt und

2. gewährleistet ist, daß sie sich in die deutschen Lebensverhältnisse einordnen,

es sei denn, daß der Einbürgerung erhebliche Belange der Bundesrepublik Deutschland, insbesondere solche der äußeren oder inneren Sicherheit sowie der zwischenstaatlichen Beziehungen entgegenstehen.

(2) Die Regelung des Absatzes 1 gilt auch, wenn die Einbürgerung bis zum Ablauf eines Jahres nach dem Tode des deutschen Ehegatten oder nach Rechtskraft des die Ehe auflösenden Urteils beantragt wird und dem Antragsteller die Sorge für die Person eines Kindes aus der Ehe zusteht, das bereits die deutsche Staatsangehörigkeit besitzt.

(3) Minderjährige stehen Volljährigen gleich.

§ 10. *(aufgehoben)*

§§ 11, 12. *(aufgehoben)*

§ 13 [Einbürgerung eines ehemaligen Deutschen] ¹Ein ehemaliger Deutscher, der sich nicht im Inland niedergelassen hat, kann *von dem Bundesstaate, dem er früher angehört hat,* auf seinen Antrag eingebürgert werden, wenn

er den Erfordernissen des § 8 Abs. 1 Nr. 1, 2 entspricht; dem ehemaligen
Deutschen steht gleich, wer von einem solchen abstammt oder als Kind angenommen ist. [2]Vor der Einbürgerung ist dem *Reichskanzler* Mitteilung zu machen; die Einbürgerung unterbleibt, wenn der *Reichskanzler* Bedenken erhebt.

**§ 14 [Einbürgerung eines nicht im Inland niedergelassenen Aus-
länders]** Ein Ausländer, der sich nicht im Inland niedergelassen hat, kann
unter den sonstigen Voraussetzungen der §§ 8 und 9 eingebürgert werden,
wenn Bindungen an Deutschland bestehen, die eine Einbürgerung rechtfertigen.

§ 15. (1) *Die im Reichsdienst erfolgte Anstellung eines Ausländers, der seinen
dienstlichen Wohnsitz in einem Bundesstaate hat, gilt als Einbürgerung in diesem
Bundesstaat, sofern nicht in der Anstellungsurkunde ein Vorbehalt gemacht wird.*

(2) Hat der Angestellte seinen dienstlichen Wohnsitz im Ausland und bezieht er ein Diensteinkommen aus der *Reichskasse,* so *muß* er *von dem Bundesstaate, bei dem er den Antrag stellt,* eingebürgert werden; bezieht er kein
Diensteinkommen aus der *Reichskasse,* so kann er mit Zustimmung des *Reichs-
kanzlers* eingebürgert werden.

§ 16 [Einbürgerungsurkunde] (1) [1]Die ... Einbürgerung wird wirksam
mit der Aushändigung der von der höheren Verwaltungsbehörde hierüber
ausgefertigten Urkunde. [2]Die Landesregierungen werden ermächtigt, durch
Rechtsverordnung die zuständige Behörde abweichend von Satz 1 zu bestimmen. [3]Sie können diese Ermächtigung auf oberste Landesbehörden übertragen.

(2) [1]Die ... Einbürgerung erstreckt sich, insofern nicht in der Urkunde ein
Vorbehalt gemacht wird, zugleich ... auf diejenigen Kinder, deren gesetzliche
Vertretung dem ... Eingebürgerten kraft elterlicher Sorge zusteht. [2]Aus-
genommen sind Töchter, die verheiratet sind oder verheiratet gewesen sind.

§ 17 [Verlust der Staatsangehörigkeit] Die Staatsangehörigkeit geht verloren
1. durch Entlassung (§§ 18 bis 24),
2. durch den Erwerb einer ausländischen Staatsangehörigkeit (§ 25),
3. durch Verzicht,
4. durch Annahme als Kind durch einen Ausländer (§ 27),
5. durch Eintritt in die Streitkräfte oder einen vergleichbaren bewaffneten
   Verband eines ausländischen Staates (§ 28) oder
6. durch Erklärung (§ 29).

§ 18 [Entlassung aus der Staatsangehörigkeit] Ein Deutscher wird auf
seinen Antrag aus der Staatsangehörigkeit entlassen, wenn er den Erwerb einer ausländischen Staatsangehörigkeit beantragt und ihm die zuständige Stelle
die Verleihung zugesichert hat.

**§ 19 [Entlassung eines unter elterlicher Gewalt oder Vormundschaft
Stehenden]** (1) [1]Die Entlassung einer Person, die unter elterlicher Sorge oder
unter Vormundschaft steht, kann nur von dem gesetzlichen Vertreter und nur

mit Genehmigung des deutschen Vormundschaftsgerichts beantragt werden. [2]Gegen die Entscheidung des Vormundschaftsgerichts steht auch der Staatsanwaltschaft, der die Entscheidung bekanntzumachen ist, die Beschwerde zu; gegen den Beschluß des Beschwerdegerichts ist die weitere Beschwerde unbeschränkt zulässig.

(2) Die Genehmigung des Vormundschaftsgerichts ist nicht erforderlich, wenn der Vater oder die Mutter die Entlassung für sich und zugleich kraft elterlicher Sorge für ein Kind beantragt und dem Antragsteller die Sorge für die Person dieses Kindes zusteht.

§§ 20, 21. *(aufgehoben)*

§ 22 [Versagung der Entlassung] (1) Die Entlassung darf nicht erteilt werden

1. Beamten, Richtern, Soldaten der Bundeswehr und sonstigen Personen, die in einem öffentlich-rechtlichen Dienst- oder Amtsverhältnis stehen, solange ihr Dienst- oder Amtsverhältnis nicht beendet ist, mit Ausnahme der ehrenamtlich tätigen Personen,
2. Wehrpflichtigen, solange nicht das Bundesministerium der Verteidigung oder die von ihm bezeichnete Stelle erklärt hat, daß gegen die Entlassung Bedenken nicht bestehen.

(2) *(aufgehoben)*

§ 23 [Entlassungsurkunde] (1) [1]Die Entlassung wird wirksam mit der Aushändigung einer von der höheren Verwaltungsbehörde *des Heimatstaats* ausgefertigten Entlassungsurkunde. [2]Die Urkunde wird nicht ausgehändigt an Personen, die verhaftet sind oder deren Verhaftung oder Festnahme von einer Gerichts- oder Polizeibehörde angeordnet ist. [3]Die Landesregierungen werden ermächtigt, durch Rechtsverordnung die zuständige Behörde abweichend von Satz 1 zu bestimmen. [4]Sie können diese Ermächtigung auf oberste Landesbehörden übertragen.

(2) Soll sich die Entlassung zugleich auf ... die Kinder des Antragstellers beziehen, so müssen auch diese Personen in der Entlassungsurkunde mit Namen aufgeführt werden.

§ 24 [Bestehenbleiben der dt. Staatsangehörigkeit] Die Entlassung gilt als nicht erfolgt, wenn der Entlassene die ihm zugesicherte ausländische Staatsangehörigkeit nicht innerhalb eines Jahres nach der Aushändigung der Entlassungsurkunde erworben hat.

§ 25 [Erwerb ausländischer Staatsangehörigkeit] (1) Ein Deutscher verliert seine Staatsangehörigkeit mit dem Erwerb einer ausländischen Staatsangehörigkeit, wenn dieser Erwerb auf seinen Antrag oder auf den Antrag ... des gesetzlichen Vertreters erfolgt, ... der Vertretene jedoch nur, wenn die Voraussetzungen vorliegen, unter denen nach § 19 die Entlassung beantragt werden könnte.

(2) [1]Die Staatsangehörigkeit verliert nicht, wer vor dem Erwerbe der ausländischen Staatsangehörigkeit auf seinen Antrag die schriftliche Genehmigung der zuständigen Behörde *seines Heimatstaats* zur Beibehaltung seiner

Staatsangehörigkeit erhalten hat. ²Vor der Erteilung der Genehmigung ist der deutsche Konsul zu hören. ³Bei der Entscheidung über einen Antrag nach Satz 1 sind die öffentlichen und privaten Belange abzuwägen. ⁴Bei einem Antragsteller, der seinen gewöhnlichen Aufenthalt im Ausland hat, ist insbesondere zu berücksichtigen, ob er fortbestehende Bindungen an Deutschland glaubhaft machen kann.

(3) Unter Zustimmung des *Bundesrats* kann von dem *Reichskanzler* angeordnet werden, daß Personen, welche die Staatsangehörigkeit in einem bestimmten ausländischen Staate erwerben wollen, die im Absatz 2 vorgesehene Genehmigung nicht erteilt werden darf.

§ 26 [Verzicht auf Staatsangehörigkeit] (1) ¹Ein Deutscher kann auf seine Staatsangehörigkeit verzichten, wenn er mehrere Staatsangehörigkeiten besitzt. ²Der Verzicht ist schriftlich zu erklären.

(2) ¹Die Verzichtserklärung bedarf der Genehmigung der nach § 23 für die Ausfertigung der Entlassungsurkunde zuständigen Behörde. ²Die Genehmigung ist zu versagen, wenn eine Entlassung nach § 22 Abs. 1 nicht erteilt werden dürfte; dies gilt jedoch nicht, wenn der Verzichtende

1. seit mindestens zehn Jahren seinen dauernden Aufenthalt im Ausland hat oder

2. als Wehrpflichtiger im Sinne des § 22 Abs. 1 Nr. 2 in einem der Staaten, deren Staatsangehörigkeit er besitzt, Wehrdienst geleistet hat.

(3) Der Verlust der Staatsangehörigkeit tritt ein mit der Aushändigung der von der Genehmigungsbehörde ausgefertigten Verzichtsurkunde.

(4) Für Minderjährige gilt § 19 entsprechend.

§ 27 [Annahme als Kind durch einen Ausländer] ¹Ein Deutscher verliert mit der nach den deutschen Gesetzen wirksamen Annahme als Kind durch einen Ausländer die Staatsangehörigkeit, wenn er dadurch die Staatsangehörigkeit des Annehmenden erwirbt. ²Der Verlust tritt nicht ein, wenn er mit einem deutschen Elternteil verwandt bleibt. ³Der Verlust erstreckt sich auf die minderjährigen Abkömmlinge, für die dem Angenommenen die alleinige Sorge für die Person zusteht, wenn auch der Erwerb der Staatsangehörigkeit durch den Angenommenen nach Satz 1 sich auf die Abkömmlinge erstreckt.

§ 28 [Verlust der Staatsangehörigkeit bei Wehrdienst in fremden Streitkräften] ¹Ein Deutscher, der auf Grund freiwilliger Verpflichtung ohne eine Zustimmung nach § 8 des Wehrpflichtgesetzes in die Streitkräfte oder einen vergleichbaren bewaffneten Verband eines ausländischen Staates, dessen Staatsangehörigkeit er besitzt, eintritt, verliert die deutsche Staatsangehörigkeit. ²Dies gilt nicht, wenn er auf Grund eines zwischenstaatlichen Vertrages dazu berechtigt ist.

§ 29 [Wahl zwischen deutscher und ausländischer Staatsangehörigkeit bei Volljährigkeit] (1) ¹Ein Deutscher, der nach dem 31. Dezember 1999 die Staatsangehörigkeit nach § 4 Abs. 3 oder durch Einbürgerung nach § 40 b erworben hat und eine ausländische Staatsangehörigkeit besitzt, hat nach Erreichen der Volljährigkeit und nach Hinweis gemäß Absatz 5 zu erklären, ob er die deutsche oder die ausländische Staatsangehörigkeit behalten will. ²Die Erklärung bedarf der Schriftform.

(2) ¹Erklärt der nach Absatz 1 Erklärungspflichtige, daß er die ausländische Staatsangehörigkeit behalten will, so geht die deutsche Staatsangehörigkeit mit dem Zugang der Erklärung bei der zuständigen Behörde verloren. ²Sie geht ferner verloren, wenn bis zur Vollendung des 23. Lebensjahres keine Erklärung abgegeben wird.

(3) ¹Erklärt der nach Absatz 1 Erklärungspflichtige, daß er die deutsche Staatsangehörigkeit behalten will, so ist er verpflichtet, die Aufgabe oder den Verlust der ausländischen Staatsangehörigkeit nachzuweisen. ²Wird dieser Nachweis nicht bis zur Vollendung des 23. Lebensjahres geführt, so geht die deutsche Staatsangehörigkeit verloren, es sei denn, daß der Deutsche vorher auf Antrag die schriftliche Genehmigung der zuständigen Behörde zur Beibehaltung der deutschen Staatsangehörigkeit (Beibehaltungsgenehmigung) erhalten hat. ³Der Antrag auf Erteilung der Beibehaltungsgenehmigung kann, auch vorsorglich, nur bis zur Vollendung des 21. Lebensjahres gestellt werden (Ausschlußfrist). ⁴Der Verlust der deutschen Staatsangehörigkeit tritt erst ein, wenn der Antrag bestandskräftig abgelehnt wird. ⁵Einstweiliger Rechtsschutz nach § 123 der Verwaltungsgerichtsordnung bleibt unberührt.

(4) Die Beibehaltungsgenehmigung nach Absatz 3 ist zu erteilen, wenn die Aufgabe oder der Verlust der ausländischen Staatsangehörigkeit nicht möglich oder nicht zumutbar ist oder bei einer Einbürgerung nach Maßgabe von § 87 des Ausländergesetzes Mehrstaatigkeit hinzunehmen wäre oder hingenommen werden könnte.

(5) ¹Die zuständige Behörde hat den nach Absatz 1 Erklärungspflichtigen auf seine Verpflichtungen und die nach den Absätzen 2 bis 4 möglichen Rechtsfolgen hinzuweisen. ²Der Hinweis ist zuzustellen. ³Die Zustellung hat unverzüglich nach Vollendung des 18. Lebensjahres des nach Absatz 1 Erklärungspflichtigen zu erfolgen. ⁴Die Vorschriften des Verwaltungszustellungsgesetzes finden Anwendung.

(6) ¹Der Fortbestand oder Verlust der deutschen Staatsangehörigkeit nach dieser Vorschrift wird von Amts wegen festgestellt. ²Das Bundesministerium des Innern kann durch Rechtsverordnung mit Zustimmung des Bundesrates Vorschriften über das Verfahren zur Feststellung des Fortbestands oder Verlusts der deutschen Staatsangehörigkeit erlassen.

§§ 30 bis 32.

Dritter Abschnitt.

§§ 33 bis 35.

Vierter Abschnitt. Schlußbestimmungen

§ 36 [**Einbürgerungsstatistik**] (1) Über die Einbürgerungen werden jährliche Erhebungen, jeweils für das vorausgegangene Kalenderjahr, beginnend 2000, als Bundesstatistik durchgeführt.

(2) Die Erhebungen erfassen für jede eingebürgerte Person folgende Erhebungsmerkmale:

1. Geburtsjahr,
2. Geschlecht,
3. Familienstand,
4. Wohnort zum Zeitpunkt der Einbürgerung,
5. Aufenthaltsdauer im Bundesgebiet nach Jahren,
6. Rechtsgrundlage der Einbürgerung,
7. bisherige Staatsangehörigkeiten und
8. Fortbestand der bisherigen Staatsangehörigkeiten.

(3) Hilfsmerkmale der Erhebungen sind:

1. Bezeichnung und Anschrift der nach Absatz 4 Auskunftspflichtigen,
2. Name und Telekommunikationsnummern der für Rückfragen zur Verfügung stehenden Person und
3. Registriernummer der eingebürgerten Person bei der Einbürgerungsbehörde.

(4) [1] Für die Erhebungen besteht Auskunftspflicht. [2] Auskunftspflichtig sind die Einbürgerungsbehörden. [3] Die Einbürgerungsbehörden haben die Auskünfte den zuständigen statistischen Ämtern der Länder jeweils zum 1. März zu erteilen. [4] Die Angaben zu Absatz 3 Nr. 2 sind freiwillig.

(5) An die fachlich zuständigen obersten Bundes- und Landesbehörden dürfen für die Verwendung gegenüber den gesetzgebenden Körperschaften und für Zwecke der Planung, nicht jedoch für die Regelung von Einzelfällen, vom Statistischen Bundesamt und den statistischen Ämtern der Länder Tabellen mit statistischen Ergebnissen übermittelt werden, auch soweit Tabellenfelder nur einen einzigen Fall ausweisen.

§ 37 [Geltung des Ausländergesetzes] § 68 Abs. 1 und 3, § 70 Abs. 1, 2 und 4 Satz 1 des Ausländergesetzes gelten entsprechend.

§ 38 [Gebührenvorschriften] (1) Für Amtshandlungen in Staatsangehörigkeitsangelegenheiten werden, soweit gesetzlich nichts anderes bestimmt ist, Kosten (Gebühren und Auslagen) erhoben.

(2) [1] Die Gebühr für die Einbürgerung nach diesem Gesetz beträgt 255 Euro. [2] Sie ermäßigt sich für ein minderjähriges Kind, das miteingebürgert wird und keine eigenen Einkünfte im Sinne des Einkommensteuergesetzes hat, auf 51 Euro. [3] Der Erwerb der deutschen Staatsangehörigkeit nach § 5 und die Einbürgerung von ehemaligen Deutschen, die durch Eheschließung mit einem Ausländer die deutsche Staatsangehörigkeit verloren haben, ist gebührenfrei. [4] Von der Gebühr nach Satz 1 kann aus Gründen der Billigkeit oder des öffentlichen Interesses Gebührenermäßigung oder -befreiung gewährt werden.

(3) [1] Das Bundesministerium des Innern wird ermächtigt, durch Rechtsverordnung mit Zustimmung des Bundesrates die weiteren gebührenpflichtigen Tatbestände zu bestimmen und die Gebührensätze sowie die Auslagenerstattung zu regeln. [2] Die Gebühr darf für die Entlassung 51 Euro, für die Beibe-

haltungsgenehmigung 255 Euro, für die Staatsangehörigkeitsurkunde und für sonstige Bescheinigungen 51 Euro nicht übersteigen.

§ 39 [Erlaß von Verwaltungsvorschriften] Das Bundesministerium des Innern erläßt mit Zustimmung des Bundesrates allgemeine Verwaltungsvorschriften über die Ausführung dieses Gesetzes und anderer Gesetze, soweit sie staatsangehörigkeitsrechtliche Regelungen enthalten, über die Einbürgerungs-, Entlassungs- und Verzichtsurkunden sowie über die Urkunden, die zur Bescheinigung der Staatsangehörigkeit dienen.

§ 40 [Rekurs] (1) Gegen die Ablehnung des Antrags ... auf Entlassung in den Fällen *der §§ 21, 22* ist der *Rekurs* zulässig.

(2) Die Zuständigkeit der Behörden und das Verfahren bestimmen sich nach den Landesgesetzen und, soweit landesgesetzliche Vorschriften nicht vorhanden sind, nach den *§§ 20, 21 der Gewerbeordnung.*

§ 40a. [1] Wer am 1. August 1999 Deutscher im Sinne des Artikels 116 Abs. 1 des Grundgesetzes ist, ohne die deutsche Staatsangehörigkeit zu besitzen, erwirbt an diesem Tag die deutsche Staatsangehörigkeit. [2] Für einen Spätaussiedler, seinen nichtdeutschen Ehegatten und seine Abkömmlinge im Sinne von § 4 des Bundesvertriebenengesetzes gilt dies nur dann, wenn ihnen vor diesem Zeitpunkt eine Bescheinigung gemäß § 15 Abs. 1 oder 2 des Bundesvertriebenengesetzes erteilt worden ist.

§ 40b. Ein Ausländer, der am 1. Januar 2000 rechtmäßig seinen gewöhnlichen Aufenthalt im Inland und das zehnte Lebensjahr noch nicht vollendet hat, ist auf Antrag einzubürgern, wenn bei seiner Geburt die Voraussetzungen des § 4 Abs. 3 Satz 1 vorgelegen haben und weiter vorliegen. [2] Der Antrag kann bis zum 31. Dezember 2000 gestellt werden.

§ 41 [Inkrafttreten] Dieses Gesetz tritt am 1. Januar 1914 ... in Kraft.

21. Verwaltungsverfahrensgesetz (VwVfG)

In der Fassung der Bekanntmachung vom 21. September 1998
(BGBl. I S. 3050), geänd. durch G v. 3. 12. 2001 (BGBl. I S. 3306)

BGBl. III 201-6

(Auszug)

§ 9 Begriff des Verwaltungsverfahrens. Das Verwaltungsverfahren im Sinne dieses Gesetzes ist die nach Außen wirkende Tätigkeit der Behörden, die auf die Prüfung der Voraussetzungen, die Vorbereitung und den Erlaß eines Verwaltungsaktes oder auf den Abschluß eines öffentlich-rechtlichen Vertrages gerichtet ist; es schließt den Erlaß des Verwaltungsaktes oder den Abschluß des öffentlich-rechtlichen Vertrages ein.

§ 14 Bevollmächtigte und Beistände. (1) [1] Ein Beteiligter kann sich durch einen Bevollmächtigten vertreten lassen. [2] Die Vollmacht ermächtigt zu allen das Verwaltungsverfahren betreffenden Verfahrenshandlungen, sofern sich aus ihrem Inhalt nicht etwas anderes ergibt. [3] Der Bevollmächtigte hat auf Verlangen seine Vollmacht schriftlich nachzuweisen. [4] Ein Widerruf der Vollmacht wird der Behörde gegenüber erst wirksam, wenn er ihr zugeht.

(2) Die Vollmacht wird weder durch den Tod des Vollmachtgebers noch durch eine Veränderung in seiner Handlungsfähigkeit oder seiner gesetzlichen Vertretung aufgehoben; der Bevollmächtigte hat jedoch, wenn er für den Rechtsnachfolger im Verwaltungsverfahren auftritt, dessen Vollmacht auf Verlangen schriftlich beizubringen.

(3) [1] Ist für das Verfahren ein Bevollmächtigter bestellt, so soll sich die Behörde an ihn wenden. [2] Sie kann sich an den Beteiligten selbst wenden, soweit er zur Mitwirkung verpflichtet ist. [3] Wendet sich die Behörde an den Beteiligten, so soll der Bevollmächtigte verständigt werden. [4] Vorschriften über die Zustellung an Bevollmächtigte bleiben unberührt.

(4) [1] Ein Beteiligter kann zu Verhandlungen und Besprechungen mit einem Beistand erscheinen. [2] Das von dem Beistand Vorgetragene gilt als von dem Beteiligten vorgebracht, soweit dieser nicht unverzüglich widerspricht.

(5) Bevollmächtigte und Beistände sind zurückzuweisen, wenn sie geschäftsmäßig fremde Rechtsangelegenheiten besorgen, ohne dazu befugt zu sein.

(6) [1] Bevollmächtigte und Beistände können vom schriftlichen Vortrag zurückgewiesen werden, wenn sie hierzu ungeeignet sind; vom mündlichen Vortrag können sie zurückgewiesen werden, wenn sie zum sachgemäßen Vortrag nicht fähig sind. [2] Nicht zurückgewiesen werden können Personen, die zur geschäftsmäßigen Besorgung fremder Rechtsangelegenheiten befugt sind.

(7) [1] Die Zurückweisung nach den Absätzen 5 und 6 ist auch dem Beteiligten, dessen Bevollmächtigter oder Beistand zurückgewiesen wird, mitzuteilen. [2] Verfahrenshandlungen des zurückgewiesenen Bevollmächtigten oder Beistandes, die dieser nach der Zurückweisung vornimmt, sind unwirksam.

§ 23 Amtssprache. (1) Die Amtssprache ist Deutsch.

(2) [1] Werden bei einer Behörde in einer fremden Sprache Anträge gestellt oder Eingaben, Belege, Urkunden oder sonstige Schriftstücke vorgelegt, soll die Behörde unverzüglich die Vorlage einer Übersetzung verlangen. [2] In begründeten Fällen kann die Vorlage einer beglaubigten oder von einem öffentlich bestellten oder beeidigten Dolmetscher oder Übersetzer angefertigten Übersetzung verlangt werden. [3] Wird die verlangte Übersetzung nicht unverzüglich vorgelegt, so kann die Behörde auf Kosten des Beteiligten selbst eine Übersetzung beschaffen. [4] Hat die Behörde Dolmetscher oder Übersetzer herangezogen, werden diese in entsprechender Anwendung des Gesetzes über die Entschädigung von Zeugen und Sachverständigen entschädigt.

(3) Soll durch eine Anzeige, einen Antrag oder die Abgabe einer Willenserklärung eine Frist in Lauf gesetzt werden, innerhalb deren die Behörde in einer bestimmten Weise tätig werden muß, und gehen diese in einer fremden Sprache ein, so beginnt der Lauf der Frist erst mit dem Zeitpunkt, in dem der Behörde eine Übersetzung vorliegt.

(4) [1] Soll durch eine Anzeige, einen Antrag oder eine Willenserklärung, die in fremder Sprache eingehen, zugunsten eines Beteiligten eine Frist gegenüber der Behörde gewahrt, ein öffentlich-rechtlicher Anspruch geltend gemacht oder eine Leistung begehrt werden, so gelten die Anzeige, der Antrag oder die Willenserklärung als zum Zeitpunkt des Eingangs bei der Behörde abgegeben, wenn auf Verlangen der Behörde innerhalb einer von dieser zu setzenden angemessenen Frist eine Übersetzung vorgelegt wird. [2] Andernfalls ist der Zeitpunkt des Eingangs der Übersetzung maßgebend, soweit sich nicht aus zwischenstaatlichen Vereinbarungen etwas anderes ergibt. [3] Auf diese Rechtsfolge ist bei der Fristsetzung hinzuweisen.

§ 24 Untersuchungsgrundsatz. (1) [1] Die Behörde ermittelt den Sachverhalt von Amts wegen. [2] Sie bestimmt Art und Umfang der Ermittlungen; an das Vorbringen und an die Beweisanträge der Beteiligten ist sie nicht gebunden.

(2) Die Behörde hat alle für den Einzelfall bedeutsamen, auch die für die Beteiligten günstigen Umstände zu berücksichtigen.

(3) Die Behörde darf die Entgegennahme von Erklärungen oder Anträgen, die in ihren Zuständigkeitsbereich fallen, nicht deshalb verweigern, weil sie die Erklärung oder den Antrag in der Sache für unzulässig oder unbegründet hält.

§ 25 Beratung, Auskunft. [1] Die Behörde soll die Abgabe von Erklärungen, die Stellung von Anträgen oder die Berichtigung von Erklärungen oder Anträgen anregen, wenn diese offensichtlich nur versehentlich oder aus Unkenntnis unterblieben oder unrichtig abgegeben oder gestellt worden sind. [2] Sie erteilt, soweit erforderlich, Auskunft über die den Beteiligten im Verwaltungsverfahren zustehenden Rechte und die ihnen obliegenden Pflichten.

§ 28 Anhörung Beteiligter. (1) Bevor ein Verwaltungsakt erlassen wird, der in Rechte eines Beteiligten eingreift, ist diesem Gelegenheit zu geben, sich zu den für die Entscheidung erheblichen Tatsachen zu äußern.

(2) Von der Anhörung kann abgesehen werden, wenn sie nach den Umständen des Einzelfalles nicht geboten ist, insbesondere wenn

1. eine sofortige Entscheidung wegen Gefahr im Verzug oder im öffentlichen Interesse notwendig erscheint;

2. durch die Anhörung die Einhaltung einer für die Entscheidung maßgeblichen Frist in Frage gestellt würde;

3. von den tatsächlichen Angaben eines Beteiligten, die dieser in einem Antrag oder einer Erklärung gemacht hat, nicht zu seinen Ungunsten abgewichen werden soll;

4. die Behörde eine Allgemeinverfügung oder gleichartige Verwaltungsakte in größerer Zahl oder Verwaltungsakte mit Hilfe automatischer Einrichtungen erlassen will;

5. Maßnahmen in der Verwaltungsvollstreckung getroffen werden sollen.

(3) Eine Anhörung unterbleibt, wenn ihr ein zwingendes öffentliches Interesse entgegen steht.

§ 29 Akteneinsicht durch Beteiligte. (1) [1]Die Behörde hat den Beteiligten Einsicht in die das Verfahren betreffenden Akten zu gestatten, soweit deren Kenntnis zur Geltendmachung oder Verteidigung ihrer rechtlichen Interessen erforderlich ist. [2]Satz 1 gilt bis zum Abschluß des Verwaltungsverfahrens nicht für Entwürfe zu Entscheidungen sowie die Arbeiten zu ihrer unmittelbaren Vorbereitung. [3]Soweit nach den §§ 17 und 18 eine Vertretung stattfindet, haben nur die Vertreter Anspruch auf Akteneinsicht.

(2) Die Behörde ist zu Gestattung der Akteneinsicht nicht verpflichtet, soweit durch sie die ordnungsgemäße Erfüllung der Aufgaben der Behörde beeinträchtigt, das Bekanntwerden des Inhalts der Akten dem Wohle des Bundes oder eines Landes Nachteile bereiten würde oder soweit die Vorgänge nach einem Gesetz oder ihrem Wesen nach, namentlich wegen der berechtigten Interessen der Beteiligten oder dritter Personen, geheim gehalten werden müssen.

(3) [1]Die Akteneinsicht erfolgt bei der Behörde, die die Akten führt. [2]Im Einzelfall kann die Einsicht auch bei einer anderen Behörde oder bei einer diplomatischen oder berufskonsularischen Vertretung der Bundesrepublik Deutschland im Ausland erfolgen; weitere Ausnahmen kann die Behörde, die die Akten führt, gestatten.

§ 35 Begriff des Verwaltungsaktes. [1]Verwaltungsakt ist jede Verfügung, Entscheidung oder andere hoheitliche Maßnahme, die eine Behörde zur Regelung eines Einzelfalles auf dem Gebiet des öffentlichen Rechts trifft und die auf unmittelbare Rechtswirkung nach Außen gerichtet ist. [2]Allgemeinverfügung ist ein Verwaltungsakt, der sich an einen nach allgemeinen Merkmalen bestimmten oder bestimmbaren Personenkreis richtet oder die öffentlich-rechtliche Eigenschaft einer Sache oder ihre Benutzung durch die Allgemeinheit betrifft.

§ 48 Rücknahme eines rechtswidrigen Verwaltungsaktes. (1) [1]Ein rechtswidriger Verwaltungsakt kann, auch nachdem er unanfechtbar geworden ist, ganz oder teilweise mit Wirkung für die Zukunft oder für die Vergangenheit zurückgenommen werden. [2]Ein Verwaltungsakt, der ein Recht oder einen rechtlich erheblichen Vorteil begründet oder bestätigt hat (begünstigender Verwaltungsakt), darf nur unter den Einschränkungen der Absätze 2 bis 4 zurückgenommen werden.

(2) [1] Ein rechtswidriger Verwaltungsakt, der eine einmalige oder laufende Geldleistung oder teilbare Sachleistung gewährt oder hierfür Voraussetzung ist, darf nicht zurückgenommen werden, soweit der Begünstigte auf den Bestand des Verwaltungsaktes vertraut hat und sein Vertrauen unter Abwägung mit dem öffentlichen Interesse an einer Rücknahme schutzwürdig ist. [2] Das Vertrauen ist in der Regel schutzwürdig, wenn der Begünstigte gewährte Leistungen verbraucht oder eine Vermögensdisposition getroffen hat, die er nicht mehr oder nur unter unzumutbaren Nachteilen rückgängig machen kann. [3] Auf Vertrauen kann sich der Begünstigte nicht berufen, wenn er

1. den Verwaltungsakt durch arglistige Täuschung, Drohung oder Bestechung erwirkt hat;

2. den Verwaltungsakt durch Angaben erwirkt hat, die in wesentlicher Beziehung unrichtig oder unvollständig waren;

3. die Rechtswidrigkeit des Verwaltungsaktes kannte oder infolge grober Fahrlässigkeit nicht kannte.

[4] In den Fällen des Satzes 3 wird der Verwaltungsakt in der Regel mit Wirkung für die Vergangenheit zurückgenommen.

(3) [1] Wird ein rechtswidriger Verwaltungsakt, der nicht unter Absatz 2 fällt, zurückgenommen, so hat die Behörde dem Betroffenen auf Antrag den Vermögensnachteil auszugleichen, den dieser dadurch erleidet, daß er auf den Bestand des Verwaltungsaktes vertraut hat, soweit sein Vertrauen unter Abwägung mit dem öffentlichen Interesse schutzwürdig ist. [2] Absatz 2 Satz 3 ist anzuwenden. [3] Der Vermögensnachteil ist jedoch nicht über den Betrag des Interesses hinaus zu ersetzen, das der Betroffene an dem Bestand des Verwaltungsaktes hat. [4] Der auszugleichende Vermögensnachteil wird durch die Behörde festgesetzt. [5] Der Anspruch kann nur innerhalb eines Jahres geltend gemacht werden; die Frist beginnt, sobald die Behörde den Betroffenen auf sie hingewiesen hat.

(4) [1] Erhält die Behörde von Tatsachen Kenntnis, welche die Rücknahme eines rechtswidrigen Verwaltungsaktes rechtfertigen, so ist die Rücknahme nur innerhalb eines Jahres seit dem Zeitpunkt der Kenntnisnahme zulässig. [2] Dies gilt nicht im Falle des Absatzes 2 Satz 3 Nr. 1.

(5) Über die Rücknahme entscheidet nach Unanfechtbarkeit des Verwaltungsaktes die nach § 3 zuständige Behörde; dies gilt auch dann, wenn der zurückzunehmende Verwaltungsakt von einer anderen Behörde erlassen worden ist.

§ 49 Widerruf eines rechtmäßigen Verwaltungsaktes. (1) Ein rechtmäßiger nicht begünstigender Verwaltungsakt kann, auch nachdem er unanfechtbar geworden ist, ganz oder teilweise mit Wirkung für die Zukunft widerrufen werden, außer wenn ein Verwaltungsakt gleichen Inhalts erneut erlassen werden müßte oder aus anderen Gründen ein Widerruf unzulässig ist.

(2) [1] Ein rechtmäßiger begünstigender Verwaltungsakt darf, auch nachdem er unanfechtbar geworden ist, ganz oder teilweise mit Wirkung für die Zukunft nur widerrufen werden,

1. wenn der Widerruf durch Rechtsvorschrift zugelassen oder im Verwaltungsakt vorbehalten ist;
2. wenn mit dem Verwaltungsakt eine Auflage verbunden ist und der Begünstigte diese nicht oder nicht innerhalb einer ihm gesetzten Frist erfüllt hat;
3. wenn die Behörde auf Grund nachträglich eingetretener Tatsachen berechtigt wäre, den Verwaltungsakt nicht zu erlassen, und wenn ohne den Widerruf das öffentliche Interesse gefährdet würde;
4. wenn die Behörde auf Grund einer geänderten Rechtsvorschrift berechtigt wäre, den Verwaltungsakt nicht zu erlassen, soweit der Begünstigte von der Vergünstigung noch keinen Gebrauch gemacht oder auf Grund des Verwaltungsaktes noch keine Leistungen empfangen hat, und wenn ohne den Widerruf das öffentliche Interesse gefährdet würde;
5. um schwere Nachteile für das Gemeinwohl zu verhüten oder zu beseitigen.
[2] § 48 Abs. 4 gilt entsprechend.

(3) [1] Ein rechtmäßiger Verwaltungsakt, der eine einmalige oder laufende Geldleistung oder teilbare Sachleistung zur Erfüllung eines bestimmten Zwekkes gewährt oder hierfür Voraussetzung ist, kann, auch nachdem er unanfechtbar geworden ist, ganz oder teilweise auch mit Wirkung für die Vergangenheit widerrufen werden,

1. wenn die Leistung nicht, nicht alsbald nach der Erbringung oder nicht mehr für den in dem Verwaltungsakt bestimmten Zweck verwendet wird,
2. wenn mit dem Verwaltungsakt eine Auflage verbunden ist und der Begünstigte diese nicht oder nicht innerhalb einer ihm gesetzten Frist erfüllt hat.
[2] § 48 Abs. 4 gilt entsprechend.

(4) Der widerrufene Verwaltungsakt wird mit dem Wirksamwerden des Widerrufs unwirksam, wenn die Behörde keinen anderen Zeitpunkt bestimmt.

(5) Über den Widerruf entscheidet nach Unanfechtbarkeit des Verwaltungsaktes die nach § 3 zuständige Behörde; dies gilt auch dann, wenn der zu widerrufende Verwaltungsakt von einer anderen Behörde erlassen worden ist.

(6) [1] Wird ein begünstigender Verwaltungsakt in den Fällen des Absatzes 2 Nr. 3 bis 5 widerrufen, so hat die Behörde den Betroffenen auf Antrag für den Vermögensnachteil zu entschädigen, den dieser dadurch erleidet, daß er auf den Bestand des Verwaltungsaktes vertraut hat, soweit sein Vertrauen schutzwürdig ist. [2] § 48 Abs. 3 Satz 3 bis 5 gilt entsprechend. [3] Für Streitigkeiten über die Entschädigung ist der ordentliche Rechtsweg gegeben.

§ 51 Wiederaufgreifen des Verfahrens. (1) Die Behörde hat auf Antrag des Betroffenen über die Aufhebung oder Änderung eines unanfechtbaren Verwaltungsaktes zu entscheiden, wenn

1. sich die dem Verwaltungsakt zugrunde liegenden Sach- oder Rechtslage nachträglich zugunsten des Betroffenen geändert hat;
2. neue Beweismittel vorliegen, die eine dem Betroffenen günstigere Entscheidung herbeigeführt haben würden;
3. Wiederaufnahmegründe entsprechend § 580 der Zivilprozeßordnung gegeben sind.

(2) Der Antrag ist nur zulässig, wenn der Betroffene ohne grobes Verschulden außerstande war, den Grund für das Wiederaufgreifen in dem früheren Verfahren, insbesondere durch Rechtsbehelf, geltend zu machen.

(3) [1] Der Antrag muß binnen drei Monaten gestellt werden. [2] Die Frist beginnt mit dem Tage, an dem der Betroffene von dem Grund für das Wiederaufgreifen Kenntnis erhalten hat.

(4) Über den Antrag entscheidet die nach § 3 zuständige Behörde; dies gilt auch dann, wenn der Verwaltungsakt, dessen Aufhebung oder Änderung begehrt wird, von einer anderen Behörde erlassen worden ist.

(5) Die Vorschriften des § 48 Abs. 1 Satz 1 und des § 49 Abs. 1 bleiben unberührt.

22. Gesetz über das Ausländerzentralregister (AZR-Gesetz)

Vom 2. September 1994 (BGBl. I S. 2265), geändert durch Gesetz vom 19. 2. 2001 (BGBl. I S. 288) und durch Terrorismusbekämpfungsgesetz vom 9. 1. 2002 (BGBl. I S. 361)

BGBl. III 26–8

Der Bundestag hat mit Zustimmung des Bundesrates das folgende Gesetz beschlossen:

Inhaltsübersicht

Kapitel 1. Registerbehörde und Zweck des Registers

§ 1 Registerbehörde, Bestandteile des Registers, Zweck des Registers. (1) [1]Das Ausländerzentralregister wird vom Bundesverwaltungsamt geführt (Registerbehörde). [2]Es besteht aus einem allgemeinen Datenbestand und einer gesondert geführten Visadatei.

(2) Die Registerbehörde unterstützt durch die Speicherung und die Übermittlung der im Register gespeicherten Daten von Ausländern die mit der Durchführung ausländer- oder asylrechtlicher Vorschriften betrauten Behörden und andere öffentliche Stellen.

Kapitel 2. Allgemeiner Datenbestand des Registers

Abschnitt 1. Anlaß der Speicherung, Inhalt

§ 2 Anlaß der Speicherung. (1) Die Speicherung von Daten eines Ausländers ist zulässig, wenn er seinen Aufenthalt nicht nur vorübergehend im Geltungsbereich dieses Gesetzes hat.

(2) Sie ist ferner zulässig bei Ausländern,

1. die einen Asylantrag gestellt haben oder über deren Übernahme nach dem Übereinkommen über die Bestimmung des zuständigen Staates für die Prüfung eines in einem Mitgliedstaat der Europäischen Gemeinschaften gestellten Asylantrags vom 15. Juni 1990 (Dubliner Übereinkommen, BGBl. 1994 II S. 791) entschieden ist,

2. denen als Kriegs- oder Bürgerkriegsflüchtlinge eine Aufenthaltsbefugnis nach § 32 a des Ausländergesetzes erteilt worden ist,

3. für oder gegen die aufenthaltsrechtliche Entscheidungen getroffen worden sind oder die Antrag auf eine Aufenthaltsgenehmigung oder paßrechtliche Maßnahme gestellt haben, ausgenommen Entscheidungen und Anträge im Visaverfahren, es sei denn, ein Visum ist erteilt worden, obwohl gegen die Einreise Bedenken bestehen,

4. gegen deren Einreise Bedenken bestehen, weil Tatsachen vorliegen, die nach § 7 Abs. 2 des Ausländergesetzes die Versagung der Aufenthaltsgenehmigung begründen, und denen aus diesem Grund Einreise und Aufenthalt nicht erlaubt werden sollen, es sei denn, es besteht ein Recht zum Aufenthalt im Geltungsbereich dieses Gesetzes,

5. die zur Zurückweisung an der Grenze ausgeschrieben sind,

6. die zur Festnahme oder Aufenthaltsermittlung ausgeschrieben sind,

7. bei denen tatsächliche Anhaltspunkte für den Verdacht bestehen, daß sie im Geltungsbereich dieses Gesetzes Straftaten nach § 92 Abs. 1 Nr. 7 des Ausländergesetzes, nach § 30 Abs. 1 oder § 30 a Abs. 1 des Betäubungsmittelgesetzes oder nach § 129 oder § 129 a des Strafgesetzbuches oder mit terroristischer Zielsetzung andere Straftaten, insbesondere Straftaten der in § 129 a des Strafgesetzbuches bezeichneten Art, planen, begehen oder begangen haben, oder die durch Straftaten mit terroristischer Zielsetzung gefährdet sind,

8. die ausgeliefert oder durch den Geltungsbereich dieses Gesetzes durchgeliefert worden sind,

9. deren Antrag auf Feststellung der deutschen Staatsangehörigkeit oder der Eigenschaft als Deutscher im Sinne des Artikels 116 Abs. 1 des Grundgesetzes abgelehnt worden ist,

10. bei denen die Feststellung der Aussiedlereigenschaft im Sinne des § 1 Abs. 2 Nr. 3 des Bundesvertriebenengesetzes oder der Spätaussiedlereigenschaft im Sinne des § 4 des Bundesvertriebenengesetzes abgelehnt oder zurückgenommen worden ist,

11. die wegen einer Straftat nach § 92 Abs. 1 Nr. 6 oder Abs. 2 Nr. 1 des Ausländergesetzes verurteilt worden sind.

§ 3 Allgemeiner Inhalt. Folgende Daten werden gespeichert:

1. die Bezeichnung der Stelle, die Daten übermittelt hat, und deren Geschäftszeichen,

2. das Geschäftszeichen der Registerbehörde (AZR-Nummer),

3. die Anlässe nach § 2,

4. Familienname, Geburtsname, Vornamen, Schreibweise der Namen nach deutschem Recht, Geburtsdatum, Geburtsort und -bezirk, Geschlecht, Staatsangehörigkeiten (Grundpersonalien),

5. abweichende Namensschreibweisen, andere Namen, frühere Namen, Aliaspersonalien, Familienstand, Angaben zum Ausweispapier, letzter Wohnort im Herkunftsland, freiwillig gemachte Angaben zur Religionszugehörigkeit und Staatsangehörigkeiten des Ehegatten (weitere Personalien),

6. Angaben zum Zuzug oder Fortzug, zum aufenthaltsrechtlichen Status, zur rechtlichen Stellung nach § 1 Abs. 1 des Gesetzes über Maßnahmen für im Rahmen humanitärer Hilfsaktionen aufgenommene Flüchtlinge vom 22. Juli 1980 (BGBl. I S. 1057) in der jeweils geltenden Fassung oder über die in einem anderen Staat erfolgte Anerkennung als Flüchtling nach dem Abkommen über die Rechtsstellung der Flüchtlinge vom 28. Juli 1951 (BGBl. 1953 II S. 559) sowie das Sterbedatum,

7. Entscheidungen zu den in § 2 Abs. 2 Nr. 1 bis 3, 9 und 10 bezeichneten Anlässen sowie Angaben zu den Anlässen nach § 2 Abs. 2 Nr. 4 bis 8 und 11,

8. Hinweise auf vorhandene Begründungstexte (§ 6 Abs. 5).

§ 4 Übermittlungssperren. (1) ¹Auf Antrag des Betroffenen wird eine Übermittlungssperre gespeichert, wenn er glaubhaft macht, daß durch eine Datenübermittlung an nichtöffentliche Stellen, an Behörden anderer Staaten oder an zwischenstaatliche Stellen seine schutzwürdigen Interessen oder die einer anderen Person beeinträchtigt werden können. ²Der Antrag ist bei der Registerbehörde, dem Bundesamt für die Anerkennung ausländischer Flüchtlinge oder den Ausländerbehörden zu stellen. ³Diese entscheiden über den Antrag.

(2) ¹Eine Übermittlungssperre ist von den in Absatz 1 Satz 2 bezeichneten Stellen von Amts wegen zu speichern, wenn Tatsachen die Annahme rechtfertigen, daß durch eine Datenübermittlung an die in Absatz 1 Satz 1 be-

zeichneten Stellen schutzwürdige Interessen des Betroffenen oder einer anderen Person beeinträchtigt werden können. [2] § 21 Abs. 7 des Melderechtsrahmengesetzes gilt entsprechend. [3] Soweit ein überwiegendes öffentliches Interesse besteht, ist auch eine gegenüber öffentlichen Stellen wirkende Übermittlungssperre zu speichern.

(3) [1] Eine Übermittlung von Daten an die in Absatz 1 Satz 1 bezeichneten Stellen unterbleibt im Fall einer Übermittlungssperre, soweit nicht ein überwiegendes öffentliches Interesse an der Übermittlung besteht. [2] Der Betroffene erhält vor einer Übermittlung seiner Daten Gelegenheit zur Stellungnahme, es sei denn, seine Anhörung liefe dem Zweck der Datenübermittlung zuwider.

(4) [1] Werden die Daten ohne Anhörung des Betroffenen oder gegen seinen Willen übermittelt, sind die wesentlichen Gründe für die Entscheidung schriftlich niederzulegen. [2] Diese Aufzeichnungen müssen den Zweck der Datenübermittlung und den Empfänger eindeutig erkennen lassen. [3] Sie dienen der datenschutzrechtlichen Kontrolle. [4] Die Registerbehörde hat sie gesondert aufzubewahren, durch geeignete Maßnahmen gegen unberechtigten Zugriff zu sichern und nach Fristablauf zu löschen, sofern sie nicht für ein bereits eingeleitetes Kontrollverfahren benötigt werden.

§ 5 Suchvermerke. (1) Auf Ersuchen einer öffentlichen Stelle wird zur Erfüllung ihrer Aufgaben ein Suchvermerk zur Feststellung des Aufenthalts eines Ausländers im Register gespeichert, wenn sich der Betroffene zum Zeitpunkt der Anfrage nicht im Geltungsbereich dieses Gesetzes aufhält oder sein Aufenthaltsort unbekannt ist.

(2) Zur Feststellung anderer Sachverhalte wird auf Ersuchen der in § 20 Abs. 1 bezeichneten Stellen ein Suchvermerk gespeichert, wenn dies zur Erfüllung ihrer Aufgaben erforderlich ist und die Daten nicht aus allgemein zugänglichen Quellen, nur mit übermäßigem Aufwand oder nur durch eine den Betroffenen stärker belastende Maßnahme erhoben werden können.

(3) Die Registerbehörde übermittelt für den Fall, daß ihr eine Mitteilung oder Anfrage zu der gesuchten Person zugeht, an die ersuchende Stelle

1. bei einem Suchvermerk nach Absatz 1 die mitteilende Stelle, deren Geschäftszeichen, das Datum der Mitteilung und die Grunddaten nach § 14 Abs. 1,

2. bei einem Suchvermerk nach Absatz 2 die mitteilende Stelle, deren Geschäftszeichen, das Datum der Mitteilung und die mitgeteilten Daten.

(4) [1] Die ersuchende Stelle hat Aufzeichnungen über das Ersuchen, den Zweck des Ersuchens und das Vorliegen der in den Absätzen 1 und 2 bezeichneten Voraussetzungen zu fertigen. [2] Die Aufzeichnungen dienen nur der datenschutzrechtlichen Kontrolle. [3] Sie sind gesondert aufzubewahren und durch geeignete Maßnahmen gegen unberechtigten Zugriff zu sichern. [4] Sie sind am Ende des Kalenderjahres der Erledigung des Suchvermerks zu löschen, sofern sie nicht für ein bereits eingeleitetes Kontrollverfahren benötigt werden.

(5) [1] Suchvermerke und die hierzu übermittelten Daten werden längstens zwei Jahre gespeichert, sofern sich die Suchvermerke nicht vorher erledigen. [2] Auf Antrag sind sie für andere als die ersuchende Stelle gesperrt.

**Abschnitt 2. Datenübermittlung an die Registerbehörde,
Verantwortlichkeiten, Aufzeichnungspflicht**

§ 6 Übermittelnde Stellen, Inhalt der Datenübermittlung. (1) Folgende
Stellen sind in den jeweils genannten Fällen zur Übermittlung von Daten an
die Registerbehörde verpflichtet:

1. die Ausländerbehörden und die mit der Durchführung ausländerrechtlicher
Vorschriften betrauten öffentlichen Stellen in den Fällen des § 2 Abs. 1 und 2
Nr. 2 bis 4 und 11,

2. die für die Erteilung von Visa zuständigen Behörden im Fall des § 2 Abs. 2
Nr. 3, sofern es sich um die Erteilung eines Visums trotz Bedenken handelt,

3. die mit grenzpolizeilichen Aufgaben betrauten Behörden und die Grenzschutzdirektion in den Fällen des § 2 Abs. 2 Nr. 3 bis 6 und, soweit es der
Stand des Verfahrens zuläßt, im Fall der Nummer 7,

4. das Bundesamt für die Anerkennung ausländischer Flüchtlinge in den Fällen
des § 2 Abs. 2 Nr. 1 und 3,

5. das Bundeskriminalamt in den Fällen des § 2 Abs. 2 Nr. 6 und, soweit es
der Stand des Verfahrens zuläßt, die ermittlungsführenden Polizeibehörden
im Fall der Nummer 7,

6. die Staatsanwaltschaften bei den Oberlandesgerichten im Fall des § 2 Abs. 2
Nr. 8,

7. die Staatsangehörigkeitsbehörden im Fall des § 2 Abs. 2 Nr. 9,

8. die in den Angelegenheiten der Vertriebenen, Aussiedler und Spätaussiedler
zuständigen Stellen im Fall des § 2 Abs. 2 Nr. 10.

(2) [1]Die in Absatz 1 Nr. 1 und 3 bis 8 bezeichneten Stellen übermitteln die
Daten nach § 3 Nr. 1 und 3, die Grundpersonalien und die weiteren Personalien sowie die Daten nach § 3 Nr. 7. [2]Von der Übermittlung der Daten
einer gefährdeten Person im Fall des § 2 Abs. 2 Nr. 7 kann im Einzelfall abgesehen werden, wenn die Speicherung ihren schutzwürdigen Interessen entgegensteht. [3]Außerdem übermitteln

1. die in Absatz 1 Nr. 1 bezeichneten Stellen die Angaben nach § 3 Nr. 6 sowie die Daten nach § 4 Abs. 1 und 2,

2. die in Absatz 1 Nr. 2 bezeichneten Stellen die Daten nach § 3 Nr. 1 und 3,
die Grundpersonalien und die Daten nach § 3 Nr. 7,

3. die in Absatz 1 Nr. 4 bezeichnete Stelle die Daten nach § 4 Abs. 1 und 2.

(3) [1]Die Verfassungsschutzbehörden des Bundes und der Länder sowie die
Staatsanwaltschaften dürfen, soweit andere Vorschriften nicht entgegenstehen,
im Fall des § 2 Abs. 2 Nr. 7 Daten an die Registerbehörde übermitteln.
[2]Absatz 2 Satz 2 ist zu beachten.

(4) [1]Für die Einstellung eines Suchvermerks nach § 5 dürfen die ersuchenden öffentlichen Stellen die Daten nach § 3 Nr. 1 und 2 sowie die Grundpersonalien und die weiteren Personalien an die Registerbehörde übermitteln.
[2]Kann die Registerbehörde für den Fall, daß im Register bereits Daten gespeichert sind, die Identität nicht eindeutig feststellen, gilt § 10 Abs. 3 entsprechend.

(5) [1]Betrifft die Speicherung eine Ausweisung, Abschiebung, Einschränkung oder Untersagung der politischen Betätigung oder Einreisebedenken, sind die der Speicherung zugrundeliegenden Begründungstexte der Registerbehörde zu übersenden. [2]Die Registerbehörde hat diese Texte aufzubewahren. [3]Sie sind zu vernichten, wenn die gespeicherten Daten gelöscht werden.

§ 7 Übermittlung und Veränderung von Daten im Wege der Direkteingabe. [1]Die nach § 22 Abs. 1 zum Abruf von Daten im automatisierten Verfahren zugelassenen Stellen dürfen der Registerbehörde die von ihnen zu übermittelnden Daten im Wege der Direkteingabe in das Register mit unmittelbarer Wirkung für dessen Datenbestand übermitteln. [2]Sie sind verpflichtet, die von ihnen eingegebenen Daten, die unrichtig geworden sind oder deren Unrichtigkeit sich nachträglich herausgestellt hat, im Wege der Direkteingabe unverzüglich zu berichtigen oder zu aktualisieren. [3]Bei einem Wechsel der Zuständigkeit gilt Satz 2 für die Stelle entsprechend, auf die die Zuständigkeit übergegangen ist, soweit sie zum automatisierten Verfahren zugelassen ist. [4]Die Registerbehörde hat sicherzustellen, daß dabei nur die Eingabe der jeweils zur Übermittlung zugelassenen Daten technisch möglich ist und den übermittelnden Stellen nur die Daten zur Kenntnis gelangen, die für die Speicherung erforderlich sind. [5]Die eingebende Stelle muß aus der Datei ersichtlich sein.

§ 8 Verantwortung für den Registerinhalt, Datenpflege. (1) [1]Die in § 6 bezeichneten öffentlichen Stellen sind gegenüber der Registerbehörde für die Zulässigkeit der Übermittlung sowie für die Richtigkeit und Aktualität der von ihnen übermittelten Daten verantwortlich. [2]Sie haben die Registerbehörde unverzüglich zu unterrichten, wenn

1. die übermittelten Daten unrichtig werden oder sich ihre Unrichtigkeit nachträglich herausstellt und eine Berichtigung oder Aktualisierung nicht im Wege der Direkteingabe nach § 7 erfolgen kann,

2. die Daten zur Aufgabenerfüllung nicht mehr benötigt werden oder

3. der Betroffene die Richtigkeit bestreitet und sich weder die Richtigkeit noch die Unrichtigkeit feststellen läßt.

(2) Die Registerbehörde hat programmtechnisch sicherzustellen, daß die zu speichernden Daten zuvor auf ihre Schlüssigkeit geprüft werden und gespeicherte Daten durch die Verarbeitung nicht ungewollt gelöscht oder unrichtig werden.

(3) Jede öffentliche Stelle, die Daten an die Registerbehörde übermittelt hat, ist berechtigt und verpflichtet, die von ihr übermittelten Daten auf Richtigkeit und Aktualität zu überprüfen, soweit dazu Anlaß besteht (Datenpflege).

(4) Bei einem Wechsel der Zuständigkeit gelten die Absätze 1 und 3 für die Stelle entsprechend, auf die die Zuständigkeit übergegangen ist.

§ 9 Aufzeichnungspflicht bei Speicherung. (1) Die Registerbehörde hat als speichernde Stelle Aufzeichnungen zu fertigen, aus denen sich die übermittelten Daten, die übermittelnde Dienststelle, die für die Übermittlung verantwortliche Person und der Übermittlungszeitpunkt ergeben müssen.

(2) [1]Die Aufzeichnungen dürfen nur für Auskünfte an den Betroffenen nach § 34 und für die Unterrichtung über die Berichtigung, Löschung oder Sperrung von Daten nach § 38 verwendet werden. [2]Darüber hinaus dürfen sie für Zwecke der Datenschutzkontrolle, der Datensicherung oder zur Sicherstellung eines ordnungsgemäßen Betriebes der Datenverarbeitungsanlage verwendet werden. [3]Sie sind durch geeignete Maßnahmen gegen unberechtigten Zugriff zu sichern und nach Fristablauf zu löschen, wenn sie nicht für ein bereits eingeleitetes Kontrollverfahren benötigt werden.

Abschnitt 3. Datenübermittlung durch die Registerbehörde, Übermittlungsempfänger

Unterabschnitt 1. Datenübermittlung an öffentliche Stellen

§ 10 Allgemeine Vorschriften für die Datenübermittlung. (1) [1]Die Übermittlung von Daten an eine öffentliche Stelle ist nur zulässig, wenn die Kenntnis der Daten zur Erfüllung ihrer Aufgaben erforderlich ist. [2]Bei einem Übermittlungsersuchen ist der Zweck anzugeben, sofern es sich nicht lediglich auf die Grunddaten nach § 14 Abs. 1 bezieht. [3]Die Registerbehörde hat die Übermittlung zu versagen, wenn Anhaltspunkte dafür bestehen, daß die in Satz 1 bezeichnete Voraussetzung nicht vorliegt.

(2) [1]Das Ersuchen muß, soweit vorhanden, die Grundpersonalien des Betroffenen und die AZR-Nummer enthalten. [2]Stimmen die in dem Übermittlungsersuchen bezeichneten Personalien mit den gespeicherten Daten nicht überein, ist die Datenübermittlung unzulässig, es sei denn, Zweifel an der Identität bestehen nicht.

(3) [1]Kann die Registerbehörde die Identität nicht eindeutig feststellen, übermittelt sie zur Identitätsprüfung an die ersuchende Stelle neben Hinweisen auf aktenführende Ausländerbehörden die Grundpersonalien und die weiteren Personalien ähnlicher Personen mit Ausnahme der früheren Namen, die nur auf besonderes Ersuchen übermittelt werden. [2]Kann die Identität nicht allein an Hand dieser Personalien festgestellt werden, dürfen den Strafverfolgungsbehörden darüber hinaus nach Maßgabe des § 16 weitere Daten übermittelt werden, wenn zu erwarten ist, daß deren Kenntnis die Identitätsfeststellung ermöglicht. [3]Die ersuchende Stelle hat alle Daten, die nicht zum Betroffenen gehören, unverzüglich zu löschen und entsprechende Aufzeichnungen zu vernichten.

(4) [1]Die AZR-Nummer darf nur im Verkehr mit dem Register genutzt werden. [2]Darüber hinaus steht sie nur für Datenübermittlungen zwischen dem Bundesamt für die Anerkennung ausländischer Flüchtlinge und den Ausländerbehörden zur Verfügung.

(5) Zur Datenpflege (§ 8 Abs. 3) übermittelt die Registerbehörde die zu überprüfenden Daten an die dazu berechtigte oder verpflichtete Stelle.

(6) Die Registerbehörde übermittelt auf Ersuchen bei ihr aufbewahrte Begründungstexte (§ 6 Abs. 5), sofern die Kenntnis für die ersuchende Stelle unerläßlich ist, weitere Informationen nicht rechtzeitig von der aktenführenden Behörde zu erlangen sind und ihr die Daten, auf die sich die Begründungstexte beziehen, übermittelt werden dürfen.

§ 11 Zweckbestimmung, Weiterübermittlung von Daten. (1) [1]Die ersuchende Stelle darf die in § 3 Nr. 7 in Verbindung mit § 2 Abs. 2 Nr. 7 bezeichneten Daten, die im Rahmen von Gruppenauskünften (§ 12) übermittelten Daten und Begründungstexte (§ 6 Abs. 5) nur zu dem Zweck verwenden, zu dem sie ihr übermittelt worden sind. [2]Sonstige Daten darf sie zu einem anderen Zweck verwenden, wenn sie ihr auch zu diesem Zweck hätten übermittelt werden dürfen. [3]Die neue Zweckbestimmung ist der Registerbehörde mitzuteilen, soweit es sich bei den übermittelten Daten nicht lediglich um die Grunddaten handelt.

(2) [1]Die ersuchende Stelle darf die ihr übermittelten Daten mit Ausnahme gesperrter Daten (§ 4) an eine andere öffentliche Stelle nur weiterübermitteln, wenn die Daten dieser Stelle zur Erfüllung ihrer Aufgaben und zu diesem Zweck aus dem Register unmittelbar hätten übermittelt werden dürfen und anderenfalls eine unvertretbare Verzögerung eintreten oder die Aufgabenerfüllung erheblich erschwert würde. [2]Für die Stelle, an die Daten weiterübermittelt worden sind, gelten Satz 1 und Absatz 1 entsprechend. [3]Sie hat der Registerbehörde den Empfang der Daten und den Verwendungszweck mitzuteilen, soweit es sich bei den übermittelten Daten nicht lediglich um die Grunddaten handelt. [4]§ 12 des BND-Gesetzes bleibt unberührt.

§ 12 Gruppenauskunft. (1) [1]Die Übermittlung von Daten einer Mehrzahl von Ausländern, die in einem Übermittlungsersuchen nicht mit vollständigen Grundpersonalien bezeichnet sind und die auf Grund im Register gespeicherter und im Übermittlungsersuchen angegebener gemeinsamer Merkmale zu einer Gruppe gehören (Gruppenauskunft), darf nur zur Erfüllung der gesetzlichen Aufgaben der in den §§ 15 bis 17 und 20 bezeichneten öffentlichen Stellen erfolgen. [2]Sie ist zulässig, soweit sie

1. im besonderen Interesse der Betroffenen liegt oder
2. erforderlich und angemessen ist
   a) zur Abwehr von Gefahren für die öffentliche Sicherheit, für den Bestand oder die Sicherheit des Bundes oder eines Landes oder für die freiheitliche demokratische Grundordnung oder
   b) zur Verfolgung eines Verbrechens oder einer anderen erheblichen Straftat, von der auf Grund tatsächlicher Anhaltspunkte anzunehmen ist, daß sie gewerbs- oder gewohnheitsmäßig, von einem Bandenmitglied oder in anderer Weise organisiert begangen wird,
   und die Daten auf andere Weise nicht, nur mit unverhältnismäßigem Aufwand oder nicht rechtzeitig erlangt werden können,
3. unter den in § 2 Abs. 1 Nr. 4 des BND-Gesetzes genannten Voraussetzungen erforderlich ist, um im Ausland Gefahren der in § 5 Abs. 1 Satz 3 des Artikel 10-Gesetzes genannten Art rechtzeitig zu erkennen und einer solchen Gefahr zu begegnen.

(2) [1]Das Ersuchen ist schriftlich zu stellen, zu begründen und bedarf der Zustimmung des Leiters der ersuchenden Behörde. [2]Ein Abruf im automatisierten Verfahren ist unzulässig. [3]Die ersuchende Stelle hat die Daten, die sie nicht oder nicht mehr zur Aufgabenerfüllung benötigt, zu vernichten.

(3) Die Registerbehörde hat nach Erteilung einer Gruppenauskunft den Bundesbeauftragten für den Datenschutz und, soweit die Daten an eine öffentliche Stelle eines Landes übermittelt worden sind, den Datenschutzbeauftragten des Landes zu unterrichten.

§ 13 Aufzeichnungspflicht bei Datenübermittlung. (1) ¹Die Registerbehörde hat über die von ihr auf Grund der Übermittlungsersuchen vorgenommenen Abrufe, die Abrufe anderer Stellen und über die Mitteilungen nach § 11 Aufzeichnungen zu fertigen, aus denen der Zweck, die bei der Durchführung des Abrufs verwendeten Daten, die übermittelten Daten, der Tag und die Uhrzeit sowie die Bezeichnung der ersuchenden Stellen und die Angabe der abrufenden sowie der verantwortlichen Person hervorgehen müssen. ²Aus der Angabe zum Zweck der Abrufe muß die Erforderlichkeit der Datenübermittlung erkennbar sein. ³Bei einer Gruppenauskunft sind zusätzlich die Gruppenmerkmale aufzunehmen.

(2) ¹Die Aufzeichnungen dürfen nur für Auskünfte an den Betroffenen nach § 34, für die Unterrichtung über die Berichtigung, Löschung oder Sperrung von Daten nach § 38 oder zur datenschutzrechtlichen Kontrolle der Zulässigkeit der Abrufe verwendet werden. ²Sie sind durch geeignete Maßnahmen gegen unberechtigten Zugriff zu sichern und nach Fristablauf zu löschen, wenn sie nicht für ein bereits eingeleitetes Kontrollverfahren benötigt werden. Aufzeichnungen über Gruppenauskünfte sind gesondert aufzubewahren.

§ 14 Datenübermittlung an alle öffentlichen Stellen. (1) An alle öffentlichen Stellen werden auf Ersuchen folgende Daten einschließlich der zugehörigen AZR-Nummer (Grunddaten) übermittelt:

1. Grundpersonalien,

2. Hinweis auf die aktenführende Ausländerbehörde,

3. Angaben zum Zuzug oder Fortzug, Sterbedatum,

4. Übermittlungssperren.

(2) ¹Frühere Namen werden nur auf besonderes Ersuchen übermittelt. ²Dasselbe gilt für nicht gesperrte Suchvermerke, es sei denn, die öffentliche Stelle, auf deren Ersuchen der Suchvermerk gespeichert worden ist, hat ausdrücklich beantragt, daß auf jedes Ersuchen eine Übermittlung erfolgen soll.

§ 15 Datenübermittlung an die Ausländerbehörden, das Bundesamt für die Anerkennung ausländischer Flüchtlinge, den Bundesgrenzschutz, andere mit grenzpolizeilichen Aufgaben betraute Behörden, die für die Zuverlässigkeitsüberprüfung zuständigen Luftfahrtbehörden der Länder im Sinne des § 29 d des Luftverkehrsgesetzes und oberste Bundes- und Landesbehörden. (1) ¹An die Ausländerbehörden, die Aufnahmeeinrichtungen oder Stellen im Sinne des § 88 Abs. 2 des Asylverfahrensgesetzes, das Bundesamt für die Anerkennung ausländischer Flüchtlinge und den Bundesgrenzschutz werden zur Durchführung ausländer- und asylrechtlicher Aufgaben, an den Bundesgrenzschutz auch zur Gewährleistung des grenzpolizeilichen Schutzes des Bundesgebietes, auf Ersuchen die Daten des Betroffenen übermittelt. ²Soweit ein Land im Einvernehmen mit dem Bund grenzpolizeiliche Aufgaben mit eigenen Kräften wahrnimmt oder die Ausübung solcher Aufgaben auf die Zollverwaltung übertragen worden ist, gilt für diese Stellen Satz 1 entsprechend. ³An die für die Zuverlässigkeitsüberprüfung zuständigen Luftfahrtbehörden der Länder im Sinne des § 29 d des Luftverkehrsgesetzes werden zur Erfüllung ihrer Aufgaben bei der Durchführung der Zuverlässigkeitsüberprüfung auf Ersuchen die Daten des Betroffenen übermittelt.

(2) An oberste Bundes- und Landesbehörden, die mit der Durchführung ausländer- oder asylrechtlicher Vorschriften als eigene Aufgabe betraut sind, werden auf Ersuchen Daten aus dem Register übermittelt, soweit sie zur Aufgabenerfüllung erforderlich sind.

§ 16 Datenübermittlung an sonstige Polizeivollzugsbehörden, Staatsanwaltschaften, Gerichte und an das Bundeskriminalamt. (1) An sonstige Polizeivollzugsbehörden des Bundes und der Länder sowie an die Staatsanwaltschaften werden zur Strafverfolgung oder Strafvollstreckung und an Gerichte für Zwecke der Rechtspflege auf Ersuchen neben den Grunddaten folgende Daten des Betroffenen übermittelt:

1. abweichende Namensschreibweisen,

2. andere Namen,

3. Aliaspersonalien,

4. letzter Wohnort im Herkunftsland,

5. Angaben zum Ausweispapier.

(2) [1] Reichen die nach Absatz 1 zu übermittelnden Daten zur Aufgabenerfüllung nicht aus, werden auf erweitertes Ersuchen folgende Daten übermittelt:

1. zum aufenthaltsrechtlichen Status und zu den für oder gegen den Ausländer ergriffenen aufenthaltsrechtlichen Maßnahmen,

2. zum Asylverfahren,

3. zur Ausschreibung zur Zurückweisung,

4. zu einem Tatverdacht im Sinne des § 2 Abs. 2 Nr. 7.

[2] Die Erforderlichkeit der Übermittlung ist von der ersuchenden Stelle aktenkundig zu machen.

(3) [1] Werden über die in den Absätzen 1 und 2 bezeichneten Daten hinaus weitere Daten zur Aufgabenerfüllung benötigt, ist deren Übermittlung auf erneutes Ersuchen zulässig. [2] Absatz 2 Satz 2 gilt entsprechend. [3] Ein Abruf im automatisierten Verfahren ist unzulässig.

(4) [1] Zur Abwehr von Gefahren für die öffentliche Sicherheit werden an sonstige Polizeivollzugsbehörden des Bundes und der Länder die Daten nach den Absätzen 1 und 2 auf Ersuchen übermittelt. [2] Absatz 3 gilt entsprechend.

(5) Dem Bundeskriminalamt werden zur Erfüllung von Verpflichtungen aus völkerrechtlichen Verträgen, denen die gesetzgebenden Körperschaften gemäß Artikel 59 Abs. 2 des Grundgesetzes zugestimmt haben, die erforderlichen personenbezogenen Daten von Ausländern nach Maßgabe dieser Verträge übermittelt.

(6) An den Generalbundesanwalt beim Bundesgerichtshof werden zur Feststellung der Identität eines Ausländers bei der Durchführung der Aufgaben nach dem Bundeszentralregistergesetz, nach dem Titel XI der Gewerbeordnung und nach dem Sorgerechtsübereinkommens-Ausführungsgesetz vom 5. April 1990 (BGBl. I S. 701), zuletzt geändert durch Artikel 2 Abs. 6 des Gesetzes vom 19. Februar 2001 (BGBl. I S. 288), neben den Grunddaten die in Absatz 1 Nr. 1 bis 3 bezeichneten weiteren Daten übermittelt.

§ 17 Datenübermittlung an das Zollkriminalamt. (1) An das Zollkriminalamt werden, soweit es die Zollfahndungsämter bei der Erledigung ihrer

Aufgaben auf Grund der Abgabenordnung und anderer Gesetze unterstützt oder in Fällen von überörtlicher Bedeutung selbständig ermittelt, oder zur Erfüllung von Verpflichtungen aus völkerrechtlichen Verträgen, denen die gesetzgebenden Körperschaften gemäß Artikel 59 Abs. 2 des Grundgesetzes zugestimmt haben, auf Ersuchen neben den Grunddaten folgende Daten des Betroffenen übermittelt:

1. abweichende Namensschreibweisen,
2. andere Namen,
3. Aliaspersonalien,
4. Ausschreibung zur Festnahme oder Aufenthaltsermittlung.

(2) Die Übermittlung von Daten nach Absatz 1 unterbleibt, mit Ausnahme der Grunddaten, wenn Daten des Betroffenen nur aus einem der folgenden Anlässe im Register erfaßt sind:

1. Zurückweisung oder Zurückschiebung,
2. Einreisebedenken,
3. Ausschreibung zur Zurückweisung an der Grenze,
4. Aus- oder Durchlieferung,
5. Ablehnung eines Antrages auf Feststellung der deutschen Staatsangehörigkeit oder der Eigenschaft als Deutscher,
6. Ablehnung oder Rücknahme der Feststellung der Aussiedler- oder Spätaussiedlereigenschaft.

§ 18 Datenübermittlung an die Bundesanstalt für Arbeit und die Hauptzollämter. (1) An die Bundesanstalt für Arbeit und die Hauptzollämter werden zur Bekämpfung der illegalen Beschäftigung von Ausländern auf Ersuchen neben den Grunddaten folgende Daten des Betroffenen übermittelt:

1. abweichende Namensschreibweisen, andere Namen, Aliaspersonalien und Angaben zum Ausweispapier,
2. Angaben zum aufenthaltsrechtlichen Status und zu den für oder gegen den Ausländer getroffenen aufenthaltsrechtlichen Entscheidungen,
3. Angaben zum Asylverfahren,
4. Ausschreibung zur Zurückweisung an der Grenze,
5. Ausschreibung zur Festnahme oder Aufenthaltsermittlung.

(2) Die Übermittlung von Daten nach Absatz 1 unterbleibt, mit Ausnahme der Grunddaten, wenn Daten des Betroffenen nur aus einem der folgenden Anlässe im Register erfaßt sind:

1. Zurückweisung oder Zurückschiebung,
2. Einreisebedenken,
3. Aus- oder Durchlieferung,
4. Ablehnung eines Antrages auf Feststellung der deutschen Staatsangehörigkeit oder der Eigenschaft als Deutscher,
5. Ablehnung oder Rücknahme der Feststellung der Aussiedler- oder Spätaussiedlereigenschaft.

§ 19 Datenübermittlung an die Staatsangehörigkeits- und Vertriebenenbehörden. (1) An die zum Vollzug des Staatsangehörigkeitsrechts und an die nach dem Bundesvertriebenengesetz zuständigen Behörden (Staatsangehörigkeits- und Vertriebenenbehörden) werden zur Erfüllung ihrer Aufgaben bei der Feststellung der Eigenschaft als Deutscher im Sinne des Artikels 116 des Grundgesetzes und bei der Feststellung der Aussiedler- oder Spätaussiedlereigenschaft auf Ersuchen neben den Grunddaten auch Hinweise auf die Behörden übermittelt, die der Registerbehörde Daten zu einem oder mehreren der folgenden Anlässe übermittelt haben:

1. Asylantrag,
2. Erteilung einer Aufenthaltsbefugnis als Kriegs- oder Bürgerkriegsflüchtling nach § 32 a des Ausländergesetzes,
3. Zurückweisung oder Zurückschiebung,
4. Ausschreibung zur Zurückweisung an der Grenze,
5. Ausschreibung zur Festnahme oder Aufenthaltsermittlung,
6. Aus- oder Durchlieferung,
7. Ablehnung eines Antrages auf Feststellung der deutschen Staatsangehörigkeit oder der Eigenschaft als Deutscher,
8. Ablehnung oder Rücknahme der Feststellung der Aussiedler- oder Spätaussiedlereigenschaft.

(2) Soweit das Bundesverwaltungsamt für die Feststellung der Staatsangehörigkeit zuständig ist und insoweit eine Weitergabe von Daten innerhalb des Bundesverwaltungsamtes erfolgt, gelten die Übermittlungsregelungen dieses Gesetzes entsprechend.

(3) Die Übermittlung unterbleibt, wenn Daten des Betroffenen nur auf Grund eines Suchvermerks im Register erfaßt sind.

§ 20 Datenübermittlung an die Verfassungsschutzbehörden, den Militärischen Abschirmdienst und den Bundesnachrichtendienst.

(1) [1]An die Verfassungsschutzbehörden des Bundes und der Länder, den Militärischen Abschirmdienst und den Bundesnachrichtendienst werden auf Ersuchen die Daten übermittelt, die zur Erfüllung der ihnen durch Gesetz übertragenen Aufgaben erforderlich sind, sofern sie nicht aus allgemein zugänglichen Quellen, nur mit übermäßigem Aufwand oder nur durch eine den Betroffenen stärker belastende Maßnahme erhoben werden können. [2]Die Regelungen über die Einsichtnahme in amtliche Register und über die Aufzeichnungspflicht für die in Satz 1 bezeichneten Stellen bleiben unberührt.

(2) [1]Die ersuchende Stelle hat Aufzeichnungen über das Ersuchen, den Zweck des Ersuchens und das Vorliegen der in Absatz 1 Satz 1 bezeichneten Voraussetzungen zu fertigen. [2]Die Aufzeichnungen sind für die datenschutzrechtliche Kontrolle bestimmt. [3]Sie sind gesondert aufzubewahren und durch geeignete Maßnahmen gegen unberechtigten Zugriff zu sichern. [4]Sie sind am Ende des Kalenderjahres, das dem Jahr ihrer Erstellung folgt, zu vernichten, sofern sie nicht für ein bereits eingeleitetes Kontrollverfahren benötigt werden.

§ 21 Datenübermittlung an das Auswärtige Amt, die deutschen Auslandsvertretungen und andere öffentliche Stellen im Visaverfahren. (1) [1]Im Rahmen des Visaverfahrens werden auf Anfrage des Auswärtigen Amts oder der deutschen Auslandsvertretungen die hierfür erforderlichen

Daten an die beteiligte Organisationseinheit im Bundesverwaltungsamt weitergegeben. [2]Für die Weitergabe gelten die Übermittlungsregelungen dieses Gesetzes entsprechend.

(2) Die beteiligte Organisationseinheit übermittelt die empfangenen Daten im erforderlichen Umfang an die anfragende Auslandsvertretung (Rückmeldung).

(3) [1]Ist die Identität nicht eindeutig feststellbar, sind die Daten nach § 10 Abs. 3 Satz 1 und, soweit notwendig, das Datum der letzten Registereintragung sowie die aktenführende Ausländerbehörde an die beteiligte Organisationseinheit weiterzugeben. [2]Zur Identitätsfeststellung erfolgt eine Übermittlung dieser Daten an die anfragende Auslandsvertretung. [3]Daten, die nicht zum Betroffenen gehören, hat die Auslandsvertretung unverzüglich zu löschen und entsprechende Aufzeichnungen zu vernichten.

(4) [1]Ist für die Erteilung eines Visums die Einwilligung der Ausländerbehörde erforderlich, übermittelt die beteiligte Organisationseinheit der Ausländerbehörde die dafür erforderlichen Daten. [2]Dasselbe gilt für den Fall, daß die Auslandsvertretung aus sonstigen Gründen für die Erteilung des Visums um eine Stellungnahme der Ausländerbehörde nachsucht.

(5) Ist zu der Person, auf die sich die Anfrage einer deutschen Auslandsvertretung bezieht, ein Suchvermerk gespeichert, übermittelt die beteiligte Organisationseinheit die Daten nach § 5 Abs. 3 an die ersuchende Stelle.

§ 22 Abruf im automatisierten Verfahren. (1) [1]Zum Abruf von Daten des Betroffenen im automatisierten Verfahren (§ 10 Abs. 1 des Bundesdatenschutzgesetzes) können zugelassen werden:

1. die Ausländerbehörden, die Aufnahmeeinrichtungen oder Stellen im Sinne des § 88 Abs. 2 des Asylverfahrensgesetzes,
2. das Bundesamt für die Anerkennung ausländischer Flüchtlinge,
3. der Bundesgrenzschutz und Stellen eines Landes oder der Zollverwaltung, soweit sie grenzpolizeiliche Aufgaben wahrnehmen,
4. sonstige Polizeivollzugsbehörden des Bundes und der Länder,
5. die Staatsanwaltschaften,
6. das Zollkriminalamt,
7. die Bundesanstalt für Arbeit und die Hauptzollämter zur Bekämpfung der illegalen Beschäftigung von Ausländern, die Bundesanstalt für Arbeit auch zur Geltendmachung von Ansprüchen,
8. a) die Verfassungsschutzbehörden des Bundes und der Länder für die in § 18 Abs. 4 des Bundesverfassungsschutzgesetzes bezeichneten Aufgaben,
   b) der Militärische Abschirmdienst für die in § 10 Abs. 3 des MAD-Gesetzes bezeichneten Aufgaben und
   c) der Bundesnachrichtendienst,
9. das Bundesverwaltungsamt, soweit es Aufgaben im Rahmen des Visaverfahrens und zur Feststellung der Staatsangehörigkeit wahrnimmt.

[2]Die Zulassung bedarf der Zustimmung der für die speichernde und die abrufende Stelle jeweils zuständigen obersten Bundes- oder Landesbehörde. [3]Die Registerbehörde hat den Bundesbeauftragten für den Datenschutz unter Mitteilung der nach § 9 des Bundesdatenschutzgesetzes zu treffenden Maßnahmen von der Zulassung zu unterrichten.

(2) [1]Das automatisierte Abrufverfahren darf nur eingerichtet werden, soweit es wegen der Vielzahl der Übermittlungsersuchen oder der besonderen Eilbedürftigkeit unter Berücksichtigung der schutzwürdigen Interessen der Betroffenen angemessen ist und die beteiligten Stellen die zur Datensicherung nach § 9 des Bundesdatenschutzgesetzes erforderlichen technischen und organisatorischen Maßnahmen getroffen haben. [2]§ 20 Abs. 2 gilt entsprechend.

(3) [1]Die Verantwortung für die Zulässigkeit des einzelnen Abrufs trägt die abrufende Stelle. [2]Die Registerbehörde überprüft die Zulässigkeit der Abrufe nur, wenn dazu Anlaß besteht. [3]Abrufe von Daten aus dem Register im automatisierten Verfahren dürfen nur von Bediensteten vorgenommen werden, die vom Leiter ihrer Behörde hierzu besonders ermächtigt worden sind.

(4) Die Registerbehörde hat sicherzustellen, daß im automatisierten Verfahren Daten nur abgerufen werden können, wenn die abrufende Stelle einen Verwendungszweck angibt, der ihr den Abruf dieser Daten erlaubt, sofern der Abruf nicht lediglich die Grunddaten nach § 14 Abs. 1 zum Gegenstand hat.

§ 23 Statistische Aufbereitung der Daten. (1) [1]Das Statistische Bundesamt erstellt jährlich nach dem Stand vom 31. Dezember eine Bundesstatistik über die Ausländer, die sich während des Kalenderjahres nicht nur vorübergehend im Geltungsbereich dieses Gesetzes aufgehalten haben. [2]Zur Erfüllung eines kurzfristig auftretenden Datenbedarfs für Zwecke der Vorbereitung und Begründung anstehender Entscheidungen oberster Bundesbehörden darf das Statistische Bundesamt die Erhebung auch zu anderen Stichtagen durchführen, wenn eine oberste Bundesbehörde hierum ersucht.

(2) [1]Die Registerbehörde übermittelt dem Statistischen Bundesamt als Erhebungsmerkmale für diese Statistik folgende Daten zu dem in Absatz 1 bezeichneten Personenkreis: Monat und Jahr der Geburt, Geschlecht, Staatsangehörigkeiten, Familienstand, Staatsangehörigkeiten des Ehegatten, Sterbedatum, Angaben nach § 3 Nr. 6 und Hinweis auf die aktenführende Ausländerbehörde sowie die Daten nach § 3 Nr. 7 in Verbindung mit § 2 Abs. 2 Nr. 1 bis 3. [2]Das Statistische Bundesamt darf an die Statistischen Ämter der Länder die ihren Erhebungsbereich betreffenden Daten für regionale Aufbereitungen weiterübermitteln.

§ 24 Planungsdaten. (1) [1]Die Registerbehörde kann, soweit die mit der Durchführung ausländer- oder asylrechtlicher Vorschriften betrauten öffentlichen Stellen oder die obersten Behörden des Bundes und der Länder zur Erfüllung ihrer Aufgaben Planungsdaten benötigen, auf Ersuchen über die in § 23 Abs. 2 Satz 1 bezeichneten Daten hinaus die nach § 3 Nr. 7 in Verbindung mit § 2 Abs. 2 Nr. 4 bis 10 gespeicherten Daten übermitteln. [2]Das Ersuchen ist schriftlich zu begründen.

(2) Die Daten dürfen nur für Planungszwecke genutzt werden.

**Unterabschnitt 2. Datenübermittlung
an nichtöffentliche Stellen, Behörden anderer Staaten
und zwischenstaatliche Stellen**

§ 25 Datenübermittlung an nichtöffentliche Stellen, die humanitäre oder soziale Aufgaben wahrnehmen. (1) An nichtöffentliche Stellen im Geltungsbereich dieses Gesetzes, die im Rahmen der Erfüllung ihrer humani-

tären oder sozialen Aufgaben nach Verschollenen zur Familienzusammen-
führung suchen oder Unterstützung in Vormundschafts- und Unterhaltsange-
legenheiten leisten, kann die Registerbehörde zur Erfüllung dieser Aufgaben
auf Ersuchen neben den Grundpersonalien des Betroffenen folgende weitere
Daten übermitteln:

1. Hinweis auf die aktenführende Ausländerbehörde,

2. Zuzug oder Fortzug,

3. Übermittlungssperren, sofern die Datenübermittlung nach § 4 zulässig ist,

4. Sterbedatum.

(2) [1] Das Übermittlungsersuchen soll die Grundpersonalien enthalten. [2] Es
ist schriftlich zu begründen. [3] Stimmen die im Übermittlungsersuchen bezeichneten Grundpersonalien mit den gespeicherten Daten nicht überein, ist
die Übermittlung unzulässig, es sei denn, die Registerbehörde hat an der
Identität der gesuchten und der im Register erfaßten Personen keinen Zweifel. [4] Das gleiche gilt, wenn der ersuchenden Stelle einzelne Grundpersonalien
nicht bekannt sind. [5] Hinsichtlich der Aufzeichnungspflicht der Registerbehörde gilt § 13 entsprechend.

(3) [1] Die übermittelten personenbezogenen Daten dürfen nur zu dem im
Übermittlungsersuchen angegebenen Zweck verwendet werden. [2] Die Registerbehörde hat die ersuchende Stelle hierauf hinzuweisen. [3] Eine Weiterübermittlung ist nur mit Zustimmung der Registerbehörde zulässig. [4] Die
Weiterübermittlung von Daten, zu denen eine Übermittlungssperre besteht,
ist unzulässig.

(4) [1] Liegt dem Übermittlungsersuchen einer der in Absatz 1 bezeichneten
Stellen das Begehren eines Dritten zugrunde, ihm den Aufenthaltsort des Betroffenen mitzuteilen, so darf diese Stelle die Daten nur mit Einwilligung des
Betroffenen an den Dritten weiterübermitteln. [2] Die Registerbehörde hat die
ersuchende Stelle darauf hinzuweisen. [3] Verweigert der Betroffene die Einwilligung, hat die ersuchende Stelle dessen Daten unverzüglich zu vernichten.

**§ 26 Datenübermittlung an Behörden anderer Staaten und an zwi-
schenstaatliche Stellen.** (1) [1] An Behörden anderer Staaten und an zwischenstaatliche Stellen können Daten auf Ersuchen übermittelt werden, soweit
die ersuchende Stelle an der Übermittlung ein berechtigtes Interesse glaubhaft
darlegt, der Betroffene kein schutzwürdiges Interesse an dem Ausschluß der
Übermittlung hat und Interessen der Bundesrepublik Deutschland nicht beeinträchtigt werden. [2] § 25 gilt entsprechend. [3] Eine Übermittlung unterbleibt,
soweit Grund zu der Annahme besteht, daß durch sie gegen den Zweck eines
deutschen Gesetzes verstoßen würde.

(2) [1] Vor der Übermittlung ist die Einwilligung des Betroffenen erforderlich, es sei denn, daß dadurch der mit dem Übermittlungsersuchen verfolgte
Zweck oder die öffentliche Sicherheit gefährdet oder sonst dem Wohle des
Bundes oder eines Landes ein Nachteil bereitet würde. [2] Die Übermittlung
kann auch ohne Einwilligung erfolgen, wenn die Einwilligung aus tatsächlichen Gründen nicht möglich ist oder offensichtlich ist, daß die Übermittlung
im Interesse des Betroffenen liegt.

(3) Die Verpflichtung, im Rahmen völkerrechtlicher Verträge, denen die
gesetzgebenden Körperschaften gemäß Artikel 59 Abs. 2 des Grundgesetzes
zugestimmt haben, Daten zu übermitteln, bleibt unberührt.

§ 27 Datenübermittlung an sonstige nichtöffentliche Stellen. (1) [1]An sonstige nichtöffentliche Stellen können auf Ersuchen Daten über die aktenführende Ausländerbehörde, zum Zuzug oder Fortzug oder über das Sterbedatum des Betroffenen übermittelt werden, wenn die Nachfrage bei der zuletzt zuständigen Meldebehörde erfolglos geblieben ist und ein rechtliches Interesse an der Kenntnis des Aufenthaltsortes nachgewiesen wird. [2]Der Nachweis kann nur erbracht werden durch die Vorlage

1. eines nach deutschem Recht gültigen Vollstreckungstitels,
2. einer Aufforderung eines deutschen Gerichts, Daten aus dem Register nachzuweisen,
3. einer Bescheinigung einer deutschen Behörde, aus der sich ergibt, daß die Daten aus dem Register zur Durchführung eines dort anhängigen Verfahrens erforderlich sind.

[3]§ 25 Abs. 2 und 3 gilt entsprechend.

(2) [1]Vor der Datenübermittlung ist dem Betroffenen Gelegenheit zur Stellungnahme zu geben, es sei denn, die Anhörung liefe dem Zweck der Übermittlung zuwider. [2]Werden die Daten ohne Anhörung des Betroffenen übermittelt, sind die wesentlichen Gründe dafür schriftlich niederzulegen. [3]Willigt der Betroffene nicht ein, ist die Datenübermittlung unzulässig. [4]Die Aufzeichnungen sind für die datenschutzrechtliche Kontrolle bestimmt. [5]Sie müssen den Zweck der Datenübermittlung und den Empfänger eindeutig erkennen lassen. [6]Die Registerbehörde hat sie gesondert aufzubewahren, durch geeignete Vorkehrungen gegen unberechtigten Zugriff zu sichern und nach Fristablauf zu löschen, sofern sie nicht für ein bereits eingeleitetes Kontrollverfahren benötigt werden.

(3) Eine Weiterübermittlung der Daten durch die in Absatz 1 Satz 1 bezeichneten Stellen ist unzulässig.

(4) Für die Datenübermittlung können Gebühren zur Deckung des Verwaltungsaufwands erhoben und eine Erstattung von Auslagen verlangt werden.

Kapitel 3. Visadatei

§ 28 Anlaß der Speicherung. Die Speicherung von Daten eines Ausländers ist zulässig, wenn er ein Visum beantragt.

§ 29 Inhalt. (1) Folgende Daten werden gespeichert:

1. das Geschäftszeichen der Registerbehörde (Visadatei-Nummer),
2. die Auslandsvertretung; bei einem Antrag auf Erteilung eines Ausnahmevisums die mit der polizeilichen Kontrolle des grenzüberschreitenden Verkehrs betraute Behörde,
3. die Grundpersonalien und die weiteren Personalien,
4. das Lichtbild,
5. das Datum der Datenübermittlung,
6. die Entscheidung über den Antrag,
7. das Datum der Entscheidung und das Datum der Übermittlung der Entscheidung,

8. Art, Nummer und Geltungsdauer des Visums,

9. bei Erteilung eines Visums das Datum der Verpflichtungserklärung nach § 84 Abs. 1, § 82 Abs. 2 des Ausländergesetzes und die Stelle, bei der sie vorliegt,

10. bei Vorlage ge- oder verfälschter Dokumente im Visaverfahren die Bezeichnung der vorgelegen ge- oder verfälschten Dokumente (Art und Nummer des Dokuments, im Dokument enthaltene Angaben über Aussteller, Ausstellungsdatum, Gültigkeitsdauer).

(2) Aus Gründen der inneren Sicherheit werden bei Visaanträgen von Angehörigen bestimmter Staaten, die vom Bundesministerium des Innern im Einvernehmen mit dem Auswärtigen Amt festgelegt werden können, zusätzlich zu den Daten nach Absatz 1 Paßart, Paßnummer und ausstellender Staat gespeichert.

(3) *(aufgehoben)*

§ 30 Übermittelnde Stellen. (1) Die deutschen Auslandsvertretungen, die mit der polizeilichen Kontrolle des grenzüberschreitenden Verkehrs betrauten Behörden und die Ausländerbehörden sind zur Übermittlung der Daten nach § 29 Abs. 1 Nr. 2 bis 10 und Abs. 2 an die Registerbehörde verpflichtet.

(2) [1]Die in Absatz 1 bezeichneten Stellen dürfen die Daten im Wege der Direkteingabe in das Register übermitteln. [2]§ 7 gilt entsprechend.

§ 31 Allgemeine Vorschriften für die Datenübermittlung. (1) [1]Das Ersuchen um Übermittlung von Daten soll die Grundpersonalien des Betroffenen und die Visadatei-Nummer enthalten. [2]Stimmen die im Übermittlungsersuchen bezeichneten Personalien mit den gespeicherten Daten nicht überein, ist die Datenübermittlung unzulässig, es sei denn, Zweifel an der Identität bestehen nicht. [3]Kann die Registerbehörde die Identität nicht eindeutig feststellen, sind zur Identitätsprüfung die Daten ähnlicher Personen nach § 29 Abs. 1 zu übermitteln. [4]Die ersuchende Stelle hat alle Daten, die nicht zum Betroffenen gehören, unverzüglich zu löschen und entsprechende Aufzeichnungen zu vernichten.

(2) Die Visadatei-Nummer darf nur im Verkehr mit dem Register benutzt werden.

(3) Im übrigen gelten die §§ 8, 9, 10 Abs. 1 sowie die §§ 11, 12 und 13 entsprechend.

§ 32 Übermittlungsempfänger. (1) Auf Ersuchen werden die Daten an folgende öffentliche Stellen zur Erfüllung ihrer Aufgaben übermittelt:

1. die Grenzschutzdirektion und die grenzpolizeilichen Aufgaben betrauten Stellen,

2. das Bundesamt für die Anerkennung ausländischer Flüchtlinge,

3. das Bundeskriminalamt,

4. die Landeskriminalämter,

5. sonstige Polizeivollzugsbehörden des Bundes und der Länder,

6. die Ausländerbehörden,

7. die Träger der Sozialhilfe und die für die Durchführung des Asylbewerberleistungsgesetzes zuständigen Stellen,

8. die in § 20 Abs. 1 bezeichneten öffentlichen Stellen,

9. die Gerichte und Staatsanwaltschaften.

(2) § 21 Abs. 1 bis 3 und die Übermittlungsregelungen dieses Gesetzes gelten entsprechend.

(3) Eine Datenübermittlung an nichtöffentliche Stellen ist unzulässig.

§ 33 Abruf im automatisierten Verfahren. [1] Die in § 32 bezeichneten Stellen können zum Abruf von Daten im automatisierten Verfahren zugelassen werden. [2] § 22 Abs. 1 Satz 2 und 3 und Abs. 2 bis 4 gilt entsprechend.

Kapitel 4. Rechte des Betroffenen

§ 34 Auskunft an den Betroffenen. (1) [1] Die Registerbehörde erteilt dem Betroffenen auf Antrag über die zu seiner Person gespeicherten Daten, auch soweit sie sich auf Herkunft oder Empfänger dieser Daten beziehen, unentgeltlich Auskunft. [2] Der Antrag muß die Grundpersonalien enthalten. [3] Die Registerbehörde bestimmt das Verfahren, insbesondere die Form der Auskunftserteilung, nach pflichtgemäßem Ermessen.

(2) Die Auskunftserteilung unterbleibt, soweit

1. die Auskunft die ordnungsgemäße Erfüllung der Aufgaben gefährden würde, die in der Zuständigkeit der öffentlichen Stelle liegen, die die Daten an das Register übermittelt hat,

2. die Auskunft die öffentliche Sicherheit oder Ordnung gefährden oder sonst dem Wohl des Bundes oder eines Landes Nachteile bereiten würde oder

3. die Daten oder die Tatsache ihrer Speicherung nach einer Rechtsvorschrift oder ihrem Wesen nach, insbesondere wegen der überwiegenden berechtigten Interessen eines Dritten, geheimgehalten werden müssen

und deswegen das Interesse des Betroffenen an der Auskunftserteilung zurücktreten muß.

(3) [1] Sind die Daten des Betroffenen von einer der in § 20 Abs. 1 bezeichneten öffentlichen Stellen, den Polizeivollzugsbehörden oder den Staatsanwaltschaften an das Register übermittelt worden, ist die Auskunft über die Herkunft der Daten nur mit deren Einwilligung zulässig. [2] Dasselbe gilt für die Auskunft über den Empfänger der Daten, soweit sie an die in Satz 1 bezeichneten Stellen oder an Gerichte übermittelt worden sind. [3] Die Einwilligung darf nur unter den in Absatz 2 bezeichneten Voraussetzungen versagt werden. [4] Die in § 20 Abs. 1 bezeichneten öffentlichen Stellen können ihre Einwilligung darüber hinaus unter den in § 15 Abs. 2 Nr. 2 des Bundesverfassungsschutzgesetzes, auch in Verbindung mit § 7 des BND-Gesetzes und § 9 des MAD-Gesetzes, bezeichneten Voraussetzungen versagen.

(4) [1] Gegenüber dem Betroffenen bedarf die Ablehnung der Auskunftserteilung keiner Begründung, wenn dadurch der mit der Ablehnung verfolgte Zweck gefährdet würde. [2] Die Begründung ist in diesem Fall zum Zweck einer datenschutzrechtlichen Kontrolle schriftlich niederzulegen und fünf Jahre aufzubewahren. [3] Sie ist durch geeignete Maßnahmen gegen unberechtigten Zugriff zu sichern. [4] Der Betroffene ist darauf hinzuweisen, daß er sich an den Bundesbeauftragten für den Datenschutz wenden kann.

(5) [1] Wird dem Betroffenen keine Auskunft erteilt, ist sie auf sein Verlangen dem Bundesbeauftragten für den Datenschutz zu erteilen, soweit nicht die jeweils zuständige oberste Bundesbehörde im Einzelfall feststellt, daß dadurch die Sicherheit des Bundes oder eines Landes gefährdet würde. [2] Die Mitteilung des Bundesbeauftragten an den Betroffenen darf keine Rückschlüsse auf den Erkenntnisstand der speichernden Stelle zulassen, sofern diese nicht einer weitergehenden Auskunft zustimmt.

Kapitel 5. Berichtigung, Löschung und Sperrung von Daten

§ 35 Berichtigung. Die Registerbehörde hat die nach den §§ 3 bis 5 und 29 gespeicherten Daten zu berichtigen, wenn sie unrichtig sind.

§ 36 Löschung. (1) [1] Die Registerbehörde hat Daten spätestens mit Fristablauf zu löschen. [2] Bei der Datenübermittlung teilt die übermittelnde Stelle für sie geltende Löschungsfristen mit. [3] Die Registerbehörde hat die jeweils kürzere Frist zu beachten. [4] Eine Löschung hat unverzüglich zu erfolgen, wenn die Speicherung der Daten unzulässig war.

(2) [1] Die Daten sind auch unverzüglich zu löschen, wenn der Betroffene die deutsche Staatsangehörigkeit erworben hat oder die Registerbehörde nach der Speicherung seiner Daten erfährt, daß er Deutscher im Sinne des Artikels 116 Abs. 1 des Grundgesetzes ist. [2] Eine Löschung erfolgt ferner, wenn die Registerbehörde auf Grund einer Mitteilung nach § 8 Abs. 1 Satz 2 Nr. 2 davon ausgehen kann, daß auch andere öffentliche Stellen die Daten für ihre Aufgabenerfüllung nicht mehr benötigen.

(3) Die Ausländerbehörden teilen der Registerbehörde vollzogene Einbürgerungen mit, sobald sie davon Kenntnis erhalten.

§ 37 Sperrung. (1) Die Registerbehörde hat die Daten zu sperren, soweit

1. die Richtigkeit von dem Betroffenen bestritten wird und weder die Richtigkeit noch die Unrichtigkeit von der Registerbehörde, der aktenführenden Ausländerbehörde oder der Stelle, die die Daten an die Registerbehörde übermittelt hat, festgestellt werden kann oder

2. die Daten nur zu Zwecken der Datensicherung oder Datenschutzkontrolle gespeichert sind.

(2) [1] Gesperrte Daten sind mit einem Sperrvermerk zu versehen. [2] Sie dürfen außer zur Prüfung der Richtigkeit ohne Einwilligung des Betroffenen nicht verarbeitet oder genutzt werden. [3] Nach Absatz 1 Nr. 1 gesperrte Daten dürfen unter Hinweis auf den Sperrvermerk außerdem verwendet werden, soweit dies für Zwecke der Strafverfolgung erforderlich ist.

§ 38 Unterrichtung beteiligter Stellen. (1) [1] Die Registerbehörde hat im Fall einer Berichtigung, Löschung oder Sperrung den Empfänger der betreffenden Daten zu unterrichten, wenn dies zur Wahrung überwiegender schutzwürdiger Interessen des Betroffenen erforderlich ist. [2] Sie hat auch diejenige Stelle zu unterrichten, die ihr diese Daten übermittelt hat.

(2) Absatz 1 gilt nicht für Löschungen bei Fristablauf.

Kapitel 6. Weitere Behörden

§ 39 Aufsichtsbehörden. [1] Auf Aufsichtsbehörden sind die für die beaufsichtigten Behörden jeweils geltenden Vorschriften dieses Gesetzes entsprechend anzuwenden, soweit dies für die Ausübung ihrer Aufsichtsfunktion erforderlich ist. [2] Ein Abruf von Daten im automatisierten Verfahren ist unzulässig.

Kapitel 7. Schlußvorschriften

§ 40 Rechtsverordnungen. (1) Das Bundesministerium des Innern bestimmt mit Zustimmung des Bundesrates durch Rechtsverordnung

1. Näheres zu den Daten, die
   a) von der Registerbehörde gespeichert werden,
   b) an und durch die Registerbehörde übermittelt oder innerhalb der Registerbehörde weitergegeben werden;
2. Näheres zu den Voraussetzungen und zum Verfahren
   a) der Übermittlung von Daten an und durch die Registerbehörde, insbesondere der Direkteingabe von Daten und des Datenabrufs im automatisierten Verfahren, sowie der Weitergabe innerhalb der Registerbehörde,
   b) der Identitätsprüfung nach § 10 Abs. 3, § 21 Abs. 3 und § 31 Abs. 1,
   c) bei Gruppenauskünften,
   d) der Übermittlungssperren, der Sperrung von Daten und der Auskunft an den Betroffenen,
   e) bei der Fertigung, Aufbewahrung, Nutzung, Löschung oder Vernichtung der im Gesetz vorgesehenen Aufzeichnungen und der Begründungstexte nach § 6 Abs. 5;
3. Näheres zur Verantwortung für den Registerinhalt und die Datenpflege;
4. die Fristen für die Löschung der im Ausländerzentralregister gespeicherten Daten.

(2) Das Bundesministerium des Innern kann ohne Zustimmung des Bundesrates durch Rechtsverordnung Einzelheiten über die Festsetzung von Gebühren und die Erstattung von Auslagen für die Datenübermittlung nach § 27 bestimmen.

§ 41 Verwaltungsvorschriften. (1) [1] Das Bundesministerium des Innern erläßt mit Zustimmung des Bundesrates allgemeine Verwaltungsvorschriften zu diesem Gesetz und zu den auf Grund dieses Gesetzes erlassenen Rechtsverordnungen. [2] Bei bundeseigener Verwaltung bedürfen die allgemeinen Verwaltungsvorschriften nicht der Zustimmung des Bundesrates.

(2) [1] Das Bundesministerium des Innern benennt in einer Dienstvorschrift die Daten, die von der Registerbehörde nach § 20 Abs. 1 übermittelt werden. [2] Der Bundesbeauftragte für den Datenschutz ist vor Erlaß der Dienstvorschrift anzuhören.

§ 42 Strafvorschriften. (1) Wer unbefugt personenbezogene Daten, die nicht offenkundig sind,

1. speichert, verändert oder übermittelt,

2. zum Abruf mittels automatisiertem Verfahren bereithält oder

3. abruft oder sich oder einem anderen aus Dateien verschafft,

wird mit Freiheitsstrafe bis zu einem Jahr oder mit Geldstrafe bestraft.

(2) Ebenso wird bestraft, wer

1. die Übermittlung von personenbezogenen Daten, die nicht offenkundig sind, durch unrichtige Angaben erschleicht oder

2. personenbezogene Daten entgegen § 25 Abs. 3 Satz 1, auch in Verbindung mit § 27 Abs. 1 Satz 3, verwendet, indem er sie innerhalb der nichtöffentlichen Stelle weitergibt.

(3) Handelt der Täter gegen Entgelt oder in der Absicht, sich oder einen anderen zu bereichern oder einen anderen zu schädigen, so ist die Strafe Freiheitsstrafe bis zu zwei Jahren oder Geldstrafe.

(4) Die Tat wird nur auf Antrag verfolgt.

§ 43 Aufhebung von Rechtsvorschriften. *(nicht abgedruckt)*

§ 44 Inkrafttreten. [1]Dieses Gesetz tritt am 1. Oktober 1994 in Kraft. [2]Abweichend von Satz 1 treten die §§ 40 und 41 am Tage nach der Verkündung in Kraft.

23. Verordnung über die Führung
von Ausländerdateien durch die Ausländerbehörden
und die Auslandsvertretungen
(Ausländerdateienverordnung – AuslDatV)

Vom 18. Dezember 1990 (BGBl. I S. 2999), geändert durch Terrorismusbekämpfungsgesetz vom 9. 1. 2002 (BGBl. I S. 361)

BGBl. III 26-1-11

§ 1 Dateienführungspflicht der Ausländerbehörden. Die Ausländerbehörden führen zwei Dateien unter den Bezeichnungen „Ausländerdatei A"
und „Ausländerdatei B".

§ 2 Ausländerdatei A. (1) In die Ausländerdatei A werden die Daten von
jedem Ausländer aufgenommen,

1. der bei der Ausländerbehörde
   a) die Erteilung oder Verlängerung einer Aufenthaltsgenehmigung bean-
      tragt,
   b) einen Asylantrag stellt oder
   c) eine Aufenthaltsanzeige erstattet,

2. dessen Aufenthalt der Ausländerbehörde von der Meldebehörde mitgeteilt
   wird, sofern er sich länger als drei Monate im Bundesgebiet aufhält, oder

3. für oder gegen den die Ausländerbehörde eine ausländerrechtliche Maßnahme oder Entscheidung trifft.

(2) Die Daten sind unverzüglich in die Datei einzustellen, sobald die Ausländerbehörde mit dem Ausländer befaßt wird oder ihr eine Mitteilung über
den Ausländer zugeht.

§ 3 Datensatz der Ausländerdatei A. (1) In die Ausländerdatei A sind
über jeden Ausländer, der in der Datei geführt wird, folgende Daten aufzunehmen:

1. Familiennamen,

2. Geburtsnamen,

3. Vornamen,

4. Tag und Ort mit Angabe des Staates der Geburt,

5. Geschlecht,

6. Staatsangehörigkeiten,

7. Aktenzeichen der Ausländerakte,

8. Hinweis auf andere Datensätze, unter denen der Ausländer in der Datei
   geführt wird.

(2) Aufzunehmen sind ferner frühere Namen, abweichende Namensschreibweisen, Aliaspersonalien und andere von dem Ausländer geführte Namen wie Ordens- oder Künstlernamen oder der Familienname nach deutschem Recht, der von dem im Paß eingetragenen Familiennamen abweicht.

271

(3) Die Ausländerbehörde kann den Datensatz auf die in Absatz 1 genannten Daten beschränken und für die in Absatz 2 genannten Daten jeweils einen zusätzlichen Datensatz nach Maßgabe des Absatzes 1 einrichten.

§ 4 Erweiterter Datensatz. In die Ausländerdatei A sollen, soweit die dafür erforderlichen technischen Einrichtungen bei der Ausländerbehörde vorhanden sind, zusätzlich zu den in § 3 genannten Daten folgende Daten aufgenommen werden:

1. Familienstand,

2. gegenwärtige Anschrift,

3. frühere Anschriften,

4. Ausländerzentralregister-Nummer,

5. Angaben zum Paß, Paßersatz oder Ausweisersatz:
   a) Art des Dokuments,
   b) Seriennummer,
   c) ausstellender Staat,
   d) Gültigkeitsdauer,

6. freiwillig gemachte Angaben zur Religionszugehörigkeit,

7. Lichtbild,

8. Visadatei-Nummer,

9. folgende ausländerrechtliche Maßnahmen jeweils mit Erlaßdatum:
   a) Erteilung und Verlängerung einer Aufenthaltsgenehmigung unter Angabe der Art der Aufenthaltsgenehmigung und einer Befristung,
   b) Ablehnung eines Antrags auf Erteilung oder Verlängerung einer Aufenthaltsgenehmigung,
   c) Erteilung einer Bescheinigung über die Aufenthaltsgestattung unter Angabe der Befristung,
   d) Anerkennung als Asylberechtigter und die Feststellung, daß die Voraussetzungen des § 51 Abs. 1 des Ausländergesetzes vorliegen, sowie Angaben zur Bestandskraft,
   e) Ablehnung eines Asylantrags oder eines Antrags auf Anerkennung als heimatloser Ausländer und Angaben zur Bestandskraft,
   f) Widerruf und Rücknahme der Anerkennung als Asylberechtigter oder der Feststellung, daß die Voraussetzungen des § 51 Abs. 1 des Ausländergesetzes vorliegen,
   g) Bedingungen, Auflagen und räumliche Beschränkungen,
   h) nachträgliche zeitliche Beschränkungen,
   i) Widerruf und Rücknahme der Aufenthaltsgenehmigung,
   j) Ausweisung,
   k) Ausreiseaufforderung unter Angabe der Ausreisefrist,
   l) Androhung der Abschiebung unter Angabe der Ausreisefrist,
   m) Anordnung und Vollzug der Abschiebung,
   n) Verlängerung der Ausreisefrist,
   o) Erteilung und Erneuerung einer Duldung unter Angabe der Befristung,
   p) Untersagung oder Beschränkung der politischen Betätigung unter Angabe einer Befristung,
   q) Erlaß eines Ausreiseverbots,
   r) Zustimmung zur Visumserteilung,
   s) Befristung nach § 8 Abs. 2 Satz 2 des Ausländergesetzes,

t) Erteilung einer Betretenserlaubnis nach § 9 Abs. 2 des Ausländergesetzes unter Angabe der Befristung,

u) Übermittlung von Einreisebedenken nach § 7 Abs. 2 des Ausländergesetzes an das Ausländerzentralregister,

v) Übermittlung einer Verurteilung nach § 92 Abs. 1 Nr. 6 oder Abs. 2 Nr. 1 des Ausländergesetzes.

§ 5 Ausländerdatei B. (1) Die nach § 3 in die Ausländerdatei A aufgenommenen Daten sind in die Ausländerdatei B zu übernehmen, wenn der Ausländer

1. gestorben ist oder

2. aus dem Bezirk der Ausländerbehörde fortgezogen ist.

(2) [1] Der Grund für die Übernahme der Daten in die Ausländerdatei B ist in der Datei zu vermerken. [2] In der Datei ist auch die Abgabe der Ausländerakte an eine andere Ausländerbehörde unter Angabe der Empfängerbehörde zu vermerken.

(3) In den Fällen des Absatzes 1 Nr. 2 können auch die in § 4 genannten Daten in die Ausländerdatei B übernommen werden.

§ 6 Löschung. (1) [1] In der Ausländerdatei A sind die Daten eines Ausländers zu löschen, wenn sie nach § 5 Abs. 1 in die Ausländerdatei B übernommen werden. [2] In den Fällen, in denen ein Ausländer die Rechtsstellung eines Deutschen im Sinne des Artikels 116 Abs. 1 des Grundgesetzes erworben hat, sind die Daten nach Ablauf von fünf Jahren zu löschen. [3] Die nur aus Anlaß der Zustimmung zur Visumserteilung aufgenommenen Daten eines Ausländers sind zu löschen, wenn der Ausländer nicht innerhalb von zwei Jahren nach Ablauf der Geltungsdauer der Zustimmung eingereist ist.

(2) [1] Die Daten eines Ausländers, der ausgewiesen oder abgeschoben wurde, sind in der Ausländerdatei B zu löschen, wenn die Unterlagen über die Ausweisung und die Abschiebung nach § 80 Abs. 2 des Ausländergesetzes zu vernichten sind. [2] Im übrigen sind die Daten eines Ausländers in der Ausländerdatei B zehn Jahre nach Übernahme der Daten zu löschen. [3] In den Fällen des § 5 Abs. 1 Nr. 1 sollen die Daten fünf Jahre nach Übernahme des Datensatzes gelöscht werden.

§ 7 Visadatei. (1) [1] Die Auslandsvertretungen führen über die erteilten Visa und Transit-Visa eine Visadatei. [2] Wird sie als Kartei geführt, ist zusätzlich eine nach den Seriennummern der Visa geordnete Liste zu führen.

(2) In die Visadatei sind folgende Daten aufzunehmen:

1. über den Ausländer
   a) Familiennamen,
   b) Geburtsnamen,
   c) Vornamen,
   d) Tag und Ort der Geburt,
   e) Staatsangehörigkeit,

2. über das Visum
   a) Seriennummer,
   b) Datum der Erteilung,

c) Geltungsdauer und im Falle eines Transit-Visums die Durchreisefrist,
d) festgesetzte Gebühr.

(3) In die Visadatei dürfen zusätzlich folgende Daten aufgenommen werden:

1. Bedingungen, Auflagen und sonstige Beschränkungen sowie der im Visum angegebene Aufenthaltszweck,

2. Erhebung einer Sicherheitsleistung,

3. Angaben über die Zustimmung einer Ausländerbehörde zur Visumserteilung,

4. bei Visa für Ausländer, die sich länger als drei Monate im Bundesgebiet aufhalten oder darin eine Erwerbstätigkeit ausüben wollen, Angabe der Rechtsgrundlage,

5. Angaben zum Paß, Paßersatz oder einer Ausnahme von der Paßpflicht,

6. Lichtbild,

7. Angaben über die Vorlage ge- oder verfälschter Dokumente,

8. Visadatei-Nummer.

(4) Die Daten eines Ausländers sind ein Jahr nach Ablauf der Geltungsdauer des ihm zuletzt erteilten Visums oder Transit-Visums zu löschen.

§ 8 Datei über Visaversagungen. (1) Die Auslandsvertretungen können eine Datei über die Versagungen von Visa führen.

(2) In die Datei dürfen die in § 7 Abs. 2 Nr. 1 und Abs. 3 Nr. 6 bis 8 genannten Daten über den Ausländer und Angaben zum Versagungsgrund aufgenommen werden.

(3) Die Daten eines Ausländers sind in der Datei zu löschen

1. im Falle der Erteilung eines Visums nach Wegfall des Versagungsgrundes,

2. im übrigen fünf Jahre nach der letzten Versagung eines Visums.

§ 9 Übergangsvorschrift. [1] Sofern Ausländerbehörden oder Auslandsvertretungen im Zeitpunkt des Inkrafttretens dieser Verordnung keine oder den Vorschriften dieser Verordnung nicht entsprechende Dateien führen, sind die nach dieser Verordnung vorgeschriebenen Dateien innerhalb von drei Jahren einzurichten. [2] Auch innerhalb dieser Frist dürfen in Dateien nur die in § 80 Abs. 1 Satz 2 des Ausländergesetzes bestimmten Daten aufgenommen werden.

§ 10 Inkrafttreten. Diese Verordnung tritt am 1. Januar 1991 in Kraft.

24. Verordnung über Datenübermittlungen an die Ausländerbehörden (Ausländerdatenübermittlungsverordnung – AuslDÜV)

Vom 18. Dezember 1990 (BGBl. I S. 2997, ber. 1991 I S. 1216)

Zuletzt geändert durch Gesetz vom 26. 5. 1997 (BGBl. I S. 1130)

BGBl. III 26-1-10

§ 1 Übermittlungspflicht. (1) [1]Die

1. Meldebehörden,
2. Staatsangehörigkeitsbehörden,
3. Justizbehörden,
4. Arbeitsämter,
5. Gewerbebehörden

sind unbeschadet der Mitteilungspflichten nach § 76 Abs. 2 und 4 des Ausländergesetzes verpflichtet, den Ausländerbehörden zur Erfüllung ihrer Aufgaben ohne Ersuchen die hierfür in den folgenden Vorschriften bezeichneten erforderlichen Angaben über personenbezogene Daten von Ausländern, Amtshandlungen, sonstige Maßnahmen gegenüber Ausländern und sonstige Erkenntnisse über Ausländer mitzuteilen. [2]Die Daten sind an die für den Wohnort des Ausländers zuständige Ausländerbehörde, im Falle mehrerer Wohnungen an die für die Hauptwohnung zuständige Ausländerbehörde zu übermitteln. [3]Ist die Hauptwohnung unbekannt, sind die Daten an die für den Sitz der mitteilenden Behörde zuständige Ausländerbehörde zu übermitteln.

(2) Bei Mitteilungen nach dieser Verordnung sind stets folgende Daten des Ausländers, soweit sie bekannt sind, zu übermitteln:

1. Familiennamen,
2. Geburtsnamen,
3. Vornamen,
4. Tag und Ort mit Angabe des Staates der Geburt,
5. Staatsangehörigkeiten,
6. Anschrift.

§ 2 Mitteilungen der Meldebehörden. (1) Die Meldebehörden teilen den Ausländerbehörden mit

1. die Anmeldung,
2. die Abmeldung,
3. die Änderung der Hauptwohnung,
4. die Scheidung, Nichtigerklärung oder Aufhebung der Ehe,
5. die Namensänderung,

6. die Änderung oder Berichtigung des staatsangehörigkeitsrechtlichen Verhältnisses,
7. die Geburt und
8. den Tod

eines Ausländers.

(2) Nach Absatz 1 sind zusätzlich zu den in § 1 Abs. 2 bezeichneten Daten zu übermitteln

1. bei einer Anmeldung:
   a) akademische Grade,
   b) Geschlecht,
   c) Familienstand,
   d) gesetzliche Vertreter mit Vor- und Familiennamen, Tag der Geburt und Anschrift,
   e) Tag des Einzugs,
   f) frühere Anschrift,
   g) Paß, Paßersatz oder Ausweisersatz, Angabe der ausstellenden Behörde und Gültigkeitsdauer,
2. bei einer Abmeldung:
   a) Tag des Auszugs,
   b) neue Anschrift,
3. bei einer Änderung der Hauptwohnung:
   die bisherige Hauptwohnung,
4. bei einer Scheidung, Nichtigerklärung oder Aufhebung einer Ehe:
   Tag und Grund der Beendigung der Ehe,
5. bei einer Namensänderung:
   der bisherige und der neue Name,
6. bei einer Änderung des staatsangehörigkeitsrechtlichen Verhältnisses:
   die bisherige und die neue oder weitere Staatsangehörigkeit,
7. bei Geburt
   a) Geschlecht,
   b) gesetzliche Vertreter mit Vor- und Familiennamen, Tag der Geburt und Anschrift,
8. bei Tod:
   der Sterbetag.

§ 3 Mitteilungen der Staatsangehörigkeitsbehörden. [1]Die Staatsangehörigkeitsbehörden teilen den Ausländerbehörden mit

1. den Erwerb der deutschen Staatsangehörigkeit durch den Ausländer,
2. die Feststellung der Rechtsstellung als Deutscher ohne deutsche Staatsangehörigkeit,
3. den Verlust der Rechtsstellung als Deutscher,
4. die Feststellung, daß eine Person zu Unrecht als Deutscher, fremder Staatsangehöriger oder Staatenloser geführt worden ist. [2]Die Mitteilung nach Nummer 2 entfällt bei Personen, die mit einem Aufnahmebescheid nach dem Bundesvertriebenengesetz eingereist sind.

§ 4 Mitteilungen der Justizbehörden. (1) Die Strafvollstreckungsbehörden teilen den Ausländerbehörden mit

1. den Widerruf einer Strafaussetzung zur Bewährung,
2. den Widerruf der Zurückstellung der Strafvollstreckung.

(2) Die Strafvollzugsbehörden teilen den Ausländerbehörden mit

1. den Antritt der Auslieferungs-, Untersuchungs- und Strafhaft,
2. die Verlegung in eine andere Justizvollzugsanstalt,
3. die vorgesehenen und festgesetzten Termine für die Entlassung aus der Haft.

§ 5 Mitteilungen der Arbeitsämter. Die Arbeitsämter teilen den Ausländerbehörden die Erteilung, das Erlöschen, den Widerruf, die Rücknahme und die Beschränkung der Arbeitserlaubnis *oder Arbeitsberechtigung*[1] mit.

§ 6 Mitteilungen der Gewerbebehörden. Die für die Gewerbeüberwachung zuständigen Behörden teilen den Ausländerbehörden mit

1. Gewerbeanzeigen,
2. die Erteilung einer gewerberechtlichen Erlaubnis,
3. die Rücknahme und den Widerruf einer gewerberechtlichen Erlaubnis,
4. die Untersagung der Ausübung eines Gewerbes sowie die Untersagung der Tätigkeit als Vertretungsberechtigter eines Gewerbetreibenden oder als mit der Leitung eines Gewerbebetriebes beauftragte Person.

§ 7 Inkrafttreten. Diese Verordnung tritt am 1. Januar 1991 in Kraft.

---

[1] Die kursiv gedruckten Worte werden **mWv 1. 1. 1998** eingefügt durch G v. 24. 3. 1997 (BGBl. I S. 594).

Sachregister

Die fettgedruckten Zahlen bezeichnen die Gesetze, die mageren Zahlen
bezeichnen die Paragraphen oder Artikel der jeweiligen Vorschrift.

Buchanzeigen

KENNEN SIE IHRE RECHTE ?

Grundgesetz

Änderungen zu Art. 12a, 16 GG
VerfassungsreformG
Menschenrechtskonvention
Parteiengesetz

37. Auflage
2001

Beck-Texte im dtv

GG · Grundgesetz

mit Vertrag über die abschließende Regelung in bezug auf Deutschland (Zwei-plus-Vier-Vertrag), Menschenrechtskonvention, BundesverfassungsgerichtsG, ParteienG und Gesetz über den Petitionsausschuß.

Textausgabe.
37.A. 2001. 199 S.
€ 3,50. dtv 5003

GG · Grundgesetz

mit dem Text des Einigungsvertrags (ohne Anlagen).
Kleine Beck-Texte im dtv
2.A. 1999. 160 S.
€ 2,56. dtv 5703

Weis
Meine Grundrechte

Ein Leitfaden für jedermann anhand der Rechtsprechung des Bundesverfassungsgerichts.
3.A. 1995. 258 S.
€ 6,08. dtv 5251

VwVfG · VwGO
Verwaltungsverfahrens gesetz · Verwaltungsgerichtsordnung

mit VerwaltungszustellungsG, VerwaltungsVollstreckungsG, Deutsches RichterG, Gesetz über die Entschädigung der ehrenamtlichen Richter, Gesetz über die Entschädigung von Zeugen und Sachverständigen, Streitwertkatalog 1996.

Textausgabe.
27.A. 2000. 275 S.
€ 5,06. dtv 5526

Verfassungen der deutschen Bundesländer

Die Verfassungen der 16 deutschen Bundesländer und die jeweiligen Verfassungsgerichtsgesetze.

Textausgabe.
7.A. 2001. 722 S.
€ 16,–. dtv 5530

Öffentliches Recht

Speziell für Studenten in den Anfangssemestern des rechts- wie auch des wirtschaftswissenschaftlichen Studiums.

Textausgabe. 1.A. 2001.
432 S. € 8,–. dtv 5756

AuslR

Deutsches
Ausländerrecht

AusländerG und DV
AsylverfahrensG
ArbeitsgenehmigungsVO
AusländerzentralregisterG
Aufenthaltsgesetz/EWG

16. Auflage
2002

Beck-Texte im dtv

AuslR · Deutsches Ausländerrecht

Die wesentlichen Vorschriften des deutschen Fremdenrechts.
AusländerG, DVAuslG, AuslGebV, ArbErlVO, AufenthG/EWG, AsylVfG, AsylbewleistG, Genfer Konvention u.v.m. Mit der Novelle 1999.

Textausgabe. 16.A. 2002.
313 S. € 8,–. dtv 5537

WaffR · Waffenrecht

WaffenG, SprengstoffG, Gesetz über die Kontrolle von Kriegswaffen mit Durchführungsvorschriften.

Textausgabe. 11.A. 1998.
298 S. € 6,50. dtv 5032

P123520-549.4

Sozialhilfe

BSHG · Bundessozialhilfegesetz

u.a. mit BarbeträgeVO, HilfsmittelVO, RegelsatzVO, Regelsätzen der Länder. Mit allen durch das Gesetz zur Reform des Sozialhilferechts in Kraft getretenen Änderungen.
Textausgabe.
12.A. 2001. 390 S.
€ 7,–. dtv 5567

Brühl
Mein Recht auf Sozialhilfe

Mit Asylbewerberleistungen.
Eingearbeitet: Neue Einkommensgrenzen, Soforteigenhilfe, Sozialhilfe für Ausländer.
16.A. 2000. 483 S.
€ 8,–. dtv 5243

Brühl
Sozialhilfe von A–Z

Der Ratgeber informiert über Hilfeleistungen für über 40 Personengruppen, u.a. Alleinerziehende, Arbeitslose, Ausländer, Aussiedler, Behinderte, Ehegatten, Frauen, Heimbewohner, Kinder, Kranke, Nichtseßhafte, Ostdeutsche, Pflegebedürftige, Studierende, Wohnungssuchende.
4.A. 2003. Rd. 350 S.
Ca. € 8,–. dtv 5060
In Vorbereitung für Herbst 2002

Hüttenbrink
Fragen zur Sozialhilfe

Voraussetzungen und Umfang meines Rechtes auf Sozialhilfe.
Der Ratgeber erklärt Sozialhilfe schnell und leicht verständlich anhand zahlreicher Beispiele.
6.A. 2000. 263 S.
€ 6,39. dtv 50605

Bubeck
Guter Rat bei Arbeitslosigkeit

Arbeitslosengeld, Arbeitslosenhilfe, Soziale Sicherung, Rechtsschutz.
Mit Besonderheiten für Bürger in und aus der früheren DDR.
9.A. 2002. 230 S.
€ 8,50. dtv 5237

Wehrpflicht und Zivildienst

WehrR · Wehrpflicht- und Soldatenrecht

WehrpflichtG, SoldatenG, SoldatenbeteiligungsG, ZivildienstG, WehrsoldG, Wehrdisziplinarordnung, MusterungsVO u.a.
Textausgabe.
29.A. 2002. Rd. 400 S.
Ca. € 7,–. dtv 5012
In Vorbereitung für Sommer 2002

Wilk/Stauf
Wehrrecht von A–Z

Auslandseinsatz, Befehl, Dienstvergehen, Eid, Fürsorge, Musterung, Personalakten, Spindkontrolle, Wachdienst, Wehrsold, Zapfenstreich u. v. a. m. verständlich erläutert.
3.A. 1999. 383 S.
€ 9,15. dtv 5058

Strafe und Bußgeld

Das Buch zur ZDF-Serie „Wie würden Sie entscheiden?"

Roxin/Töpper

Mein Recht im Straf- und Bußgeldverfahren

Rechte der Beschuldigten, Zeugen, Verletzten (mit vielen Beispielen und Mustern); dazu 12 Original-Fälle aus der ZDF-Serie.

2.A.1999. 173 S. mit 18 Fotos
€ 8,13. dtv 5644 §

Schrank
Richtiges Verhalten im Strafverfahren

Ein Ratgeber für Beschuldigte.
Mit praktischen Hinweisen zu allen Situationen, auf die ein Beschuldigter im Strafverfahren üblicherweise trifft.

1.A. 2002. 259 S.
€ 10,–. dtv 5685 §

Brießmann
Strafrecht und Strafprozess von A–Z

Straftaten und Ordnungswidrigkeiten, Jugendstrafrecht, Straf- und Bußgeldverfahren.

8.A. 2001. 491 S.
€ 11,50. dtv 5047 §

Prozesse und Verfahren

**ZPO ·
Zivilprozeßordnung**

mit EuGVÜ, SchuldnerverzeichnisVO, GerichtsverfassungsG mit EG (Auszug), ZwangsversteigerungsG (Auszug), RechtspflegerG, GerichtskostenG (Auszug), BundesgebührenO für Rechtsanwälte (Auszug) u.a.

Textausgabe.
35.A. 2002. Rd. 630 S.
€ 6,50. dtv 5005

Zeichenerklärung: § Rechtsberater € Wirtschaftsberater

Zwangsvollstreckungsrecht

Zivilprozeßordnung (Auszug), Gesetz über die Zwangsversteigerung und Zwangsverwaltung, BGB (Auszug), AnfechtungsG, Hinterlegungsordnung, RechtspflegerG (Auszug), Gerichtsvollzieherordnung (Auszug), Geschäftsanweisung für Gerichtsvollzieher, SchuldnerverzeichnisVO, Kostenrecht, EuGVÜ (Auszug) u.a.

Textausgabe.
1.A. 2000. 668 S.
€ 14,06. dtv 5587

FGG · Freiwillige Gerichtsbarkeit

Gesetz über die Angelegenheiten der freiwilligen Gerichtsbarkeit (FGG), RechtspflegerG, Gesetz über die Kosten in Angelegenheiten der freiwilligen Gerichtsbarkeit (Kostenordnung).

Textausgabe.
12.A. 2002. 181 S.
€ 6,50. dtv 5527

Mewing
Mahnen – Klagen – Vollstrecken

Leitfaden für Gläubiger und Schuldner.
Vorgerichtliche Mahnungen, Titulierung von Forderungen, Zwangsvollstreckung, Vergleich, Konkurs, Gesamtvollstreckung, Kostenfragen. Mit Checklisten.

6.A. 2002. Rd. 250 S.
Ca. € 9,–. dtv 5218 §
In Vorbereitung für Sommer 2002

Matschke/Baran
Immobilienversteigerung

Zwangs- und Teilungsversteigerung, Zwangsverwaltung, Bieterinformation.
Ein Ratgeber für Interessenten, Schuldner, Gläubiger, Erbengemeinschaften und Eheleute, die sich scheiden lassen. Eine systematische Darstellung mit einem ABC aller wichtigen Begriffe.

3.A. 2002. Rd. 300 S.
Ca. € 10,–. dtv 5297 §
In Vorbereitung für Herbst 2002

Das Buch zur  *-Serie „Wie würden Sie entscheiden?"*

Slizyk/Töpper
Guter Rat zum Schmerzensgeld

Voraussetzungen, Höhe und Geltendmachung des Schmerzensgeldanspruchs. Mit Originalfällen aus der ZDF-Serie.

1.A.1997. 220 S.
mit 8 Fotos.
€ 8,13. dtv 5659 §